Das Betriebsratsamt als Ehrenamt und seine entgeltrechtlichen Folgen

Schriften zum deutschen und europäischen Recht der Arbeit und der Sozialen Sicherheit

Herausgegeben von
Stefan Greiner, Gregor Thüsing und Raimund Waltermann

Band 24

Matthias Denzer

Das Betriebsratsamt als Ehrenamt und seine entgeltrechtlichen Folgen

PETER LANG

Bibliografische Information der Deutschen Nationalbibliothek
Die Deutsche Nationalbibliothek verzeichnet diese Publikation in der Deutschen Nationalbibliografie; detaillierte bibliografische Daten sind im Internet über http://dnb.d-nb.de abrufbar.

Zugl.: Bonn, Univ., Diss., 2019

Gedruckt auf alterungsbeständigem, säurefreiem Papier.
Druck und Bindung: CPI books GmbH, Leck

D 5
ISSN 1861-678X
ISBN 978-3-631-79183-7 (Print)
E-ISBN 978-3-631-81670-7 (E-PDF)
E-ISBN 978-3-631-81671-4 (EPUB)
E-ISBN 978-3-631-81672-1 (MOBI)
DOI 10.3726/b16735

Peter Lang – Berlin · Bern · Bruxelles · New York · Oxford · Warszawa · Wien

Diese Publikation wurde begutachtet.

www.peterlang.com

Vorwort und Dank

Die vorliegende Arbeit wurde im Wintersemester 2018/2019 von der Rechts- und Staatswissenschaftlichen Fakultät der Rheinischen Friedrich-Wilhelms-Universität Bonn als Dissertation angenommen. Literatur und Rechtsprechung wurden bis Januar 2019 berücksichtigt – die Kommentarliteratur befindet auf Stand Oktober 2019. Aktuellere Entscheidungen und Literaturstimmen wurden nachträglich ergänzt, soweit sie für die Untersuchung von besonderem Wert sind.

An dieser Stelle danke ich allen, die mich bei meinem Promotionsvorhaben unterstützt haben:

Zunächst danke ich meinem Doktorvater Prof. Dr. Gregor Thüsing, LL.M. (Harvard) für die Betreuung meiner Arbeit sowie dafür, dass er mir den schöpferischen Freiraum zur Erstellung dieser Arbeit gewährt und mit stetigem Fokus für das Wesentliche diese Arbeit begleitet hat. Durch die Tätigkeit an seinem Lehrstuhl hatte ich die Möglichkeit, meinen Blick nicht nur für die Wissenschaft, sondern darüber hinaus auch für die Praxis zu schärfen. Zu großem Dank bin ich auch Herrn Prof. Dr. Thomas Kania für die zügige Erstellung des Zweitgutachtens verpflichtet.

Ein Dank gilt meinen Kolleginnen und Kollegen am Lehrstuhl. Besonders danke ich meinem Lehrstuhlkollegen und guten Freund Herrn Dr. Yannik Beden, der sich während der Promotionsphase mit mir am Lehrstuhl ein Büro geteilt hat und mit dem ich stets über offene Fragestellungen beim Anfertigen dieser Arbeit konstruktiv diskutieren konnte. Durch ihn ist diese Arbeit um den einen oder anderen Gedanken bereichert worden. Ebenfalls gilt ein besonderer Dank Herrn Carlo Pöschke, der das Manuskript in kürzester Zeit Korrektur gelesen hat.

Ich bedanke mich auch bei der Sozietät Pinsent Masons, die diese Publikation gefördert hat.

Abschließend danke ich von Herzen meinen Eltern Doris und Wilhelm sowie meinem Bruder Michael Denzer, die mich während des Studiums und der Phase der Dissertation in allen Lebenslagen unterstützt und mir stets großen Rückhalt gegeben haben.

Bonn, im November 2019
Matthias Denzer

Gliederung

Abkürzungsverzeichnis

a.A.	anderer Ansicht
Abb.	Abbildung
Abs.	Absatz
AcP	Archiv für die civilistische Praxis
a.E.	am Ende
a.F.	alte Fassung
AG	Aktiengesellschaft
AG [Zeitschrift]	Die Aktiengesellschaft
AGG	Allgemeines Gleichbehandlungsgesetz
AiB	Arbeitsrecht im Betrieb
AktG	Aktiengesetz
AktR	Aktienrecht
Alt.	Alternative
Anh.	Anhang
Anm.	Anmerkung
AP	Arbeitsrechtliche Praxis
AR-Blattei ES	Arbeitsrecht-Blattei Entscheidungssammlung
ArbG	Arbeitsgericht
ArbR	Arbeitsrecht
ArbRAktuell	Arbeitsrecht Aktuell
Art.	Artikel
AuA	Arbeit und Arbeitsrecht
AuR	Arbeit und Recht
Aufl.	Auflage
AÜG	Gesetz zur Regelung der Arbeitnehmerüberlassung
BAG	Bundesarbeitsgericht
BAGE	Entscheidungen des Bundesarbeitsgerichts
BAT	Bundesangestelltentarifvertrag
BB	Betriebs-Berater
Bd.	Band
BDSG	Bundesdatenschutzgesetz
BeckOK	Beck'scher Online-Kommentar
BeckRS	Beck-Rechtsprechung
Begr.	Begründer
BenshSlg.	Bensheimer Sammlung

BereicherungsR	Bereicherungsrecht
BetrAVG	Gesetz zur Verbesserung der betrieblichen Altersversorgung (Betriebsrentengesetz)
BetrVG	Betriebsverfassungsgesetz
BGB	Bürgerliches Gesetzbuch
BGH	Bundesgerichtshof
BGHSt	Entscheidungen des BGH in Strafsachen
BGHZ	Entscheidungen des BGH in Zivilsachen
BPersVG	Bundespersonalvertretungsgesetz
BRG	Betriebsrätegesetz
bspw.	beispielsweise
BT-Drucks.	Drucksache des Deutschen Bundestages
BürgerlR	Bürgerliches Recht
BUrlG	Bundesurlaubsgesetz
BVerfG	Bundesverfassungsgericht
bzw.	beziehungsweise
CCZ	Corporate Compliance Zeitschrift
CDU	Christlich Demokratische Union
DB	Der Betrieb
DCGK	Deutscher Corporate Governance Kodex
ders.	derselbe
d.h.	das heißt
DrittelbG	Drittelbeteiligungsgesetz
DS-GVO	Datenschutz-Grundverordnung
DStR	Deutsches Steuerrecht
Ed.	Edition
EFZG	Entgeltfortzahlungsgesetz
EStG	Einkommensteuergesetz
etc.	et cetera
f.	folgende
FeiertLohnzG	Gesetz zur Regelung der Lohnzahlung an Feiertagen
ff.	fortfolgende
FAZ	Frankfurter Allgemeine Zeitung
FD-ArbR	Fachdienst Arbeitsrecht
Fn.	Fußnote
FS	Festschrift
gem.	gemäß
GewO	Gewerbeordnung
GG	Grundgesetz

ggf.	gegebenenfalls
GK	Gemeinschaftskommentar
GmbH	Gesellschaft mit beschränkter Haftung
GmbHG	Gesetz betreffend die Gesellschaften mit beschränkter Haftung
HGB	Handelsgesetzbuch
h.M.	herrschende Meinung
HRRS	Höchstrichterliche Rechtsprechung im Strafrecht
Hrsg.	Herausgeber
HS	Halbsatz
i.R.d.	im Rahmen des
i.S.d.	im Sinne des
i.V.m.	in Verbindung mit
jurisPR-ArbR	juris PraxisReport Arbeitsrecht
jurisPR-Compl	juris PraxisReport Compliance & Investigations
JuS	Juristische Schulung
Jura [Zeitschrift]	Juristische Ausbildung
juve [Zeitschrift]	juve Rechtsmarkt
JW	Juristische Wochenschrift
JZ	JuristenZeitung
KSchG	Kündigungsschutzgesetz
KSzW	Kölner Schrift zum Wirtschaftsrecht
LAG/LArbG	Landesarbeitsgericht
LAGE	Entscheidungen der Landesarbeitsgerichte
LG	Landgericht
lit.	litera [Buchstabe]
LPVG	Landespersonalvertretungsgesetz
MitbestG	Mitbestimmungsgesetz
MitbestR	Mitbestimmungsrecht
NJOZ	Neue Juristische Online Zeitschrift
NJW	Neue Juristische Wochenschrift
NJW-RR	NJW-Rechtsprechungsreport
Nr.	Nummer
n.v.	nicht veröffentlicht
NStZ	Neue Zeitschrift für Strafrecht
NStZ-RR	NStZ-Rechtsprechungs-Report Strafrecht
NZA	Neue Zeitschrift für Arbeitsrecht
NZA-RR	NZA-Rechtsprechungs-Report Arbeitsrecht
NZG	Neue Zeitschrift für Gesellschaftsrecht

NZI	Neue Zeitschrift für Insolvenz- und Sanierungsrecht
OLG	Oberlandesgericht
OVG	Oberverwaltungsgericht
RAG	Reichsarbeitsgericht
RdA	Recht der Arbeit
RG	Reichsgericht
Rn.	Randnummer
Rspr.	Rechtsprechung
S.	Satz; Seite
SAE	Sammlung arbeitsrechtlicher Entscheidungen
SchuldR	Schuldrecht
Slg.	Sammlung
sog.	sogenannte(r)
SPA	Schnellbrief für Personalmanagement und Arbeitsrecht
SR	Soziales Recht
StGB	Strafgesetzbuch
TVG	Tarifvertragsgesetz
TzBfG	Teilzeit- und Befristungsgesetz
u.a.	unter anderem/und andere
v.	vom/vor
VG	Verwaltungsgericht
VGH	Verwaltungsgerichtshof
vgl.	vergleiche
VW	Volkswagen
WM	Wertpapier-Mitteilungen
ZAAR	Zentrum für Arbeitsbeziehungen und Arbeitsrecht
z.B.	zum Beispiel
ZfA	Zeitschrift für Arbeitsrecht
ZGR	Zeitschrift für Unternehmens- und Gesellschaftsrecht
ZHR	Zeitschrift für das gesamte Handelsrecht und Wirtschaftsrecht
Ziff. .	Ziffer
ZIP	Zeitschrift für Wirtschaftsrecht
zit.	zitiert
ZPO	Zivilprozessordnung
ZTR	Zeitschrift für Tarifrecht

Ein Aufriss des Themas

Die Vergütung von Mitgliedern des Betriebsrats ist aktuell vermehrt in den Fokus medialer Aufmerksamkeit gerückt. So titelte die *FAZ* am 13.05.2017: „Staatsanwälte prüfen Gehalt des VW-Betriebsratschefs“[1]. Gegenstand dieser Prüfung ist die Vergütung des Vorsitzenden des Gesamtbetriebsrats *Bernd Osterloh*. Die Staatsanwaltschaft Braunschweig teilte mit, es gebe „aktuell ein Verfahren wegen des Anfangsverdachts der Untreue im Zusammenhang mit der Aufwandsentschädigung für Betriebsratstätigkeit“. Zwar richteten sich die Ermittlungen gegen den VW-Konzernvorstand für Personal, *Karlheinz Blessing*, seinen Vorgänger *Horst Neumann* sowie gegen den Personalchef der Marke VW, *Martin Rosik*, und dessen Vorgänger *Jochen Schumm*[2] – gegen *Osterloh* selbst wurde zunächst nicht ermittelt.[3] Maßgeblich für die Ermittlungen ist dabei jedoch die Frage, ob die Betriebsratsvergütung von *Osterloh* gesetzeskonform ist, insbesondere den Anforderungen des BetrVG entspricht.

Der Fall *Osterloh* ist beileibe nicht der einzige Fall, in dem in den letzten Jahren eine unzulässige Vergütung von Betriebsratsmitgliedern diskutiert wurde: Siemens[4], Opel[5], Daimler[6] und wiederum Volkswagen[7] sind wohl die prominentesten Beispiele. Dabei klingt die gesetzliche Grundkonzeption geradezu banal: „Die Mitglieder des Betriebsrats führen ihr Amt unentgeltlich als Ehrenamt“; § 37 Abs. 1 BetrVG. Dennoch wird in der Praxis das Betriebsratsamt

1 *Germis/Jung*, FAZ v. 13.05.2017, S. 24: „Staatsanwälte prüfen Gehalt des VW-Betriebsratschefs“.

2 *Schweiger/Lohner*, Braunschweiger Zeitung v. 12.05.2017: „Staatsanwaltschaft ermittelt gegen VW-Personalchefs“.

3 Die Staatsanwaltschaft Braunschweig ermittelt nunmehr auch gegen *Osterloh* wegen möglicher Beihilfe zur Untreue; dazu *Votsmeier/Bender*, Handelsblatt v. 11.06.2019: „Untreue-Affäre bei VW: Auch Betriebsratschef Osterloh steht unter Verdacht“.

4 *Jatzkowski*, juve v. 11.10.2013: „Siemens: CMS prüft Vergütung des Betriebsratschefs“.

5 *Amann*, FAZ v. 22.04.2012: „Staatsanwälte warnen Opel“.

6 Betriebsratsvorsitzender *Erich Klemm* auf die Frage, was ein Betriebsrat bei Daimler verdiene: „bis zu 8.000 Euro im Monat nämlich, er selbst als Chef des Weltbetriebsrates ‚einen Schnaps mehr‘“, *Meck*, FAZ.net v. 29.09.2005.

7 FAZ.net v. 17.09.2009 „VW-Affäre: Volkert muss endgültig ins Gefängnis“.

häufig als „Co-Management“[8] angesehen – nicht ohne es dementsprechend zu vergüten.[9]

Begleitet werden diese Entwicklungen von gesetzgeberischen Initiativen: Wie die *WELT* am 03.07.2017 berichtete, legte Arbeitsministerin *Andrea Nahles* einen Gesetzesentwurf vor, der vorsah, bei der Betriebsratsvergütung die bei der Wahrnehmung der Betriebsratstätigkeit erworbenen Qualifikationen und Erfahrungen zu berücksichtigen.[10] Der Wirtschaftsflügel der Union boykottierte dieses Vorhaben jedoch.

Die Festlegung der mit den Normen des BetrVG zu vereinbarenden Vergütung für Betriebsratsmitglieder bewegt sich dabei auf einem schmalen Grat zwischen Betriebsratsbenachteiligung und einer Betriebsratsbegünstigung.[11] Der „[…] Arbeitgeber zwischen Skylla und Charybdis“ titelt etwa *Stück* und bemüht dabei sogar *Homer*, um die Lage von Arbeitgebern darzulegen.[12] *Nebling/Hey* rekurrieren *Ciceros tusculanae disputationes* und führen aus, dass über den Verantwortlichen im Unternehmen „das Damoklesschwert eines Compliance-Verstoßes“ schwebe.[13] Dabei ist nicht von der Hand zu weisen: Dem Arbeitgeber bzw. Personalvorstand kommt eine äußerst ungünstige Position zu. Gewährt er dem Betriebsratsmitglied eine zu niedrige Vergütung, sind Konflikte und Rechtsstreitigkeiten mit diesem vorprogrammiert; gewährt er eine zu hohe Vergütung, läuft er Gefahr, ins Visier der Staatsanwaltschaft zu geraten.[14] Die jüngsten Ermittlungen im Fall Volkswagen führen letzteres noch einmal deutlich vor Augen.

---

8 Den Begriff verwenden u.a.: *Fischer*, NZA 2014, 71, 73; *Frahm/Koch*, ArbRAktuell 2010, 468, 468; *Pflüger*, BB Die erste Seite 2007, Nr. 41.

9 *Rieble*, NZA 2008, 276, 276.

10 *Doll/Vetter*, WELT v. 03.07.2017: „Betriebsratsvergütung: CDU lässt Arbeitsministerin Nahles auflaufen“.

11 So auch *Benkert*, NJW-Spezial 2018, 50.

12 *Stück*, CCZ 2017, 238; *ders.* ArbRAktuell 2017, 512.

13 *Nebeling/Hey*, BB Die erste Seite 2018, Nr. 9.

14 *Neef*, in: Sozialer Dialog in der Krise, 2009, S. 97, 100.

I. Kapitel 1: Grundprinzipien der Betriebsratsvergütung

Eine rechtmäßige Vergütung von Betriebsratsmitgliedern ergibt sich aus einer Zusammenschau der §§ 37 und 78 S. 2 BetrVG. So statuiert § 78 S. 2 BetrVG, dass Betriebsratsmitglieder wegen ihrer Tätigkeit weder benachteiligt, noch begünstigt werden dürfen. Es wird damit augenscheinlich, welche Gefahren der Gesetzgeber im Hinblick auf die Tätigkeit als Betriebsrat vorhergesehen hat: Auf der einen Seite steht das Risiko, dass Betriebsratsmitglieder aufgrund ihrer Betriebsratstätigkeit diskriminiert werden, auf der anderen Seite könnten sich Betriebsratsmitglieder bestechen lassen und auf die Wahrnehmung von Arbeitnehmerinteressen verzichten, wenn sie im Gegenzug vom Arbeitgeber eine Begünstigung zugesprochen bekämen. Insoweit bewegt sich eine rechtmäßige Betriebsratsvergütung auf einem schmalen Grat zwischen benachteiligender und begünstigender Vergütung. Nach der gesetzgeberischen Konzeption basiert eine rechtmäßige Betriebsratsvergütung maßgeblich auf zwei in § 37 Abs. 1 und Abs. 2 BetrVG niedergelegten Grundprinzipien – zum einen dem Ehrenamts-, zum anderen dem Lohnausfallprinzip. Daneben tritt das Benachteiligungs- und Begünstigungsverbot des § 78 S. 2 BetrVG.

1. Das Betriebsratsamt als Ehrenamt

Nach der Konzeption des BetrVG ist das Betriebsratsamt ein Ehrenamt. So heißt es in § 37 Abs. 1 BetrVG:

> *„Die Mitglieder des Betriebsrats führen ihr Amt unentgeltlich als Ehrenamt."*

Unzweifelhaft ist das Ehrenamtsprinzip des § 37 Abs. 1 BetrVG eines der zentralen Leitmodelle des BetrVG.[15] Aufgrund der Ehrenamtlichkeit des Betriebsratsamts kann eine Vergütung der Betriebsratstätigkeit als solcher gerade nicht erfolgen. Dies soll dazu dienen, die innere Unabhängigkeit des Betriebsrats als Organ sowie des Betriebsratsmitglieds zu gewährleisten. Dementsprechend wird an die Unentgeltlichkeit in der Rechtsprechung ein strenger Maßstab angelegt und dieser strikt gehandhabt.[16] Dadurch soll zweierlei erreicht werden: Zum

15 *Fischer*, NZA 2014, 71, 71.

16 BAG, Urteil v. 20.10.1993 – 7 AZR 581/92 (A), NZA 1994, 278, 281; so bereits RAG, Urteil v. 08.02.1928 – RAG 66/27, BenshSlg. 2, 36, 38; ErfK/*Koch*, 19. Aufl. 2019, § 37 BetrVG Rn. 1; Richardi/*Thüsing*, BetrVG, 16. Aufl. 2018, § 37 Rn. 7.

einen soll jegliche Beeinflussung des Betriebsrats durch die Gewährung oder den Entzug von finanziellen oder materiellen Leistungen für Betriebsratsmitglieder vermieden, zum anderen das Vertrauen der Arbeitnehmer in eine interessengerechte Wahrnehmung der Mitbestimmungsrechte maßgeblich gestärkt werden.[17] Damit schützt das Ehrenamtsprinzip nicht nur vor tatsächlich vorliegenden Beeinflussungen; schon allein die Sorge anderer Arbeitnehmer, das Betriebsratsmitglied könne die Wahrnehmung ihrer Interessen im Gegenzug für eine persönliche Begünstigung vernachlässigen, soll ausgeschlossen werden. Darüber hinaus bleibt das Betriebsratsmitglied, da es lediglich ehrenamtlich tätig wird, aus Sicht der Belegschaft gesprochen, „einer von uns". Das Ehrenamtsprinzip wirkt so einer Entfremdung der Betriebsratsmitglieder von der Belegschaft entgegen.[18]

Dass an das Ehrenamtsprinzip ein strenger Maßstab anzulegen ist, wurde bereits in den Kommentierungen zu § 35 BRG von 1920 gesehen. In den Worten *Mansfelds*: „Nur in völliger Unabhängigkeit und Unparteilichkeit kann die Betriebsvertretung fruchtbringend arbeiten."[19] Gerade dieses „bedeutsame Ziel" gebiete eine strenge Anwendung des Ehrenamtsprinzips.

Gleichzeitig verhindert das Ehrenamtsprinzip, dass Arbeitnehmer ein Betriebsratsmandat lediglich aus finanziellen statt aus ideellen Gründen anstreben. Oftmals stehen die vom Betriebsrat zu vertretenden Interessen der Belegschaft denen des Arbeitgebers gegenüber. Stünde es dem Arbeitgeber offen, Betriebsratsmitglieder nach seinem Gutdünken zu vergüten, so gerieten diese in einen Interessenkonflikt: Zum einen haben sie die Interessen der Belegschaft zu vertreten, zum anderen haben sie auch ein persönliches Interesse daran, sich mit dem Arbeitgeber möglichst „gut zu stellen" und so den eigenen beruflichen Aufstieg zu forcieren. Die Ausgestaltung des Betriebsratsamts als Ehrenamt soll genau dies verhindern.[20] *Fischer* fasst es treffend zusammen, indem er Sinn und Zweck des Ehrenamtsprinzips darin sieht, „Basisnähe, Praxisnähe [und] ein Gespür für Gerechtigkeit und sozialen Anstand"[21] zu bewahren.

---

17 *Fitting*, BetrVG, 29. Aufl. 2018, § 37 Rn. 7.
18 *Jacobs/Frieling*, ZfA 2015, 241, 243; *Weinspach* in: FS Kreutz, 2010, S. 485, 496.
19 *Mansfeld*, BRG, 2. Aufl. 1930, § 35 Anm. 1.
20 *Jacobs/Frieling*, ZfA 2015, 241, 243.
21 *Fischer*, NZA 2007, 484, 489.

2. Lohnausfallprinzip

Die Ausgestaltung des Betriebsratsamts als Ehrenamt soll jedoch nicht dazu führen, dass Betriebsratsmitglieder für die Zeit der Betriebsratstätigkeit vollständig auf ihr Arbeitsentgelt verzichten müssen. Eine derartige Regelung würde dem Betriebsratsamt jeglichen Reiz nehmen. Den mit dem Ehrenamtsprinzip verfolgten Zwecken ist aus Sicht des Gesetzgebers bereits dann genüge getan, wenn das Betriebsratsmitglied für die Zeit, in der es Betriebsratsaufgaben wahrnimmt, lediglich das im Arbeitsvertrag geschuldete Entgelt erhält. Zwar übt ein Arbeitnehmer, soweit er als Betriebsrat tätig ist, keine vertraglich geschuldete Tätigkeit aus und verlöre daher aufgrund des Fixschuldcharakters der Arbeitsleistung seinen Anspruch auf das Arbeitsentgelt gem. § 326 Abs. 1 BGB. Es gilt der Grundsatz „Ohne Arbeit kein Lohn". Dem tritt jedoch § 37 Abs. 2 BetrVG entgegen. Danach sind Mitglieder des Betriebsrats von ihrer beruflichen Tätigkeit ohne Minderung des Arbeitsentgelts zu befreien, wenn und soweit es nach Umfang und Art des Betriebs zur ordnungsgemäßen Durchführung ihrer Aufgaben erforderlich ist. § 37 Abs. 2 BetrVG wirkt insoweit anspruchserhaltend und hält den Anspruch auf das arbeitsvertraglich geschuldete Entgelt aufrecht.[22]

Für Betriebsratsmitglieder gilt folglich das Lohnausfallprinzip. Danach erfolgt die Berechnung des geschuldeten Entgelts anhand einer hypothetischen Betrachtung: Geschuldet ist das Arbeitsentgelt, welches das Betriebsratsmitglied erhalten hätte, wenn es das Betriebsratsamt nicht übernommen und somit auch keine Betriebsratstätigkeit erbracht hätte.[23] Anspruchsgrundlage ist dabei der Arbeitsvertrag i.V.m. § 611a Abs. 2 BGB und § 37 Abs. 2 BetrVG.[24] Gegenstand der Vergütung ist damit nicht die Betriebsratstätigkeit als solche, sondern die mit der Betriebsratstätigkeit einhergehende, notwendige Arbeitsversäumnis.[25] Sonderzahlungen für die Tätigkeit im Betriebsrat dürfen dem Betriebsratsmitglied nicht gewährt werden. Solche Zahlungen, die *aufgrund* der Betriebsratstätigkeit an das Betriebsratsmitglied geleistet werden, tragen immer die Gefahr in sich, eine interessengerechte Wahrnehmung der Mitbestimmungsrechte durch

---

22 BAG, Urteil v. 08.09.2010 – 7 AZR 513/09, NZA 2011, 159, 160; LAG Köln, Urteil v. 10.05.2016 – 12 Sa 35/16, NZA-RR 2016, 486; *Lipp*, Honorierung und Tätigkeitsschutz von Betriebsratsmitgliedern, 2008, S. 42.

23 DKKW/*Wedde*, BetrVG, 16. Aufl. 2018, § 37 Rn. 50; ErfK/*Koch*, 19. Aufl. 2019, § 37 BetrVG Rn. 6.

24 BAG, Urteil v. 29.08.2018 – 7 AZR 206/17, NZA 2019, 253, 256; ErfK/*Koch*, 19. Aufl. 2019, § 37 BetrVG Rn. 6; GK-BetrVG/*Weber*, 11. Aufl. 2018, § 37 Rn. 66.

25 ErfK/*Koch*, 19. Aufl. 2019, § 37 BetrVG Rn. 6.

das Betriebsratsmitglied auszuhöhlen. Derartige Zahlungen verstoßen sowohl gegen das Ehrenamts- als auch gegen das Lohnausfallprinzip und erfolgen dementsprechend rechtswidrig.[26]

Mithin konturiert § 78 S. 2 BetrVG den gesetzlichen Rahmen: Betriebsratsmitglieder dürfen wegen ihrer Betriebsratstätigkeit nicht benachteiligt oder begünstigt werden. Auch diese Norm dient der Vermeidung einer Beeinflussung von Betriebsratsmitgliedern und soll somit die betriebsverfassungsrechtlichen Institutionen sichern und die betriebsverfassungsrechtlichen Funktionsträger schützen.[27] Ohne ein derartiges Benachteiligungs- und Begünstigungsverbot gäbe man dem Arbeitgeber Zuckerbrot und Peitsche zur Hand: Er könnte Betriebsratsmitglieder durch Benachteiligungen in der Arbeitsgestaltung von ihrer Betriebsratstätigkeit abhalten und Entscheidungen durch die Gewährung von Begünstigungen zu seinen Gunsten lenken. Die Mitbestimmungsordnung des BetrVG würde in sich zusammenfallen.

a) Anspruch auf Entgeltsicherung

Mit dem Lohnausfallprinzip korrespondierend regelt § 37 Abs. 4 S. 1 BetrVG die Entgeltentwicklung von Betriebsratsmitgliedern. Betriebsratsmitglieder sind aufgrund der Übernahme des Betriebsratsamts nicht oder nicht in gleichem Umfang in den Arbeitsprozess eingegliedert wie vergleichbare Arbeitnehmer und nehmen dementsprechend im Regelfall auch keine diesen Arbeitnehmern vergleichbare berufliche Entwicklung. Insbesondere gilt dies für vollständig von der Arbeitspflicht freigestellte Betriebsratsmitglieder gem. § 38 Abs. 1 BetrVG, welche sich immer weiter von ihrer fiktiven Karriere im Betrieb entfernen. Eine Nachzeichnung der hypothetischen Karriere ohne das Betriebsratsamt wird mit der Zeit zunehmend schwieriger; damit nehmen aber auch die Schwierigkeiten bei der Ermittlung des richtigen Entgelts konstant zu.[28] Durch den Arbeitsentgeltschutz in § 37 Abs. 4 S. 1 BetrVG soll sichergestellt werden, dass sich die Bemessungsgrundlage für das Arbeitsentgelt aufgrund der Betriebsratstätigkeit nicht verschlechtert, d.h. Betriebsratsmitglieder im Hinblick auf ihre berufliche

---

26 *Jacobs/Frieling*, ZfA 2015, 241, 252.

27 *Fitting*, BetrVG, 29. Aufl. 2018, § 78 Rn. 1.

28 Vgl. *Byers*, NZA 2014, 65: „Die Festlegung einer Vergleichsgruppe ist zu Beginn der Betriebsratstätigkeit relativ unproblematisch. Erhebliche Schwierigkeiten bereitet es, die hypothetische berufliche Entwicklung der vergleichbaren Mitarbeiter über Jahre hinweg zu bestimmen.“; siehe auch *Jacobs/Frieling*, ZfA 2015, 241, 246; *Schweibert/Buse*, NZA 2007, 1080, 1081.

Entwicklung gegenüber vergleichbaren Arbeitnehmern mit betriebsüblicher Entwicklung keine Nachteile aufgrund ihres Betriebsratsamts erleiden.[29] Da eine hypothetische Betrachtung dessen, was das Betriebsratsmitglied erhalten hätte, wenn es das Betriebsratsamt nicht übernommen hätte, im Einzelfall und gerade bei langjähriger Betriebsratstätigkeit mit Unwägbarkeiten behaftet ist, normiert § 37 Abs. 4 S. 1 BetrVG eine Orientierung an der Entgeltentwicklung vergleichbarer Arbeitnehmer mit betriebsüblicher Entwicklung und begründet somit einen objektiven Maßstab.[30]

b) Lohnausfall- und Referenzprinzip

Abzugrenzen ist das Lohnausfallprinzip vom Referenzprinzip, welches etwa nach § 11 Abs. 1 S. 1 BUrlG gilt. Der Unterschied liegt im maßgeblichen Bemessungszeitraum. Während das Lohnausfallprinzip auf die hypothetische Vergütung abstellt, die der Arbeitnehmer erhalten hätte, wenn er im maßgeblichen Zeitpunkt seine nach dem Arbeitsvertrag geschuldete Leistung erbracht hätte, wird die nach dem Referenzprinzip zu zahlende Vergütung retrospektiv anhand Faktoren aus der Vergangenheit berechnet.[31] Dem Gesetzgeber stehen damit zwei Konzeptionen zur Berechnung der Vergütung für Zeiten des Arbeitsausfalls offen. Im Rahmen der Betriebsratsvergütung hat er seine Entscheidung für das Lohnausfall- und damit gegen das Referenzprinzip getroffen. Dies ist auch regelungssystematisch zwingend, betrachtet man die Konsequenzen, die sich bei einer Ausgestaltung nach dem Referenzprinzip ergäben. Durch das Heranziehen eines in der Vergangenheit liegenden Referenzzeitraums ließe sich gerade nicht begründen, dass das Entgelt im Laufe der Zeit an die berufliche Entwicklung vergleichbarer Arbeitnehmer (§ 37 Abs. 4 S. 1 BetrVG) anzupassen ist. Das Referenzprinzip steht in einem dogmatischen Spannungsverhältnis zu dieser Regelung: Eine Anpassung des Entgelts begründet einen Widerspruch zu einer retrospektiven Berechnung der zu zahlenden Vergütung. Entweder erfolgt die

---

29 Zu BT-Drucks. VI/2729, S. 23; BAG, Urteil v. 18.01.2017 – 7 AZR 205/15, NZA 2017, 935, 936; BAG, Urteil v. 14.07.2010 – 7 AZR 359/09, NJOZ 2011, 272, 274; BAG, Urteil v. 16.01.2008 – 7 AZR 887/06, NZA 2008, 836, 837; zum Verhältnis von § 37 Abs. 4 S. 1 BetrVG zum Begünstigungs- und Benachteiligungsverbot des § 78 S. 2 BetrVG siehe unter Gliederungspunkt II. 2. a).

30 BAG, Urteil v. 16.01.2008 – 7 AZR 887/06, NZA 2008, 836; LAG Hamburg, Urteil v. 05.03.2015 – 7 Sa 63/14, juris; GK-BetrVG/*Weber*, 11. Aufl. 2018, § 37 Rn. 130; Richardi/*Thüsing*, BetrVG, 16. Aufl. 2018, § 37 Rn. 69.

31 BAG, Urteil v. 06.12.1995 – 5 AZR 237/94, NZA 1996, 640; *Jacobs/Frieling*, NZA 2015, 513, 513; ErfK/*Gallner*, 19. Aufl. 2019, § 11 BUrlG Rn. 2a.

Berechnung anhand von Faktoren aus der Vergangenheit, oder aktuelle Entwicklungen können berücksichtigt werden. Beides schließt sich jedoch denklogisch gegenseitig aus. Einzig eine Berechnung anhand des Lohnausfallprinzips und damit die Berechnung einer hypothetischen Vergütung stehen im Einklang mit § 37 Abs. 4 S. 1 BetrVG.

c) Erlass von Pflichten aus dem Arbeitsverhältnis

Maßgebliche Normen für den Erlass von Pflichten aus dem Arbeitsverhältnis sind § 37 Abs. 2 BetrVG sowie § 38 Abs. 1 BetrVG.

aa) Regelungsinhalt des § 37 Abs. 2 BetrVG

(1) § 37 Abs. 2 BetrVG als Ausdruck des Lohnausfallprinzips

Wie bereits dargestellt ist § 37 Abs. 2 BetrVG Ausdruck des Lohnausfallprinzips und hat damit die Wirkung einer anspruchserhaltenden Norm für den Entgeltanspruch des Arbeitnehmers.[32] Betriebsratsmitglieder haben einen Anspruch auf das Entgelt, welches nach dem Arbeitsvertrag ohne die Betriebsratstätigkeit und damit ohne die Befreiung von der beruflichen Tätigkeit geschuldet ist. Daneben gibt § 37 Abs. 2 BetrVG dem Betriebsratsmitglied einen Anspruch auf Befreiung von der Arbeitspflicht.

(2) Vorrang der Betriebsratstätigkeit

Betriebsratsmitglieder bleiben Arbeitnehmer des Betriebs und sind somit grundsätzlich auch verpflichtet, die arbeitsvertraglich geschuldete Tätigkeit zu erbringen. Durch die Übernahme des Betriebsratsamts kommen ihnen jedoch weitere nicht unerhebliche Amtspflichten und Aufgaben zu, welche nicht selten mit den arbeitsvertraglichen Pflichten kollidieren.[33] Erforderlich ist es daher zu klären, in welchem Rangverhältnis die Arbeitspflicht zu den Betriebsratsaufgaben steht. Gerade aus § 37 Abs. 3 BetrVG, der Betriebsratsmitgliedern für Betriebsratstätigkeit, die aus betriebsbedingten Gründen außerhalb der Arbeitszeit durchzuführen ist, einen Anspruch auf entsprechende Arbeitsbefreiung unter Fortzahlung des Arbeitsentgelts zuspricht,[34] wird der gesetzliche Grundsatz deutlich: Wenn Betriebsratsmitgliedern bei Betriebsratstätigkeit außerhalb der Arbeitszeit ausdrücklich ein Ausgleichsanspruch zugebilligt wird, stellt diese

---

32 Siehe bereits Gliederungspunkt I. 2.

33 DKKW/*Wedde*, BetrVG, 16. Aufl. 2018, § 37 Rn. 10.

34 Dazu BAG, Urteil v. 15.05.2019 – 7 AZR 396/17, ArbRAktuell 2019, 517.

den Ausnahmefall dar. *E contrario* besteht der Grundsatz darin, dass Betriebsratstätigkeit während der Arbeitszeit auszuüben ist.[35] Bestimmt nun § 37 Abs. 2 BetrVG, dass Betriebsratsmitglieder von ihrer arbeitsvertraglich geschuldeten Tätigkeit freizustellen sind, soweit dies zur Erfüllung der Betriebsratsaufgaben erforderlich ist, wird damit auch das Rangverhältnis zwischen den arbeitsvertraglichen Pflichten und der Betriebsratstätigkeit deutlich. Die Freistellung von der Arbeit führt dazu, dass erforderlicher Betriebsratsarbeit Vorrang vor den arbeitsvertraglichen Pflichten eingeräumt wird.

(3) Zeitliche Dimension des § 37 Abs. 2 BetrVG

In seiner maßgeblichen Bedeutung gewährt § 37 Abs. 2 BetrVG dem Betriebsratsmitglied gegen den Arbeitgeber einen Anspruch auf Befreiung von der Arbeitspflicht aus konkretem Anlass[36]. Soweit es zur ordnungsgemäßen Durchführung der Betriebsratsaufgaben erforderlich ist, hat der Arbeitgeber das Betriebsratsmitglied temporär von der Arbeitspflicht zu befreien. § 37 Abs. 2 BetrVG hat insoweit eine zeitliche Wirkung.

(4) Inhaltliche Dimension des § 37 Abs. 2 BetrVG

Zudem spricht § 37 Abs. 2 BetrVG nach Ansicht der Rechtsprechung und der überwiegenden Literatur dem Betriebsratsmitglied einen Anspruch auf eine generelle Befreiung von einer bestimmten Art der Arbeit zu.[37] Konkret geht es um Fälle, in denen ein Betriebsratsmitglied einen Anspruch auf eine generelle Befreiung von einer bestimmten Art der Arbeit geltend macht, etwa bei Geltendmachung eines Anspruchs auf Übergang aus der Wechselschicht in die Normalschicht[38], aus dem Außen- in den Innendienst[39], oder von einer Tätigkeit im Akkordlohn in den Zeitlohn.[40] § 37 Abs. 2 BetrVG kann demnach ebenso

---

35 So auch BAG, Urteil v. 31.10.1985 – 6 AZR 175/83, BAGE 50, 76; BAG, Urteil v. 19.01.1984 – 6 AZR 301/81, juris; BAG, Urteil v. 19.07.1977 – 1 AZR 376/74, BAGE 29, 242; so auch GK-BetrVG/*Weber*, 11. Aufl. 2018, § 37 Rn. 24.

36 DKKW/*Wedde*, BetrVG, 16. Aufl. 2018, § 37 Rn. 11.

37 BAG, Beschluss v. 27.06.1990 – 7 ABR 43/89, NZA 1991, 430, 431; DKKW/*Wedde*, BetrVG, 16. Aufl. 2018, § 37 Rn. 12; *Fitting*, BetrVG, 29. Aufl. 2018, § 37 Rn. 20; GK-BetrVG/*Weber*, 11. Aufl. 2018, § 37 Rn. 27; WPK/*Kreft*, BetrVG, 4. Aufl. 2009, § 37 Rn. 9.

38 BAG, Beschluss v. 13.11.1964 – 1 ABR 7/64, NJW 1965, 886.

39 BAG, Beschluss v. 03.06.1969 – 1 ABR 1/69, BAGE 22, 31.

40 *Fitting*, BetrVG, 29. Aufl. 2018, § 37 Rn. 20; GK-BetrVG/*Weber*, 11. Aufl. 2018, § 37 Rn. 27.

Auswirkungen auf die inhaltliche Ausgestaltung der arbeitsvertraglichen Pflichten haben.

Die Gegenansicht verneint einen solchen Anspruch.[41] Eine Änderung der arbeitsvertraglichen Pflichten sei demnach ausschließlich durch Vereinbarung zwischen Betriebsratsmitglied und Arbeitgeber möglich. Zwar haben in der Praxis meist beide Seiten ein Interesse an einer Arbeitsvertragsgestaltung, die das Betriebsratsmitglied möglichst wenig belastet, sodass es in der Mehrzahl der Fälle zu einer solchen vertraglichen Änderungsvereinbarung kommen werde. Dem Arbeitgeber erwachse auch kein Vorteil, wenn er sich einer vertraglichen Änderung der Arbeitsvertragsbedingungen verschließe, denn insbesondere stehe dem Betriebsratsmitglied aus § 37 Abs. 2 BetrVG ein Anspruch auf Befreiung von der Arbeitspflicht in dem Maße zu, dass ihm die gesetzlich erforderlichen Ausruhezeiten gewährt werden.[42] Etwa ist ein Nachtschichtarbeiter bei einer ganztägigen Inanspruchnahme als Betriebsratsmitglied von der vorausgehenden bzw. nachfolgenden Schicht vollständig oder teilweise zu befreien.[43] Eine gesetzliche Änderung der Arbeitsvertragspflichten jedoch aus § 37 Abs. 2 BetrVG abzuleiten, sei nicht „mit dem Inhalt des Gesetzes zu vereinbaren"[44].

Die Argumentation, § 37 Abs. 2 BetrVG gewähre keinen Anspruch auf die Befreiung von einer bestimmten Art der Arbeit, weil dies mit dem Inhalt des § 37 Abs. 2 BetrVG nicht zu vereinbaren sei, kann jedoch nicht überzeugen: § 37 Abs. 2 BetrVG soll zur Sicherung der ordnungsgemäßen Durchführung der Betriebsratsaufgaben beitragen, indem die Verpflichtung zur beruflichen Arbeitsleistung beschränkt wird.[45] Hindert aber gerade die konkrete arbeitsvertraglich geschuldete Tätigkeit das Betriebsratsmitglied in der ordnungsgemäßen Ausübung seiner Betriebsratsaufgaben, entspricht allein die Befreiung von dieser konkreten Tätigkeit dem Sinn und Zweck des § 37 Abs. 2 BetrVG. Eine vollständige Freistellung ist dabei nicht zwangsläufig erforderlich. Mit dem Zweck des § 37 Abs. 2 BetrVG ist es schon vereinbar, wenn das Betriebsratsmitglied auf eine Tätigkeit verwiesen wird, die einer ordnungsgemäßen Amtsführung nicht

---

41 HWGNRH/*Glock*, BetrVG, 10. Aufl. 2018, § 37 Rn. 25.

42 BAG, Urteil v. 07.06.1989 – 7 AZA 500/88, BAGE 62, 83; ArbG Koblenz, Urteil v. 03.05.1988 – Ca 1196/87, AiB 1989, 79; ArbG Hamburg, Beschluss v. 15.04.1982 – 12 BV 24/81, AiB 1989, 254; DKKW/*Wedde*, BetrVG, 16. Aufl. 2018, § 37 Rn. 42; GK-BetrVG/*Weber*, 11. Aufl. 2018, § 37 Rn. 46; HWGNRH/*Glock*, BetrVG, 10. Aufl. 2018, § 37 Rn. 44.

43 HWGNRH/*Glock*, BetrVG, 10. Aufl. 2018, § 37 Rn. 44.

44 HWGNRH/*Glock*, BetrVG, 10. Aufl. 2018, § 37 Rn. 25.

45 BAG, Beschluss v. 27.06.1990 – 7 ABR 43/89, NZA 1991, 430, 431.

hinderlich entgegensteht.[46] Aus dem Anspruch auf eine vollständige Freistellung folgt *a maiore ad minus* ein Anspruch, auch neben der Betriebsratstätigkeit weiterhin einer beruflichen Tätigkeit nachzugehen. Insoweit stellt der Wechsel auf eine andere Tätigkeit ein Minus zur vollständigen Freistellung dar.[47] Systematisch ist die Frage nach der Erforderlichkeit ein Teilaspekt einer Verhältnismäßigkeitsprüfung. Dass Arbeitspflicht und Befreiung von selbiger nicht in einen angemessenen Ausgleich (d.h. Verhältnismäßigkeit im engeren Sinne) zu bringen sind, ergibt sich schon aus dem Vorrang der Betriebsratstätigkeit. Dass dennoch mildere, jedoch gleich geeignete, d.h. einer ordnungsgemäßen Betriebsratstätigkeit nicht entgegenstehende, Mittel zur Freistellung zu berücksichtigen sind, wird insoweit nicht ausgeschlossen. Dementsprechend kann § 37 Abs. 2 BetrVG auch Auswirkungen auf die inhaltliche Ausgestaltung des Arbeitsverhältnisses haben, soweit dadurch einer ordnungsgemäßen Wahrnehmung der Betriebsratsaufgaben zur Genüge Rechnung getragen werden kann.

(5) Anspruch auf angemessenes Arbeitspensum als dritte Dimension des § 37 Abs. 2 BetrVG

Nach höchstrichterlicher Rechtsprechung hat § 37 Abs. 2 BetrVG Auswirkungen auf das Arbeitspensum, das der Arbeitgeber dem Betriebsratsmitglied zuteilt. Dabei habe der Arbeitgeber auf die Betriebsratstätigkeit angemessen Rücksicht zu nehmen. Bei der Zuteilung des Arbeitspensums dürfe der Arbeitgeber dem Betriebsratsmitglied nicht ein Arbeitspensum entsprechend einem Vollzeitbeschäftigten zumuten und so das Betriebsratsmitglied in die Zwangslage bringen, entweder seine Betriebsratsaufgaben oder die vertraglich geschuldete Arbeitspflicht zu vernachlässigen. Vielmehr müsse das zugemutete Arbeitspensum der Inanspruchnahme des Arbeitnehmers durch Betriebsratstätigkeit angemessen Rechnung tragen.[48] Daraus folge jedoch nicht zwangsläufig ein Anspruch auf eine pauschale Senkung des Arbeitspensums, der Arbeitgeber komme seiner Verpflichtung schon dann nach, wenn er durch eine Regelung sicherstelle, dass ein Betriebsratsmitglied nicht in die Zwangslage gerät, entweder seine Betriebsratsaufgaben oder seine dienstliche Arbeitspflicht vernachlässigen zu müssen.[49]

---

46 So bereits BAG, Beschluss v. 13.11.1964 – 1 ABR 7/64, NJW 1965, 886, 887.

47 BAG, Beschluss v. 03.06.1969 – 1 ABR 1/69, BAGE 22, 31.

48 BAG, Beschluss v. 27.06.1990 – 7 ABR 43/89, NZA 1991, 430, 431; DKKW/*Wedde*, BetrVG, 16. Aufl. 2018, § 37 Rn. 13; *Fitting*, BetrVG, 29. Aufl. 2018, § 37 Rn. 21; GK-BetrVG/*Weber*, 11. Aufl. 2018, § 37 Rn. 27.

49 BAG, Beschluss v. 27.06.1990 – 7 ABR 43/89, NZA 1991, 430, 431; GK-BetrVG/*Weber*, 11. Aufl. 2018, § 37 Rn. 27; MünchArbRHdb/*Krois*, 4. Aufl. 2019, § 295 Rn. 18.

Nach der insbesondere von *Krichel* vertretenen Gegenansicht[50] geht bereits die Prämisse der Rechtsprechung fehl: Einen Anspruch auf ein der Betriebsratstätigkeit angemessenes Arbeitspensum entspreche nicht § 37 Abs. 2 BetrVG; die in der Argumentation der Rechtsprechung maßgebliche Zwangslage bestehe schon gar nicht. Für Betriebsratsmitglieder gelte – ebenso wie für andere Arbeitnehmer – ein subjektiver Leistungsmaßstab. Danach habe ein Betriebsratsmitglied auch nur diejenige Arbeit zu leisten, die es „bei angemessener Anspannung seiner geistigen und körperlichen Kräfte auf die Dauer ohne Gefährdung seiner Gesundheit zu leisten imstande ist".[51] Blieben nun aufgrund der Betriebsratstätigkeit unter Zugrundelegung des subjektiven Leistungsmaßstabs Arbeitsrückstände offen, habe das Betriebsratsmitglied diese nicht zu vertreten. Es sei allein Sache des Arbeitgebers zu entscheiden, wie mit diesen zu verfahren sei, ob sie liegen blieben oder anders verteilt würden.

In der Sache ist der Unterschied zwischen diesen beiden Ansichten gering. Keine der Ansichten geht davon aus, dass ein Betriebsratsmitglied neben der Betriebsratstätigkeit auch das übliche dienstliche Arbeitspensum wahrnehmen muss, soweit dieses mit der Betriebsratstätigkeit kollidiert. Während die Rechtsprechung jedoch eine *ex ante*-Betrachtung vornimmt und eine Regelung für eine angemessene Bewältigung der dienstlichen Aufgaben neben der Betriebsratstätigkeit fordert, richtet *Krichel* den Blick *ex post* auf diese Fragestellung und gibt dem Arbeitgeber auf, nachträglich zu regeln, wie mit aufgrund von Betriebsratstätigkeit entstandenen Arbeitsrückständen zu verfahren ist. Dabei verschwimmen die Ansichten. So genügt es nach Ansicht des BAG, dass in dem maßgeblichen Betrieb eine Regelung besteht, nach der der Arbeitgeber die Belastung durch Betriebsratstätigkeit in einer nachträglichen Korrektur des zunächst zugeteilten Arbeitspensums berücksichtigt. Schon diese Regelung führe nach Ansicht des BAG dazu, dass die von ihm dargelegte Zwangslage nicht mehr bestehe. Diesem Ergebnis stimmt auch die Gegenansicht ausdrücklich zu.[52] Letztendlich liegt der Unterschied in der Herleitung dessen, warum es faktisch

---

50 *Krichel,* Anm. zu BAG, Beschluss v. 27.06.1990 – 7 ABR 43/89, SAE 1992, 65, 68 f.; LAG Düsseldorf, Urteil v. 20.03.1989 – 5 Ta BV 3/89, NZA 1989, 659.

51 BAG, Urteil v. 27.11.2008 – 2 AZR 675/07, NZA 2009, 842; BAG, Urteil v. 17.01.2008 – 2 AZR 536/06, BAGE 125, 257; BAG, Urteil v. 11.12.2003 – 2 AZR 667/02, BAGE 109, 87; BAG, Urteil v. 17.07.1970 – 3 AZR 423/69, BAGE 22, 402; BAG, Urteil v. 20.03.1969 – 2 AZR 283/68, AP GewO § 123 Nr. 27 mit Anm. *Canaris; Maschmann,* NZA-Beilage 1/2006, 13, 15; MünchArbRHdb/*Reichold,* 4. Aufl. 2018, § 40 Rn. 45; MünchKommBGB/*Müller-Glöge,* 7. Aufl. 2016, § 611 BGB Rn. 19; *Tillmanns,* Strukturfragen des Dienstvertrages, 2007, S. 160 ff.

52 *Krichel,* Anm. zu BAG, Beschluss v. 27.06.1990 – 7 ABR 43/89, SAE 1992, 65, 68.

zu einer Anpassung des Arbeitspensums – *ex ante* oder *ex post* – kommt. Die Rechtsprechung leitet einen dementsprechenden Anspruch unmittelbar aus § 37 Abs. 2 BetrVG ab. Demgegenüber begründet *Krichel* seine Auffassung, ein Betriebsratsmitglied müsse in der ihm verbleibenden Arbeitszeit nur so viel leisten, wie ihm bei Anspannung seiner geistigen und körperlichen Kraft ohne Gesundheitsschädigung zumutbar sei, mit der Folge, dass Arbeitsrückstände gegebenenfalls liegen blieben. *Krichel* stellt somit auf den subjektiven Leistungsbegriff ab und sieht die Grundlage der Anpassung des Arbeitspensums *ex post* in § 611a BGB.

Es ist jedoch naheliegender, einen Anspruch auf Gewährung eines angemessenen Arbeitspensums unmittelbar aus § 37 Abs. 2 BetrVG abzuleiten. Der Wortlaut der Norm beschränkt sich gerade nicht auf die zeitliche Dimension und lässt ebenso eine Befreiung in Bezug auf den Umfang des Arbeitspensums zu, zumal die Gewährung eines angemessenen Arbeitspensums unmittelbar mit einer Befreiung von der Arbeitspflicht in zeitlicher Hinsicht korreliert. Wird ein Betriebsratsmitglied in zeitlicher Hinsicht von seiner Arbeitspflicht befreit, so wird es auch von der in dieser Zeit anfallenden Arbeit befreit. Es ist daher nur konsequent, einen Anspruch auf Gewährung eines angemessenen Arbeitspensums unmittelbar aus § 37 Abs. 2 BetrVG abzuleiten. Für die Gewährung eines solchen Anspruchs spricht auch die Zielrichtung des § 37 Abs. 2 BetrVG, Zwangslagen auf Seiten des Betriebsratsmitglieds zu vermeiden.[53] Bleibt auf Seiten des Betriebsratsmitglieds ungewiss, wie mit offen gebliebenen Arbeitsrückständen verfahren wird, kann ein pflichtbewusster Arbeitnehmer – zwar nicht in eine körperliche – durchaus jedoch in eine psychische Konfliktlage geraten, Arbeitsrückstände auch unter Überschreitung seines geschuldeten subjektiven Leistungsmaßstabs zu vermeiden.[54] Negative Auswirkungen auf die Betriebsratstätigkeit sind dabei naheliegend.

(6) Zusammenfassung

Resümierend ist festzuhalten, dass § 37 Abs. 2 BetrVG zunächst eine anspruchserhaltende Norm darstellt, die den Anspruch auf den Arbeitslohn aufrechterhält. Darüber hinaus räumt sie der Betriebsratstätigkeit Vorrang vor der arbeitsvertraglich geschuldeten Tätigkeit ein. Die Rechtsfolgen des § 37 Abs. 2 BetrVG wirken in drei Dimensionen:

---

53 BAG, Beschluss v. 27.06.1990 – 7 ABR 43/89, NZA 1991, 430, 431.

54 Kritisch: *Krichel,* Anm. zu BAG, Beschluss v. 27.06.1990 – 7 ABR 43/89, SAE 1992, 65, 68.

1. § 37 Abs. 2 BetrVG gewährt dem Betriebsratsmitglied einen Anspruch gegen seinen Arbeitgeber auf Befreiung von der arbeitsvertraglich geschuldeten Tätigkeit in zeitlicher Hinsicht.
2. Dem Betriebsratsmitglied steht ein Anspruch auf Befreiung von einer bestimmten Art der Arbeit zu. § 37 Abs. 2 BetrVG hat somit Auswirkungen auf den Inhalt der Tätigkeit.
3. § 37 Abs. 2 BetrVG stellt für das Betriebsratsmitglied eine Anspruchsgrundlage gerichtet auf die Gewährung eines angemessenen Arbeitspensums dar.

bb) Anspruchsvoraussetzungen

Nach § 37 Abs. 2 BetrVG sind Betriebsratsmitglieder von ihrer beruflichen Tätigkeit ohne Minderung des Arbeitsentgelts zu befreien, wenn und soweit es nach Umfang und Art des Betriebs zur ordnungsgemäßen Durchführung ihrer Aufgaben erforderlich ist. Die Anspruchsvoraussetzungen liegen vor, wenn die Arbeitsbefreiung (1.) der ordnungsgemäßen Durchführung von Betriebsratsaufgaben dient und (2.) dazu auch erforderlich ist.[55] Die Arbeitsbefreiung des § 37 Abs. 2 BetrVG ist somit stets auf den konkreten Anlass bezogen.[56]

(1) Ordnungsgemäße Durchführung von Betriebsratsaufgaben

Die Arbeitsbefreiung muss der ordnungsgemäßen Durchführung der Amtsobliegenheiten der Betriebsratsmitglieder dienen.[57] Darunter fallen jedenfalls sämtliche Aufgaben, die dem Betriebsrat und seinen Mitgliedern durch Gesetz[58] – nicht nur durch das BetrVG, sondern ebenfalls durch andere Gesetze –[59] zugewiesen sind. Umstritten ist, ob sich Betriebsratsaufgaben auch aus Tarifvertrag oder Betriebsvereinbarung ergeben können. In der Literatur wird dies zuweilen verneint. Nur soweit das BetrVG ausdrücklich eine Ermächtigung enthalte, die Aufgaben des Betriebsrats durch Vereinbarung zu erweitern, wie etwa in § 102 Abs. 6 BetrVG, bestehe die Möglichkeit, Betriebsratsaufgaben im Sinne des § 37 Abs. 2 BetrVG tarifvertraglich zu begründen.[60] Die herrschende Meinung geht

55 DKKW/*Wedde*, BetrVG, 16. Aufl. 2018, § 37 Rn. 15; *Fitting*, BetrVG, 29. Aufl. 2018, § 37 Rn. 22; HWGNRH/*Glock*, BetrVG, 10. Aufl. 2018, § 37 Rn. 27.

56 DKKW/*Wedde*, BetrVG, 16. Aufl. 2018, § 37 Rn. 11; *Fitting*, BetrVG, 29. Aufl. 2018, § 37 Rn. 17; HWGNRH/*Glock*, BetrVG, 10. Aufl. 2018, § 37 Rn. 23.

57 *Fitting*, BetrVG, 29. Aufl. 2018, § 37 Rn. 23.

58 BAG, Beschluss v. 01.03.1963 – 1 ABR 3/62, BAGE 14, 117.

59 Siehe insb. *Pulte*, NZA 2000, 234; *Engels*, AuR 2009, 10 und 65.

60 HWGNRH/*Glock*, BetrVG, 10. Aufl. 2018, § 37 Rn. 29.

hingegen davon aus, dass Betriebsratsaufgaben sich durchaus durch Tarifvertrag oder Betriebsvereinbarung begründen lassen.[61] Nach dem Wortlaut des § 37 Abs. 2 BetrVG ist lediglich erforderlich, dass es sich um „Aufgaben des Betriebsrats" handelt. Insoweit lässt der Wortlaut offen, auf welcher Rechtsgrundlage diese Aufgaben beruhen. *Lipp* argumentiert für die Zulässigkeit der Begründung von Betriebsratsaufgaben durch Tarifvertrag mit der gesetzlichen Systematik: Ein Tarifvertrag enthalte nach § 1 Abs. 1 TVG Rechtsnormen, die u.a. betriebliche und betriebsverfassungsrechtliche Fragen ordnen können. Die Aufgaben der Gewerkschaften und der Vereinigungen der Arbeitgeber – und somit auch die Möglichkeit tarifvertraglicher Regelungen – werde gem. § 2 Abs. 3 BetrVG durch das BetrVG nicht berührt. Aus der Regelung in § 3 BPersVG, wonach durch Tarifvertrag das Personalvertretungsrecht nicht abweichend vom Personalvertretungsrecht geregelt werden könne, folge im Umkehrschuss, dass aufgrund des Fehlens einer solchen Regelung im BetrVG Tarifverträge grundsätzlich eine Möglichkeit zur Regelung der Aufgaben von Betriebsratsmitgliedern darstellten.[62]

Für Betriebsvereinbarungen könne nichts anderes gelten. Das BetrVG ordne in § 77 Abs. 3 an, dass Arbeitsentgelte und sonstige Arbeitsbedingungen, die durch Tarifvertrag geregelt sind oder üblicherweise geregelt werden, nicht Gegenstand einer Betriebsvereinbarung sein können. Aus dieser ausdrücklichen Unzulässigkeit einer Betriebsvereinbarung könne ebenfalls im Umkehrschluss gefolgert werden, dass es in den übrigen Fällen durchaus zulässig ist, weitere Aufgaben des Betriebsrats in Betriebsvereinbarungen festzulegen.[63]

Dieser Argumentation ist zuzustimmen. Dennoch kann die Möglichkeit Betriebsratsaufgaben in Tarifverträgen zu begründen, nicht grenzenlos sein. Von zwingenden Regelungen des BetrVG kann auch durch Tarifvertrag oder Betriebsvereinbarung nicht abgewichen werden.[64] Insbesondere können keine Aufgaben begründet werden, welche Betriebsratsmitglieder entgegen § 78 S. 2 BetrVG unzulässig begünstigen. Unzulässig ist etwa die Begründung von Betriebsratsaufgaben *pro forma*, deren ausschließlicher Zweck in der

---

61 DKKW/*Wedde*, BetrVG, 16. Aufl. 2018, § 37 Rn. 16; ErfK/*Koch*, 19. Aufl. 2019, § 37 BetrVG Rn. 2; *Fitting*, BetrVG, 29. Aufl. 2018, § 37 Rn. 24; GK-BetrVG/*Weber*, 11. Aufl. 2018, § 37 Rn. 31.

62 Siehe ausführlich *Lipp*, Honorierung und Tätigkeitsschutz von Betriebsratsmitgliedern, 2008, S. 48.

63 Siehe ausführlich *Lipp*, Honorierung und Tätigkeitsschutz von Betriebsratsmitgliedern, 2008, S. 48.

64 *Fitting*, BetrVG, 29. Aufl. 2018, § 78 Rn. 4.

Begründung einer Befreiung von der Arbeitspflicht liegt, obwohl eine solche nach der gesetzlichen Regelung des § 37 Abs. 2 BetrVG nicht erforderlich wäre. Eine Aufgabenzuweisung soll gerade nicht dazu missbraucht werden können, Betriebsratsmitgliedern Arbeitsbefreiung oder sonstige unzulässige Vorteile zuwenden zu können.[65]

(2) Erforderlichkeit

In einem zweiten Schritt ist zu prüfen, ob die Durchführung der Betriebsratsaufgaben auch im Einzelfall erforderlich war. Damit stellt die Erforderlichkeit das maßgebliche Kriterium dar, welches den Anspruch aus § 37 Abs. 2 BetrVG beschränkt.[66] Das Vorliegen der Erforderlichkeit ist stets anhand des Einzelfalls und der Verhältnisse des einzelnen Betriebs zu ermitteln.[67] Die Belange des Betriebs auf der einen und die Belange des Betriebsrats und der Belegschaft auf der anderen Seite sind gegeneinander abzuwägen,[68] wobei der Grundsatz der Verhältnismäßigkeit zu beachten ist.[69] Erforderlich ist die Wahrnehmung von Betriebsratsaufgaben nach der Rechtsprechung stets dann, wenn ein vernünftig denkender Dritter unter Berücksichtigung der Interessen der Beteiligten die Arbeitsversäumnis für sachlich geboten halten würde.[70] Dabei erweist sich diese Definition teilweise als „Leerformel“[71]: Den unbestimmten Rechtsbegriff der „Erforderlichkeit“ durch den Begriff der „sachlichen Gebotenheit“ austauschen, führt nicht zu mehr Rechtsklarheit. Doch die Definition erschöpft sich nicht im bloßen Austausch der Begriffe „Erforderlichkeit“ und „sachliche Gebotenheit“. Das BAG stellt auf die Sicht eines vernünftig denkenden Dritten ab und legt dabei hinsichtlich des unbestimmten Rechtsbegriffs der Erforderlichkeit einen gerichtlich überprüfbaren Maßstab an. Eine rein subjektive Sicht der Erforderlichkeit durch den Betriebsrat und dessen Mitglieder lehnte das BAG in diesem

65 So auch *Lipp*, Honorierung und Tätigkeitsschutz von Betriebsratsmitgliedern, 2008, S. 49 f.

66 *Peters*, AiB 2002, 203, 204.

67 HWGNRH/*Glock*, BetrVG, 10. Aufl. 2018, § 37 Rn. 34.

68 BAG Urteil v. 08.03.1957 – 1 AZR 113/55, BAGE 4, 75; DKKW/*Wedde*, BetrVG, 16. Aufl. 2018, § 37 Rn. 26; *Fitting*, BetrVG, 29. Aufl. 2018, § 37 Rn. 38; GK-BetrVG/*Weber*, 11. Aufl. 2018, § 37 Rn. 42; HWGNRH/*Glock*, BetrVG, 10. Aufl. 2018, § 37 Rn. 34; Richardi/*Thüsing*, BetrVG, 16. Aufl. 2018, § 37 Rn. 24.

69 *Blomeyer*, in: 25 Jahre BAG, 1979, S. 17, 32 f.; GK-BetrVG/*Weber*, 11. Aufl. 2018, § 37 Rn. 42; HWGNRH/*Glock*, BetrVG, 10. Aufl. 2018, § 37 Rn. 34.

70 BAG, Urteil v. 08.03.1957 – 1 AZR 113/55, BAGE 4, 75.

71 BAG, Urteil v. 06.08.1981 – 6 AZR 1086/79, AP BetrVG 1972 § 37 Nr. 40.

Zusammenhang ausdrücklich ab. Zwar ist für die Arbeitsbefreiung nach § 37 Abs. 2 BetrVG eine Zustimmung des Arbeitgebers nicht erforderlich;[72] bestünde für Betriebsratsmitglieder aber die Möglichkeit, sich selbst von der Arbeit zu befreien, soweit dies allein aus ihrer subjektiven Sicht erforderlich ist, würde verkannt, dass nach § 37 Abs. 2 BetrVG die Arbeitsbefreiung objektiv erforderlich sein müsse.[73] Maßgeblich ist dabei der Zeitpunkt der Beschlussfassung durch den Betriebsrat.[74] Zu diesem Zeitpunkt muss die Wahrnehmung der Betriebsratstätigkeit erforderlich erscheinen. Stellt sich im Nachhinein heraus, dass die Betriebsratstätigkeit objektiv nicht erforderlich war, so verliert das Betriebsratsmitglied wegen dieser Fehleinschätzung nicht seinen Anspruch auf das Arbeitsentgelt.[75]

(3) Irrtümliche Annahme einer erforderlichen Betriebsratsaufgabe

Nimmt ein Betriebsratsmitglied Aufgaben wahr, die nicht zu seinen Betriebsratsaufgaben gehören, so erfolgt keine Befreiung von der Arbeitspflicht gem. § 37 Abs. 2 BetrVG und es verliert für diese Zeit seinen Anspruch auf das Arbeitsentgelt. Gleiches gilt, wenn es zwar Betriebsratsaufgaben wahrnimmt, diese aber nicht erforderlich waren.

Umstritten ist die Frage, ob ebenfalls hinsichtlich des Vorliegens von Betriebsratsaufgaben ein rein objektiver Maßstab anzulegen ist oder ob auch der gute Glaube an das Vorliegen einer Betriebsratsaufgabe durch § 37 Abs. 2 BetrVG geschützt ist. Zu unterscheiden ist diese Frage davon, ob dem Betriebsratsmitglied hinsichtlich der Erforderlichkeit der Betriebsratstätigkeit ein Beurteilungsspielraum zusteht. Zwar besteht ein enger Zusammenhang zwischen diesen beiden Fragen, dogmatisch ist die Frage nach dem Vorliegen einer Betriebsratsaufgabe der Prüfung, ob deren Wahrnehmung auch erforderlich ist, vorgelagert. Dabei besteht Einigkeit, dass hinsichtlich des Begriffs der Betriebsratsaufgaben ein grundsätzlich objektiver Maßstab anzulegen ist.[76] Ein streng objektiver Maßstab wird jedoch nur vereinzelt vertreten.[77] Legt man einen solch strengen

72 BAG, Urteil v. 15.03.1995 – 7 AZR 643/94, NZA 1995, 961.

73 BAG, Urteil v. 08.03.1957 – 1 AZR 113/55, BAGE 4, 75.

74 BAG, Urteil v. 16.03.1988 – 7 AZR 557/87, AP BetrVG 1972 § 37 Nr. 63.

75 DKKW/*Wedde*, BetrVG, 16. Aufl. 2018, § 37 Rn. 31; ErfK/*Koch*, 19. Aufl. 2019, § 37 BetrVG Rn. 3; *Fitting*; BetrVG, 29. Aufl. 2018, § 37 Rn. 40; GK-BetrVG/*Weber*, 11. Aufl. 2018, § 37 Rn. 45; HWGNRH/*Glock*, BetrVG, 10. Aufl. 2018, § 37 Rn. 34.

76 BAG, Urteil v. 31.08.1994 – 7 AZR 893/93, NZA 1995, 225; GK-BetrVG/*Weber*, 11. Aufl. 2018, § 37 Rn. 29; HWGNRH/*Glock*, BetrVG, 10. Aufl. 2018, § 37 Rn. 33.

77 HWGNRG/*Glock*, BetrVG, 10. Aufl. 2018, § 37 Rn. 33.

objektiven Maßstab zugrunde, so verliere das Betriebsratsmitglied für die Zeit, in der es irrtümlich davon ausgeht Betriebsratsaufgaben wahrzunehmen seinen Anspruch auf das Arbeitsentgelt. Ebenso stünde ihm kein Befreiungsanspruch zu, sodass es durch die Wahrnehmung objektiv nicht erforderlicher Betriebsratsaufgaben seine Pflichten aus dem Arbeitsvertrag verletzte. Weitestgehende Einigkeit besteht in Literatur und Rechtsprechung dahingehend, dass insbesondere bei schwierigen und ungeklärten Rechtsfragen dem Betriebsratsmitglied das Risiko, ob objektiv eine Betriebsratstätigkeit vorliegt, nicht aufgebürdet werden kann. BAG und Teile der Literatur legen zwar grundsätzlich einen objektiven Maßstab an, billigen dem Betriebsratsmitglied jedoch hinsichtlich der Frage, ob eine Betriebsratsaufgabe vorliegt, einen Beurteilungsspielraum zu.[78] Dieser sei erst überschritten, wenn bei verständiger Würdigung aller Umstände erkennbar ist, dass es sich bei der Tätigkeit nicht mehr um die Wahrnehmung von Betriebsratsaufgaben handelt.[79]

Die Gegenansicht gewährt dem Betriebsratsmitglied zwar keinen Beurteilungsspielraum, stellt jedoch darauf ab, ob das Betriebsratsmitglied einem entschuldbaren Irrtum über das Vorliegen einer Betriebsratsaufgabe unterlag.[80] Wann ein solcher entschuldbarer Irrtum vorliegt, wird zuweilen durch einen Beispielsfall konkretisiert: Ein entschuldbarer Irrtum sei insbesondere dann anzunehmen, wenn der Arbeitgeber ein solches Verhalten in der Vergangenheit unwidersprochen akzeptiert[81] und dadurch einen Vertrauenstatbestand geschaffen habe.[82]

Zwar wird nicht ganz zu Unrecht angeführt, der Unterschied zwischen diesen Auffassungen sei rein formaljuristischer Natur.[83] Systematisch vermag die Auffassung, die dem Betriebsratsmitglied einen Beurteilungsspielraum zuerkennt, nicht zu überzeugen: Beurteilungsspielräume sind an das Vorliegen eines unbestimmten Rechtsbegriffs geknüpft.[84] Die Betriebsratstätigkeit an sich ist

---

78 BAG, Urteil v. 31.08.1994 – 7 AZR 893/93, NZA 1995, 225; BAG, Urteil v. 10.11.1993 – 7 AZR 682/92, NZA 1994, 500; GK-BetrVG/*Weber*, 11. Aufl. 2018, § 37 Rn. 29.

79 BAG Urteil v. 21.06.2006 – 7 AZR 418/05, BeckRS 2006, 134732.

80 LAG Bremen, Urteil v. 28.06.1989 – 2 Sa 39/89, DB 1990, 742; DKKW/*Wedde*, BetrVG, 16. Aufl. 2018, § 37 Rn. 25; ErfK/*Koch*, 19. Aufl. 2019, § 37 BetrVG Rn. 3; *Fitting*, BetrVG, 29. Aufl. 2018, § 37 Rn. 33; *Neumann-Duesburg*, RdA 1962, 289, 291 f.

81 *Fitting*, BetrVG, 29. Aufl. 2018, § 37 Rn. 33; so auch *Lipp*, Honorierung und Tätigkeitsschutz von Betriebsratsmitgliedern, 2008, S. 50.

82 LAG Berlin, Urteil v. 18.06.1992 – 14 Sa 15/92, AiB 1993, 46.

83 *Lipp*, Honorierung und Tätigkeitsschutz von Betriebsratsmitgliedern, 2008, S. 50.

84 Vgl. ErfK/*Koch*, 19. Aufl. 2019, § 37 BetrVG Rn. 13; Richardi/*Thüsing*, BetrVG, 16. Aufl. 2018, § 99 Rn. 111.

hingegen ein objektiver Rechtsbegriff, der gerichtlich voll überprüfbar ist. Dogmatisch widerspruchsfrei erscheint die Lösung bei entschuldbarer, irrtümlicher Annahme einer Betriebsratstätigkeit den Anspruch auf das Arbeitsentgelt aufrecht zu erhalten ebenfalls nicht. Letztendlich erweitert diese Ansicht den § 37 Abs. 2 BetrVG um den Halbsatz, dass Betriebsratsaufgaben auch dann vorliegen, wenn das Betriebsratsmitglied unverschuldet in der irrtümlichen Annahme handelte, die Aufgabe gehöre zur ordnungsgemäßen Durchführung der Betriebsratsaufgaben. Dem Betriebsratsmitglied jedoch bei Irrtum über das Vorliegen von Betriebsratsaufgaben den Anspruch auf das Arbeitsentgelt abzusprechen wäre zwar systematisch überzeugend, führt aber dazu, dass das Betriebsratsmitglied übertriebene Vorsicht walten lassen und auch objektive Betriebsratsaufgaben nicht wahrnehmen würde. Letztendlich ist die Zubilligung des Anspruchs auf das Arbeitsentgelt in diesen Fällen Wertungsfrage: Wem soll der Irrtum über das Vorliegen von Betriebsratsaufgaben zur Last gelegt werden, dem Betriebsratsmitglied oder dem Arbeitgeber? Jedenfalls wird man dann, wenn der Irrtum des Betriebsratsmitglieds durch den Arbeitgeber hervorgerufen oder verstärkt worden ist, dem Betriebsratsmitglied den Anspruch auf das Arbeitsentgelt zusprechen müssen. Es wäre widersprüchlich dem Betriebsratsmitglied diesen Anspruch zu versagen, wenn der Grund für die Arbeitsversäumnis der Sphäre des Arbeitgebers entspringt.

Davon zu unterscheiden ist die Frage, ob dem Betriebsratsmitglied hinsichtlich der Erforderlichkeit der Betriebsratstätigkeit ein Beurteilungsspielraum zusteht. Im Gegensatz zum objektiven Rechtsbegriff der Betriebsratstätigkeit stellt der Begriff der Erforderlichkeit einen unbestimmten Rechtsbegriff dar. Rechtsprechung und Literatur sprechen dem Betriebsratsmitglied insoweit übereinstimmend einen Beurteilungsspielraum zu.[85] Dies erscheint auch überzeugend, denn im Gegensatz zum Vorliegen von Betriebsratsaufgaben lässt sich oft erst im Nachhinein *ex post* feststellen, ob die Betriebsratstätigkeit erforderlich war.

Die Fragen nach dem Vorliegen einer Betriebsratstätigkeit sowie nach der Erforderlichkeit selbiger gehen in der Praxis ineinander über.[86] Dies entspricht

---

85 BAG, Urteil v. 31.08.1994 – 7 AZR 893/93, NZA 1995, 225, 227; BAG, Urteil v. 10.11.1993 – 7 AZR 682/92, NZA 1994, 500; *Däubler*, SR 2017, 85, 92; DKKW/*Wedde*, BetrVG, 16. Aufl. 2018, § 37 Rn. 31; *Fitting*, BetrVG, 29. Aufl. 2018, § 37 Rn. 38; GK-BetrVG/*Weber*, 11. Aufl. 2018, § 37 Rn. 29; *Neumann-Duesberg*, RdA 1962, 289, 292; *Peters*, AiB 2002, 203, 204.

86 Siehe insb. die Darstellung von *Lipp*, die nicht zwischen dem Vorliegen einer Betriebsratstätigkeit und dessen Erforderlichkeit differenziert, *Lipp*, Honorierung und Tätigkeitsschutz von Betriebsratsmitgliedern, 2008, S. 50.

auch der Sicht des Betriebsratsmitglieds, welches insoweit sicherlich nicht differenziert.[87] Deshalb jedoch einen Beurteilungsspielraum entsprechend der Erforderlichkeit der Betriebsratstätigkeit auch auf die Frage nach dem grundsätzlichen Vorliegen einer Betriebsratsaufgabe zu übertragen, vermag dies nicht zu rechtfertigen, zumal dem Betriebsratsmitglied in tatsächlicher Hinsicht keine wesentlichen Nachteile entstehen: Selbst wenn dem Betriebsratsmitglied kein Beurteilungsspielraum zugebilligt wird, behält es bei entschuldbarem Irrtum über das Vorliegen von Betriebsratsaufgaben seinen Anspruch auf das Arbeitsentgelt. Eine Kündigung oder Abmahnung kommt mangels Vorwerfbarkeit ebenfalls nicht in Betracht.[88]

Resümierend ist insoweit festzuhalten, dass bezüglich des Irrtums des Betriebsratsmitglieds danach zu differenzieren ist, worauf sich der Irrtum bezieht. Hinsichtlich eines Irrtums über das Vorliegen von Betriebsratstätigkeit ist darauf abzustellen, ob dieser Irrtum entschuldbar ist; bezieht sich der Irrtum auf die Erforderlichkeit der Betriebsratstätigkeit, ist zu prüfen, ob das Betriebsratsmitglied seinen ihm insoweit zustehenden Beurteilungsspielraum nicht überschritten hat.

cc) Die Freistellung nach 38 Abs. 1 BetrVG

§ 38 Abs. 1 BetrVG sieht ab einer Betriebsgröße von mindestens 200 Arbeitnehmern vor, eine gewisse Anzahl von Betriebsratsmitgliedern vollständig von der Arbeitspflicht freizustellen. Dabei ist schon allein von der Begrifflichkeit her eine Befreiung gem. § 37 Abs. 2 BetrVG nicht identisch mit der Freistellung gem. § 38 Abs. 1 BetrVG. Der Unterschied ist auch ein rein tatsächlicher: § 37 Abs. 2 BetrVG normiert die Befreiung von der Arbeitspflicht für erforderliche Betriebsratstätigkeit. Eine solche liegt immer dann vor, wenn das Betriebsratsmitglied aus konkretem Anlass von der Arbeitspflicht entbunden wird.[89] Dazu ist aber erforderlich, dass grundsätzlich eine Arbeitspflicht besteht. Demgegenüber ist das Betriebsratsmitglied bei der Freistellung gem. § 38 Abs. 1 BetrVG von Anfang an von seinen arbeitsvertraglichen Pflichten entbunden. § 38 Abs. 1 BetrVG berücksichtigt gerade nicht den tatsächlichen Bedarf an Betriebsratstätigkeit im konkreten Einzelfall, vielmehr wird ab einer bestimmten Unternehmensgröße unwiderleglich vermutet, dass eine Freistellung zur

---

87 Richardi/*Thüsing*, BetrVG, 16. Aufl. 2018, § 37 Rn. 16.

88 Erfk/*Koch*, 19. Aufl. 2019, § 1 KSchG Rn. 188.

89 *Fitting*, BetrVG, 29. Aufl. 2018, § 38 Rn. 7; HWGNRH/*Glock*, BetrVG, 10. Aufl. 2018, § 38 Rn. 7.

ordnungsgemäßen Durchführung der Betriebsratstätigkeit erforderlich ist.[90] Dementsprechend stellt § 37 Abs. 2 BetrVG die *lex generalis* zur „generalisierenden Konkretisierung" des § 38 Abs. 1 BetrVG dar.[91]

Dass ein Betriebsratsmitglied nach § 38 Abs. 1 BetrVG von seiner Arbeitspflicht freigestellt ist, bedeutet jedoch keineswegs, dass es nun überhaupt nicht mehr arbeiten muss. Die Pflichten aus dem Arbeitsverhältnis werden durch die Pflicht der Erfüllung der Betriebsratsaufgaben abgelöst.[92] Dementsprechend muss ein Betriebsratsmitglied seine Arbeitskraft auch vollständig für die Erledigung der Betriebsratsaufgaben aufbringen.[93] Zwar unterliegt die Betriebsratstätigkeit nicht dem Direktionsrecht des Arbeitgebers, dennoch ist die Zahlung des Arbeitsentgelts nicht völlig von der Wahrnehmung der Betriebsratsaufgaben losgelöst. Übt ein freigestelltes Betriebsratsmitglied während der Arbeitszeit Tätigkeiten aus, die nicht seinen Betriebsratsaufgaben zuzurechnen sind, so wird auch der Anspruch auf Lohnzahlung für diese Zeit nicht aufrechterhalten.[94] *Natzel* spricht in diesem Zusammenhang treffend von einer „unechten Freistellung".[95] Denn während zwar die Hauptpflicht substituiert wird, hat das Betriebsratsmitglied sonstige Pflichten aus dem Arbeitsverhältnis wahrzunehmen, wie etwa die Einhaltung der betrieblichen Arbeitszeiten oder arbeitsvertragliche Treuepflichten.[96] So hat ein freigestelltes Betriebsratsmitglied die Pflicht während der regulären Arbeitszeit im Betrieb anwesend zu sein und sich für die anfallende Betriebsratsarbeit bereitzuhalten.[97] Demnach hat § 38 Abs. 1 BetrVG zwar faktischen Einfluss auf die im Synallagma stehenden Hauptpflichten.

---

90 BAG, Beschluss v. 26.07.1989 – 7 ABR 64/88, BAGE 63, 1; GK-BetrVG/*Weber*, 11. Aufl. 2018, § 38 Rn. 8; *Natzel*, NZA 2000, 77.

91 BAG, Beschluss v. 22.05.1973 – 1 ABR 2/73, BAGE 25, 204; DKKW/*Wedde*, BetrVG, 16. Aufl. 2018, § 38 Rn. 4; *Fitting*, BetrVG, 29. Aufl. 2018, § 37 Rn. 17 und § 38 Rn. 1; *Gillen/Vahle*, BB 2006, 2749, 2749; GK-BetrVG/*Weber*, 11. Aufl. 2018, § 38 Rn. 8; *Gutzeit*, System der Lohnfortzahlung, 2000, S. 72; Richardi/*Thüsing*, BetrVG, 16. Aufl. 2018, § 38 Rn. 5; a.A. HWGNRH/*Glock*, BetrVG, 10. Aufl. 2018, § 38 Rn. 65.

92 *Natzel*, NZA 2000, 77, 77.

93 *Fitting*, BetrVG, 29. Aufl. 2018, § 38 Rn. 79; *Natzel*, NZA 2000, 77, 77 f.; Richardi/*Thüsing*, BetrVG, 16. Aufl. 2018, § 38 Rn. 59.

94 BAG, Urteil v. 19.05.1983 – 6AZR 290/81, BAGE 42, 405.

95 *Natzel*, NZA 2000, 77, 78.

96 *Natzel*, NZA 2000, 77, 78.

97 BAG, Beschluss v. 24.02.2016 – 7 ABR 20/14, NZA 2016, 831, 833; BAG, Beschluss v. 13.06.2007 – 7 ABR 62/06, NZA 2007, 1301, 1303; BAG, Beschluss v. 28.08.1991 – 7 ABR 46/90, NZA 1992, 72, 73; BAG, Urteil v. 31.05.1989 – 7 AZR 277/88, NZA 1990, 313.

Daraus folgt aber keineswegs, dass Betriebsratstätigkeit und Entgeltanspruch sich synallagmatisch gegenüberstehen. Die Vergütung richtet sich nach der vertraglich geschuldeten Leistung. Kann diese nicht verrichtet werden, ohne dass dies vom Arbeitgeber zu vertreten ist oder in den Risikobereich des Arbeitgebers fällt, so verliert das Betriebsratsmitglied auch seinen Anspruch auf das Arbeitsentgelt, unabhängig davon, ob es in dieser Zeit zur Erbringung von Betriebsratstätigkeit freigestellt war.[98]

dd) Verhältnis von § 37 Abs. 2 BetrVG zu § 38 Abs. 1 BetrVG

Wie bereits festgestellt, stellt § 37 Abs. 2 BetrVG die Generalnorm zur „generalisierenden Konkretisierung" des § 38 Abs. 1 BetrVG dar.[99] Nach dem Grundsatz *lex specialis derogat legi generali* ist § 38 Abs. 1 BetrVG in seinem Anwendungsbereich Vorrang einzuräumen. Nichtsdestotrotz unterscheiden sich die Normen in Tatbestand und Rechtsfolge. § 37 Abs. 2 BetrVG stellt auf die Erforderlichkeit der Betriebsratstätigkeit im konkreten Fall ab und gewährt dementsprechend eine konkret anlassbezogene Befreiung von der grundsätzlichen Arbeitspflicht.[100] Demgegenüber ordnet § 38 Abs. 1 BetrVG die Freistellung und somit die allgemeine, generelle Entbindung von der Arbeitspflicht an.[101] Tatbestandlich setzt § 38 Abs. 1 BetrVG dazu lediglich die Betriebsratseigenschaft sowie eine bestimmte Betriebsgröße gemessen an Arbeitnehmerzahlen voraus, von der gestaffelt die Anzahl der zu befreienden Betriebsratsmitglieder abhängt.

(1) Anwendbarkeit von § 37 Abs. 2 BetrVG auf freigestellte Betriebsratsmitglieder

Heute weitgehend unstrittig ist, dass auch für freigestellte Betriebsratsmitglieder das Lohnausfallprinzip gilt.[102] Ob sich dieses jedoch unmittelbar auf § 38 Abs. 1

98 BAG, Urteil v. 31.07.1986 – 6 AZR 298/84, DB 1987, 1845; siehe dazu auch unter Gliederungspunkt IV. 1.

99 Siehe bereits Gliederungspunkt I. 2. c) cc); BAG, Beschluss v. 22.05.1973 – 1 ABR 2/73, BAGE 25, 204; DKKW/*Wedde*, BetrVG, 16. Aufl. 2018, § 38 Rn. 4; *Fitting*, BetrVG, 29. Aufl. 2018, § 37 Rn. 17; *Gillen/Vahle*, BB 2006, 2749, 2749; GK-BetrVG/*Weber*, 11. Aufl. 2018, § 38 Rn. 8; *Gutzeit*, System der Lohnfortzahlung, 2000, S. 72; Richardi/*Thüsing*, BetrVG, 16. Aufl. 2018, § 38 Rn. 5; a.A. HWGNRH/*Glock*, BetrVG, 10. Aufl. 2018, § 38 Rn. 65.

100 Siehe bereits Gliederungspunkt I. 2. c) bb) (2).

101 *Fitting*, BetrVG, 29. Aufl. 2018, § 38 Rn. 7.

102 DKKW/*Wedde*, BetrVG, 16. Aufl. 2018, § 38 Rn. 73; *Fitting*, BetrVG, 29. Aufl. 2018, § 38 Rn. 85; GK-BetrVG/*Weber*, 11. Aufl. 2018, § 38 Rn. 97; HWGNRH/*Glock*,

BetrVG stützen lässt oder ob ein Rückgriff auf § 37 Abs. 2 BetrVG erforderlich ist, wird unterschiedlich beurteilt.

Lipp sieht § 38 Abs. 1 BetrVG als abschließende Regelung und Spezialregelung zu § 37 Abs. 2 BetrVG an, der neben der Anordnung der Befreiung von der Tätigkeit auch Ausdruck des Lohnausfallprinzips ist. § 37 Abs. 2 BetrVG finde demnach keine Anwendung auf freigestellte Betriebsratsmitglieder.[103] Dass § 38 BetrVG zu § 37 Abs. 2 BetrVG abschließend sei, ergebe sich aus § 38 Abs. 3 BetrVG, der zwar auf § 37 Abs. 4 und 5 BetrVG, jedoch gerade nicht auf § 37 Abs. 2 BetrVG verweise.[104] Der Rechtsgedanke des § 37 Abs. 2 BetrVG sowie das Lohnausfallprinzip könnten lediglich in entsprechender Anwendung herangezogen werden.[105] Auf welcher Anspruchsgrundlage der Anspruch auf das Arbeitsentgelt beruhen soll, bleibt insoweit ungeklärt.

Aden sieht die Betriebsratstätigkeit des freigestellten Betriebsratsmitglieds als eigenständigen Beruf und stellt als Anspruchsgrundlage für das Arbeitsentgelt insoweit konsequent auf den Arbeitsvertrag ab.[106] Allerdings kann die Prämisse *Adens*, dass Betriebsratsamt sei für freigestellte Betriebsratsmitglieder ein eigenständiger Beruf, angesichts des geltenden Ehrenamtsprinzips bereits nicht überzeugen.[107]

Rechtsprechung und Teile der Literatur wenden auch auf freigestellte Betriebsratsmitglieder § 37 Abs. 2 BetrVG an. Der Anspruch auf das Arbeitsentgelt für die Zeit der Freistellung ergibt sich demnach aus dem Arbeitsvertrag i.V.m. § 37 Abs. 2 BetrVG.[108]

BetrVG, 10. Aufl. 2018, § 38 Rn. 65; Richardi/*Thüsing*, BetrVG, 16. Aufl. 2018, § 38 Rn. 56; a.A. *Chen*, der annimmt, dass für freigestellte Betriebsratsmitglieder das Lohnausfallprinzip „theoretisch nicht unmittelbar gilt", da sie während der Freistellung keine Arbeit versäumen, die zu entlohnen wäre und daher auf einen hypothetischen Lohn abstellt, *Chen*, Zum Schutz der Repräsentanten der Arbeitnehmer im Recht der Betriebsverfassung und der Unternehmensmitbestimmung, 1995, S. 77, dabei verkennt *Chen*, dass das Lohnausfallprinzip ja gerade eine hypothetische Betrachtung erfordert; siehe dazu bereits Gliederungspunkt I. 2.; so auch *Lipp*, Honorierung und Tätigkeitsschutz von Betriebsratsmitgliedern, 2008, S. 45.

103 *Lipp*, Honorierung und Tätigkeitsschutz von Betriebsratsmitgliedern, 2008, S. 44 ff.; so auch *Aden*, RdA 1980, 256, 258.

104 *Aden*, RdA 1980, 256, 258.

105 *Lipp*, Honorierung und Tätigkeitsschutz von Betriebsratsmitgliedern, 2008, S. 46.

106 *Aden*, RdA 1980, 256, 258.

107 Siehe zum Ehrenamtsprinzip bereits Gliederungspunkt I. 1.

108 BAG, Urteil v. 18.07.1991 – 7 AZR 41/90, BAGE 68, 292; LAG Hamm, Urteil v. 30.01.2015 – 13 Sa 933/14, juris; LAG Hamburg, Urteil v. 24.01.1977 – 2 Sa 119/77, juris; GK-BetrVG/*Weber*, 11. Aufl. 2018, § 38 Rn. 97; Richardi/*Thüsing*, BetrVG, 16.

Letzterer Ansicht ist zuzustimmen. Der Wortlaut des § 38 Abs. 1 BetrVG enthält – anders als § 37 Abs. 2 BetrVG – keinen Verweis auf einen Entgeltschutz. Somit enthält die Norm keinen Anhaltspunkt für das Lohnausfallprinzip. Zwar ist es durchaus richtig § 38 Abs. 1 BetrVG als Spezialregelung zu § 37 Abs. 2 BetrVG zu sehen, die im Rahmen ihrer Reichweite die Generalnorm verdrängt. Das kann aber nur für die Reichweite der Spezialregelung gelten. Trifft die Generalnorm darüber hinaus noch weitere Regelungen, so muss sie insoweit neben der Spezialnorm anwendbar bleiben. § 38 Abs. 1 BetrVG bezieht sich jedoch nur auf die Freistellung von Betriebsratsmitgliedern an sich. Hinsichtlich des Entgeltschutzes trifft § 38 Abs. 1 BetrVG keine Regelungen, sodass insoweit § 37 Abs. 2 BetrVG anwendbar bleibt. § 38 Abs. 3 BetrVG kann dabei nicht entnommen werden, dass § 38 BetrVG zu § 37 Abs. 2 BetrVG abschließend sein soll. § 38 Abs. 3 BetrVG verlängert die Schutzfristen für Betriebsratsmitglieder, die drei volle aufeinanderfolgende Amtszeiten freigestellt waren, von einem auf zwei Jahre nach Ablauf der Amtszeit, um diesen die Möglichkeit zu geben, eine unter Umständen durch die Freistellung unterbliebene berufliche Entwicklung nachzuholen und ihr Entgeltniveau aufrechtzuerhalten.[109] Der ausschließliche Verweis auf § 37 Abs. 4 BetrVG hat dabei nicht die Aufgabe die Anwendbarkeit von § 37 Abs. 2 BetrVG auf freigestellte Betriebsratsmitglieder auszuschließen, vielmehr dient der einjährige Schutzzeitraum des § 37 Abs. 4 BetrVG als Anknüpfungspunkt für die Modifikation § 38 Abs. 4 BetrVG. Demnach ist § 37 Abs. 2 BetrVG auch auf freigestellte Betriebsratsmitglieder anwendbar. Der Anspruch auf das Arbeitsentgelt für freigestellte Betriebsratsmitglieder ergibt sich somit ebenfalls aus dem Arbeitsvertrag i.V.m. § 37 Abs. 2 BetrVG.

(2) Freistellung über die Mindestzahlen des § 38 Abs. 1 BetrVG hinaus

§ 38 Abs. 1 S. 1 BetrVG sieht eine Freistellung einer gewissen Zahl von Betriebsratsmitgliedern gestaffelt nach der Größe des Betriebes als Mindestmaß vor. Damit normiert § 38 Abs. 1 S. 1 BetrVG jedoch lediglich eine Grenze nach unten.[110] Eine Abweichung von dieser Regelung ist nach § 38 Abs. 1 S. 5 BetrVG durch Tarifvertrag oder Betriebsvereinbarung möglich. Doch auch außerhalb

---

Aufl. 2018, § 38 Rn. 56; *Sturm*, Die Vergütung freigestellter und dauerhaft von der Arbeit befreiter Betriebsratsmitglieder, 2016, S. 57; ohne Nennung einer Rechtsgrundlage lediglich abstellend auf das Lohnausfallprinzip *Fitting*, BetrVG, 29. Aufl. 2018, § 38 Rn. 85.

109 *Fitting*, BetrVG, 29. Aufl. 2018, § 38 Rn. 92.

110 Vgl. BAG, Beschluss v. 22.05.1973 – 1 ABR 2/73, AP BetrVG 1972 § 38 Nr. 2.

von Tarifvertrag und Betriebsvereinbarung kann eine über § 38 Abs. 1 S. 1 BetrVG hinausgehende Freistellung möglich sein. Dies lässt der Wortlaut des § 38 Abs. 1 S. 1 BetrVG durchaus zu, jedoch wird dadurch nicht die Möglichkeit eröffnet, Betriebsratsmitglieder von ihrer Arbeitspflicht zu befreien und ihnen somit eine Begünstigung in Form von Freizeit oder einem wesentlich reduzierten Arbeitspensum zu gewähren. Ein derartiges Szenario ließe sich nicht in Einklang mit dem Begünstigungsverbot des § 78 S. 2 Alt. 2 BetrVG bringen. So wird in der Literatur eine Regelung der Freistellung weit über die gesetzliche Regelung hinaus als ein Indiz für eine unzulässige Begünstigung angesehen.[111]

Hinsichtlich eines Anspruchs auf über die Staffelung des § 38 Abs. 1 BetrVG hinausgehende Freistellungen ist die Reichweite des § 38 Abs. 1 BetrVG entscheidend. Diese erfasst lediglich ein Mindestmaß an freizustellenden Betriebsratsmitgliedern. Insoweit verdrängt § 38 Abs. 1 S. 1 BetrVG den § 37 Abs. 2 BetrVG. Ein Anspruch auf eine darüber hinausgehende Arbeitsbefreiung ist wiederum am Maßstab der Grundnorm des § 37 Abs. 2 BetrVG zu messen. Danach kann im Einzelfall auch ein Anspruch eines Betriebsratsmitglieds auf eine vollständige Freistellung von der Arbeitspflicht bestehen, wenn dies zur ordnungsgemäßen Durchführung der Betriebsratsaufgaben erforderlich ist.[112] § 37 Abs. 2 BetrVG meint zwar grundsätzlich die Arbeitsbefreiung aus konkretem Anlass. Lässt sich jedoch darlegen, dass es erforderlich ist das Betriebsratsmitglied vollständig freizustellen, so lässt sich dies ebenfalls auf § 37 Abs. 2 BetrVG stützen.[113] Der Betriebsrat muss darlegen, dass sowohl eine anlassbezogene Freistellung als auch eine Vertretung durch ein Ersatzmitglied (§ 25 Abs. 2 S. 2 BetrVG) nicht genügen, um die anfallenden Betriebsratsaufgaben ordnungsgemäß zu erfüllen[114] und somit der Bedarf an weiteren Freistellungen über die gesamte Restdauer

---

111 Richardi/*Thüsing*, BetrVG, 16. Aufl. 2018, § 38 Rn. 23.

112 So auch die heute ganz h.M.: BAG, Beschluss v. 26.06.1996 – 7 ABR 48/95, AP BetrVG 1972 § 38 Nr. 17; BAG, Beschluss v. 26.07.1989 – 7 ABR 64/88, AP BetrVG 1972 § 38 Nr. 10; BAG, Beschluss v. 09.10.1973 – 1 ABR 29/73, AP Nr. 3 zu § 38 BetrVG 1972; BAG, Beschluss v. 22.05.1973 – 1 ABR 2/73, AP BetrVG 1972 § 38 Nr. 2; ErfK/*Koch*, 19. Aufl. 2019, § 38 BetrVG Rn. 2; *Fitting*, BetrVG, 29. Aufl. 2018, § 38 Rn. 19; *Gillen/Vahle*, BB 2006, 2749, 2752; GK-BetrVG/*Weber*, 11. Aufl. 2018, § 38 Rn. 40; *Jülicher*, AuR 1973, 161, 162 f.; Richardi/*Thüsing*, BetrVG, 16. Aufl. 2018, § 38 Rn. 17; a.A. HWGNRH/*Glock*, BetrVG, 10. Aufl. 2018, § 38 Rn. 17, der § 38 BetrVG schon nicht als Unterfall des § 37 Abs. 2 BetrVG betrachtet.

113 *Gillen/Vahle*, BB 2006, 2749, 2752.

114 BAG, Beschluss vom 12.02.1997 – 7 ABR 40/96, NZA 1997, 782, 783.

der Wahlperiode besteht.[115] Das heißt: Soweit es erforderlich ist, besteht ein Anspruch auf über die Mindestzahlen des § 38 Abs. 1 BetrVG hinausgehende Freistellungen.

Daneben stellt sich jedoch die Frage, ob der Arbeitgeber auch eine über die Erforderlichkeit hinausgehende Freistellung von Betriebsratsmitgliedern gewähren *darf*. Die Zulässigkeit einer über die Mindestzahlen des § 38 Abs. 1 S. 5 BetrVG hinausgehenden Freistellung wird durch § 38 Abs. 1 S. 5 BetrVG bereits implementiert. Danach können durch Tarifvertrag oder Betriebsvereinbarung von § 38 Abs. 1 S. 1 – 4 BetrVG abweichende Regelungen über die Freistellung vereinbart werden. Dies eröffnet den Parteien nach Ansicht der Rechtsprechung und der Literatur jedenfalls die Möglichkeit, ein Überschreiten der Mindestzahl der Freistellung einvernehmlich festzulegen.[116] Über die Öffnungsklausel des § 38 Abs. 1 S. 5 BetrVG darf jedoch keine grenzenlose Freistellung erfolgen: Eine über die Mindestzahlen des § 38 Abs. 1 BetrVG hinausgehende Freistellung darf nicht in eine persönliche Begünstigung einzelner Betriebsratsmitglieder umschlagen.[117] § 78 S. 2 BetrVG ist zwingendes Recht – eine Abweichung ist auch durch Tarifvertrag oder Betriebsvereinbarung nicht zulässig.[118]

Teilweise wird eine Begünstigung einzelner Betriebsratsmitglieder aufgrund einer über § 38 Abs. 1 BetrVG hinausgehenden Freistellung vollständig verneint, da § 38 Abs. 1 BetrVG lediglich eine Regelung zur Mindestfreistellung darstelle.[119] *Waas* führt aus, dass § 78 S. 2 BetrVG keine „eigenständige Bedeutung als Schranke der Vereinbarungsbefugnis der Betriebsparteien" zukomme.[120] *Purschwitz* verneint ebenfalls einen Verstoß gegen § 78 S. 2 BetrVG: Eine über die Mindestfreistellungszahlen des § 38 Abs. 1 BetrVG hinausgehende Freistellung sei nur durch Vereinbarung möglich, die auf dem Grundsatz der vertrauensvollen

---

115 BAG, Beschluss v. 13.11.1991 – 7 ABR 5/91, NZA 1992, 414, 415; BAG, Beschluss v. 26.07.1989 – 7 ABR 64/88, NZA 1990, 621; LAG Rheinland-Pfalz, Urteil v. 19.12.2003 – 8 TaBV 558/03, BeckRS 2004, 40437; ErfK/*Koch*, 19. Aufl. 2019, § 38 BetrVG Rn. 2.

116 BAG, Beschluss v. 11.06.1997 – 7 ABR 5/96, NZA 1997, 1301, 1302; *Fitting*, BetrVG, 29. Aufl. 2018, § 38 Rn. 28, 30; GK-BetrVG/*Weber*, 11. Aufl. 2018, § 38 Rn. 27; HWGNRH/*Glock*, BetrVG, 10. Aufl. 2018, § 38 Rn. 26; Richardi/*Thüsing*, BetrVG, 16. Aufl. 2018, § 38 Rn. 23; DKKW/*Wedde*, BetrVG, 16. Aufl. 2018, § 38 Rn. 28, der allerdings nur ein Überschreiten der Mindestzahl für zulässig erachtet.

117 Vgl. *Fitting*, BetrVG, 29. Aufl. 2018, § 78 Rn. 22; HWGNRH/*Worzalla*, BetrVG, 10. Aufl. 2018, § 78 Rn. 24.

118 *Fitting*, BetrVG, 29. Aufl. 2018, § 78 Rn. 4.

119 Düwell/*Lorenz*, BetrVG, 5. Aufl. 2018, § 78 Rn. 23.

120 *Waas*, Betriebsrat und Arbeitszeit, 2011, S. 39.

Zusammenarbeit gem. § 2 Abs. 1 BetrVG basiere. Dieser Grundsatz sowie das Begünstigungs- und Benachteiligungsverbot in § 78 S. 2 BetrVG stünden gleichrangig nebeneinander; die Einschränkung des Begünstigungsverbots rechtfertige sich durch die Verwirklichung des Grundsatzes der vertrauensvollen Zusammenarbeit.[121] Damit ließe sich jedoch jegliche Begünstigung rechtfertigen, solange diese – dem Grundsatz der vertrauensvollen Zusammenarbeit entsprechend – zwischen Arbeitgeber und Betriebsrat ausgehandelt wurde.

Insoweit wird jedoch die Reichweite des Begünstigungsverbots verkannt: Zu Recht führt *Esser* an, dass eine zusätzliche Freistellung, die lediglich zur Besserstellung des Betriebsrats als Gremium führt, keine unzulässige Begünstigung nach § 78 S. 2 BetrVG sein kann.[122] Eine unzulässige Begünstigung kann immer nur dann vorliegen, wenn ein Betriebsratsmitglied einen persönlichen Vorteil erlangt. Selbst wenn ein Betriebsratsmitglied seine Betriebsratsarbeit durch „gemütliches Kaffeetrinken" ausübe, soll nach Ansicht *Essers* keine Begünstigung vorliegen.[123] Letzteres lässt sich durchaus kritisch sehen. Klar ist jedoch: Eine Freistellung, die lediglich zur Freizeit gewährt wird, ist nicht mit § 78 S. 2 BetrVG zu vereinbaren. Eine solche Freistellung schlägt auf die persönliche Ebene durch und begünstigt konkret das freigestellte Betriebsratsmitglied.[124] Auch wenn eine Freistellung der Betriebsratsmitglieder nicht zur Abwesenheit vom Betrieb befugt,[125] kann bereits in der Reduzierung des Pensums der Betriebsratstätigkeit eine Begünstigung erblickt werden. Dies umfasst auch den Fall, dass ein Betriebsratsmitglied sich zwar im Betrieb für Betriebsratstätigkeit bereithält, weil diese jedoch gar nicht anfällt, den Arbeitstag mit Kaffeetrinken und Zeitungslesen verbringen kann. Gleiches wird man für den Fall annehmen müssen, dass durch eine zusätzliche Freistellung sich das Arbeitsvolumen sämtlicher Betriebsratsmitglieder soweit reduziert, dass diese regelmäßig weitaus vor Ende der regulären Arbeitszeit ihre Betriebsratsaufgaben erledigt haben.[126]

---

121 *Purschwitz*, Das betriebsverfassungsrechtliche Benachteiligung- und Begünstigungsverbot nach § 78 Satz 2 BetrVG, 2015, S. 300 f.

122 So auch GK-BetrVG/*Kreutz*, 11. Aufl. 2018, § 78 Rn. 22.

123 *Esser*, Die Begünstigung von Mitgliedern des Betriebsrats, 2013, S. 110.

124 So auch *Esser*, Die Begünstigung von Mitgliedern des Betriebsrats, 2013, S. 110.

125 Vgl. BAG, Beschluss v. 24.02.2016 – 7 ABR 20/14, NZA 2016, 831, 833; BAG, Beschluss v. 13.06.2007 – 7 ABR 62/06, NZA 2007, 1301, 1303; BAG, Beschluss v. 28.08.1991 – 7 ABR 46/90, NZA 1992, 72, 73.

126 A.A. *Esser*, Die Begünstigung von Mitgliedern des Betriebsrats, 2013, S. 110, der Freizeit des Betriebsratsmitglieds regelmäßig erst dann annimmt, wenn dieses das Betriebsgelände verlässt.

Künzel sieht die Grenze einer Begünstigung an dem Punkt überschritten, sobald eine Freistellung „sachlich nicht durch Amtstätigkeiten geboten" ist.[127] Dies ist stark an den Erforderlichkeitsgrundsatz des § 37 Abs. 2 BetrVG angelehnt und erscheint daher zu eng. Richtigerweise wird man eine Begünstigung des einzelnene Betriebsratsmitglieds ablehnen müssen, wenn durch die zusätzliche Freistellung die Betriebsratsarbeit gefördert wird. Förderlich kann eine Betriebsratsarbeit auch dann sein, wenn diese nicht erforderlich im Sinne des § 37 Abs. 2 BetrVG ist.

Beispielshaft ließe sich hier an eine zusätzliche Sprechstunde denken, die zwar nicht im engeren Sinne erforderlich ist, die der Belegschaft jedoch eine flexiblere Kommunikation mit dem Betriebsrat ermöglicht.

Entscheidend ist dabei, dass eine erhöhte personelle Ausstattung durch eine zusätzliche Freistellung dem Betriebsrat als Gremium zugutekommt und dieser dadurch ein über die Erforderlichkeit hinausgehendes Mehr an betrieblicher Mitbestimmung zu leisten vermag. Keinesfalls darf eine zusätzliche Freistellung hingegen dazu führen, dass dadurch einem Betriebsratsmitglied Arbeitszeit eingeräumt wird, in der dieses betriebsfremden oder persönlichen Tätigkeiten nachgeht.[128]

Ob ein Bedarf an über die Mindestzahlen des § 38 Abs. 1 BetrVG hinausgehender Freistellung für die Förderung der Betriebsratstätigkeit besteht, bedarf einer Prognose.[129] Entsprechend dem Kriterium der Erforderlichkeit im Rahmen des § 37 Abs. 2 BetrVG[130] ist den Parteien ebenso ein Beurteilungsspielraum hinsichtlich des Bedarfs an über die Mindestzahlen des § 38 Abs. 1 BetrVG hinausgehenden Freistellungen zuzusprechen, denn die Festlegung einer höheren, für die Betriebsratstätigkeit förderlichen Anzahl von Freistellungen erfolgt zwangsläufig aus einer *ex ante*-Perspektive. In regelmäßigen Abständen bedarf es daher einer Überprüfung und ggf. einer Anpassung der Freistellungzahlen. Insoweit bietet sich der Zeitpunkt unmittelbar vor der jeweiligen Amtszeit an.

---

127 APS/*Künzel*, 5. Aufl. 2017, § 78 BetrVG Rn. 54; so wohl auch *Fitting*, BetrVG, 29. Aufl. 2018, § 78 Rn. 22; HWGNRH/*Worzalla*, BetrVG, 10. Aufl. 2018, § 78 Rn. 24, der in jeder über § 38 Abs. 1 BetrVG hinausgehenden, nicht erforderlichen Freistellung einen Verstoß gegen § 78 S. 2 BetrVG sieht; ebenfalls GK-BetrVG/*Weber*, 11. Aufl. 2018, § 38 Rn. 29 f., der § 37 Abs. 2 BetrVG als Maßstab der Öffnungsklausel des § 38 Abs. 1 S. 5 BetrVG ansieht.

128 Enger *Bayreuther*, NZA 2019, 430, 431.

129 Zu den allgemeinen Maßstäben einer Prognose siehe *Beden*, Arbeitsrechtliche Prognoseentscheidungen, 2020.

130 Siehe dazu bereits Gliederungspunkt I. 2. c) bb) (3).

(3) *Auswirkungen von nicht mehr der Betriebsratsarbeit förderlichen Freistellungen auf das Arbeitsentgelt des jeweiligen Betriebsratsmitglieds*

Wird jedoch aus *ex ante*-Perspektive eine diese Maßstäbe überschreitende Anzahl von Freistellungen vereinbart, stellt sich die Frage, wie sich dies auf das Entgelt der freigestellten Betriebsratsmitglieder auswirkt. Richtigerweise ist der Vergütungsanspruch für die Zeit, in der das freigestellte Betriebsratsmitglied mangels Bedarfs keiner Betriebsratstätigkeit nachgeht, aufrechtzuerhalten: Anspruchsgrundlage für die Vergütung freigestellter Betriebsratsmitglieder ist grundsätzlich § 611a BGB i.V.m. § 37 Abs. 2 BetrVG.[131] Dies kann jedoch nicht für Freistellungen gelten, die über das Mindestmaß des § 38 Abs. 1 BetrVG hinausgehen und nicht im Sinne des § 37 Abs. 2 BetrVG erforderlich sind. Anspruchsgrundlage kann daher nur der Arbeitsvertrag i.V.m. der Freistellungsvereinbarung in der Betriebsvereinbarung bzw. dem Tarifvertrag sein. Doch auch aus dem Arbeitsvertrag i.V.m. der Freistellungsvereinbarung ergibt sich kein Vergütungsanspruch: Werden Betriebsratsmitglieder durch die über § 38 Abs. 1 BetrVG hinausgehenden Freistellungen begünstigt, ist auch die Freistellungsvereinbarung nichtig, soweit ein Verstoß gegen § 78 S. 2 BetrVG vorliegt.[132] Das heißt: Auf Grundlage einer solchen nichtigen Vereinbarung kann der Vergütungsanspruch des Betriebsratsmitglieds nicht aufrechterhalten werden.

Allerdings wird der Vergütungsanspruch nach § 615 S. 1 BGB aufrechterhalten. § 615 S. 1 BGB setzt Annahmeverzug des Arbeitgebers voraus. Etwa kommt ein Arbeitgeber im Falle der Freistellung von der Arbeitspflicht im Rahmen einer Kündigung in Annahmeverzug, ohne dass es eines wörtlichen oder gar tatsächlichen Angebots seitens des Arbeitnehmers bedarf. Wie in der Rechtsprechung unlängst festgestellt, ist in der Erklärung der Freistellung regelmäßig ein Verzicht auf die Annahme der Arbeitsleistung zu sehen.[133]

Freilich ist im ungekündigten Arbeitsverhältnis ein wörtliches Angebot regelmäßig nicht nach § 296 BGB entbehrlich,[134] für eine über die Mindestzahlen des § 38 Abs. 1 BetrVG hinausgehende, gegen § 78 S. 2 BetrVG verstoßende Freistellungsvereinbarung muss dies aber anders gesehen werden: Hat sich der

---

131 Siehe dazu bereits Gliederungspunkt I. 2.

132 GK-BetrVG/*Kreutz*, 11. Aufl. 2018, § 78 Rn. 25; siehe zur Nichtigkeitsfolge auch unter Gliederungspunkt VI. 2. a).

133 BAG, Urteil v. 23.09.2009 – 5 AZR 518/08, NZA 2010, 781, 783; BAG, Urteil v. 23.01.2008 – 5 AZR 393/07, NZA 2008, 595; BAG, Urteil v. 06.09.2006 – 5 AZR 703/05, NZA 2007, 36, 38.

134 BAG, Urteil v. 16.04.2013 – 9 AZR 554/11, NZA 2013, 849; Schaub/*Linck*, ArbRHdb, 18. Aufl. 2019, § 95 Rn. 25.

Arbeitgeber auf eine entsprechende Vereinbarung eingelassen, wäre es widersinnig, nun von einem Betriebsratsmitglied zu fordern, seine Arbeitsleistung zumindest wörtlich anzubieten, denn der Arbeitgeber hat aufgrund der angestellten Prognose Kenntnis darüber, dass ein Bedarf an einer derart weitreichenden Freistellung nicht besteht. Es kann nicht verlangt werden, den Arbeitgeber auf Umstände aufmerksam zu machen, die ihm bereits vorher bekannt sind. Die Freistellungsvereinbarung muss als Erklärung des Arbeitgebers aufgefasst werden, er werde eine Arbeitsleistung nicht annehmen. Solange es dem Betriebsratsmitglied möglich wäre, die Arbeitsleistung zu erbringen (§ 297 BGB) – wovon man jedenfalls ausgehen kann, solange das Betriebsratsmitglied im Betrieb anwesend ist –, kommt der Arbeitgeber in Verzug. Der Vergütungsanspruch wird für die Zeit nach § 615 S. 1 BGB aufrechterhalten. Dabei macht es keinen Unterschied, ob durch die zusätzlichen Freistellungen ein Betriebsratsmitglied völlig von der Betriebsratsarbeit entbunden ist oder diese zusätzliche „freie Arbeitszeit" auf mehrere Betriebsratsmitglieder aufgeteilt wird.[135]

Dies ist auch aus einem anderen Aspekt überzeugend: Die Begünstigung, die ein Betriebsratsmitglied durch gegen § 78 S. 2 BetrVG verstoßende, zusätzliche Freistellungen erfährt, ist nicht in einem unangemessenen Entgelt für die Betriebsratstätigkeit zu sehen. Vielmehr entsteht die Begünstigung durch ein geringeres Arbeitspensum. Auch bei einem nicht vollständig freigestellten Betriebsratsmitglied würde man keine Kürzung der Vergütung vornehmen, wenn ein Arbeitgeber diesem ein zu geringes Arbeitspensum zuweist.

3. Das betriebsverfassungsrechtliche Benachteiligungs- und Begünstigungsverbot in § 78 S. 2 BetrVG

Neben das Ehrenamts- und Lohnausfallprinzip in § 37 BetrVG tritt mit § 78 S. 2 BetrVG eine ergänzende Normierung: Danach dürfen Betriebsratsmitglieder ausdrücklich weder benachteiligt, noch begünstigt werden.

a) Grundgedanken des Benachteiligungs- und Begünstigungsverbots

In Korrelation zum Ehrenamtsprinzip des § 37 Abs. 1 BetrVG steht das Benachteiligungs- und Begünstigungsverbot des § 78 S. 2 BetrVG. Insoweit ist es kaum verwunderlich, dass Sinn und Zweck des Benachteiligungs- und Begünstigungsverbots ebenso wie beim Ehrenamtsprinzip in der Gewährleistung der inneren

135 A.A. *Bayreuther*, NZA 2019, 430, 430.

und äußeren Unabhängigkeit der Betriebsratsmitglieder gesehen werden.[136] Die maßgebliche Aufgabe des Betriebsrats ist es Belegschaftsinteressen wahrzunehmen. Diese stehen oftmals zwangsläufig mit den Interessen des Arbeitgebers an einem kostenminimierenden und möglichst effizienten Arbeitsablauf im Widerstreit. Der Betriebsrat ist in seiner Funktion als Interessenvertreter der Arbeitnehmer gerade als Gegenpart zum Arbeitgeber und den Arbeitgeberinteressen ausgestaltet.[137] Diese gesetzliche Konzeption kann in der Praxis jedoch nur dann funktionieren, wenn Betriebsratsmitglieder nicht in einen Interessenkonflikt, insbesondere mit eigenen Interessen, geraten. Die Aussicht auf eine persönliche Begünstigung oder die Gefahr persönlicher Nachteile kann das Betriebsratsmitglied in seinem Handeln beeinflussen und so die Funktionsfähigkeit der gesetzlichen Mitbestimmungsordnung gefährden.[138] § 78 S. 2 BetrVG ist gerade Ausdruck und Reaktion auf diese, dem Betriebsratsamt immanente Gefährdungssituation.[139] Es soll gerade ausgeschlossen werden, dass das Betriebsratsmitglied bei seinem Handeln durch begünstigende Leistungen seitens des Arbeitgebers beeinflusst wird. Insoweit sichert § 78 S. 2 BetrVG auch das Lohnausfallprinzip: Auch freiwillig darf der Arbeitgeber dem Betriebsratsmitglied keine nach dem Lohnausfallprinzip nicht geschuldete Vergütung zukommen lassen, weil der Arbeitgeber ansonsten zu seinen Gunsten beeinflussend auf das Betriebsratsmitglied einwirken könnte. Es kommt jedoch nicht darauf an, dass der Arbeitgeber das Betriebsratsmitglied tatsächlich zu einem gewissen Handeln veranlasst hat oder die Begünstigung als Belohnung für ein vorangegangenes Handeln erfolgt.[140] Damit trägt diese Norm nicht nur zum Schutz des einzelnen Betriebsratsmitglieds vor Interessenkonflikten bei, auch das öffentliche Interesse an der Funktionsfähigkeit des Betriebsrats wird gesichert.[141]

---

136 DKKW/*Buschmann*, BetrVG, 16. Aufl. 2018, § 78 Rn. 23; *Fitting*, BetrVG, 29. Aufl. 2018, § 78 Rn. 14.

137 *Purschwitz*, Das betriebsverfassungsrechtliche Benachteiligungs- und Begünstigungsverbot nach § 78 Satz 2 BetrVG, 2015, S. 39.

138 Richardi/*Thüsing*, BetrVG, 16. Aufl. 2018, § 78 Rn. 3.

139 DKKW/*Buschmann*, BetrVG, 16. Aufl. 2018, § 78 Rn. 1.

140 BAG, Urteil v. 21.03.2018 – 7 AZR 590/16, NJW 2018, 2508, 2509; GK-BetrVG/*Kreutz*, 11. Aufl. 2018, § 78 Rn. 83.

141 APS/*Künzel*, 5. Aufl. 2017, § 78 BetrVG Rn. 2; ErfK/*Kania*, 19, Aufl. 2019, § 78 BetrVG Rn. 1; GK-BetrVG/*Kreutz*, 11. Aufl. 2018, § 78 Rn. 2; HWGNRH/*Worzalla*, BetrVG, 10. Aufl. 2018, § 78 Rn. 1; *Purschwitz*, Das betriebsverfassungsrechtliche Benachteiligungs- und Begünstigungsverbot nach § 78 Satz 2 BetrVG, 2015, S. 40; *Sturm*, Die Vergütung freigestellter und dauerhaft von der Arbeit befreiter Betriebsratsmitglieder, 2016, S. 108.

b) Gebotene Begünstigungen

Eine unzulässige Begünstigung liegt dann nicht vor, wenn die Gewährung von Vorteilen dem Betriebsratsmitglied vom Gesetz ausdrücklich zugesprochen wird. Dies gilt etwa für den Sonderkündigungsschutz des § 15 Abs. 1 KSchG. Dabei stellt § 15 Abs. 1 KSchG eine Spezialregelung zu § 78 S. 2 BetrVG dar.[142] Letztendlich zielt § 15 KSchG auch nicht auf die Begünstigung von Betriebsratsmitgliedern ab, vielmehr verfolgt die Norm zum einen den Zweck, die Stetigkeit der Betriebsratsarbeit zu sicheren, indem gewährleistet wird, dass die personelle Zusammensetzung des Betriebsrats während einer Wahlperiode möglichst unverändert erhalten bleibt.[143] Zum anderen sollen Betriebsratsmitglieder nicht befürchten müssen, die Ausübung von Betriebsratsaufgaben und damit einhergehende Konflikte mit dem Arbeitgeber könnten diesen zu einer Kündigung veranlassen. Zweiter Regelungszweck ist damit ebenso wie von §§ 37 Abs. 1 und 78 S. 2 BetrVG die Sicherung der Unabhängigkeit der Betriebsratsmitglieder.[144]

Ebenfalls eine gesetzlich gebotene Begünstigung stellt die Arbeitsbefreiung zur Teilnahme an Schulungs- und Bildungsveranstaltungen gem. § 37 Abs. 6 und Abs. 7 BetrVG dar. Das Gesetz geht davon aus, dass die Betriebsratsarbeit so vielseitig ist und sich teilweise als derart schwierig erweist, dass eine ordnungsgemäße Erfüllung der dem Betriebsratsmitglied obliegenden Aufgaben nur möglich ist, wenn es an entsprechenden Schulungen und Bildungsveranstaltungen teilgenommen hat.[145] Die Teilnahme an solchen Schulungs- und Bildungsveranstaltungen soll daher ebenso zur Funktionsfähigkeit der Betriebsverfassung beitragen.[146]

Die im Gesetz normierten Begünstigungen fördern dabei die Funktionsfähigkeit der gesetzlichen Mitbestimmungsordnung, etwa durch Gewährleistung der Unabhängigkeit der Betriebsratsmitglieder oder durch fachgerechte Schulung in Betriebsratsaufgaben. Primäres Ziel der gesetzlich gewährten Begünstigungen kann daher nicht der Ausgleich von Nachteilen sein, die mit dem Betriebsratsamt unweigerlich einhergehen. Vielmehr verfolgen diese Begünstigungen ein

---

142 ErfK/*Kiel*, 19. Aufl. 2019, § 15 KSchG Rn. 1.

143 BAG, Urteil v. 26.11.2009 – 2 AZR 185/08, NZA 2010, 443; BAG, Urteil v. 02.03.2006 – 2 AZR 83/05, NZA 2006, 988; BAG, Urteil v. 23.01.2002 – 7 AZR 611/00, NZA 2002, 986; BAG, Urteil v. 17.02.1983 – 2 AZR 481/81, NJW 1983, 1927; APS/*Linck*, 5. Aufl. 2017, § 15 KSchG Rn. 1; so auch *Eylert/Sänger*, RdA 2010, 24, 25.

144 APS/*Linck*, 5. Aufl. 2017, § 15 KSchG Rn. 1.

145 *Fitting*, BetrVG, 29. Aufl. 2018, § 37 Rn. 136.

146 Richardi/*Thüsing*, BetrVG, 16. Aufl. 2018, § 78 Rn. 32.

kollektives, den Betriebsrat als Institution schützendes Ziel. Zwar partizipiert das Betriebsratsmitglied an diesen Begünstigungen unmittelbar – dies jedoch nicht als originärer Zweck, vielmehr als zwingende Konsequenz für eine funktionierende betriebliche Mitbestimmung.

c) Abfindung bei Aufhebung des Arbeitsverhältnisses als Konsequenz der §§ 15 Abs. 1 KSchG und 103 BetrVG

Insbesondere die Regelungen zum besonderen Kündigungsschutz nach § 15 Abs. 1 KSchG und § 103 BetrVG können dabei auf den ersten Blick in Konflikt mit dem Begünstigungsverbot stehen. Denn ist ein Arbeitnehmer nicht ordentlich kündbar, wird das Arbeitsverhältnis regelmäßig bloß durch einen Aufhebungsvertrag beendet werden können. In diesem verpflichtet sich der Arbeitgeber für gewöhnlich zur Gewährung von bezahlten Freistellungen sowie zur Zahlung einer Abfindung.[147]

Das BAG hatte sich jüngst mit der Fragestellung auseinanderzusetzen, ob ein zwischen dem Arbeitgeber und einem Betriebsratsmitglied geschlossener Aufhebungsvertrag, der für das Betriebsratsmitglied besonders vorteilhafte Konditionen vorsah, die es ohne das Betriebsratsamt sicherlich nicht hätte erzielen können, wegen Verstoßes gegen das Begünstigungsverbot des § 78 S. 2 BetrVG nach § 134 BGB nichtig sei.[148]

Im zu entscheidenden Fall schlossen der Arbeitgeber und der Vorsitzende des Betriebsrats einen außergerichtlichen Aufhebungsvertrag, indem vereinbart wurde, dass das Betriebsratsmitglied bis zur vereinbarten Beendigung des Arbeitsverhältnisses für einen Zeitraum von 28 Monaten von der Arbeit unter Fortzahlung seiner Vergütung (Gesamtvolumen der bezahlten Freistellung: 143.876,54 €[149]) freigestellt wurde und zudem eine Abfindung in Höhe von 120.000 € erhalten sollte.

Nachdem der Arbeitnehmer wie vereinbart von seinem Betriebsratsamt zurückgetreten war, klagte er auf Feststellung, dass das Arbeitsverhältnis über den vereinbarten Zeitpunkt der Beendigung hinaus fortbestehe. Der Aufhebungsvertrag sei nichtig, da die Dauer der Freistellung sowie die gewährte Abfindung eine unzulässige Begünstigung

---

147 BAG, Urteil v. 23.11.2006 – 6 AZR 394/06, NZA 2007, 466, 471; BAG, Urteil v. 12.01.2000 – 7 AZR 48/99, NZA 2000, 718, 719; APS/*Backhaus*, 5. Aufl. 2017, § 3 TzBfG Rn. 36.

148 BAG, Urteil v. 21.03.2018 – 7 AZR 590/16, NZA 2018, 2508; diese Fragen noch offenlassend LAG Düsseldorf, Urteil v. 13.09.2001 – 11 (4) Sa 906/01, BeckRS 2001, 41633; zur Nichtigkeitsfolge siehe auch Gliederungspunkt VI. 2. a).

149 *Wichert*, FAZ v. 07./08.04.2018, S. C2.

nach § 78 S. 2 BetrVG darstellten. Das Arbeitsverhältnis bestehe damit auch über den vereinbarten Beendigungszeitpunkt hinaus fort.

Diese Auffassung wird auch von *Esser* geteilt: Zwar normiere das Gesetz in § 15 KSchG und § 103 BetrVG ausdrücklich eine Besserstellung von Betriebsratsmitgliedern, das Betriebsratsmitglied solle diese jedoch nicht in der Verhandlung über eine Abfindung „gewinnbringend" geltend machen können und so finanzielle Vorteile für sich aushandeln. § 78 S. 2 BetrVG verbiete insoweit eine Besserstellung von Betriebsratsmitgliedern. Ein Aufhebungsvertrag mit besonders günstigen Vertragsbedingungen für ein Betriebsratsmitglied soll nicht generell ausgeschlossen sein, anknüpfen dürften diese jedoch nicht an die Amtsstellung als Betriebsratsmitglied.[150]

Das BAG wies – ebenso wie die Vorinstanzen[151] – die Klage des Arbeitnehmers ab. Zunächst stellte das Gericht fest, dass einem Betriebsratsmitglied die Möglichkeit offenstehe, einen Aufhebungsvertrag mit dem Arbeitgeber zu schließen. Insoweit bestehe keine Ungleichbehandlung zu anderen Arbeitnehmern. Vielmehr würde die Vertragsfreiheit unzulässig beschränkt, wenn man ein Betriebsratsmitglied in der Möglichkeit, einen Aufhebungsvertrag zu schließen und dessen Konditionen auszuhandeln, beschränken würde.[152] Dies gelte selbst dann, wenn für das Betriebsratsmitglied besonders günstige Vertragsbedingungen vereinbart worden seien. Aufgrund des Sonderkündigungsschutzes nach § 15 KSchG und § 103 BetrVG befinde sich das Betriebsratsmitglied in einer vom Gesetz gewährten günstigeren Verhandlungsposition als andere Arbeitnehmer. Die § 15 KSchG und § 103 BetrVG gingen dem allgemeinen § 78 S. 2 BetrVG vor.[153] Besonders günstige Vertragsbedingungen beruhten in der Regel auf dieser günstigeren Verhandlungsposition; diese sei jedoch bereits unmittelbar im Betriebsratsamt angelegt:[154] Ein Betriebsratsmitglied habe nämlich keinen Anlass, das Angebot des Arbeitgebers auf Vertragsauflösung zu „sonst

---

150 *Esser*, Die Begünstigung von Mitgliedern des Betriebsrats, 2013, S. 136.

151 LAG Saarland, Urteil v. 22.06.2016 – 1 Sa 63/15, juris; ArbG Saarbrücken, Urteil v. 13.03.2015 – 3 Ca 845/14, BeckRS 2016, 73403.

152 BAG, Urteil v. 21.03.2018 – 7 AZR 590/16, NJW 2018, 2508, 2509.

153 BAG, Urteil v. 21.03.2018 – 7 AZR 590/16, NJW 2018, 2508, 2510; so bereits BAG, Urteil v. 07.10.2004 – 2 AZR 81/04, NZA 2005, 156, 157 f.; GK-BetrVG/*Kreutz*, 11. Aufl. 2018, § 78 Rn. 5; Richardi/*Thüsing*, BetrVG, 16. Aufl. 2018, § 78 Rn. 3; HWGNRH/*Worzalla*; BetrVG, 10. Aufl. 2018, § 78 Rn. 2.

154 So auch die Vorinstanz LAG Saarland, Urteil v. 22.06.2016, 1 Sa 63/15, juris Rn. 84; ebenfalls GK-BetrVG/*Kreutz*, 11. Aufl. 2018, § 78 Rn. 85.

üblichen“ Konditionen anzunehmen.[155] Eine gegen § 78 S. 2 BetrVG verstoßende Begünstigung liege im Abschluss eines solchen Aufhebungsvertrags grundsätzlich nicht.[156]

Nach der Vorinstanz sei jedoch im Einzelfall zu prüfen, ob der Inhalt des Aufhebungsvertrages unter Berücksichtigung der Interessen des Arbeitgebers und des Betriebsratsmitglieds sowie der besonderen Situation aufgrund des Sonderkündigungsschutzes mit § 78 S. 2 BetrVG vereinbar sei.[157] Das LAG Saarland sprach sich damit zwar für eine grundsätzliche Wirksamkeit von besonders günstigen Konditionen in Aufhebungsverträgen zugunsten von Betriebsratsmitgliedern aus, in einem zweiten Schritt sei jedoch ein Verstoß gegen § 78 S. 2 BetrVG im Einzelfall zu prüfen.[158] Im zu entscheidenden Fall verneinte es einen solchen ohne nähere Begründung.

Das BAG ist einer solchen „Angemessenheitsprüfung“ entgegengetreten: Die Vertragsfreiheit der Parteien werde durch § 78 S. 2 BetrVG nicht beschränkt. Es könne „regelmäßig“ davon ausgegangen werden, dass die Vertragsbedingungen – und damit auch die Höhe einer Abfindungszahlung oder die Dauer der bezahlten Freistellung von der Arbeitspflicht – einer Analyse der mit einer Kündigung einhergehenden Risiken, des Sonderkündigungsschutzes, Prozessrisiken sowie der Dauer eines Gerichtsverfahrens durch den Arbeitgeber unterliegen. Auch aus teleologischen Aspekten sei die Vertragsfreiheit der Parteien nicht einzuschränken. Der Sinn und Zweck des § 78 S. 2 BetrVG, die Unabhängigkeit des Betriebsratsmitglieds zu gewährleisten, könne bereits nicht gefährdet sein, wenn das Betriebsratsmitglied mit der Beendigung des Arbeitsverhältnisses aus dem Betriebsrat ausscheide.[159]

Diese Auffassung hat auch in der Literatur Anklang gefunden. Nach Auffassung *Bauers* spiele es „keine Rolle“, wie lange eine bezahlte Freistellung von der Arbeit erfolge oder in welcher Höhe eine Abfindung vereinbart werde.[160] Dass die Ausgestaltung der Vertragsbedingungen für einen Verstoß gegen § 78 S. 2 BetrVG völlig unerheblich sei, wird jedoch auch vom BAG indirekt verneint; es sei *„regelmäßig“* davon auszugehen, dass die Vertragsbedingungen angemessen seien.[161] Eine Einzelfallprüfung ist somit im Umkehrschluss auch nach der

---

155 LAG Saarland, Urteil v. 22.06.2016, 1 Sa 63/15, juris Rn. 85.

156 BAG, Urteil v. 21.03.2018 – 7 AZR 590/16, NJW 2018, 2508, 2510; so auch Düwell/*Lorenz,* BetrVG, 5. Aufl. 2018, § 78 Rn. 23.

157 LAG Saarland, Urteil v. 22.06.2016, 1 Sa 63/15, juris Rn. 86.

158 Ebenfalls für eine Einzelfallprüfung GK-BetrVG/*Kreutz*, 11. Aufl. 2018, § 78 Rn. 85.

159 BAG, Urteil v. 21.03.2018 – 7 AZR 590/16, NJW 2018, 2508, 2510.

160 *Bauer*, Anm. zu BAG, Urteil v. 21.03.2018 – 7 AZR 590/16, FD-ArbR 2018, 404864.

161 BAG, Urteil v. 21.03.2018 – 7 AZR 590/16, NJW 2018, 2508, 2510.

Rechtsprechung des BAG denkbar, wenn Anhaltspunkte für einen Verstoß gegen das Begünstigungsverbot vorliegen. Letztlich unterscheidet sich diese Ansicht damit kaum von der Auffassung des LAG Saarland.

Eine „liberalere" Auffassung würde die Reichweite der § 15 Abs. 1 KSchG und § 103 BetrVG verkennen: Auch im Rahmen eines Aufhebungsvertrages können diese Sonderregelungen als *lex specialis* einen Verstoß gegen § 78 S. 2 BetrVG nur insoweit ausschließen, wie die besonders günstigen Vertragsbedingungen Ausdruck der auf § 15 Abs. 1 KSchG und § 103 BetrVG gründenden, besonderen Verhandlungsposition und -macht des Betriebsrats sind. Keineswegs darf eine Abfindungszahlung als nachträgliche Honorierung von Betriebsratsleistungen missbraucht werden.[162] Dem BAG ist zwar insoweit zuzustimmen, dass die konkreten Vertragsbedingungen im Wege einer kündigungsrechtlichen Risikoanalyse zustande kommen. Wann es jedoch die Vertragsbedingungen auf einen Verstoß gegen § 78 S. 2 BetrVG hin prüfen will, bleibt in der Entscheidung letztlich offen. Einer generellen Einzelfallprüfung hat es jedenfalls eine Absage erteilt. Im jeweiligen Einzelfall wird daher – vom BAG zwar nicht explizit so genannt – eine Missbrauchskontrolle erforderlich sein.[163] Sind die besonders günstigen Vertragsbedingungen evident nicht Ausdruck der Verhandlungsposition des Betriebsratsmitglieds, sondern als Betriebsratsbegünstigung zu qualifizieren, ist insoweit der Aufhebungsvertrag wegen Verstoßes gegen § 78 S. 2 BetrVG nach § 134 BGB nichtig. Anhaltspunkte dafür können sich aus dem Aufhebungsvertrag selbst sowie aus den Vertragsumständen ergeben. So können etwa die Höhe einer Abfindungszahlung, der Zeitraum einer bezahlten Freistellung – jeweils im Vergleich zu Abfindungszahlungen und bezahlter Freistellung anderer Betriebsratsmitglieder in anderen Unternehmen –, aber auch Begleitumstände wie etwa die vom Arbeitnehmer noch zu erbringende Lebensarbeitszeit bis zum Renteneintritt, Indizien für einen Verstoß gegen § 78 S. 2 BetrVG darstellen.

d) Zeitliche Reichweite von § 78 S. 2 BetrVG

Weitestgehend besteht Einigkeit, dass § 78 S. 2 BetrVG auch unbegrenzte Nachwirkung für die Zeit nach Ausscheiden aus dem Betriebsratsamt zukommt.[164]

162 So auch *Esser*, Die Begünstigung von Mitgliedern des Betriebsrats, 2013, S. 137.

163 Ähnlich *Kielkowski/Schmalz*, Anm. zu BAG, Urteil v. 21.03.2018 – 7 AZR 590/16, jurisPR-Compl 5/2018 Anm. 3, die darauf abstellen, ob „Anhaltspunkte" dafür vorliegen, dass eine Abfindungszahlung für die Betriebsratstätigkeit oder eine konkrete Amtshandlung gewährt wird.

164 DKKW/*Buschmann*, BetrVG, 16. Aufl. 2018, § 78 Rn. 10; Düwell/*Lorenz*, BetrVG, 5. Aufl. 2018, § 78 Rn. 12; *Fitting*, BetrVG, 29. Aufl. 2018, § 78 Rn. 16;

Dies zeige sich insbesondere an § 78 S. 2 HS. 2 BetrVG, der den Schutz auch auf die berufliche Entwicklung streckt.[165] Dem ist zuzustimmen, auch wenn der Wortlaut keineswegs so eindeutig ist wie in der Literatur angeführt wird. Eine Nachwirkung wird dabei aus dem zweiten Halbsatz des § 78 S. 2 BetrVG hergeleitet, nachdem das Benachteiligungs- und Begünstigungsverbot auch für die berufliche Entwicklung gelte. Nach dem Willen des Gesetzgebers dient der Verweis auf die berufliche Entwicklung der Verdeutlichung.[166] Es ist jedoch nicht zwangsläufig gesagt, dass sich die berufliche Entwicklung i.S.d. § 78 S. 2 HS. 2 BetrVG auf die Zeit nach der Betriebsratstätigkeit erstreckt. Vielmehr ließe sich der Hinweis auf die berufliche Entwicklung auch so verstehen, dass § 78 S. 2 HS. 2 BetrVG sich auf § 37 Abs. 4 BetrVG bezieht, der ja gerade eine Regelung für die berufliche Entwicklung *während* des Betriebsratsamts vorsieht.

Auch nach systematischer Auslegung lässt sich § 78 S. 2 BetrVG nicht zwangsläufig eine Nachwirkung entnehmen. In anderen Schutzvorschriften im BetrVG – etwa in § 37 Abs. 4 und Abs. 5 BetrVG oder § 38 Abs. 3 und Abs. 4 BetrVG – ist eine Nachwirkung explizit angeordnet. Auch § 15 Abs. 1 KSchG knüpft ebenso wie § 78 S. 2 BetrVG an die Betriebsratseigenschaft an. Dennoch enthält diese Norm ebenfalls in § 15 Abs. 1 S. 2 KSchG eine Ausweitung des Schutzumfanges für die Zeit nach der Betriebsratstätigkeit. Im Umkehrschluss ließe sich daher folgern: Immer, wenn der Schutz nicht explizit auf einen Zeitraum vor oder nach der Betriebsratstätigkeit ausgeweitet wird, ist der Schutzzeitraum dementsprechend auf den Zeitraum des Betriebsratsmandats beschränkt.

Indes erscheint es hingegen wenig konsequent, eine solche Nachwirkung nicht anzuerkennen: Eine Beschränkung des Schutzes des § 78 S. 2 BetrVG auf den Zeitraum des Innehabens des Betriebsratsmandats bildet das Schutzbedürfnis von Betriebsratsmitgliedern nur unzureichend ab. Die Schutzbedürftigkeit von ausgeschiedenen Betriebsratsmitgliedern unterscheidet sich nicht wesentlich von derjenigen amtierender Betriebsratsmitglieder. Muss ein Betriebsratsmitglied nach Ausscheiden aus dem Betriebsratsamt befürchten, die Gunst des Arbeitgebers „verspielt" zu haben, und mit sanktionierenden Maßnahmen seitens des Arbeitgebers rechnen, so verkommt die Unabhängigkeit des Betriebsratsamts zur Farce. Darüber hinaus wäre einer rechtsmissbräuchlichen Umgehung

---

GK-BetrVG/*Kreutz*, 11. Aufl. 2018, § 78 Rn. 62; HWGNRH/*Worzalla*, BetrVG, 10. Aufl. 2018, § 78 Rn. 16; WPK/*Preis*, BetrVG, 4. Aufl. 2009, § 78 Rn. 11.

165 GK-BetrVG/*Kreutz*, 11. Aufl. 2018, § 78 Rn. 62; WPK/*Preis*, BetrVG, 4. Aufl. 2009, § 78 Rn. 11.

166 BT-Drucks. VI/1786, S. 47.

des Ehrenamtsprinzips Tür und Tor geöffnet: Der Arbeitgeber könnte sich das Betriebsratsmitglied gewogen halten, indem er ihm in Aussicht stellt, unmittelbar nach Beendigung der Amtszeit eine besonders hohe Vergütung zu zahlen und dem Betriebsratsmitglied eine solche sodann auch gewährt. Der Arbeitgeber leistete somit quasi eine „Nachzahlung" für die Amtszeit. Dabei ist bei der Annahme eines nachwirkenden Schutzes – im Unterschied zu einem vorwirkenden Schutz, der mit den Unwägbarkeiten einer Betriebsratswahl behaftet ist – gerade gewiss, welche Arbeitnehmer ehemals Betriebsratsmitglieder waren und damit dem Schutz einer Nachwirkung des § 78 S. 2 BetrVG unterfallen.

Umstritten ist hingegen die Frage, ob § 78 S. 2 BetrVG darüber hinaus auch rückwirkend eine Vorwirkung entfaltet. Gemeint ist etwa folgender Fall:

Ein Gewerkschafter wird vom Arbeitgeber im Hinblick auf seine sichere, in absehbarer Zeit erfolgende Wahl in den Betriebsrat auf eine Stelle mit besonders hoher, seiner Leistungsfähigkeit und Qualifikation nicht entsprechender Vergütung eingestellt oder befördert. Nach der Wahl in den Betriebsrat und eventueller Freistellung ist dem nun gewählten Betriebsratsmitglied nach dem Lohnausfallprinzip diese hohe Vergütung weiter zu gewähren.

Hätte der Arbeitgeber das jetzige Betriebsratsmitglied zu einer seiner Leistungsfähigkeit und Qualifikation entsprechenden Vergütung eingestellt und diese erst nach der Wahl in den Betriebsrat angehoben bzw. das Betriebsratsmitglied nach Amtsübernahme aufgrund des Betriebsratsamt befördert, würde dies unweigerlich eine unzulässige Begünstigung nach § 78 S. 2 BetrVG darstellen. Damit ließe sich das Ehrenamtsprinzip des § 37 Abs. 1 BetrVG sowie das Begünstigungsverbot des § 78 S. 2 BetrVG umgehen, sobald das Betriebsratsmitglied vor seiner Amtsübernahme für kurze Zeit bereits ein erhöhtes Gehalt bezogen hat. Würde man eine Vorwirkung von § 78 S. 2 BetrVG anerkennen, würden solche Gehaltserhöhungen und Einstellungen, die im Hinblick auf ein sicheres Betriebsratsamt erfolgten, ebenfalls gegen § 78 S. 2 BetrVG verstoßen und wären damit unzulässig.

Entsprechend ließe sich auch der umgekehrte Fall bilden, dass ein Arbeitnehmer im Hinblick auf ein künftiges Betriebsratsamt benachteiligt wird.

Ein rückwirkender Schutz des § 78 S. 2 BetrVG wird von Teilen der Literatur nicht anerkannt.[167] Der Wortlaut des § 78 BetrVG sei insoweit eindeutig,[168] vor der Wahl in den Betriebsrat seien Arbeitnehmer eben noch keine Mitglieder des Betriebsrats.

---

167 GK-BetrVG/*Kreutz*, 11. Aufl. 2018, § 78 Rn. 63; HWGNRH/*Worzalla*, BetrVG, 10. Aufl. 2018, § 78 Rn. 16.

168 HWGNRH/*Worzalla*, BetrVG, 10. Aufl. 2018, § 78 Rn. 16.

Die Gegenansicht spricht § 78 S. 2 BetrVG auch eine rückwirkende Vorwirkung zu, soweit eine Maßnahme im Hinblick auf eine zukünftige Betriebsratstätigkeit erfolgt.[169] Zur Begründung wird auch der von der Gegenansicht angeführte Wortlaut herangezogen, dem gerade nicht zu entnehmen sei, dass sich der Schutz nicht auf eine Vorwirkung erstecken solle.[170] Der oben dargestellte Sachverhalt lässt das Bedürfnis für eine Vorwirkung von § 78 S. 2 BetrVG erkennen. Aus einem schlichten Bedürfnis für eine Regelung kann jedoch keineswegs auf deren Vorliegen geschlossen werden. Es ist vielmehr elementare Aufgabe des Gesetzgebers, das Bedürfnis nach einer Regelung zu erkennen und in eine solche umzusetzen. Gesetze sind jedoch der Auslegung zugänglich, äußerste Grenze bildet dabei der Wortlaut.[171]

Der Wortlaut des § 78 S. 2 BetrVG ist bei genauerer Betrachtung nicht offen formuliert und erfasst eine Vorwirkung gerade nicht. Tatbestandlich nimmt § 78 S. 2 BetrVG Bezug auf die Eigenschaft als Mitglied des Betriebsrats, welche Arbeitnehmer vor ihrer Wahl in den Betriebsrat eben noch nicht aufweisen. Dies muss auch für Maßnahmen gelten, die im Hinblick auf eine zukünftige Betriebsratstätigkeit erfolgen, zumal eine spätere Betriebsratstätigkeit mit gewissen Unwägbarkeiten der Betriebsratswahl behaftet ist. Dies unterscheidet auch die Vor- von der Nachwirkung: Vor einer Betriebsratswahl sind die Anwärter auf ein Betriebsratsamt noch kein Betriebsratsmitglied und waren es auch noch nicht in der Vergangenheit. Auf ehemalige Betriebsratsmitglieder, die zwischenzeitlich aus dem Betriebsrat ausgeschieden sind und nun erneut kandidieren, erstreckt sich bereits der nachwirkende Schutzzeitraum.

Eine Vorwirkung des Schutzzeitraums des § 78 S. 2 BetrVG ist daher im Gegensatz zu einer Nachwirkung abzulehnen. Zeitlich wirkt § 78 S. 2 BetrVG daher für die Amtszeit und den auf die Amtszeit folgenden Zeitraum unbegrenzt.

---

169 DKKW/*Buschmann*, BetrVG, 16. Aufl. 2018, § 78 Rn. 10; Düwell/*Lorenz*, BetrVG, 5. Aufl. 2018, § 78 Rn. 12; *Fitting*, BetrVG, 29. Aufl. 2018, § 78 Rn. 16; WPK/*Preis*, BetrVG, 4. Aufl. 2009, § 78 Rn. 11.

170 WPK/*Preis*, BetrVG, 4. Aufl. 2009, § 78 Rn. 11.

171 So für eine verfassungskonforme Auslegung BVerfG, Beschluss v. 26.04.1994 – 1 BvR 1299/89, NJW 1994, 2475; BVerfG, Urteil v. 11.06.1980 – 1 PBvU 1/79, NJW 1981, 39.

II. Kapitel 2: Entgeltentwicklung von Betriebsratsmitgliedern

Damit Betriebsratsmitgliedern im Hinblick auf eine längerfristige Betriebsratstätigkeit keine Benachteiligungen erwachsen, hat die Entgeltentwicklung die hypothetische Karriere des Betriebsratsmitglieds nachzuvollziehen.[172] Dies folgt letztlich aus dem Benachteiligungsverbot des § 78 S. 2 BetrVG:[173] Würde Betriebsratsmitgliedern eine berufliche Entwicklung verwehrt, wie sie sie hypothetisch ohne ihr Betriebsratsamt genommen hätten, würden sie entgegen § 78 S. 2 BetrVG aufgrund ihres Betriebsratsamts benachteiligt.

Wie das LAG Düsseldorf jüngst feststellte, besteht kein Mitbestimmungsrecht des Betriebsrats hinsichtlich der Vergütung einzelner Betriebsratsmitglieder:[174] Bei der Höhe der Vergütung handelt es sich um eine individualrechtliche Frage, die am Maßstab der §§ 37 Abs. 4, 78 S. 2 BetrVG zu messen ist.[175] Zwar besteht nach § 99 Abs. 1 BetrVG ein Mitbestimmungsrecht des Betriebsrats bei einer Umgruppierung, eine solche Umgruppierung stellt eine Vergütungsanpassung nach § 37 Abs. 4 S. 1 BetrVG jedoch nicht dar. Nach der Rechtsprechung versteht man unter einer Umgruppierung im Sinne des § 99 Abs. 1 BetrVG die Änderung der Zuordnung eines Arbeitnehmers in eine im Betrieb geltende Vergütungsordnung.[176] Eine solche liegt dann vor, wenn einem Arbeitnehmer eine Tätigkeit zugewiesen wird, die einer anderen Vergütungsgruppe entspricht, oder die ausgeübte Tätigkeit aufgrund einer Änderung der Vergütungsordnung in eine andere Vergütungsgruppe fällt.[177] Die Regelung des § 37 Abs. 4 S. 1 BetrVG führt dabei nicht zu einer Änderung der Zuordnung des Betriebsratsmitglieds in der Vergütungsordnung, vielmehr wird die betriebsübliche Entwicklung vergleichbarer Arbeitnehmer für das Betriebsratsmitglied nachvollzogen.[178]

---

172 *Schulze/Ratzesberger*, AiB 2016, 22, 23.

173 Richardi/*Thüsing*, BetrVG, 16. Aufl. 2018, § 78 Rn. 21a.

174 A.A. *Kania/Schulte-Wissermann*, NZA 2019, 78, 79, die eine Mitbestimmung aus § 87 Abs. 1 Nr. 10 BetrVG herleiten, ähnlich *Bayreuther*, NZA 2019, 430, 431 f.

175 LAG Düsseldorf, Urteil v. 19.03.2019 – 8 TaBV 70/18, n.v.

176 BAG, Beschluss v. 30.09.2014 – 1 ABR 32/13, NZA 2015, 370, 371; ErfK/*Kania*, 19. Aufl. 2019, § 99 BetrVG Rn. 12.

177 BAG, Beschluss v. 11.09.2013 – 7 ABR 29/12, NZA 2014, 388, 390.

178 ArbG Essen, Beschluss v. 04.10.2018 – 6 BV 40/18, BeckRS 2018, 24805.

1. Tatbestand des § 37 Abs. 4 BetrVG

Wie die hypothetische Karriere ohne Betriebsratsamt nachvollzogen werden soll, gestaltet sich nicht unproblematisch. Insbesondere vollständig freigestellte Betriebsratsmitglieder entfernen sich über die Jahre immer weiter von ihrer eigentlichen beruflichen Tätigkeit – und damit auch immer weiter von einer entsprechenden Karriere in dem Unternehmen.[179] Man denke nur an den – nicht untypischen – Fall, dass ein Arbeitnehmer bereits kurz nach Aufnahme seiner Tätigkeit im Unternehmen in den Betriebsrat gewählt wird und dort über mehrere Amtsperioden hinweg als Betriebsratsmitglied tätig ist. In diesen Fällen ist regelmäßig nicht mit Sicherheit zu bestimmen, wie sich dieser Arbeitnehmer ohne Betriebsratsamt im Betrieb beruflich entwickelt hätte.

Diesen Unwägbarkeiten soll § 37 Abs. 4 S. 1 BetrVG entgegenwirken:[180] Danach darf das Arbeitsentgelt von Mitgliedern des Betriebsrats nicht geringer bemessen werden als das Arbeitsentgelt vergleichbarer Arbeitnehmer mit betriebsüblicher beruflicher Entwicklung. Es soll sichergestellt werden, dass ein Betriebsratsmitglied weder in wirtschaftlicher noch in beruflicher Hinsicht gegenüber vergleichbaren Arbeitnehmern mit betriebsüblicher Entwicklung Nachteile erleidet.[181] Dem Betriebsratsmitglied soll also ein Entgelt gewährt werden, das grundsätzlich demjenigen entspricht, das es erzielt haben würde, wenn es nicht in den Betriebsrat gewählt worden wäre und deshalb eine ggf. bessere berufliche Entwicklung vollzogen hätte.[182] § 37 Abs. 4 S. 1 BetrVG begründet dabei durch das Abstellen auf vergleichbare Arbeitnehmer mit betriebsüblicher beruflicher Entwicklung einen objektiven Maßstab.[183] Dabei dient § 37 Abs. 4 S. 1 BetrVG auch dem Arbeitnehmer zur Beweiserleichterung: Einem Arbeitnehmer

---

179 *Byers*, NZA 2014, 65; *Jacobs/Frieling*, ZfA 2015, 241, 246; *Schweibert/Buse*, NZA 2007, 1080, 1081.

180 BAG, Urteil v. 16.01.2008 – 7 AZR 887/06, NZA 2008, 836; BAG, Urteil v. 19.01.2005 – 7 AZR 208/04, AuA 2005, 436; LAG Hamburg, Urteil v. 05.03.2015 – 7 Sa 63/14, juris; *Fischer*, NZA 2014, 71, 71; *Fitting*, BetrVG, 29. Aufl. 2018, § 37 Rn. 116; GK-BetrVG/*Weber*, 11. Aufl. 2018, § 37 Rn. 130; Richardi/*Thüsing*, BetrVG, 16. Aufl. 2018, § 37 Rn. 69a.

181 Zu BT-Drucks. VI/2729, S. 23; BAG, Urteil v. 18.01.2017 – 7 AZR 205/15, NZA 2017, 935, 936; BAG, Urteil v. 14.07.2010 – 7 AZR 359/09, NJOZ 2011, 272, 274; BAG, Urteil v. 16.01.2008 – 7 AZR 887/06, NZA 2008, 836, 837.

182 LAG Hamburg, Urteil v. 05.03.2015 – 7 Sa 63/14, juris; Richardi/*Thüsing*, BetrVG, 16. Aufl. 2018, § 37 Rn. 69.

183 *Franzen*, NZA 2008, 250, 251; GK-BetrVG/*Weber*, 11. Aufl. 2018, § 37 Rn. 130; *Hennecke*, RdA 1986, 241, 242; *Schulze/Ratzesberger*, AiB 2016, 22, 23.

wird es nur schwer gelingen, vor Gericht darzulegen, wie er sich ohne Betriebsratsamt hypothetisch beruflich entwickelt hätte. Der objektive Maßstab des § 37 Abs. 4 S. 1 BetrVG soll dem Arbeitnehmer insoweit ermöglichen, vor Gericht einen höheren Vergütungsanspruch darlegen zu können.[184] Dennoch wird die Bildung der Vergleichsgruppe im Rahmen des § 37 Abs. 4 S. 1 BetrVG von *Joussen* als Herausforderung bezeichnet, die „kaum zu bewältigen" sei.[185]

§ 37 Abs. 4 S. 1 BetrVG führt nicht zu einer absoluten Anpassung der Vergütung des Betriebsratsmitglieds an die Vergütung der Vergleichspersonen. Das Betriebsratsmitglied hat lediglich einen Anspruch darauf, dass seine Vergütung im Verhältnis zu den vergleichbaren Arbeitnehmern, d.h. prozentual, erhöht wird.[186]

Teilweise wird diese Regelung in der Literatur kritisch gesehen: Infolge dieser relativen Vergütungsanpassung werden die Mitglieder des Betriebsrats unterschiedlich vergütet; entscheidend ist – salopp formuliert – „wo man herkam". *Franzen* sieht dies im Widerspruch zu einem gewissen Gerechtigkeitsempfinden: Denn insbesondere freigestellte Betriebsratsmitglieder gingen derselben Tätigkeit – nämlich der Betriebsratstätigkeit – nach und würden dabei unterschiedlich vergütet werden. So sei es früher nicht unüblich gewesen, dass ein Betriebsratsmitglied, das vor seinem Betriebsratsamt in den Arbeitertarif eingruppiert war, nach der Wahl zum Betriebsrat in den Angestelltentarif umgruppiert wurde.[187]

Dem ist jedoch entgegenzuhalten, dass die Prämisse *Franzens* bereits fehlgeht. Das Betriebsratsamt ist gerade nicht als berufliche Tätigkeit, sondern als Ehrenamt ausgestaltet. Insoweit muss auch unberücksichtigt bleiben, ob die Betriebsratsmitglieder in ihrem Amt eine gleiche Tätigkeit ausüben. Maßgeblich ist im Rahmen des § 37 Abs. 4 S. 1 BetrVG einzig die Vergütungssteigerung der vergleichbaren Arbeitnehmer mit betriebsüblicher Entwicklung.

Dabei ist eine Vergütungsanpassung nicht an einen bestimmten Stichtag geknüpft. Vielmehr ist eine dynamische Anpassung vorzunehmen: Sobald es zu einer relevanten Änderung in der Vergütung der Vergleichspersonen kommt,

---

184 *Schulze/Ratzesberger*, AiB 2016, 22, 23.

185 *Joussen*, RdA 2018, 193, 195.

186 BAG, Urteil v. 21.02.2018 – 7 AZR 496/16, NZA 2018, 1012; BAG, Urteil v. 18.01.2017 – 7 AZR 205/15, NZA 2017, 935; BAG, Urteil v. 17.08.2005 – 7 AZR 528/04, AP BetrVG 1972 § 37 Nr. 142; BAG, Urteil v. 19.01.2005 – 7 AZR 208/04, BeckRS 2005, 30349201; BAG, Urteil v. 17.05.1977 – 1 AZR 458/74, AP BetrVG 1972 § 37 Nr. 28; Richardi/*Thüsing*, BetrVG, 16. Aufl. 2018, § 37 Rn. 70.

187 *Franzen*, NZA 2008, 250, 251.

kann das Betriebsratsmitglied nach § 37 Abs. 4 S. 1 BetrVG eine Anpassung der Vergütung gegen den Arbeitgeber geltend machen.[188]

a) Vergleichbare Arbeitnehmer

Vergleichbare Arbeitnehmer im Sinne des § 37 Abs. 4 BetrVG sind nach ständiger Rechtsprechung solche Arbeitnehmer, „die im Zeitpunkt der Übernahme des Betriebsratsamts ähnliche, im Wesentlichen gleich qualifizierte Tätigkeiten wie das Betriebsratsmitglied ausgeübt haben und dafür in ähnlicher Art und Weise wie das Betriebsratsmitglied fachlich und persönlich qualifiziert waren."[189] Die Rechtsprechung arbeitet somit zwei Kriterien heraus, die kumulativ erfüllt sein müssen: Zum einen eine im Wesentlichen gleich qualifizierte Tätigkeit und zum anderen eine vergleichbare fachliche sowie persönliche Qualifikation.

aa) Maßgeblicher Zeitpunkt zur Bestimmung eines vergleichbaren Arbeitnehmers

Zu welchem Zeitpunkt eine im Wesentlichen gleich qualifizierte Tätigkeit sowie eine vergleichbare fachliche und persönliche Qualifikation vorzuliegen haben, geht aus dem Gesetz nicht hervor. Eine frühere Ansicht in der Rechtsprechung, auf den Zeitpunkt der erstmaligen Wahl des Betriebsratsmitglieds abzustellen,[190] scheint mittlerweile überholt. Die jüngere Rechtsprechung des BAG sieht den Zeitpunkt der Übernahme des Betriebsratsamts als maßgeblich an.[191] Bei Ersatzmitgliedern ist demnach der Zeitpunkt des Nachrückens in den Betriebsrat

---

188 BAG, Urteil v. 21.02.2018 – 7 AZR 496/16, NZA 2018, 1012; BAG, Urteil v. 18.01.2017 – 7 AZR 205/15, NZA 2017, 935; BAG, Urteil v. 21.04.1983 – 6 AZR 407/80, AP BetrVG 1972 § 37 Nr. 43; *Annuß*, NZA 2018, 976, 977; *Fitting*, BetrVG, 29. Aufl. 2018, § 37 Rn. 124; GK-BetrVG/*Weber*, 11. Auf. 2018, § 37 Rn. 141; Richardi/*Thüsing*, BetrVG, 16. Aufl. 2018, § 37 Rn. 78.

189 BAG, Urteil v. 18.01.2017 – 7 AZR 205/15, NZA 2017, 935, 937; BAG, Urteil v. 19.01.2005 – 7 AZR 208/04, AuA 2005, 436; BAG, Urteil v. 15.01.1992 – 7 AZR 194/91, AP Nr. 84 zu § 37 BetrVG 1972; BAG Urteil v. 21.04 1983 – 6 AZR 407/80, AP Nr. 43 zu § 37 BetrVG 1972.

190 BAG, Urteil v. 13.11.1987 – 7 AZR 550/86, NZA 1988, 403; BAG Urteil v. 21.04.1983 – 6 AZR 407/80, AP Nr. 43 zu § 37 BetrVG 1972; BAG, Urteil v. 17.05.1977 – 1 AZR 458/74, AP Nr. 28 zu § 37 BetrVG 1972.

191 BAG, Urteil v. 18.01.2017 – 7 AZR 205/15, NZA 2017, 935; BAG, Urteil v. 14.07.2010 – 7 AZR 359/09, NJOZ, 2011, 272; BAG, Urteil v. 19.01.2005 – 7 AZR 208/04, AuA 2005, 436; BAG, Urteil v. 15.01.1992 – 7 AZR 194/91, AP BetrVG 1972 § 37 Nr. 84.

maßgeblich.[192] Dieser Rechtsprechung hat sich die überwiegende Literatur angeschlossen.[193]

(1) Grundsätzlich gilt: Zeitpunkt des Amtsantritts ist maßgeblich

Gänzlich unumstritten ist diese Rechtsprechung jedoch nicht. Diverse Stimmen in der Literatur wollen zur Feststellung der Vergleichbarkeit an einen anderen Zeitpunkt anknüpfen: *Chen* sieht bereits den Zeitpunkt der Aufstellung des Wahlvorschlags als maßgeblich an. Nur so könne verhindert werden, dass ein Arbeitgeber nach Bekanntwerden der Kandidatur zum Betriebsrat einem Arbeitnehmer eine leichtere oder schwerere Tätigkeit zuweist und somit entscheidenden Einfluss auf die nach § 37 Abs. 4 S. 1 BetrVG vorgesehene Vergütungsentwicklung nehmen kann. Ansonsten bestünde eine Möglichkeit, ein (zukünftiges) Betriebsratsmitglied zu begünstigen oder zu benachteiligen.[194]

Teilweise wird auch auf den Zeitpunkt unmittelbar vor der *ausschließlichen* Tätigkeit als Betriebsrat[195] bzw. auf den Zeitpunkt der Freistellung abgestellt.[196]

Andere Stimmen bemühen sich um eine differenzierte Betrachtung: *Lipp* argumentiert mit dem Sinn und Zweck des § 37 Abs. 4 BetrVG, der das Betriebsratsmitglied vor Nachteilen aus seiner Tätigkeit schützen wolle. Maßgeblich sei daher der Zeitpunkt, an dem das Betriebsratsmitglied noch „kraft eigener beruflicher Tätigkeit eine betriebsübliche Entwicklung genommen hat".[197] Dies könne nicht einheitlich bestimmt werden, sondern bedürfe stets einer Prüfung im Einzelfall.

Wie in der Literatur bereits richtigerweise festgestellt, ist die Frage des maßgeblichen Zeitpunkts nach dem Sinn und Zweck der Vorschrift des § 37 Abs. 4.

---

192 BAG, Urteil v. 15.01.1992 – 7 AZR 194/91, AP BetrVG 1972 § 37 Nr. 84.

193 DKKW/*Wedde*, BetrVG, 16. Aufl. 2018, § 37 Rn. 88; *Fitting*, BetrVG, 29. Aufl. 2018, § 37 Rn. 119; GK-BetrVG/*Weber*, 11. Aufl. 2018, § 37 Rn. 131; HWGNRH/*Glock*, BetrVG, 10. Aufl. 2018, § 37 Rn. 113; *Löwisch/Rügenhagen*, DB 2008, 466, 466; *Natzel*, NZA 2000, 76, 78; Richardi/*Thüsing*, BetrVG, 16. Aufl. 2018, § 37 Rn. 71; *Rieble*, NZA 2008, 276, 277; *Sturm*, Die Vergütung freigestellter und dauerhaft von der Arbeit befreiter Betriebsratsmitglieder, 2016, S. 92.

194 *Chen*, Zum Schutz der Repräsentanten der Arbeitnehmer im Recht der Betriebsverfassung und der Unternehmensmitbestimmung, 1995, S. 73.

195 *Hennecke*, RdA 1986, 241, 242.

196 *Esser*, Die Begünstigung von Mitgliedern des Betriebsrats, 2013, S. 37; *Schneider*, NZA 1984, 21, 22.

197 *Lipp*, Honorierung und Tätigkeitsschutz von Betriebsratsmitgliedern, 2008, S. 57.

S. 1 BetrVG zu bestimmen.[198] Dieser liegt darin, Mitglieder des Betriebsrats sowohl in wirtschaftlicher als auch in beruflicher Hinsicht vor Nachteilen aufgrund ihrer Betriebsratstätigkeit gegenüber vergleichbaren Arbeitnehmern zu schützen.[199]

Ansichten, die auf den Zeitpunkt der Freistellung[200] bzw. auf den Zeitpunkt der Tätigkeit unmittelbar vor der ausschließlichen Tätigkeit im Betriebsrat abstellen,[201] können daher bereits nicht überzeugen: § 37 Abs. 4 S. 1 BetrVG ist in seinem Anwendungsbereich nicht auf freigestellte Betriebsratsmitglieder beschränkt – auch wenn der Vorschrift insoweit größere Bedeutung zukommt.[202] Sie entfaltet aber darüber hinaus auch für nicht freigestellte Betriebsratsmitglieder Wirkung, denn auch bei nicht freigestellten Betriebsratsmitgliedern besteht die Gefahr, dass diese durch ihre Betriebsratstätigkeit ihre berufliche Entwicklung nicht in gleicher Intensität verfolgen können wie sie es ohne Betriebsratsamt könnten.[203] Ansichten, die auf einen Zeitpunkt *nach* Antritt des Betriebsratsamts abstellen, berücksichtigen diese Schutzbedürftigkeit eines nicht freigestellten Betriebsratsmitglieds nur unzureichend.

Die von *Chen* vertretene Ansicht auf den Zeitpunkt der Aufstellung des Wahlvorschlags abzustellen, verlagert den maßgeblichen Zeitpunkt vor. Zu diesem Zeitpunkt ist der Arbeitnehmer noch ausschließlich in seiner beruflichen Tätigkeit beschäftigt. Somit steht ihm auch noch die Möglichkeit offen, sich durch seine Leistungen für eine Beförderung zu qualifizieren. Eines Entgeltschutzes bedarf es insoweit nicht[204] – zumal zu diesem Zeitpunkt auch noch ungewiss ist, ob er tatsächlich in den Betriebsrat gewählt wird. Die Möglichkeit des

198 *Esser*, Die Begünstigung von Mitgliedern des Betriebsrats, 2013, S. 37; *Lipp*, Honorierung und Tätigkeitsschutz von Betriebsratsmitgliedern, 2008, S. 57.

199 Zu BT-Drucks. VI/2729, S. 23; *Fitting*, BetrVG, 29. Aufl. 2018, § 37 Rn. 114; *Lipp*, Honorierung und Tätigkeitsschutz von Betriebsratsmitgliedern, 2008, S. 57; Richardi/*Thüsing*, BetrVG, 16. Aufl. 2018, § 37 Rn. 68.

200 *Esser*, Die Begünstigung von Mitgliedern des Betriebsrats, 2013, S. 37; *Schneider*, NZA 1984, 21, 22.

201 *Hennecke*, RdA 1986, 241, 242.

202 *Fitting*, BetrVG, 29. Aufl. 2018, § 37 Rn. 117; GK-BetrVG/*Weber*, 11. Aufl. 2018, § 37 Rn. 129, HWGNRH/*Glock*, BetrVG, 10. Aufl. 2018, § 37 Rn. 108.

203 BAG, Urteil v. 13.11.1987 – 7 AZR 550/86, NZA 1988, 403; DKKW/*Wedde*, BetrVG, 16. Aufl. 2018, § 37 Rn. 87; *Fitting*, BetrVG, 29. Aufl. 2018, § 37 Rn. 117; GK-BetrVG/*Weber*, 11. Aufl. 2018, § 37 Rn. 129; HWGNRH/*Glock*, BetrVG, 10. Aufl. 2018, § 37 Rn. 108.

204 So bereits *Lipp*, Honorierung und Tätigkeitsschutz von Betriebsratsmitgliedern, 2008, S. 57.

Arbeitgebers, nach Bekanntwerden der Kandidatur dem Arbeitnehmer eine andere Tätigkeit zuzuweisen und somit Einfluss auf die vergleichbaren Arbeitnehmer zu nehmen, ist jedenfalls durch sein Direktionsrecht begrenzt. Nicht von der Hand zu weisen ist jedoch, dass ein Arbeitnehmer von einvernehmlichen Änderungen der vertraglich geschuldeten Tätigkeit Abstand nehmen wird, wenn er befürchten muss, dass sich dies zu seinem Nachteil auf die Auswahl der Vergleichsgruppe auswirken würde.

Die von *Lipp* vertretene Ansicht[205] kann im Ansatz überzeugen: Zutreffend ist, dass nicht vollständig freigestellte Betriebsratsmitglieder regelmäßig bis zum Zeitpunkt der Mandatsübernahme wie andere Arbeitnehmer an der betriebsüblichen Entwicklung teilnehmen und dieser Zeitpunkt somit maßgeblich sein muss. Erfolgen betriebliche Maßnahmen bereits im Hinblick auf eine zukünftige Betriebsratstätigkeit – etwa eine Versetzung auf einen anderen Arbeitsplatz, um einem Betriebsratsmitglied die (zukünftige) Betriebsratstätigkeit zu erleichtern –, kann dies jedoch entgegen der Ansicht *Lipps* nicht dazu führen, dass bereits dieser frühere Zeitpunkt maßgeblich ist.[206] Da § 37 Abs. 4 S. 1 BetrVG das Benachteiligungsverbot des § 78 S. 2 BetrVG konkretisiert,[207] kann die zeitliche Reichweite des § 37 Abs. 4 S. 1 BetrVG nicht über die zeitliche Reichweite des Benachteiligungsverbotes hinausgehen.[208] Eine Vorwirkung des Schutzzeitraums des § 78 S. 2 BetrVG ist jedoch abzulehnen.[209]

Dass für Betriebsratsmitglieder, die zunächst nicht freigestellt sind, aber im Laufe ihrer Amtszeit freigestellt werden, entweder auf den Zeitpunkt des Amtsantritts oder auf den Zeitpunkt der Freistellung abgestellt wird, je nachdem, zu welchem Zeitpunkt das Betriebsratsmitglied nicht mehr an der betriebsüblichen Entwicklung teilnimmt, kann ebenfalls nicht überzeugen. Im gerichtlichen Verfahren je nach Vorbringen des Betriebsratsmitglieds auf einen unterschiedlichen Zeitpunkt abzustellen,[210] ist nicht mit § 37 Abs. 4 S. 1 BetrVG vereinbar. Bereits mit Amtsantritt besteht die Gefahr, dass sich ein Betriebsratsmitglied nicht mehr

---

205 *Lipp*, Honorierung und Tätigkeitsschutz von Betriebsratsmitgliedern, 2008, S. 57.

206 A.A. aber *Lipp*, Honorierung und Tätigkeitsschutz von Betriebsratsmitgliedern, 2008, S. 57.

207 BAG, Urteil v. 18.01.2017 – 7 AZR 205/15, NZA 2017, 935, 937; siehe dazu auch unter Gliederungspunkt II. 2. a).

208 Vgl. BAG, Urteil v. 18.05.2016 – 7 AZR 401/14, NZA 2016, 1212; siehe dazu auch Gliederungspunkt IV. 1.

209 Siehe dazu bereits Gliederungspunkt I. 3. d).

210 So aber *Lipp*, Honorierung und Tätigkeitsschutz von Betriebsratsmitgliedern, 2008, S. 57.

vollständig seiner beruflichen Entwicklung widmen kann, sodass in jedem Fall der Zeitpunkt der Amtsübernahme als maßgeblicher Zeitpunkt der Vergleichbarkeit angesehen werden muss. Dabei darf auch nicht verkannt werden, dass § 37 Abs. 4 S. 1 BetrVG lediglich einen Mindeststandard festlegt.[211] Berufliche Entwicklungen, die über diesen Standard hinausgehen, sind am Maßstab des § 78 S. 2 BetrVG zu messen.

(2) Besonderheit für nicht vollständig freigestellte Betriebsratsmitglieder: Neubestimmung der Vergleichspersonen zur jeweiligen Amtszeit

Kritisiert wird diese Ansicht vor allem dann, wenn ein Betriebsratsmitglied nicht nur eine, sondern mehrere Amtszeiten hintereinander im Betriebsrat tätig wird. *Jacobs/Frieling* plädieren dafür, die Vergleichspersonen von nicht vollständig freigestellten Betriebsratsmitgliedern zu Beginn der *jeweiligen* Amtszeit festzustellen.[212] Es sei nicht auszuschließen, dass nicht freigestellte Betriebsratsmitglieder sich beruflich besser entwickelten als ihre ursprünglichen Vergleichspersonen. Dies müsse aber auch berücksichtigt werden, weil diese Betriebsratsmitglieder ansonsten benachteiligt würden. Daher sei ständig erneut zu prüfen, mit welchen Arbeitnehmern ein nichtfreigestelltes Betriebsratsmitglied vergleichbar sei – dazu biete sich die alle vier Jahre stattfindende Betriebsratswahl an. Erfolge schließlich eine vollständige Freistellung, so sei unmittelbar vor dieser ein letztes Mal die Gruppe der vergleichbaren Arbeitnehmer zu ermitteln. Nicht auszuschließen sei jedoch, dass sich ein Betriebsratsmitglied aufgrund der Betriebsratstätigkeit beruflich schlechter entwickle als eine betriebsübliche Entwicklung der Vergleichspersonen vorsehen würde. In diesem Fall sei der Beginn der ersten Wahl maßgeblich.[213]

Die Auffassung von *Jacobs/Frieling* kann auch aus einem anderen Gedanken überzeugen: Scheidet ein Betriebsratsmitglied für eine Wahlperiode aus dem Betriebsrat aus und wird anschließend wieder in den Betriebsrat gewählt, so muss unstrittig bei der Neuwahl eine Neufestlegung der Vergleichspersonen erfolgen. Maßgeblicher Zeitpunkt für diese Neufestlegung ist der Zeitpunkt des erneuten Amtsantritts. In der Zeit zwischen der ersten und der zweiten Amtsperiode wird der Arbeitnehmer auf seiner beruflichen Stelle tätig und kann währenddessen seine berufliche Entwicklung vorantreiben. Folglich ist es nicht auszuschließen, dass die Vergleichspersonen der zweiten Amtszeit Arbeitnehmer mit höherer

---

211 Siehe dazu bereits Gliederungspunkt II. 2. a).

212 *Jacobs/Frieling*, ZfA 2015, 241, 248; so auch *Annuß*, NZA 2018, 976, 977.

213 *Jacobs/Frieling*, ZfA 2015, 241, 248 f.

Qualifikation und Leistungsfähigkeit sind als die Vergleichspersonen der ersten Amtsperiode.

Soweit ein Arbeitnehmer nicht freigestellt und in seiner beruflichen Tätigkeit weiterhin aktiv ist, kann es nun keinen Unterschied machen, ob der Arbeitnehmer erneut in den Betriebsrat gewählt wird oder ob er schlicht wiedergewählt wird. Ansonsten würde für Arbeitnehmer, die wissen, dass ihre berufliche Entwicklung besser ist als betriebsüblich, ein Anreiz gesetzt aus dem Betriebsrat auszuscheiden und anschließend wieder zu kandidieren. Das heißt: Soweit ein nichtfreigestelltes Betriebsratsmitglied in einer Amtszeit einen beruflichen Aufstieg vollziehen kann, der auf seiner beruflichen und nicht auf seiner Betriebsratstätigkeit beruht und die berufliche Entwicklung der vergleichbaren Arbeitnehmer mit betriebsüblicher Entwicklung übersteigt, so sind zum Zeitpunkt der nächsten Betriebsratswahl die vergleichbaren Arbeitnehmer neu zu bestimmen.

Diese Ansicht auch auf freigestellte Betriebsratsmitglieder zu übertragen, ist schwierig: Anders als bei nichtfreigestellten Mitgliedern des Betriebsrats besteht insoweit kein Anknüpfungspunkt, an dem eine berufliche Entwicklung festgemacht werden könnte.

(3) Zusammenfassung

Der für die Vergleichbarkeit maßgebliche Zeitpunkt des § 37 Abs. 4 S. 1 BetrVG ist danach zu bestimmen, zu welchem Zeitpunkt ein Arbeitnehmer nicht mehr wie andere Arbeitnehmer an der betriebsüblichen Entwicklung teilnimmt. Aufgrund der zeitlichen Reichweite des § 78 S. 2 BetrVG kann dies nur der Zeitpunkt der Übernahme des Betriebsratsamts sein.

Für nichtfreigestellte Betriebsratsmitglieder müssen individuelle berufliche Entwicklungen und Karriereschritte im Rahmen der beruflichen Tätigkeit jedoch Berücksichtigung finden. Daher ist die Gruppe der Vergleichspersonen zu Beginn der *jeweiligen* Amtszeit erneut zu ermitteln und gegebenenfalls erneut festzulegen. Letztmalig kann dies jedoch vor einer Freistellung erfolgen. Nach Freistellung vollzieht das Betriebsratsmitglied keine individuelle berufliche Entwicklung mehr und ist folglich grundsätzlich an die ermittelten Vergleichspersonen gebunden.

(4) Freistellung bereits vor Antritt des Betriebsratsamts

Es ist durchaus nicht ungewöhnlich, dass Betriebsratsmitglieder bereits vor ihrem Betriebsratsamt freigestellt waren. Eine typische „Betriebsratskarriere“ kann in etwa so aussehen, dass ein Arbeitnehmer bereits in der Jugend- und

Auszubildendenvertretung, später als Vertrauensperson der Gewerkschaft und schließlich als Betriebsrat vollständig freigestellt war und zwischen diesen Freistellungen kaum oder möglicherweise gar nicht seiner beruflichen Tätigkeit nachgegangen ist.

Die Rechtsprechung hatte diese Konstellation bislang noch nicht zu entscheiden. Sicher ist: Ist ein Betriebsratsmitglied nach einer Freistellung wieder einer beruflichen Tätigkeit nachgegangen, so ist diese zum Zeitpunkt der Übernahme des Betriebsratsamts ausgeübte Tätigkeit maßgeblich.

Ging der Betriebsratstätigkeit jedoch unmittelbar eine Freistellung voraus, so ist der für die Bestimmung der vergleichbaren Arbeitnehmer im Rahmen des § 37 Abs. 4 S. 1 BetrVG maßgebliche Zeitpunkt vorzuverlagern. Für eine Freistellung im Rahmen der Jugend- und Auszubildendenvertretung folgt dies bereits aus §§ 65 Abs. 1, 37 Abs. 4 S. 1 BetrVG: Maßgeblich ist regelmäßig der Zeitpunkt der Übernahme des Mandats für die Jugend- und Auszubildendenvertretung. Denn die Rechtsstellung als Jugend- und Auszubildendenvertreter ist durch den umfänglichen Verweis in § 65 Abs. 1 BetrVG auf § 37 BetrVG ebenfalls als Ehrenamt ausgestaltet. Für die Entgeltentwicklung von Jugend- und Auszubildendenvertretern gilt somit auch § 37 Abs. 4 S. 1 BetrVG entsprechend.

Für freigestellte gewerkschaftliche Vertrauensleute muss der Zeitpunkt der Freistellung maßgeblich sein. Damit ist ausgeschlossen, dass die vergleichbaren Arbeitnehmer aus dem Kreis der Vertrauensleute zu bestimmen sind. Der Begriff der Betriebsüblichkeit in § 37 Abs. 4 S. 1 BetrVG zeigt, dass die Vergleichbarkeit der Arbeitnehmer an der Tätigkeit im Betrieb, d.h. einer Tätigkeit für den Arbeitgeber festzumachen ist. Diese kann nicht gleichgesetzt werden mit einer Tätigkeit, die ein Arbeitnehmer für eine Gewerkschaft erbringt. Der Begriff „Freistellung" drückt nichts anderes aus, als dass der Arbeitnehmer für die Gewerkschaftstätigkeit von seiner beruflichen Tätigkeit freigestellt ist; keinesfalls kann die Tätigkeit als gewerkschaftliche Vertrauensperson daher als eigenständige Tätigkeit im Sinne der Definition der vergleichbaren Arbeitnehmer[214] aufgefasst werden.

Dies folgt auch aus Sinn und Zweck des § 37 Abs. 4 S. 1 BetrVG, der das Betriebsratsmitglied vor Nachteilen in wirtschaftlicher sowie beruflicher Hinsicht aufgrund seines Betriebsratsamts bewahren möchte[215] und ihm deshalb

---

214 Vgl. BAG, Urteil v. 18.01.2017 – 7 AZR 205/15, NZA 2017, 935, 937.

215 Zu BT-Drucks. VI/2729, S. 23; BAG, Urteil v. 18.01.2017 – 7 AZR 205/15, NZA 2017, 935, 936; BAG, Urteil v. 14.07.2010 – 7 AZR 359/09, NJOZ 2011, 272, 274; BAG, Urteil

eine Entwicklung zukommen lässt, die Arbeitnehmern mit vergleichbarer Tätigkeit und Qualifikation bei betriebsüblicher Entwicklung entspricht. Betriebsüblich meint eine solche Entwicklung, die nach einem typischen Geschehensablauf erfolgt.[216] Das heißt: § 37 Abs. 4 S. 1 BetrVG ermöglich dem Betriebsratsmitglied eine Karriere zu vollziehen, wie sie für Arbeitnehmer mit vergleichbarer Tätigkeit und Qualifikation üblich, d.h. typisch, ist. Für gewerkschaftliche Vertrauensleute lässt sich eine solche betriebsübliche Entwicklung jedoch nicht darlegen: Als gewerkschaftliche Vertrauensleute kommen gewerkschaftlich organisierte Arbeitnehmer aus verschiedenen Tätigkeitsbereichen und aus verschiedenen Stufen der Unternehmenshierarchie zusammen und werden ggf. für ihre gewerkschaftlichen Aufgaben unter Fortzahlung des Arbeitsentgelts freigestellt.[217] Nach ihrer Freistellung kehren sie wiederum in ihre berufliche Tätigkeit zurück. Ihnen wird dann eine berufliche Entwicklung entsprechend ihrer beruflich ausgeübten Tätigkeit zuteil. Aufgrund der unterschiedlichen Tätigkeiten und der unterschiedlichen hierarchischen Stellung im Unternehmen gibt es jedoch keine berufliche Entwicklung, die für eine ehemalige Vertrauensperson als typisch und damit als betriebsüblich bezeichnet werden kann.

Zudem werden gewerkschaftliche Vertrauensleute von den gewerkschaftlich beschäftigten Arbeitnehmern im Betrieb gewählt oder von der Gewerkschaft benannt. Würde man die vergleichbaren Arbeitnehmer aus dem Kreis der gewerkschaftlichen Vertrauenspersonen bestimmen, hinge die Vergütungsentwicklung des Betriebsratsmitglieds nicht mehr nur von der persönlichen Tätigkeit, Leistung und Qualifikation – also von Faktoren, die in der Person des Betriebsratsmitglieds liegen – ab, sondern auch davon, ob es – und welche anderen Arbeitnehmer neben ihm – zuvor von der Gewerkschaft als Vertrauensperson benannt bzw. von den gewerkschaftlich organisierten Arbeitnehmern des Betriebs als Vertrauensperson gewählt wurde – und damit auch maßgeblich von Faktoren, auf die das Betriebsratsmitglied nur bedingt Einfluss hat.

Die Vergleichspersonen können daher nicht aus dem Kreis der gewerkschaftlichen Vertrauensleute bestimmt werden. War ein Betriebsratsmitglied unmittelbar vor seiner Berufung in das Betriebsratsamt als gewerkschaftliche

---

v. 16.01.2008 – 7 AZR 887/06, NZA 2008, 836, 837; siehe dazu bereits Gliederungspunkt II. 1. a) bb).

216 BAG, Urteil v. 18.01.2017 – 7 AZR 205/15, NZA 2017, 935; BAG, Urteil v. 04.11.2015 – 7 AZR 972/13, NZA 2016, 1339; BAG, Urteil v. 17.08.2005 – 7 AZR 528/04, DB 2006, 511; *Fitting*, BetrVG, 29. Aufl. 2018, § 37 Rn. 121.

217 Zur Zulässigkeit einer solchen tariflichen Regelung siehe ArbG Kassel, Urteil v. 05.08.1976 – 1 Ca 217/76, DB 1976, 1675.

Vertrauensperson tätig, ist im Rahmen von § 37 Abs. 4 S. 1 BetrVG der Zeitpunkt unmittelbar vor Freistellung zur Bestimmung der vergleichbaren Arbeitnehmer maßgeblich.

Ging der Freistellung als gewerkschaftliche Vertrauensperson unmittelbar eine Tätigkeit in der Jugend- und Auszubildendenvertretung voraus, ist grundsätzlich der Antritt des Amtes in der Jugend- und Auszubildendenvertretung entscheidend; erfolgte in diesem Rahmen eine Freistellung, sind die Vergleichspersonen letztmalig vor dieser Freistellung zu prüfen und ggf. neu zu ermitteln.

bb) Im Wesentlichen gleich qualifizierte Tätigkeit

Wann ein Arbeitnehmer eine „im Wesentlichen gleich qualifizierte Tätigkeit wie das Betriebsratsmitglied" ausübt, ist in der Praxis schwer festzustellen. Die Literatur beschränkte sich bislang darauf dieses Kriterium insoweit zu umschreiben, als es nicht erforderlich sei, dass die Tätigkeiten vollkommen identisch seien, sondern es genüge, wenn sie in ihren wesentlichen Inhalten gleichartig seien.[218] Einigkeit besteht auch darüber, dass ein objektiver Maßstab anzulegen ist.[219] Nicht entscheidend ist daher die Stellenbeschreibung oder die vertraglich vereinbarte Tätigkeit, vielmehr kommt es auf die tatsächlich vom Arbeitnehmer ausgeübte Tätigkeit an.[220] So ließ das BAG ausdrücklich offen, ob zwei Diplom-Ingenieure miteinander vergleichbar sind, soweit nicht abschließend geklärt ist, dass beide eine vergleichbare Tätigkeit ausgeübt haben.[221]

Damit gelangt man der Antwort auf die Frage, ob zwei Tätigkeiten miteinander vergleichbar sind, jedoch kaum ein Stück näher. Dass keine identischen Tätigkeiten vorliegen müssen, ergibt sich bereits *per definitionem*, die lediglich eine „im Wesentlichen gleich qualifizierte Tätigkeit fordert". Gleiches gilt für das Anlegen eines objektiven Maßstabs, der unmittelbar aus dem Begriff „ausgeübt haben" folgt, der nur im Sinne von „*tatsächlich* ausgeübt haben" verstanden werden kann. Wann aber liegen nun zwei „im Wesentlichen gleich qualifizierte Tätigkeiten" vor?

---

218 *Sturm*, Die Vergütung freigestellter und dauerhaft von der Arbeit befreiter Betriebsratsmitglieder, 2016, S. 90.

219 GK-BetrVG/*Weber*, 11. Aufl. 2018, § 37 Rn. 131; *Hennecke*, RdA 1987, 241, 242; *Jacobs/Frieling*, ZfA 2015, 241, 247.

220 *Lipp*, Honorierung und Tätigkeitsschutz von Betriebsratsmitgliedern, 2008, S. 58; *Esser*, Die Begünstigung von Mitgliedern des Betriebsrats, 2013, S. 37.

221 BAG, Urteil v. 19.01.2005 – 7 AZR 208/04, juris Rn. 22 f.

Jedenfalls dann, wenn zwei Tätigkeiten wechselseitig austauschbar sind, wird man von vergleichbaren Tätigkeiten ausgehen müssen. Auch wenn diese Tätigkeiten nicht im engeren Sinne *gleich* sind, so zeigt die Möglichkeit der wechselseitigen Austauschbarkeit deutlich, dass die beiden Tätigkeiten jedenfalls „im Wesentlichen" gleich sind, die Arbeitnehmer also ebenso gut die jeweils andere Tätigkeit ausführen können. Dies erfasst aber lediglich die unproblematischen Fälle. Gerade in kleineren Betrieben oder etwa, wenn Arbeitnehmer aus höheren Positionen ein Betriebsratsmandat antreten, ist es keine Seltenheit, dass kein Arbeitnehmer im Betrieb eine wechselseitig austauschbare Tätigkeit ausübt. Diese wird vom Begriff der „im Wesentlichen gleich qualifizierten Tätigkeit" auch gar nicht gefordert; vielmehr ist der Begriff einem weiteren Verständnis zugänglich. Das LAG Hamburg führte konkretisierend aus, dass vergleichbare Tätigkeiten dann vorliegen, wenn sich Aufgabenstruktur, Schwierigkeit sowie Umfang des Arbeitsplatzes entsprechen.[222]

Darüber hinaus lässt sich eine weitere Konkretisierung durch einen Vergleich mit § 8 AÜG finden. § 8 AÜG knüpft ebenfalls an den Begriff des vergleichbaren Arbeitnehmers an und verpflichtet einen Verleiher, einem Leiharbeitnehmer für die Zeit der Überlassung an einen Entleiher die im Betrieb des Entleihers für einen vergleichbaren Arbeitnehmer des Entleihers geltenden wesentlichen Arbeitsbedingungen – insbesondere im Hinblick auf das Arbeitsentgelt – zu gewähren. Eine Parallele lässt sich insoweit ziehen, als auch im Rahmen von § 8 AÜG für die Vergleichbarkeit maßgeblich die vom Stammarbeitnehmer ausgeübte Tätigkeit herangezogen wird.[223] Vergleichbar sind Tätigkeiten demnach, wenn für die Tätigkeiten die gleichen Fähigkeiten erforderlich sind, eine gleiche Verantwortung zu tragen ist, die Tätigkeiten auf einer Hierarchieebene angesiedelt sind sowie die Tätigkeiten im Hinblick auf Qualifikation sowie körperliche, psychische und intellektuelle Belastung vergleichbar sind.[224]

In Übertragung dieser Kriterien auf den Begriff der „im Wesentlichen gleich qualifizierten Tätigkeit" im Rahmen des § 37 Abs. 4 S. 1 BetrVG lässt sich durch diese Kriterien eine Konkretisierung treffen. Deutlich wird damit, dass es nicht genügt, Tätigkeiten als vergleichbar anzusehen, nur weil es sich beispielsweise um handwerkliche Tätigkeiten handelt. Hier ist eine genauere Betrachtung

---

222 LAG Hamburg, Urteil v. 05.03.2015 – 7 Sa 63/14, juris Rn. 82.

223 BAG, Urteil v. 21.10.2015 – 5 AZR 604/14, NZA 2016, 422, 425; BAG, Urteil v. 23.02.2011 – 5 AZR 7/10, NZA 2011, 850, 853; *Ulrici*, AÜG, 2017, § 8 Rn. 32.

224 Boemke/Lembke/*Lembke*, AÜG, 3 Aufl. 2013, § 9 Rn. 104; *Ulrici*, AÜG, 2017, § 8 Rn. 32.

der ausgeübten Tätigkeiten vorzunehmen. Erster Anhaltspunkt kann dabei die Frage sein, ob die maßgeblichen Tätigkeiten wechselseitig austauschbar sind. Soweit dies zu negieren ist, ist zu untersuchen, ob sich die Tätigkeiten im Hinblick auf die genannten Kriterien Aufgabenstruktur, Schwierigkeit, Umfang des Arbeitsplatzes, zu tragende Verantwortung, Hierarchieebene sowie körperliche, psychische und intellektuelle Belastung entsprechen.

Diese Feststellungen mögen in der Praxis zuweilen mit Schwierigkeiten behaftet seien, zumal Kriterien wie Schwierigkeit oder psychische und intellektuelle Belastung der Tätigkeiten eine subjektive Einschätzung erfordern. Für den Arbeitgeber ergibt sich insbesondere dann ein Problem, wenn seine Einschätzung von den Gerichten nicht geteilt wird. Wird dem Arbeitgeber jedoch auferlegt, die Vergleichbarkeit von Tätigkeiten unter anderem anhand wertender Kriterien festzustellen, so spricht viel dafür, ihm insoweit auch einen gewissen Einschätzungsspielraum hinsichtlich dieser Kriterien zuzubilligen.[225] Der Arbeitgeber steht den Tätigkeiten auch „näher" als das Gericht und kann somit zutreffender feststellen, ob Tätigkeiten etwa gleich schwierig sind oder mit einer vergleichbaren psychischen und intellektuellen Belastung einhergehen. Insoweit würde jedoch verkannt, dass § 37 Abs. 4 S. 1 BetrVG zwingend ist;[226] die Gerichte müssen somit umfassend prüfen, ob ein Arbeitnehmer einen vergleichbaren Arbeitnehmer zu dem Betriebsratsmitglied darstellt. Würde man dem Arbeitgeber einen Einschätzungsspielraum zubilligen, hätte er es in der Hand, – zumindest in gewissen Grenzen – von der zwingenden Norm des § 37 Abs. 4 S. 1 BetrVG abzuweichen.

cc) Persönliche und fachliche Qualifikation

Neben einer vergleichbaren Tätigkeit fordert die Rechtsprechung, dass ein vergleichbarer Arbeitnehmer für eine Tätigkeit „in ähnlicher Art und Weise wie das Betriebsratsmitglied fachlich und persönlich qualifiziert" ist.

---

225 So auch *Uffmann*, die ausführt, dass das Gericht die „positive Einschätzung, dass es sich um vergleichbare Arbeitnehmer handelt, als Konkretisierung zu akzeptieren [habe], sofern keine Anhaltspunkte dafür vorliegen, dass es sich hierbei um eine offensichtlich fehlerhafte Einschätzung handelt", Anm. zu BAG, Urteil v. 21.02.2018 – 7 AZR 496/17, AP BetrVG 1972 § 37 Nr. 169.

226 BAG, Urteil v. 18.01.2017 – 7 AZR 205/15, NZA 2017, 935, 937; BAG, Urteil v. 28.09.2016 – 7 AZR 248/14, NZA 2017, 335, 338; BAG, Urteil v. 13.07.1994 – 7 AZR 477/93, BAGE 77, 195.

Die fachliche Qualifikation lässt sich relativ problemlos durch Abschlüsse und den bisherigen beruflichen Werdegang darlegen.[227] Daneben können aber auch Eigenschaften, die sich nicht durch formale Abschlüsse oder Zeugnisse nachweisen lassen, zur Darlegung der fachlichen Qualifikation herangezogen werden, etwa eine wissenschaftliche Reputation.[228] Die Bestimmung einer vergleichbaren persönlichen Qualifikation stellt sich als größere Hürde dar. Unstrittig ist eine Anknüpfung an Merkmale, die unter den Diskriminierungsschutz des § 7 i.V.m. § 1 AGG fallen, nicht zulässig.[229] Als relevante Kriterien für eine Differenzierung werden in der Literatur beispielsweise Merkmale wie Bildungsstand, Arbeitserfolge, Fach- und Fremdsprachenkenntnisse sowie Team- und Kommunikationsfähigkeit genannt.[230] Aber auch der Gesundheitszustand, Belastbarkeit, Denkvermögen, Urteils- und Ausdrucksfähigkeit[231] sowie das Entwicklungspotenzial[232] werden zur Bestimmung einer vergleichbaren persönlichen Qualifikation herangezogen. Während Merkmale wie Bildungsstand, Fach- und Fremdsprachenkenntnisse jedenfalls objektiv nachprüfbar sind – soweit sie sich nicht sogar durch Zeugnisse oder Zertifikate nachweisen lassen –, erfordern die Kriterien Belastbarkeit, Denkvermögen oder Urteilsfähigkeit eine wertende, subjektive Betrachtung. *Cox* geht sogar noch einen Schritt weiter und führt aus, dass gerade Charaktereigenschaften wie Mut, Einsatzbereitschaft, klare Prinzipien, Standfestigkeit, Widerspruchsgeist sowie uneigennütziges Handeln Eigenschaften sind, die die Persönlichkeit ausmachen.[233] Dabei verkennt *Cox* zwei grundlegende Aspekte: Zum einen wird die Berücksichtigung dieser Charaktereigenschaften damit begründet, dass diese gerade von der Belegschaft geschätzt sind. Darauf kann es aufgrund des Regelungszwecks des § 37 Abs. 4 S. 1 BetrVG nicht ankommen. Das Betriebsratsmitglied soll im Hinblick auf sein Entgelt gerade so gestellt werden, wie es ohne Betriebsratsamt stünde.[234] Dann kann es

---

227 *Jacobs/Frieling*, ZfA 2015, 241, 247; *Lipp*, Honorierung und Tätigkeitsschutz von Betriebsratsmitgliedern, 2008, S. 58; *Sturm*, Die Vergütung freigestellter und dauerhaft von der Arbeit befreiter Betriebsratsmitglieder, 2016, S. 91.

228 *Keilich*, BB 2014, 2229, 2231.

229 *Jacobs/Frieling*, ZfA 2015, 241, 248.

230 Vgl. *Hennecke*, RdA 1986, 241, 242; *Jacobs/Frieling*, ZfA 2015, 241, 247; *Schweibert/Buse*, NZA 2007, 1080, 1080.

231 *Henneke*, RdA 1986, 241, 242.

232 *Keilich*, BB 2014, 2229, 2231.

233 *Cox*, AiB 2010, 452, 454; dem folgend: *Esser*, Die Begünstigung von Mitgliedern des Betriebsrats, 2013, S. 38.

234 GK-BetrVG/*Weber*, BetrVG, 11. Aufl. 2018, § 37 Rn. 129.

jedoch nicht auf Eigenschaften wie Standfestigkeit oder uneigennütziges Handeln ankommen, die es als Betriebsratsmitglied aufweisen muss und die gerade deshalb in der Belegschaft geschätzt werden.

Zum anderen zeichnen sich die von *Cox* genannten Charaktereigenschaften dadurch aus, dass sie in besonderem Maße eine subjektive Prägung aufweisen und sich somit jedem objektiven Vergleich entziehen. Damit führt das Abstellen auf die genannten Charaktereigenschaften zu einem Konflikt mit dem zwingenden Charakter von § 37 Abs. 4 BetrVG. Die von *Cox* genannten Charaktereigenschaften sind einer objektiven gerichtlichen Prüfung in keiner Weise zugänglich: Ob zwei Arbeitnehmer gleich mutig sind, vergleichbare klare Prinzipien oder eine vergleichbare Standfestigkeit besitzen, ist nicht justiziabel. Zudem kann ein Arbeitnehmer solche Eigenschaften besitzen, ohne dass er sie bislang während seiner Karriere im Betrieb zeigen musste bzw. zeigen konnte, allein weil keine betriebliche Situation eingetreten ist, in der er solche Fähigkeiten zeigen konnte: Wie will etwa ein Produktionshelfer, dessen Tätigkeit ausschließlich aus Fließbandarbeit besteht, zeigen, dass er besonders mutig oder besonders standfest ist? Trotzdem kann er diese Eigenschaften besitzen.

Besonders deutlich wird damit, dass die Berücksichtigung sog. *soft skills*, die unzweifelhaft in der heutigen Arbeitswelt nicht nur eine untergeordnete Rolle spielen, problematisch ist. Ob ein Arbeitnehmer über solche *soft skills* verfügt, entzieht sich regelmäßig einer objektiven Betrachtung. Nach *Jacobs/Frieling* können *soft skills* zur Differenzierung herangezogen werden, soweit sie – etwa in einer Personalakte – so dokumentiert sind, dass ein Vergleich dieser Kriterien möglich ist.[235] Dies erscheint durchaus richtig, kann jedoch nur für solche Kriterien gelten, die einer Bewertung zugänglich sind. Dabei muss die Dokumentation deutlich werden lassen, welche Merkmale in den Vergleich eingestellt und nach welchen Kriterien diese bewertet werden, um so einen objektiven Kontrollmaßstab zu erlauben.

Damit steht jedoch lediglich fest, welche Kriterien herangezogen werden können, um die Vergleichbarkeit der Qualifikation zweier Arbeitnehmer festzustellen. Die pauschale Feststellung, dass die Qualifikation zweier Arbeitnehmer dann vergleichbar ist, wenn sie sich in ihrer Persönlichkeit, Qualifikation und Leistung entsprechen,[236] führt nicht zu mehr Klarheit. Ist ein Arbeitnehmer, der eine berufliche Ausbildung abgeschlossen hat und einige Jahre Berufserfahrung aufweist, vergleichbar mit einem Arbeitnehmer, der einen akademischen

---

235 *Jacobs/Frieling*, ZfA 2015, 241, 247.
236 *Henneke*, RdA 1986, 241, 242.

Abschluss aufweist? Die Rechtsprechung begründet einen Tätigkeitsbezug. Der vergleichbare Arbeitnehmer muss für die konkret ausgeübte Tätigkeit („*dafür*") vergleichbar fachlich und persönlich qualifiziert sein.[237] Maßstab ist damit stets die konkrete Tätigkeit. Das heißt, berücksichtigt werden dürfen nur solche Qualifikationen, die für die konkret ausgeübte Tätigkeit eine Relevanz besitzen. Sicher ist damit: Fachliche Qualifikationen sind nicht bereits deshalb miteinander vergleichbar, nur weil es sich um Ausbildungen auf einem vergleichbaren Niveau handelt. So sind zwei fachliche Qualifikationen nicht schon deshalb vergleichbar, weil es sich etwa um akademische Ausbildungen handelt. Auf der anderen Seite kann ein Arbeitnehmer, der eine berufliche Ausbildung abgeschlossen hat, genauso gut oder sogar besser für die konkrete Tätigkeit qualifiziert sein, als ein Betriebsratsmitglied mit akademischer Ausbildung. Weist jedoch ein Arbeitnehmer eine insoweit nicht zu berücksichtigende, höhere Qualifikation auf, die ihn für die konkret ausgeübte Tätigkeit überqualifiziert, und wird dieser Arbeitnehmer auf eine Stelle entsprechend seiner höheren Qualifikation befördert, kann sich das Betriebsratsmitglied nicht auf die Gehaltssteigerung dieses Arbeitnehmers berufen.[238] Unabhängig davon, ob diese berufliche Entwicklung von der Mehrzahl der vergleichbaren Arbeitnehmer vollzogen wird – in der Regel wird sie das nicht tun[239] –, ist ausgeschlossen, dass das Betriebsratsmitglied eine solche berufliche Entwicklung vollzogen hätte, wenn es das Betriebsratsamt nicht übernommen hätte. Das Abstellen auf vergleichbare Arbeitnehmer in § 37 Abs. 4 S. 1 BetrVG soll sicherstellen, dass Betriebsratsmitglieder „weder in wirtschaftlicher noch in beruflicher Hinsicht gegenüber vergleichbaren Arbeitnehmern mit betriebsüblicher beruflicher Entwicklung Nachteile erleiden."[240] Der Bezug auf vergleichbare Arbeitnehmer bildet eine gesetzliche Annahme dahingehend, dass das Betriebsratsmitglied aufgrund einer vergleichbaren Eignung für die konkrete Tätigkeit diese ebenso gut ausgeübt haben würde und dadurch eine dem vergleichbaren Arbeitnehmer entsprechende berufliche Entwicklung vollzogen hätte. Beruht die berufliche Entwicklung des vergleichbaren Arbeitnehmers jedoch *allein* auf seiner höheren, für die konkret ausgeübte Tätigkeit nicht

237 BAG, Urteil v. 18.01.2017 – 7 AZR 205/15, NZA 2017, 935, 937; BAG, Urteil v. 19.01.2005 – 7 AZR 208/04, BeckRS 2005, 30349201; BAG, Urteil v. 15.01.1992 – 7 AZR 194/91, AP Nr. 84 zu § 37 BetrVG 1972; BAG Urteil v. 21.04.1983 – 6 AZR 407/80, AP Nr. 43 zu § 37 BetrVG 1972.

238 Ebenso *Lipp*, Honorierung und Tätigkeitsschutz von Betriebsratsmitgliedern, 2008, S. 60.

239 Siehe dazu auch unter Gliederungspunkt II. 1. b).

240 Zu BT-Drucks. VI/2729, S. 23.

relevanten Qualifikation, muss diese Entwicklung im Rahmen des § 37 Abs. 4 S. 1 BetrVG unberücksichtigt bleiben. Maßgeblich können nur solche beruflichen Entwicklungen sein, die einen Bezug zu der konkret ausgeübten Tätigkeit sowie zu der dazu relevanten Qualifikation aufweisen.

Zuweilen wird gefordert, dass sich die Tätigkeit sowie die Qualifikation auf die Bemessung des Arbeitsentgelts auswirken müssen.[241] *Deshalb* sei ein Arbeitnehmer, der für seine Tätigkeit überqualifiziert ist, auch nicht mit einem ebenso qualifizierten Arbeitnehmer, der jedoch seiner Qualifikation entsprechend beschäftigt wird, vergleichbar.[242] Dass diese Arbeitnehmer nicht miteinander vergleichbar sind, folgt jedoch bereits daraus, dass die Qualifikation für die konkrete Tätigkeit eine Relevanz aufweisen muss. Eines zusätzlichen Korrektivs bedarf es daneben somit nicht mehr.

Berücksichtigt werden muss dabei, dass das BAG an eine vergleichbare persönliche und fachliche Qualifikation strenge Maßstäbe anlegt. So sah es etwa zwei Offiziere mit Kapitänspatent, die zum maßgelblichen Zeitpunkt eine Tätigkeit als Wachoffizier ausübten, als nicht miteinander vergleichbar an, weil einer der Offiziere über eine längere Berufserfahrung als Kapitän und somit über eine höhere fachliche Qualifikation verfügte.[243]

dd) Berücksichtigung individueller Fähigkeiten und Leistungen

Innerhalb der Gruppe der Arbeitnehmer mit vergleichbarer Tätigkeit und gleicher Qualifikation für die Tätigkeit kann die berufliche Entwicklung sehr unterschiedlich verlaufen: Während ein Teil dieser Arbeitnehmer eine steile Karriere vollzieht, wird ein anderer Teil womöglich in seiner Entwicklung stagnieren. Nicht zuletzt beruht die individuelle berufliche Entwicklung immer auch auf persönlichen Fähigkeiten und den erbrachten Leistungen. Arbeitnehmer, die stets hervorragende Leistungen erbringen, werden eher eine schnelle und steilere Karriere vollziehen als solche, deren Leistungen als eher unterdurchschnittlich zu qualifizieren ist. Soll nun durch das Abstellen auf vergleichbare Arbeitnehmer die berufliche Entwicklung des Betriebsratsmitglieds abgebildet werden, kann dies nur dann präzise erfolgen, wenn auch die persönliche Leitungsfähigkeit berücksichtigt wird – ansonsten würde zwangsläufig eine Begünstigung bzw. Benachteiligung des Betriebsratsmitglieds eintreten.[244] Dies deckt sich mit der

241 *Annuß*, NZA 2018, 134, 135; *Hennecke*, RdA 1986, 241, 241; Richardi/*Thüsing*, BetrVG, 16. Aufl. 2018, § 37 Rn. 72.

242 *Hennecke*, RdA 1986, 241, 243.

243 BAG, Urteil v. 13.11.1987 – 7 AZR 550/86, NZA 1988, 403.

244 MünchHandbArbR/*Joost*, 3. Aufl. 2009, § 220 Rn. 135a.

Ansicht der Rechtsprechung und dem überwiegenden Teil der Literatur:[245] Das BAG führt dazu aus: „Der Begriff der vergleichbaren Arbeitnehmer erfordert, auch individuelle Leistungs- und Qualifikationsmerkmale zu berücksichtigen, nämlich insoweit, als es darauf ankommt, auch insoweit einen Vergleich des jeweiligen Betriebsratsmitgliedes mit entsprechenden anderen Arbeitnehmern vorzunehmen. Ist ein Betriebsratsmitglied z.B. besonders qualifiziert und in seiner beruflichen Tätigkeit überdurchschnittlich gewesen, so kommt als vergleichbarer Arbeitnehmer nur ein solcher mit ähnlicher Qualifikation und ebensolchen überdurchschnittlichen Leistungen in Betracht."[246] Gleiches gilt auch im umgekehrten Fall.[247] Dass individuelle Qualifikationen zu berücksichtigen sind, folgt schon unmittelbar aus dem Erfordernis einer vergleichbaren fachlichen und persönlichen Qualifikation. Insoweit ist *Joost* zu widersprechen, der davon ausgeht, dass es auf „besondere Qualifikationen" nicht ankomme.[248]

Auch individuelle Leistungen sind aus den genannten Gründen zu berücksichtigen. Dies führt dazu, dass innerhalb der Gruppe der Arbeitnehmer mit gleicher Tätigkeit sowie vergleichbarer Qualifikation ggf. eine Bildung von Untergruppen vorzunehmen ist, wobei das Differenzierungskriterium eine vergleichbare individuell erbrachte Leistung ist. Hat ein Betriebsratsmitglied stets besonders gute Leistungen erbracht, kann die Vergleichsgruppe eben auch nur aus solchen Arbeitnehmern gebildet werden, die ebenso gute Leistungen erbracht haben. Gleiches muss jedoch auch für den umgekehrten Fall gelten: Hat ein Betriebsratsmitglied in seiner Tätigkeit bloß unterdurchschnittliche Leistungen erbracht, sind auch nur solche Arbeitnehmer mit ihm vergleichbar, die ebenfalls vergleichbar unterdurchschnittliche Leistungen erbracht haben.[249]

---

245 BAG, Urteil v. 13.11.1987 – 7 AZR 550/86, NZA 1988, 403, 404; *Annuß*, NZA 2018, 134, 135; ErfK/*Koch*, 19. Aufl. 2019, § 37 BetrVG Rn. 9; *Fitting*, BetrVG, 29. Aufl. 2018, § 37 Rn. 120; GK-BetrVG/*Weber*, 11. Aufl. 2018, § 37 Rn. 131; *Keilich*, BB 2014, 2229, 2231; Richardi/*Thüsing*, BetrVG, 16. Aufl. 2018, § 37 Rn. 71.

246 BAG, Urteil v. 13.11.1987 – 7 AZR 550/86, NZA 1988, 403, 404.

247 BAG, Urteil v. 13.11.1987 – 7 AZR 550/86, NZA 1988, 403, 404.

248 MünchHandbArbR/*Joost*, 3. Aufl. 2009, § 220 Rn. 135b.

249 BAG, Urteil v. 13.11.1987 – 7 AZR 550/86, NZA 1988, 403; BAG, Urteil v. 21.04.1983 – 6 AZR 407/80, AP BetrVG 1972 § 37 Nr. 43; DKKW/*Wedde*, BetrVG, 16. Aufl. 2018, § 37 Rn. 90; *Fitting*, BetrVG, 29. Aufl. 2018, § 37 Rn. 120; GK-BetrVG/*Weber*, 11. Aufl. 2018, § 37 Rn. 133; HWGNRH/*Glock*, BetrVG, 10. Aufl. 2018, § 37 Rn. 114; MünchHandbArbR/*Joost*, 3. Aufl. 2009, § 220 Rn. 135a; Richardi/*Thüsing*, BetrVG, 16. Aufl. 2018, § 37 Rn. 71.

ee) Verhältnis der Merkmale der gleichen Tätigkeit und der ähnlichen fachlichen und persönlichen Qualifikation

In ständiger Rechtsprechung wird sowohl auf das Merkmal der gleichen Tätigkeit als auch auf eine ähnliche fachliche und persönliche Qualifikation abgestellt. Die Verknüpfung der beiden Merkmale durch die Konjunktion „und" zwingt unweigerlich zu einem kumulativen Vorliegen der beiden Merkmale. Soweit bereits angesprochen wurde, dass die persönliche Qualifikation eine Relevanz für die konkrete Tätigkeit aufweisen muss, folgt daraus jedoch, dass dem Merkmal der Tätigkeit eine größere Relevanz zuzuweisen ist. Qualifikationen können gerade nur insoweit Berücksichtigung finden, wie diese für die konkrete Tätigkeit von Bedeutung sind. Darüber hinausgehende Qualifikationen finden keine Berücksichtigung.[250] Zentrales Kriterium eines vergleichbaren Arbeitnehmers ist damit die Ausübung einer gleichen Tätigkeit. Dies entspricht auch der Auffassung des LAG Hamburg: Das Gericht hatte zunächst die Kriterien der gleichen Tätigkeit sowie einer ähnlichen fachlichen und persönlichen Qualifikation aufgestellt, im Anschluss jedoch lediglich Feststellungen zur gleichen Tätigkeit getroffen und die Vergleichbarkeit der in Rede stehenden Arbeitnehmer bejaht.[251] In der Revision rügte das BAG das Vorgehen des LAG Hamburg insoweit nicht.[252] Berücksichtigt man jedoch, dass beide Merkmale kumulativ erfüllt sein müssen, lässt sich diese Rechtsprechung nur als Anhaltspunkt dafür sehen, dass es zulässig ist, von einer gleichen Tätigkeit Rückschlüsse auf eine vergleichbare fachliche und persönliche Qualifikation zu ziehen. Werden Arbeitnehmer mit gleicher Tätigkeit beschäftigt, so kann dies eine Vermutung für eine vergleichbare Qualifikation begründen. Dieser Rückschluss basiert auf der Annahme, dass ein Arbeitgeber die Arbeitnehmer für gewöhnlich entsprechend ihrer Leistungsfähigkeit und Qualifikation einsetzt, letztlich somit bereits faktisch eine Feststellung getroffen ist, dass die Arbeitnehmer für diese konkrete Tätigkeit entsprechend qualifiziert sind.

Allerdings kann das Kriterium einer vergleichbaren Qualifikation durchaus Bedeutung erlangen: Primär ist die Ausübung einer gleichen Tätigkeit maßgeblich. Das Kriterium der gleichen Qualifikation tritt jedoch einschränkend hinter das Merkmal der gleichen Tätigkeit und erlangt insbesondere dann Bedeutung, wenn individuelle Fähigkeiten Berücksichtigung finden. Hat sich das Betriebsratsmitglied durch seine Tätigkeit ausgezeichnet, den besten und

---

250 Siehe dazu bereits Gliederungspunkt II. 1. a) cc).

251 LAG Hamburg, Urteil v. 05.03.2015 – 7 Sa 63/14, juris.

252 BAG, Urteil v. 18.01.2017 – 7 AZR 205/15, NZA 2017, 935, 937.

leistungsfähigsten Arbeitnehmern mit vergleichbarer Tätigkeit anzugehören, so ist die Vergleichsgruppe auch auf die besten und leistungsfähigsten Arbeitnehmer zu beschränken. Solange dafür aber nichts ersichtlich ist, entwickelt das Kriterium der vergleichbaren Qualifikation lediglich zweitrangige Wirkung. Damit ergibt sich zur Ermittlung der Vergleichsgruppe im Ergebnis ein Dreischritt: (1) Zunächst sind alle Arbeitnehmer, die eine vergleichbare Tätigkeit ausüben, heranzuziehen. (2) Diese Gruppe ist auf solche Arbeitnehmer mit gleicher fachlicher und persönlicher Qualifikation zu beschränken. (3) Anschließend sind die Arbeitnehmer aus dieser Gruppe auszusortieren, deren individuelle Leistungsfähigkeit nicht der Leistungsfähigkeit des Betriebsratsmitglieds entspricht.

ff) Berücksichtigung von Leistungen und Qualifikationen, die ein Betriebsratsmitglied während der Betriebsratstätigkeit erbracht bzw. erworben hat

Ist ein Arbeitnehmer über mehrere Amtsperioden Mitglied des Betriebsrats, ist es nicht ungewöhnlich, dass er sich in dieser Zeit Fähigkeiten und Qualifikationen angeeignet hat, die ihn von den Arbeitnehmern unterscheiden, mit denen er zum Zeitpunkt des Antritts des Betriebsratsamts noch vergleichbar war. Insoweit sind drei Konstellationen denkbar, wie sich ein Arbeitnehmer während seiner Zeit als Betriebsratsmitglied positiv entwickeln kann: (1) Ein Arbeitnehmer kann im Betriebsrat regelrecht „aufblühen“ und dort besondere Leistungen zeigen. (2) Er kann durch seine Betriebsratstätigkeit Qualifikationen erwerben, die ihn von den Arbeitnehmern seiner Vergleichsgruppe unterscheiden. (3) Schließlich besteht auch die Möglichkeit, dass er unabhängig von seiner Betriebsratstätigkeit Qualifikationen erwirbt, die ihn von seiner Vergleichsgruppe abheben, etwa wenn ein Betriebsratsmitglied parallel zu seiner Betriebsratstätigkeit ein Studium absolviert. Wie diese Kategorien zu behandeln sind, kann nicht pauschal dargestellt werden. Ausgangspunkt dieser Fragestellungen muss jedoch das Ehrenamtsprinzip des § 37 Abs. 1 BetrVG sein: Für die Betriebsratstätigkeit darf dem Betriebsratsmitglied keinerlei Vergütung gewährt werden – weder direkt, noch in mittelbarer oder versteckter Form.[253]

---

253 BAG, Urteil v. 05.05.2010 – 7 AZR 728/08, NZA 2010, 1025; DKKW/*Wedde*, BetrVG, 16. Aufl. 2018, § 37 Rn. 3; *Dzida/Mehrens*, NZA 2013, 753, 755; ErfK/*Koch*, 19. Aufl. 2019, § 37 BetrVG Rn. 1; *Fitting*, BetrVG, 29. Aufl. 2018, § 37 Rn. 8; GK-BetrVG/*Weber*, 11. Aufl. 2018, § 37 Rn. 16 f.; HWGNRH/*Glock*, BetrVG, 10. Aufl. 2018, § 37 Rn. 15; Richardi/*Thüsing*, BetrVG, 16. Aufl. 2018, § 37 Rn. 7; *Rieble*, NZA 2008, 276, 276; *Schweibert/Buse*, NZA 2007, 1080, 1080.

(1) Berücksichtigung von Leistungen, die ein Arbeitnehmer im Betriebsrat erbracht hat

Werden Leistungen, die ein Arbeitnehmer im Betriebsrat erbracht hat, im Rahmen der Entgeltentwicklung des § 37 Abs. 4 S. 1 BetrVG berücksichtigt, besteht die Gefahr, dass die Vergütung nicht mehr an die ursprünglichen Tätigkeit anknüpft, sondern die Betriebsratstätigkeit Maßstab der Vergütung wird. Letztlich bedeutet dies eine Abkehr vom Ehrenamts- und Lohnausfallprinzip hin zu einer Vergütung der Betriebsratstätigkeit an sich. Die herrschende Meinung lehnt in der Konsequenz eine Berücksichtigung solcher Leistungen entschieden ab.[254] Besonders deutlich wurde das ArbG Bielefeld: Eine Vergütung, die an die Betriebsratstätigkeit anknüpfe, sei ein Verstoß gegen „§ 78 Satz 2 i.V.m. § 37 Abs. 1 BetrVG wie er krasser kaum vorstellbar ist."[255]

Dennoch ist nicht von der Hand zu weisen, dass sich die Vergütung freigestellter Betriebsratsmitglieder somit anhand von Fähigkeiten bemisst, die sie ggf. vor mehreren Amtsperioden aufgewiesen haben und danach ggf. über mehrere Jahre gezeigte Leistungen unberücksichtigt bleiben. Es lässt sich anmerken, dass das Ehrenamt einem Betriebsratsmitglied „einen Verzicht auf 'amtsbedingte' Einkommenssteigerungen" zumute[256] und eine Vergütung, die an die Betriebsratstätigkeit anknüpfte, die Unabhängigkeit des Betriebsrats sowie das Vertrauen der Belegschaft in diese nicht mehr gewährleistete.[257] Die zugleich damit verbundene Diskrepanz zwischen gezeigter Leistung und Vergütungsentwicklung wird hingenommen. Ausgehend von dem Zweck, die Unabhängigkeit des Betriebsrats zu wahren, ließe sich erwägen, im Betriebsrat gezeigte Leistungen jedenfalls in engen Grenzen zu berücksichtigen, zumal diese Leistungen auch im Interesse des Betriebes erfolgen.[258] Selbstverständlich kann es nicht darauf ankommen, ob eine Leistung im Betriebsrat vom Arbeitgeber als ihm gewogen oder nicht gewogen bewertet wird. Solange die Bewertung einer Leistung im Betriebsrat

---

254 Jüngst ArbG Essen, Urteil v. 04.10.2018 – 1 Ca 1124/18, BeckRS 2018, 26683; *Bittmann/Mujan*, BB 2012, 637, 638; *Dzida/Mehrens*, NZA 2013, 753, 755; *Esser*, Die Begünstigung von Mitgliedern des Betriebsrates, 2013, S. 38; *Frahm/Koch*, ArbRAktuell 2010, 468, 468; *Jacobs/Frieling*, ZfA 2015, 241, 253; *Lipp*, Honorierung und Tätigkeitsschutz von Betriebsratsmitgliedern, 2008, S. 61 f.; *Rieble*, NZA 2008, 276, 277; *Rüthers*, RdA 1976, 61, 63.

255 ArbG Bielefeld, Urteil v. 11.05.2011 – 3 Ca 2633/10, juris.

256 *Rüthers*, RdA 1976, 61, 63.

257 *Jacobs/Frieling*, ZfA 2015, 241, 253; *Lipp*, Honorierung und Tätigkeitsschutz von Betriebsratsmitgliedern, 2008, S. 62; *Rüthers*, RdA 1976, 61, 63.

258 *Kehrmann*, in: FS Wlotzke, 1996, S. 357, 364.

jedoch an objektiven Kriterien festgemacht wird, ist der Zweck des § 37 Abs. 4 S. 1 BetrVG nicht gefährdet.[259]

Dennoch sind solche Überlegungen mit dem geltenden Recht nicht vereinbar.[260] Die Vergütung von Betriebsratsmitgliedern knüpft in den §§ 37, 78 S. 2 BetrVG gerade nicht an eine „Karriere" als Betriebsrat an. Maßgeblich ist die hypothetische Karriere ohne Betriebsratsamt.[261] Zu berücksichtigen sind daher solche Leistungen, die im Rahmen der *beruflichen* Tätigkeit tatsächlich bzw. hypothetisch erbracht wurden. Leistungen, die im Betriebsratsamt erbracht werden, können jedoch – insbesondere bei freigestellten Betriebsratsmitgliedern – als Indiz dafür gewertet werden, dass ein Betriebsratsmitglied vergleichbare Leistungen auch in seiner beruflichen Tätigkeit erbracht hätte.

Teile der Literatur verfolgen einen ähnlichen Ansatz: Leistungen im Betriebsrat sollen danach als Indiz für eine besondere Qualifikation im Allgemeinen herangezogen werden können.[262] Anknüpfungspunkt für den Eingang dieser Leistungen in die Bildung der Vergleichsgruppe ist demnach das Merkmal der persönlichen Qualifikation. Konkret heißt das: Ein Arbeitnehmer hat ein gewisses Potential inne, welches er allerdings erst während seiner Betriebsratstätigkeit ausschöpfen konnte. Konnte dieses Potential zum Zeitpunkt der Festlegung der Vergleichspersonen nicht berücksichtigt werden – allein schon, weil der Arbeitnehmer es bis dato nicht gezeigt hat –, war diese Fähigkeit, überdurchschnittliche Leistungen zu erbringen, dennoch bereits zum Zeitpunkt der Festlegung der Vergleichspersonen vorhanden. In der Konsequenz sei das Betriebsratsmitglied nicht mit den ursprünglichen Vergleichspersonen, sondern mit solchen auf einer höheren Hierarchieebene mit vergleichbarer Leistungsfähigkeit vergleichbar.[263]

Was auf den ersten Blick wie ein Kunstgriff wirkt, entpuppt sich als nur folgerichtig: Wenn bereits die tatsächlich gezeigte Leistungsfähigkeit im Rahmen der Bestimmung der vergleichbaren Arbeitnehmer herangezogen wird, so muss auch eine potenzielle Leistungsfähigkeit Berücksichtigung finden. Es kann nicht darauf ankommen, ob ein Arbeitnehmer bestimmte Fähigkeiten bereits vor dem

---

259 Vgl. *Knipper*, Das Arbeitsverhältnis des freigestellten Betriebsratsmitglieds, 1992, S. 88.

260 BGH, Urteil v. 17.09.2009 – 5 StR 521/08, NJW 2010, 92; *Rüthers*, NJW 2007, 195, 196.

261 *Lipp*, Honorierung und Tätigkeitsschutz von Betriebsratsmitgliedern, 2008, S. 61.

262 *Byers*, NZA 2014, 65, 66; *Fitting*, BetrVG, 29. Aufl. 2018, § 37 Rn. 120; *Schweibert/Buse*, NZA 2007, 1080, 1081; wohl auch *Däubler*, SR 2017, 85, 99; mit Einschränkungen *Bayreuther*, NZA 2014, 235, 236, der dies nur annehmen will, wenn „der Arbeitsplatz und seine Betriebsratstätigkeit nicht so weit voneinander entfernt liegen, dass sich ein Rückschluss von der einen auf die andere Tätigkeit von vorneherein verbietet."

263 *Byers*, NZA 2014, 65, 66.

Zeitpunkt der ursprünglichen Bildung der Vergleichsgruppen gezeigt hat. So sind etwa auch Qualifikationen zu berücksichtigen, die einen Arbeitnehmer für eine konkrete Tätigkeit qualifizieren, die er jedoch ebenfalls bislang nicht zeigen musste. Beispielsweise ist die Fähigkeit, eine Fremdsprache zu sprechen, als persönliche Qualifikation berücksichtigungsfähig[264] – selbst dann, wenn der Arbeitnehmer diese Fremdsprache in seiner Tätigkeit bislang nicht sprechen musste. Nichts anderes kann für das Kriterium der Leistungsfähigkeit gelten. Dabei stellt sich das Problem des Nachweises einer überdurchschnittlichen Leistungsfähigkeit erst gar nicht, wenn der Arbeitnehmer als Betriebsrat diese auch tatsächlich nachweisen konnte.

Damit ist jedoch die Frage aufgeworfen, wie besondere Leistungen im Betriebsratsamt zu qualifizieren sind. Die Literatur hat sich dieser Frage bislang nicht angenommen und beschränkt sich darauf, abstrakt von „besonderen Leistungen“[265] oder von „Erfolge[n] […] bei der Amtsausübung“[266] zu sprechen. Unklar bleibt damit jedoch, was unter solchen besonderen Leistungen und Erfolgen zu verstehen ist. Aus einem Vergleich der im Betriebsratsamt erbrachten Leistungen mit den Leistungen anderer Betriebsratsmitglieder kann jedenfalls kein Rückschluss gezogen werden: Auch wenn die im Betriebsratsamt gezeigte Leistung allenfalls als Indiz gewertet wird, kann allein aus der Tatsache, dass diese Leistungen des Betriebsratsmitglieds gegenüber der Leistung anderer Betriebsratsmitglieder herausstechen, nicht auf eine besondere Leistungsfähigkeit des Betriebsratsmitglieds gegenüber den Vergleichspersonen geschlussfolgert werden. Ansonsten würde man einen Wechsel der Bezugsgruppe vollziehen. Eine relative Betrachtung im Verhältnis zu den Vergleichspersonen kann ebenfalls nicht erfolgen. Schon zwangsläufig können die Vergleichspersonen keine besonderen Leistungen oder Erfolge im Betriebsratsamt erbringen.

Und dennoch – die Erbringung besonderer Leistungen im Betriebsratsamt wird ja gerade als Indiz für ein bestimmtes Leistungspotential gewertet – müssen im Umkehrschluss besondere Leistungen im Betriebsratsamt solche sein, die hypothetisch nur von solchen Arbeitnehmern hätten erbracht werden können, die ein vergleichbares Leistungspotential wie das Betriebsratsmitglied aufweisen.

Da besondere Leistungen und Erfolge im Betriebsratsamt erst nach Festlegung der Vergleichspersonen[267] erbracht werden können, stellt sich nach Erbringung

---

264 *Jacobs/Frieling*, ZfA 2015, 241, 247.
265 *Bayreuther*, NZA 2014, 235, 236; *Fitting*, BetrVG, 29. Aufl. 2018, § 37 Rn. 120.
266 *Schweibert/Buse*, NZA 2007, 1080, 1081.
267 Siehe zum maßgeblichen Zeitpunkt Gliederungspunkt II. 1. a) aa).

der in Rede stehenden Leistung bzw. nach Verzeichnen eines in Rede stehenden Erfolges die Frage, ob die festgelegten Vergleichspersonen ebenfalls im Stande gewesen wären, solche Leistungen und Erfolge hypothetisch zu erbringen. Im Zweifel wird sich diese Frage nicht eindeutig beantworten lassen. Die festgelegten Vergleichspersonen haben jedoch – dies ist bereits Voraussetzung einer rechtskonformen Festlegung –[268] vor der jeweiligen Festlegung eine vergleichbare Leistungsfähigkeit aufgezeigt. Bereits dies stellt ein deutliches Indiz dafür dar, dass sie die vom Betriebsratsmitglied erbrachten Leistungen im Betriebsrat ebenfalls hätten erbringen können, wobei durchaus zu beachten ist, welche Zeitspanne seit Festlegung der Vergleichspersonen verstrichen ist. Dennoch begründet dies eine grundsätzliche Vermutung dafür, dass es sich bei erbrachten Leistungen und Erfolgen im Betriebsratsamt nicht um solche handelt, die indiziell auf ein besonderes Leistungspotential schließen lassen.

Beruhen die besonderen Leistungen und Erfolge im Betriebsratsamt jedoch auf individuellen Fähigkeiten des Betriebsratsmitglieds, die die festgelegten Vergleichspersonen erwiesenermaßen nicht aufweisen, und hätten diese daher entsprechende Leistungen nicht erbringen können, so führen solche Leistungen dazu, dass sich das Betriebsratsmitglied von den ursprünglich festgelegten Vergleichspersonen tatsächlich durch sein Leistungspotential abhebt, d.h. eine weitergehende persönliche Qualifikation aufweist.

Auswirkungen auf die Auswahl der Vergleichspersonen kann ein solches Leistungspotential jedoch nur dann haben, wenn diese persönliche Qualifikation einen Bezug zur beruflichen Tätigkeit aufweist: Nach der Rechtsprechung ist erforderlich, dass die vergleichbaren Arbeitnehmer für die konkret ausgeübte Tätigkeit in ähnlicher Art und Weise wie das Betriebsratsmitglied fachlich und persönlich qualifiziert waren.[269] Die persönliche Qualifikation muss daher tätigkeitsbezogen sein.[270] *In concreto*: Es können nur solche besonderen Leistungen und Fähigkeiten im Betriebsratsamt im Rahmen von § 37 Abs. 4 S. 1 BetrVG berücksichtigt werden, die auf Fähigkeiten beruhen, die für die berufliche Tätigkeit zumindest potentiell nützlich wären. Denn wenn eine Qualifikation bei Antritt des Betriebsratsamts wegen fehlenden Tätigkeitsbezugs unberücksichtigt bleiben muss, kann nach Antritt des Betriebsratsamts nichts anderes gelten. Die

268 Siehe bereits Gliederungspunkt II. 1. a) ff).

269 BAG, Urteil v. 18.01.2017 – 7 AZR 205/15, NZA 2017, 935, 937; BAG, Urteil v. 19.01.2005 – 7 AZR 208/04, BeckRS 2005, 30349201; BAG, Urteil v. 15.01.1992 – 7 AZR 194/91, AP Nr. 84 zu § 37 BetrVG 1972; BAG, Urteil v. 21.04.1983 – 6 AZR 407/80, AP Nr. 43 zu § 37 BetrVG 1972.

270 Siehe dazu bereits Gliederungspunkt II. 1. a) cc).

indizielle Berücksichtigung von Erfolgen und Leistungen in der Betriebsratstätigkeit ist dahingehend einzuschränken.

Dies wird auch von *Bayreuther* vertreten: Besondere Leistungen im Betriebsratsamt seien nur insoweit als Indiz für die Qualifikation des Betriebsratsmitglieds zu berücksichtigen, als die Betriebsratstätigkeit und der angestammte Arbeitsplatz thematisch nicht so weit auseinanderlägen, dass sich ein Rückschluss von der Betriebsrats- auf die berufliche Tätigkeit verbiete.[271]

Zwar ließe sich dem entgegenhalten, dass diese eingeschränkte Berücksichtigung von Leistungen im Betriebsrat zu einer unterschiedlichen Behandlung von Betriebsratsmitgliedern aus dem Personalbereich, bei denen im Betriebsrat erbrachte Leistungen regelmäßig berücksichtigungsfähig sein können, und solchen aus der Produktion, bei denen Leistungen im Betriebsratsamt im Zweifel eher unberücksichtigt zu bleiben haben, führen kann. Diese differenzierte Betrachtungsweise beruht jedoch auf der Konzeption der Rechtsprechung, die für eine vergleichbare Qualifikation einen Tätigkeitsbezug fordert.

Zusammenfassend ist somit festzuhalten: Leistungen, die ein Arbeitnehmer im Betriebsrat erbracht hat, können nicht unmittelbar berücksichtigt werden, weil dies nicht mit dem Ehrenamtsprinzip zu vereinbaren ist. Das Potential überdurchschnittliche Leistungen erbringen zu können stellt jedoch eine persönliche Qualifikation dar. Leistungen im Betriebsrat können als Indiz für das Vorliegen dieses Potentials gewertet werden. Solche Leistungen führen – soweit sie einen Bezug zur beruflichen Tätigkeit aufweisen – dazu, dass ein Betriebsratsmitglied von Anfang an nicht mit den ursprünglichen Vergleichspersonen vergleichbar war und die vergleichbaren Arbeitnehmer neu aus dem Kreis der Arbeitnehmer mit vergleichbarer Leistungsfähigkeit zu bestimmen sind.

(2) Berücksichtigung von Qualifikationen, die im Rahmen der Betriebsratstätigkeit erworben wurden

Sind Arbeitnehmer im Betriebsrat tätig, so erwerben sie mitunter zwangsläufig Qualifikationen, die sie ohne ihre Betriebsratstätigkeit vielleicht nicht erworben hätten. Es darf dabei nicht verkannt werden, dass die Betriebsratstätigkeit ggf. weitergehende Anforderungen an Arbeitnehmer stellt als ihre berufliche Tätigkeit. Insbesondere Anforderungen, die an freigestellte Betriebsratsmitglieder in Großbetrieben gestellt werden, entsprechen häufig nicht mehr ihrer beruflich ausgeübten Tätigkeit: Unternehmerische Urteilsfähigkeit ist bei der Mitwirkung

271 *Bayreuther*, NZA 2014, 235, 236; ebenso *Byers*, NZA 2014, 65, 66; Richardi/*Thüsing*, BetrVG, 16. Aufl. 2018, § 37 Rn. 75.

an der Unternehmensgestaltung wichtige Voraussetzung,[272] kann je nach beruflicher Tätigkeit für diese aber völlig bedeutungslos sein. Um diesen besonderen Anforderungen des Betriebsratsamts gerecht zu werden, müssen sich Betriebsratsmitglieder oftmals zusätzliche, bislang nicht benötigte Fähigkeiten aneignen und Qualifikationen erwerben.

Nicht verkannt werden darf insoweit, dass vergleichbare Arbeitnehmer ggf. ebenfalls im Rahmen ihrer beruflichen Tätigkeit an Fortbildungen o.Ä. teilnehmen und somit Zusatzqualifikationen erwerben, die insbesondere ein freigestelltes Betriebsratsmitglied aufgrund der Amtstätigkeit nicht erwerben konnte. Gleiches gilt für Konstellationen, in denen ein Betriebsratsmitglied zwar an einer beruflichen Fortbildung teilgenommen, diese jedoch nicht erfolgreich abgeschlossen hat.[273] Diese Konstellation wird meist unter dem Begriff der Berücksichtigung *persönlicher Umstände* diskutiert. Zu den persönlichen Umständen gehören jedoch nicht lediglich zusätzlich erworbene Qualifikationen oder die erfolglose Teilnahme an Fortbildungsmaßnahmen – obwohl dies den wohl häufigsten Anwendungsfall darstellt –, sondern etwa auch längere Erkrankungen, die das Betriebsratsmitglied an seiner Tätigkeit hindern.[274] Weite Teile der Literatur lassen solche persönlichen Umstände in der Entwicklung des Betriebsratsmitglieds unberücksichtigt.[275] Nach der Gegenansicht sind solche persönlichen Umstände aus „Gründen der Objektivität und der Wirklichkeitsnähe" sehr wohl zu berücksichtigen.[276] Für den Fall der erfolglosen Teilnahme an einer Fortbildungsmaßnahme vertritt eine vermittelnde Ansicht, dass eine solche Fortbildungsmaßnahme nur dann zu Gunsten des Betriebsrats berücksichtigt werden könne, wenn die Erfolglosigkeit der Teilnahme auf der Betriebsratstätigkeit beruhte.[277]

---

272 *Pflüger*, BB Die erste Seite 2007, Nr. 41.

273 So auch *Esser*, Die Begünstigung von Mitgliedern des Betriebsrats, 2013, S. 45; *Sturm*, Die Vergütung freigestellter und dauerhaft von der Arbeit befreiter Betriebsratsmitglieder, 2016, S. 98.

274 *Fitting*, BetrVG, 29. Aufl. 2018, § 37 Rn. 122.

275 DKKW/*Wedde*, BetrVG, 16. Aufl. 2018, § 37 Rn. 92; ErfK/*Koch*, 19. Aufl. 2019, § 37 BetrVG Rn. 9; *Esser*, Die Begünstigung von Mitgliedern des Betriebsrats, 2013, S. 45; *Fitting*, BetrVG, 29. Aufl. 2018, § 37 Rn. 122; HWGNRH/*Glock*, BetrVG, 10. Aufl. 2018, § 37 Rn. 121; *Lipp*, Honorierung und Tätigkeitsschutz von Betriebsratsmitgliedern, 2008, S. 43; *Sturm*, Die Vergütung freigestellter und dauerhaft von der Arbeit befreiter Betriebsratsmitglieder, 2016, S. 98.

276 *Hennecke*, RdA 1986, 241, 244.

277 GK-BetrVG/*Weber*, 11. Aufl. 2018, § 37 Rn. 138; *Lipp*, Honorierung und Tätigkeitsschutz von Betriebsratsmitgliedern, 2008, S. 75.

Die letztgenannten Ansichten können dabei nicht überzeugen, denn sie vermischen systemwidrig § 37 Abs. 4 S. 1 BetrVG mit § 78 S. 2 BetrVG: Nach § 37 Abs. 4 S. 1 BetrVG kommt es gerade nicht auf die hypothetische berufliche Entwicklung des Betriebsratsmitglieds an. Vielmehr wird der Fokus ausschließlich auf die vergleichbaren Arbeitnehmer gerichtet.[278] Individuelle Umstände bleiben selbst dann unberücksichtigt, wenn dies faktisch eine Begünstigung des Betriebsratsmitglieds bedeuten würde. Allein weil eine faktische Begünstigung des Betriebsratsmitglieds eintreten kann, heißt dies im Umkehrschluss jedoch nicht, dass diese auch gegen § 78 S. 2 BetrVG verstößt.[279] Vielmehr hat der Gesetzgeber mit dem Abstellen auf vergleichbare Arbeitnehmer mit betriebsüblicher Entwicklung einen gesetzlichen Mindeststandard geschaffen, der eine Begünstigung von Betriebsratsmitgliedern im Einzelfall nicht nur legitimiert, sondern auch gebietet.[280]

Umstände in der Person des Betriebsratsmitglieds sind im Rahmen der Entgeltentwicklung des § 37 Abs. 4 S. 1 BetrVG unberücksichtigt zu lassen. Maßgeblich allein ist die betriebsübliche Entwicklung der vergleichbaren Arbeitnehmer.

Da § 37 Abs. 4 S. 1 BetrVG eine Ausprägung des Benachteiligungsverbots des § 78 S. 2 BetrVG ist, müssen Qualifikationsunterschiede zwischen dem Betriebsratsmitglied und den vergleichbaren Arbeitnehmern, die auf der Betriebsratstätigkeit beruhen, auch deshalb unberücksichtigt bleiben.[281] Dies begründet sich auch aus dem engen Zusammenhang mit dem für die Vergleichbarkeit maßgeblichen Zeitpunkt: Da der Zeitpunkt maßgeblich ist, in dem Betriebsratsmitglieder nicht mehr an der betriebsüblichen Entwicklung teilnehmen,[282] können auch nur solche Qualifikationen Berücksichtigung finden, die die vergleichbaren Arbeitnehmer zu diesem Zeitpunkt bereits erworben hatten. Erwerben die vergleichbaren Arbeitnehmer nach diesem Zeitpunkt weitere Qualifikationen, so muss unberücksichtigt bleiben, dass das Betriebsratsmitglied solche nicht erworben hat, solange der Erwerb dieser Qualifikationen betriebsüblich ist.[283]

---

278 So bereits *Esser*, Die Begünstigung von Mitgliedern des Betriebsrats, 2013, S. 45.

279 So aber *Lipp*, Honorierung und Tätigkeitsschutz von Betriebsratsmitgliedern, 2008, S. 76.

280 So auch HWGNRH/*Glock*, BetrVG, 10. Aufl. 2018, § 37 Rn. 121; siehe dazu auch Gliederungspunkt II. 2. a).

281 BAG, Urteil v. 15.01.1992 – 7 AZR 194/91, AP BetrVG 1972 § 37 Nr. 84; BAG, Urteil v. 21.04.1983 – 6 AZR 407/80, AP BetrVG 1972 § 37 Nr. 43; GK-BetrVG/*Weber*, 11. Aufl. 2018, § 37 Rn. 129.

282 Siehe zum maßgeblichen Zeitpunkt bereits II. 1. a) aa).

283 DKKW/*Wedde*, BetrVG, 16. Aufl. 2018, § 37 Rn. 92; *Esser*, Die Begünstigung von Mitgliedern des Betriebsrats, 2013, S. 45; GK-BetrVG/*Weber*, 11. Aufl. 2018, § 37 Rn. 138;

Soweit vergleichbare Arbeitnehmer Qualifikationen erwerben, deren Erwerb nicht der Betriebsüblichkeit entspricht, stellt diese berufliche Entwicklung eine Sonderkarriere dar, an der sich die Entgeltentwicklung nach § 37 Abs. 4 S. 1 BetrVG nicht orientieren kann.[284]

Auf der anderen Seite stellt sich die Frage, ob Fähigkeiten und Qualifikationen, die ein Betriebsratsmitglied infolge seines Betriebsratsamts erlangt, berücksichtigt werden können.[285] *Byers* bejaht diese Frage:[286] Das Abstellen auf vergleichbare Arbeitnehmer im Rahmen von § 37 Abs. 4 S. 1 BetrVG führt dazu, dass Qualifikationen, die diese Arbeitnehmer betriebsüblich erwerben, auch für das Betriebsratsmitglied berücksichtigt werden, indem sich dieser Erwerb auch in dessen Entgelt widerspiegelt – selbst dann, wenn das Betriebsratsmitglied erfolglos an einer Qualifizierungsmaßnahme teilgenommen hat. *Byers* folgert nun daraus: Wenn bereits „hypothetische Zusatzqualifikationen“[287] zu berücksichtigen seien, müsse dies erst Recht für tatsächlich erworbene Zusatzqualifikationen gelten.[288]

Diese Argumentation kann jedoch nicht überzeugen. Die in diesem Zusammenhang von *Happe* vorgebrachte Argumentation, es drohe keine nach § 78 S. 2 BetrVG unzulässige Begünstigung, da bereits „hypothetische Zusatzqualifikationen“ zu berücksichtigen seien, verkennt den Regelungsinhalt des § 37 Abs. 4 S. 1 BetrVG. Anstatt eine hypothetische Entwicklung des Betriebsratsmitglieds nachzuzeichnen, ist der Blick ausschließlich auf die Gehaltsentwicklung der vergleichbaren Arbeitnehmer zu richten.[289] Ansonsten würde dem Betriebsratsmitglied aufgrund seiner Betriebsratstätigkeit die Möglichkeit eingeräumt seine Vergütung auf zwei Arten von Qualifikationen zu stützen: Zum einen solche, die es tatsächlich nicht erworben hat, die ihm jedoch im Rahmen

---

Happe, Die persönliche Rechtsstellung von Betriebsräten, 2017, S. 54; HWGNRH/*Glock*, BetrVG, 10. Aufl. 2018, § 37 Rn. 118; *Lipp*, Honorierung und Tätigkeitsschutz von Betriebsratsmitgliedern, 2008, S. 74 f.; Richardi/*Thüsing,* BetrVG, 16. Aufl. 2018, § 37 Rn. 75.

284 BAG, Urteil v. 17.08.2005 – 7 AZR 528/04, NZA 2006, 448; BAG, Urteil v. 15.01.1992 – 7 AZR 194/91, DB 1993, 1379; *Byers*, NZA 2014, 65, 66; *Rieble*, NZA 2008, 276, 277.

285 Ablehnend *Bittmann/Mujan*, BB 2012, 637, 638; *Jacobs/Frieling*, ZfA 2015, 241, 253; *Rieble*, NZA 2008, 276, 277; *Rüthers*, RdA 1976, 61, 63.

286 *Byers*, NZA 2014, 65, 66; dem folgend *Happe*, Die persönliche Rechtsstellung von Betriebsräten, 2017, S. 55; ebenso *Annuß*, NZA 2018, 134, 136.

287 *Happe*, Die persönliche Rechtsstellung von Betriebsräten, 2017, S. 55.

288 *Byers*, NZA 2014, 65, 66.

289 BAG, Urteil v. 16.01.2008 – 7 AZR 887/06, NZA 2008, 836; *Esser*, Die Begünstigung von Mitgliedern des Betriebsrats, 2013, S. 45.

der Betriebsüblichkeit nach § 37 Abs. 4 S. 1 BetrVG zuzurechnen sind und solchen, die es tatsächlich im Rahmen seiner Betriebsratstätigkeit erworben hat. Durch die Betriebsratstätigkeit würden sich somit die Möglichkeiten, zusätzliche Qualifikationen zu erwerben, „verdoppeln". Das Betriebsratsmitglied würde entgegen § 78 S. 2 BetrVG unzulässig begünstigt.[290]

Dennoch können umfangreiche Qualifikationen, die ein Betriebsratsmitglied in seiner Amtsführung erwirbt, ein Indiz für eine besondere persönliche Qualifikation sein[291] – insbesondere dann, wenn sich das Betriebsratsmitglied umfangreich weiterbildet, die festgelegten vergleichbaren Arbeitnehmer jedoch keinerlei Fortbildungen absolvieren. Dabei ist wiederum die Frage aufzuwerfen, ob die festgelegten Vergleichspersonen die vom Betriebsratsmitglied zusätzlich erworbene Qualifikation ebenfalls hätten erwerben können.[292] Nur dann kann von einer besonderen persönlichen Qualifikation, solche Weiterbildungen erfolgreich zu absolvieren, gesprochen werden. Weiterbildungen, die lediglich die Teilnahme voraussetzen, können daher – und mögen sie noch so umfangreich erfolgt sein – nicht als Indiz für eine besondere Qualifikation herangezogen werden. Darüber hinaus können – entsprechend der Berücksichtigung von besonderen Leistungen und Erfolgen in der Betriebsratstätigkeit –[293] nur solche zusätzlichen Qualifikationen berücksichtigt werden, die für die berufliche Tätigkeit potentiell nützlich wären. Qualifikationen, die speziell auf die Amtsführung als Betriebsrat zugeschnitten sind, müssen daher regelmäßig unberücksichtigt bleiben.

Da die Vergleichbarkeit der persönlichen Qualifikation regelmäßig bereits mit Antritt des Betriebsratsamts geprüft wurde,[294] besteht jedoch auch insoweit die Vermutung, dass der Erwerb von zusätzlichen Qualifikationen nicht auf einer besonderen Leistungsfähigkeit beruht, die das Betriebsratsmitglied von den festgelegten Vergleichspersonen abheben würde.

---

290 A.A. *Annuß*, NZA 2018, 134, 136, der die Berücksichtigung von im Betriebsratsamt erworbenen Qualifikationen als nicht nur nicht verboten, sondern sogar als gefordert ansieht.

291 So auch *Byers*, NZA 2014, 65, 66; a.A. ArbG Essen, Urteil v. 04.10.2018 – 1 Ca 1124/18, BeckRS 2018, 26683 Rn. 63 ff.

292 Siehe dazu bereits Gliederungspunkt II. 1. a) ff) (1).

293 Siehe ausführlich Gliederungspunkt II. 1. a) ff) (1).

294 Siehe zum maßgeblichen Zeitpunkt Gliederungspunkt II. 1. a) aa).

(3) *Berücksichtigung von Qualifikationen, die unabhängig vom Betriebsratsamt erworben wurden*

Nicht betriebsüblich und daher im Rahmen der Entgeltentwicklung nach § 37 Abs. 4 S. 1 BetrVG nicht zu berücksichtigen sind Sonderkarrieren der vergleichbaren Arbeitnehmer.[295] Erwirbt einer dieser Arbeitnehmer zusätzliche Qualifikationen, die nicht der Betriebsüblichkeit entsprechen, können diese dem Betriebsratsmitglied nicht zugerechnet werden.[296] Umgekehrt stellt sich daher die Frage, ob Qualifikationen, die ein Betriebsratsmitglied zwar parallel zu, aber unabhängig von seiner Betriebsratstätigkeit erwirbt, im Rahmen von § 37 Abs. 4 S. 1 BetrVG zu berücksichtigen sind, mit der Folge, dass sich das Betriebsratsmitglied von den ursprünglich bestimmten vergleichbaren Arbeitnehmern abhebt.[297] Beispielsweise kann der Fall genannt werden, dass ein Betriebsratsmitglied neben seiner Betriebsratstätigkeit ein Studium absolviert. Damit schüfe das Betriebsratsmitglied selbst die Voraussetzungen, um in seiner beruflichen Tätigkeit eine Sonderkarriere vollziehen zu können.

Zwar mag es widersinnig erscheinen ein Betriebsratsmitglied, das sich parallel zum Betriebsratsamt umfangreich weitergebildet hat, an den ursprünglichen – nun minderqualifizierten – Vergleichspersonen festzuhalten. Für vollständig freigestellte Betriebsratsmitglieder ist dies letztlich jedoch nur konsequent. Insbesondere kann nicht argumentiert werden, dass das Betriebsratsmitglied mit der neu erworbenen Qualifikation mittlerweile eine andere Tätigkeit ausüben würde, würde es nun aus dem Betriebsrat ausscheiden. Maßgeblich ist nicht eine Tätigkeit, die ein Betriebsratsmitglied ausüben könnte, wenn es aus dem Betriebsrat ausschiede, sondern die Tätigkeit, die es zum Zeitpunkt des Antritts des Betriebsratsamts bzw. zum Zeitpunkt der Freistellung ausgeübt hat.[298] § 37 Abs. 4 S. 1 BetrVG stellt maßgeblich auf die zu diesem Zeitpunkt ausgeübte Tätigkeit ab. Ist ein Betriebsratsmitglied vollständig freigestellt, kann es in einer der höheren Qualifikation entsprechenden Stelle gar nicht tätig werden.

---

295 BAG, Urteil v. 17.08.2005 – 7 AZR 528/04, NZA 2006, 448; BAG, Urteil v. 15.01.1992 – 7 AZR 194/91, DB 1993, 1379; *Byers*, NZA 2014, 65, 66; *Rieble*, NZA 2008, 276, 277.

296 DKKW/*Wedde*, BetrVG, 16. Aufl. 2018, § 37 Rn. 92; *Esser*, Die Begünstigung von Mitgliedern des Betriebsrats, 2013, S. 44; *Fitting*, BetrVG, 29. Aufl. 2018, § 37 Rn. 121; GK-BetrVG/*Weber*, 11. Aufl. 2018, § 37 Rn. 138; *Happe*, Die persönliche Rechtsstellung von Betriebsräten, 2017, S. 56; HWGNRH/*Glock*, BetrVG, 10. Aufl. 2018, § 37 Rn. 119.

297 So *Annuß*, NZA 2018, 134, 135.

298 So auch *Däubler*, SR 2017, 85, 102; siehe zum maßgeblichen Zeitpunkt Gliederungspunkt II. 1. a) aa).

Ein Betriebsratsmitglied, das beispielsweise als Arbeiter in der Produktion tätig war und nun parallel zu seiner Betriebsratstätigkeit das Abitur nachholt und Jura studiert, ist deshalb nun nicht etwa mit Arbeitnehmern aus der Rechtsabteilung vergleichbar.

Anders kann der Fall jedoch dann liegen, wenn ein nur teilweise freigestelltes Betriebsratsmitglied tatsächlich in der höher qualifizierten Tätigkeit beschäftigt wird. Insoweit sind die Vergleichspersonen bereits regelmäßig zu überprüfen und ggf. neu festzulegen.

Ein Anspruch auf Beschäftigung auf einer seiner neu erworbenen Qualifikation entsprechenden Stelle erwächst dem nicht freigestellten Betriebsratsmitglied jedoch nicht. Ansonsten würde insoweit ein Kontrahierungszwang des Arbeitgebers begründet. Eine freiwillige Beförderung durch den Arbeitgeber wird dadurch jedoch nicht ausgeschlossen.[299]

Auch für Qualifikationen, die das Betriebsratsmitglied unabhängig von der Betriebsratstätigkeit erworben hat, kann hinsichtlich der Indizwirkung nichts anderes gelten wie für solche Qualifikationen, die ein Betriebsratsmitglied in der Amtsführung erworben hat:[300] Auch unabhängig von der Betriebsratstätigkeit erworbene Qualifikationen können ein Indiz für eine besondere persönliche Qualifikation darstellen, wenn ausgeschlossen ist, dass die festgelegten Vergleichspersonen die konkrete zusätzlich erworbene Qualifikation bei hypothetischer Betrachtung hätten erwerben können. Aufgrund des in § 37 Abs. 4 S. 1 BetrVG geforderten Tätigkeitsbezugs sind ebenfalls nur solche Qualifikationen berücksichtigungsfähig, die für die konkrete berufliche Tätigkeit zumindest potentiell nützlich sind.

Dies gilt etwa dann, wenn ein Betriebsratsmitglied parallel zu seiner Betriebsratstätigkeit eine Meisterprüfung ablegt. Haben die festgelegten Vergleichspersonen eine solche nicht angestrebt oder sogar erfolglos beendet, besteht ein Indiz dafür, dass das Betriebsratsmitglied bereits bei Amtsantritt ein höheres Potential innehatte. Dementsprechend ist es daher nur mit solchen Arbeitnehmern vergleichbar, die ebenfalls nach seinem Amtsantritt erfolgreich an einer Meisterprüfung teilgenommen haben.[301]

299 Siehe dazu auch Gliederungspunkt II. 2. c).

300 Siehe dazu bereits Gliederungspunkt II. 1. a) ff) (2).

301 Im Ergebnis ebenso *Esser*, Die Begünstigung von Mitgliedern des Betriebsrats, 2013, S. 44, der jedoch nicht auf ein Leistungspotential abstellt, sondern die außerhalb vom Betriebsrat erworbenen Qualifikationen als neuen Umstand betrachtet.

(4) *Zusammenfassung*

Leistungen, die ein Betriebsratsmitglied in seiner Amtsführung erbracht hat, sowie Erfolge der Betriebsratstätigkeit sind bei der Auswahl der Vergleichspersonen nicht zu berücksichtigen, weil dies mit dem Ehrenamtsprinzip des § 37 Abs. 1 BetrVG nicht zu vereinbaren ist. Ebenfalls nicht zu berücksichtigen sind Qualifikationen, die ein Betriebsratsmitglied in seiner Amtsführung bzw. parallel dazu, aber unabhängig von seiner Amtsführung erwirbt.

Solche Leistungen, Erfolge und zusätzlich erworbene Qualifikationen können jedoch ein Indikator für eine besondere persönliche Qualifikation sein. Erforderlich ist dazu, dass entsprechende Leistungen und Erfolge von den bestimmten Vergleichspersonen hypothetisch nicht hätten erbracht bzw. solche Qualifikationen nicht hätten erworben werden können. Darüber hinaus müssen diese Leistungen, Erfolge und zusätzlich erworbenen Qualifikationen auf Fähigkeiten zurückzuführen sein, die für die konkrete berufliche Tätigkeit zu einer – bislang unberücksichtigten – weitergehenden Eignung führen.

gg) Betriebsebene – Anwendungsbereich des § 37 Abs. 4 BetrVG

Aus dem Tatbestandsmerkmal der betriebsüblichen Entwicklung folgt, dass der Anwendungsbereich des § 37 Abs. 4 S. 1 BetrVG auf die betriebliche Einheit grundsätzlich begrenzt ist.[302] Das heißt: Als vergleichbare Arbeitnehmer i.S.d. § 37 Abs. 4 S. 1 BetrVG sind daher nur Arbeitnehmer desselben Betriebs heranzuziehen.[303] Im Idealfall kann eine ganze Gruppe von Vergleichspersonen desselben Betriebs herangezogen werden. Gibt es im Betrieb jedoch nur eine einzige taugliche Vergleichsperson, so ist diese auch nach der Rechtsprechung des BAG ausreichend.[304]

Schwierigkeiten, die Gehaltsentwicklung des Betriebsratsmitglieds nachzuvollziehen ergeben sich hingegen, wenn gar kein vergleichbarer Arbeitnehmer

---

302 LAG Hamm, Urteil v. 24.02.2006 – 13 Sa 1897/05, juris; *Jacobs/Frieling*, ZfA 2015, 241, 249; *Lipp*, Honorierung und Tätigkeitsschutz von Betriebsratsmitgliedern, 2008, S. 69.

303 *Bittmann/Mujan*, BB 2012, 637, 638; *Esser*, Die Begünstigung von Mitgliedern des Betriebsrats, 2013, S. 36; *Fitting*, BetrVG, 29. Aufl. 2018, § 37 Rn. 118; GK-BetrVG/*Weber*, 11. Aufl. 2018, § 37 Rn. 131; *Hennecke*, RdA 1986, 241, 242; HWGNRH/*Glock*, BetrVG, 10. Aufl. 2018, § 37 Rn. 112; offenlassend LAG Hamm, Urteil v. 24.02.2006 – 13 Sa 1897/05, juris.

304 BAG, Urteil v. 21.04.1983 – 6 AZR 407/80, DB 1983, 2253; ebenso: DKKW/*Wedde*, BetrVG, 16. Aufl. 2018, § 37 Rn. 88; *Fitting*, BetrVG, 29. Aufl. 2018, § 37 Rn. 118; *Happe*, Die persönliche Rechtsstellung von Betriebsratsmitgliedern, 2017, S. 47; *Hennecke*, RdA 1986, 241, 243; HWGNRH/*Glock*, BetrVG, 10. Aufl. 2018, § 37 Rn. 111.

im Betrieb vorhanden ist oder ein solcher später aus dem Betrieb ausscheidet. *Lipp* führt dazu aus, dass bei wortlautgetreuer Anwendung des § 37 Abs. 4 S. 1 BetrVG eigentlich keine Entgeltanpassung erfolgen dürfe, das Betriebsratsmitglied müsse sich „in sein Schicksal ergeben". Dies sei mit dem Schutzzweck des § 37 Abs. 4 S. 1 BetrVG jedoch nicht zu vereinbaren.[305] *Lipp* verkennt insoweit jedoch, dass sich eine Entgeltentwicklung auch unmittelbar auf § 78 S. 2 BetrVG stützen lässt. Dem Betriebsratsmitglied würde „lediglich" die Möglichkeit verwehrt, sich auf die für ihn leichter darzulegenden Anspruchsvoraussetzungen des § 37 Abs. 4 S. 1 BetrVG[306] zu berufen.

Dennoch wird in der Literatur versucht, dem Betriebsratsmitglied auch bei Fehlen eines vergleichbaren Arbeitnehmers die Anwendung des § 37 Abs. 4 S. 1 BetrVG zu eröffnen. Stimmen in der Literatur sprechen sich dafür aus, bei Fehlen eines vergleichbaren Arbeitnehmers auf den „am ehesten vergleichbaren Arbeitnehmer" abzustellen,[307] d.h. weniger strenge Maßstäbe an die Kriterien der gleich qualifizierte Tätigkeiten sowie der vergleichbaren Qualifikation anzulegen und ggf. sogar auf eines dieser Kriterien vollständig zu verzichten.[308] Die Regelung des § 37 Abs. 4 S. 1 BetrVG gründet jedoch maßgeblich auf der Annahme, dass das Betriebsratsmitglied bei vergleichbarer Qualifikation die konkrete Tätigkeit ebenso gut ausgeübt hätte und somit eine vergleichbare berufliche Entwicklung vollzogen hätte.[309] Für diese Annahme ist das kumulierte Vorliegen dieser beiden Kriterien jedoch unverzichtbare Voraussetzung. Damit setzt sich das Abstellen auf den „am ehesten vergleichbaren Arbeitnehmer" in einen Widerspruch zu der grundsätzlichen Wertung des § 37 Abs. 4 S. 1 BetrVG.[310]

Letztlich ist die Figur des „am ehesten vergleichbaren Arbeitnehmers" auch nicht mit der Rechtsprechung in Einklang zu bringen: Eine exzessive Auslegung der Tatbestandsmerkmale des § 37 Abs. 4 S. 1 BetrVG – und nichts anderes bedeutet das Abstellen auf einen „am ehesten vergleichbaren Arbeitnehmer" – ist

---

305 *Lipp*, Honorierung und Tätigkeitsschutz von Betriebsratsmitgliedern, 2008, S. 67 f.

306 *Schulze/Ratzesberger*, AiB 2016, 22, 23.

307 *Blattner*, NZA 2018, 129, 131; *Däubler*, SR 2017, 85, 100; ErfK/*Koch*, 19. Aufl. 2019, § 37 BetrVG Rn. 9; *Esser*, Die Begünstigung von Mitgliedern des Betriebsrats, 2013, S. 39; *Fitting*, BetrVG, 29. Aufl. 2018, § 37 Rn. 118; *Sturm*, Die Vergütung freigestellter und dauerhaft von der Arbeit befreiter Betriebsratsmitglieder, 2016, S. 94.

308 *Esser*, Die Begünstigung von Mitgliedern des Betriebsrats, 2013, S. 39.

309 Siehe dazu bereits Gliederungspunkt II 1. a) cc).

310 GK-BetrVG/*Weber*, 11. Aufl. 2018, § 37 Rn. 131; *Lipp*, Honorierung und Tätigkeitsschutz von Betriebsratsmitgliedern, 2008, S. 68 f.

gerade nicht mit den strengen Maßstäben vereinbar, die das BAG etwa an eine vergleichbare Qualifikation anlegt.[311]

Einen der Figur des „am ehesten vergleichbaren Arbeitnehmers" ähnlichen Ansatz verfolgen auch *Bittmann/Mujan*: Anstatt jedoch auf den „am ehesten vergleichbaren Arbeitnehmer" abzustellen, sehen sie die Arbeitnehmer als maßgeblich an, „die eine Tätigkeit ausüben, die der Arbeitgeber dem Betriebsratsmitglied bei Wegfall seines Amtes voraussichtlich übertragen würde."[312] Neben den nur teilweise freigestellten Arbeitnehmern, für die die Vergleichspersonen in regelmäßigen Abständen auf ihre tatsächliche Vergleichbarkeit zu überprüfen sind,[313] würde somit auch für vollständig freigestellte Betriebsratsmitglieder der für die Feststellung der Vergleichbarkeit maßgebliche Zeitpunkt modifiziert. Entscheidend wäre damit stets die *aktuelle* Vergleichbarkeit mit der Folge, dass Fähigkeiten und Qualifikationen, die ein Betriebsratsmitglied im oder parallel zum Betriebsratsamt erworben hat, unmittelbar zu berücksichtigen wären. Dass Fähigkeiten und Qualifikationen, die während der Betriebsratstätigkeit erworben wurden jedoch bei Fehlen eines vergleichbaren Arbeitnehmers unmittelbar zu berücksichtigen sein sollten, erscheint widersinnig.

Lipp wendet sich ebenfalls gegen die Figur des „am ehesten vergleichbaren Arbeitnehmers" und spricht sich dafür aus, den Anwendungsbereich des § 37 Abs. 4 S. 1 BetrVG auf Unternehmensebene auszuweiten.[314] Vergleichbare Arbeitnehmer könnten demnach nicht nur solche sein, die im selben Betrieb tätig sind, sondern auch solche, die im selben Unternehmen, jedoch in anderen Betrieben beschäftigt sind. Trotz der grundsätzlichen Betriebsbezogenheit des § 37 Abs. 4 S. 1 BetrVG scheitere eine solche Betrachtung auch nicht daran, dass in anderen Betrieben des Unternehmens möglicherweise andere Entlohnungsstrukturen herrschten, denn § 37 Abs. 4 S. 1 BetrVG richtet sich inhaltlich nur auf eine *entsprechende* Gehaltsentwicklung.[315]

Eine solch pauschale Aussage verbietet sich jedoch. Denn insoweit ließen sich auch Vergleichspersonen aus Betrieben im Ausland berücksichtigen, in denen eine zu inländischen Betrieben unterschiedliche Lohnstruktur herrscht. § 37 Abs. 4 S. 1 BetrVG führt zwar nicht zu einer Anpassung an die absolute Höhe der Vergütung, dem Betriebsratsmitglied wird jedoch die prozentuale

---

311 Vgl. BAG, Urteil v. 13.11.1987 – 7 AZR 550/86, NZA 1988, 403; siehe dazu bereits Gliederungspunkt II. 1. a. cc).

312 *Bittmann/Mujan*, BB 2012, 637, 638.

313 Siehe dazu bereits Gliederungspunkt II. 1. a) aa) (2).

314 *Lipp*, Honorierung und Tätigkeitsschutz von Betriebsratsmitgliedern, 2008, S. 69.

315 *Lipp*, Honorierung und Tätigkeitsschutz von Betriebsratsmitgliedern, 2008, S. 69.

Vergütungssteigerung der Vergleichspersonen mit betriebsüblicher Entwicklung zuteil.[316] Wäre es nun mit § 37 Abs. 4 S. 1 BetrVG vereinbar, auch solche Vergleichspersonen zu benennen, die beispielsweise in Betrieben im Ausland arbeiten, in denen aufgrund der wirtschaftlichen Gegebenheiten die Löhne deutlich niedriger bemessen sind und sich eine spürbare relative Lohnsteigerung bereits bei geringerer absoluter Lohnsteigerung ergäbe, würde das Betriebsratsmitglied ggf. sogar in den Genuss einer Vergütungssteigerung kommen, die es bei hypothetischer Betrachtung niemals hätte erreichen können. Insoweit könnte sich auch aus dem Begünstigungsverbot des § 78 S. 2 BetrVG nichts anderes ergeben, da § 37 Abs. 4 S. 1 BetrVG als Minimalregelung eine gesetzliche Konkretisierung des Benachteiligungsverbots und damit eine gebotene Begünstigung darstellt.[317] Dieses Ergebnis zeigt, dass eine Ausweitung des Anwendungsbereichs des § 37 Abs. 4 S. 1 BetrVG nicht unbeschränkt erfolgen kann. Einschränkend wäre jedenfalls zu fordern, dass die maßgeblichen Betriebe jedenfalls hinsichtlich der Lohnstruktur vergleichbar sind. Doch selbst wenn eine vergleichbare Lohnstruktur in den Betrieben gegeben sein sollte, ist kein Grund ersichtlich, warum die betriebsübliche Entwicklung in einem Betrieb, in dem das Betriebsratsmitglied nicht beschäftigt war, für die Entgeltentwicklung des Betriebsratsmitglieds relevant sein sollte.[318]

Damit wird deutlich: Versuche, § 37 Abs. 4 S. 1 BetrVG auch bei Fehlen eines vergleichbaren Arbeitnehmers anzuwenden, wirken konstruiert und sind nicht mit dem Gesetz in Einklang zu bringen.

Andere Stimmen sehen daher eine abstrakt-hypothetische Betrachtung als maßgeblich an. Entscheidend sei, wie sich andere Arbeitnehmer bei betriebsüblicher Entwicklung hypothetisch entwickelt hätten.[319] Dies deckt sich auch

---

316 BAG, Urteil v. 18.01.2017 – 7 AZR 205/15, NZA 2017, 935; BAG, Urteil v. 17.08.2005 – 7 AZR 528/04, AP BetrVG 1972 § 37 Nr. 142; BAG, Urteil v. 19.01.2005 – 7 AZR 208/04, BeckRS 2005, 30349201; BAG, Urteil v. 17.05.1977 – 1 AZR 458/74, AP BetrVG 1972 § 37 Nr. 28; Richardi/*Thüsing*, BetrVG, 16. Aufl. 2018, § 37 Rn. 70.

317 *Happe*, Die persönliche Rechtsstellung von Betriebsräten, 2017, S. 54; HWGNRH/*Glock*, BetrVG, 10. Aufl. 2018, § 37 Rn. 121; Richardi/*Thüsing*, BetrVG, 16. Aufl. 2018, § 78 Rn. 32, der als gesetzlich zulässige Begünstigungen beispielshaft lediglich § 37 Abs. 6 und Abs. 7 BetrVG nennt; a.A. BAG, Urteil v. 18.01.2017 – 7 AZR 205/15, NZA 2017, 935, 937; siehe dazu auch Gliederungspunkt II. 2. a).

318 Siehe auch *Sturm*, Die Vergütung freigestellter und dauerhaft von der Arbeit befreiter Betriebsratsmitglieder, 2016, S. 94, der *Lipp* so versteht, dass eine hypothetisch betriebsübliche Entwicklung erforderlich sei.

319 GK-BetrVG/*Weber*, 11. Aufl. 2018, § 37 Rn. 131; HWGNRH/*Glock*, BetrVG, 10. Aufl. 2018, § 37 Rn. 112.

mit der Rechtsprechung, die bei Fehlen eines vergleichbaren Arbeitnehmers das geschuldete Entgelt anhand derjenigen Tätigkeit bemessen will, die dem Betriebsratsmitglied ohne sein Betriebsratsamt hätte übertragen werden müssen.[320] Nicht hinlänglich deutlich wird dabei, ob sich diese Ansicht ebenfalls auf § 37 Abs. 4 S. 1 BetrVG gründet. Richtigerweise ist dies zu verneinen. Eine abstrakt-hypothetische Betrachtung fällt gerade nicht unter § 37 Abs. 4 S. 1 BetrVG, durch den ja – wie etwa auch *Weber* anführt – die durch § 78 S. 2 BetrVG bedingte hypothetische Betrachtung objektiviert werden soll.[321]

Letztlich bleibt es daher dabei: Gibt es auf Betriebsebene keinen vergleichbaren Arbeitnehmer, ist § 37 Abs. 4 S. 1 BetrVG nicht anwendbar. Die Entgeltentwicklung ist somit auf die Grundregel des § 78 S. 2 BetrVG zu stützen.[322] Dieser setzt – in Verbindung mit dem Lohnausfallprinzip nach § 37 Abs. 2 BetrVG – eine hypothetische Betrachtung voraus. Auf die günstiger zu beweisenden Voraussetzungen des § 37 Abs. 4 S. 1 BetrVG kann sich das Betriebsratsmitglied dabei jedoch nicht berufen.

Dennoch ließe sich im Rahmen von § 78 S. 2 BetrVG und der Frage, welche berufliche Entwicklung das Betriebsratsmitglied hypothetisch vollzogen hätte, u.a. auch die berufliche Entwicklung anderer „am ehesten vergleichbarer Arbeitnehmer" oder anderer vergleichbarer Arbeitnehmer in anderen Betrieben als Indizien heranziehen.

b) Betriebsübliche Entwicklung

Für die Entgeltentwicklung des Betriebsratsmitglieds kommt es nach § 37 Abs. 4 S. 1 BetrVG nicht lediglich auf die Entgeltentwicklung der vergleichbaren Arbeitnehmer an. § 37 Abs. 4 S. 1 BetrVG normiert als weiteres Korrektiv das Kriterium der betriebsüblichen Entwicklung. Daher genügt es nicht, die vergleichbaren Arbeitnehmer zu bestimmen und deren durchschnittlich erzielte Vergütungssteigerung auch auf die Vergütung des Betriebsratsmitglieds zu übertragen. Vielmehr können nur solche beruflichen Entwicklungen, die sich als

---

320 BAG, Urteil v. 17.05.1977 – 1 AZR 458/74, DB 1977, 1562; jüngst LAG Köln, Urteil v. 19.04.2018 – 4 Sa 401/17, BeckRS 2018, 10889; ebenso LAG Rheinland-Pfalz, Urteil v. 21.09.2006 – 11 Sa 230/06, BeckRS 2007, 42372.

321 GK-BetrVG/*Weber*, 11. Aufl. 2018, § 37 Rn. 130.

322 So bereits *Annuß*, NZA 2018, 134, 135; *Hennecke*, RdA 1986, 241, 244; ähnlich *Jacobs/Frieling*, ZfA 2015, 241, 250, die jedoch für den Fall, dass eine „abstrakt-hypothetische" Betrachtung nicht durchführbar sei, auf die berufliche Entwicklung aller Arbeitnehmer mit gleicher Tätigkeit abstellen, unabhängig von der Qualifikation dieser Arbeitnehmer.

betriebsüblich darstellen, auch vom Betriebsratsmitglied nachvollzogen werden. Nach geläufiger Formulierung der Rechtsprechung ist eine berufliche Entwicklung betriebsüblich, „die bei objektiv vergleichbarer Tätigkeit Arbeitnehmer mit vergleichbarer fachlicher und persönlicher Qualifikation bei Berücksichtigung der normalen betrieblichen und personellen Entwicklung in beruflicher Hinsicht genommen haben".[323]

Bereits nach dem Wortlaut ist unter „[betriebs-]üblich" nur der Normalfall zu verstehen; Ausnahmefälle fallen nicht darunter.[324] Eine Betriebsüblichkeit entsteht nach ständiger Rechtsprechung „aufgrund gleichförmigen Verhaltens des Arbeitgebers und einer von ihm aufgestellten Regel", wobei sich die Aufstellung der Regel auch aus der Beförderungspraxis ergeben kann.[325] Die berufliche Entwicklung vergleichbarer Arbeitnehmer muss sich nach den Gegebenheiten und Gesetzmäßigkeiten des Betriebes als derart typisch erweisen, dass in der Mehrzahl vergleichbarer Karriereverläufe mit einer jeweiligen Entwicklung gerechnet werden kann.[326]

Sicher ist damit jedenfalls: Sonderkarrieren von einzelnen vergleichbaren Arbeitnehmern können nicht nachvollzogen werden. In Rechtsprechung und Literatur wird zuweilen vorgebracht, dass Karriereschritte einer Vergleichsperson, die auf „individuellen, nur auf diesen Arbeitnehmer persönlich zugeschnittenen Gründen" beruhen, gerade nicht einem typischen Geschehensablauf entsprechen und deswegen unberücksichtigt zu bleiben haben.[327] Das ist sicherlich richtig. Wenn unter solchen „persönlich zugeschnittenen Gründen" jedoch Fähigkeiten und Kenntnisse zu verstehen sind, die diesen Arbeitnehmer vom Betriebsratsmitglied unterscheiden, stellt sich bereits die Frage, ob es sich insoweit überhaupt *de facto* um einen vergleichbaren Arbeitnehmer handelt. Denn

---

323 BAG, Urteil v. 17.08.2005 – 7 AZR 528/04, NZA 2006, 448; BAG, Urteil v. 19.01.2005 – 7 AZR 208/04, BeckRS 2005, 30349201; BAG, Urteil v. 15.01.1992 – 7 AZR 194/91, DB 1993, 1379; BAG, Urteil v. 13.11.1987 – 7 AZR 550/86, NZA 1988, 403.

324 BAG, Urteil v. 15.01.1992 – 7 AZR 194/91, AP Nr. 84 zu § 37 BetrVG 1972; ebenso *Byers*, NZA 2014, 65, 66; *Jacobs/Frieling*, ZfA 2015, 241, 251.

325 *Neef*, in: Sozialer Dialog in der Krise, 2009, S. 97, 98.

326 BAG, Urteil v. 18.01.2017 – 7 AZR 205/15, NZA 2017, 935, 937; BAG, Urteil v. 17.08.2005 – 7 AZR 528/04, AP BetrVG 1972 § 37 Nr. 142; BAG, Urteil v. 19.01.2005 – 7 AZR 208/04, BeckRS 2005, 30349201; LAG Rheinland-Pfalz, Urteil v. 06.07.2017 – 7 Sa 566/15, juris Rn. 51.

327 BAG, Urteil v. 18.01.2017 – 7 AZR 205/15, NZA 2017, 935; BAG, Urteil v. 04.11.2015 – 7 AZR 972/13, NZA 2016, 1339; BAG, Urteil v. 14.07.2010 – 7 AZR 359/09, ArbRAktuell 2011, 15; BAG, Urteil v. 17.08.2005 – 7 AZR 528/04, NZA 2006, 448; so auch *Fitting*, BetrVG, 29. Aufl. 2018, § 37 Rn. 121; *Strauß*, NZA 2018, 1372, 1373.

individuelle Fähigkeiten und Leistungen sind bereits bei der Auswahl der Vergleichspersonen zu berücksichtigen.[328] Als persönliche Gründe kommen damit nur solche Umstände in Betracht, die die Eignung für die konkret ausgeübte Tätigkeit unberührt lassen, etwa die persönliche Beziehung zum Arbeitgeber[329] oder eben eine bessere Eignung für die konkrete *Beförderungs*stelle.

Ein beruflicher Aufstieg ist nach der Formulierung der Rechtsprechung nur dann betriebsüblich, „wenn nach den betrieblichen Gepflogenheiten dem Betriebsratsmitglied die höherwertige Tätigkeit hätte übertragen werden müssen oder die Mehrzahl der vergleichbaren Arbeitnehmer einen solchen Aufstieg erreicht."[330] Das BAG formuliert damit zwei alternative Voraussetzungen für einen beruflichen Aufstieg im Rahmen des § 37 Abs. 4 S. 1 BetrVG. Nach der ersten Alternative sei es ebenfalls betriebsüblich, wenn dem Betriebsratsmitglied eine konkrete höherwertige Tätigkeit hätte übertragen werden müssen. Dass ein Anspruch des Betriebsratsmitglieds auf eine der höherwertigen Tätigkeit entsprechende Vergütung besteht, kann zwar im Ergebnis überzeugen, nicht jedoch darin, dies auf eine betriebsübliche Entwicklung zu stützen. Diese zeichnet sich nämlich gerade durch ihre Gleichförmigkeit, ihre Regelhaftigkeit aus.[331] Nach der Rechtsprechung wäre § 37 Abs. 4 S. 1 BetrVG somit auch auf den Fall anzuwenden, dass nur eine einzige Beförderungsstelle besteht und dem Betriebsratsmitglied diese hätte übertragen werden müssen. In einer solchen Konstellation kann wohl kaum von einer Regelhaftigkeit gesprochen werden. Der Anspruch des Betriebsratsmitglieds auf eine entsprechende Vergütung besteht dennoch – nicht gem. § 37 Abs. 4 S. 1 BetrVG, sondern vielmehr unmittelbar aus § 78 S. 2 BetrVG.[332]

Eine Betriebsüblichkeit nach § 37 Abs. 4 S. 1 BetrVG besteht jedoch dann, wenn die Mehrzahl der vergleichbaren Arbeitnehmer einen entsprechenden beruflichen Aufstieg vollziehen konnte. *Neef* bezeichnet diese Konstellation anschaulich als „Karawane".[333] Konkret heißt das: Entscheidend für das

328 Siehe dazu bereits Gliederungspunkt II. 1. a) dd); ebenso im Rahmen der betriebsüblichen Entwicklung LAG Düsseldorf, Urteil v. 28.04.2015 – 3 Sa 13/15, juris Rn. 47.

329 So auch das Beispiel bei *Esser*, Die Begünstigung von Mitgliedern des Betriebsrats, 2013, S. 40.

330 BAG, Urteil v. 17.08.2005 – 7 AZR 528/04, NZA 2006, 448, ebenso BAG, Urteil v. 18.01.2017 – 7 AZR 205/15, NZA 2017, 935.

331 So auch *Neef*, in: Sozialer Dialog in der Krise, 2009, S. 97, 98.

332 Ebenso *Jacobs/Frieling*, ZfA 2015, 241, 251; *Lipp*, Honorierung und Tätigkeitsschutz von Betriebsratsmitgliedern, 2008, S. 78 f.

333 *Neef*, in: Sozialer Dialog in der Krise, 2009, S. 97, 98.

Betriebsratsmitglied ist die berufliche Entwicklung des Schwerpunkts der Vergleichspersonen. Maßgeblich ist damit der jeweilige Median; denn diese Entwicklung hat die Mehrzahl der Vergleichspersonen tatsächlich vollzogen.[334] Sobald der Median der vergleichbaren Arbeitnehmer eine Vergütungssteigerung erfahren hat, ist nach § 37 Abs. 4 S. 1 BetrVG auch die Vergütung des Betriebsratsmitglieds entsprechend prozentual anzupassen. Auf einen Stichtag kommt es dabei nicht an.[335]

Die Rechtsprechung ist jedoch um einen Zusatz zu modifizieren: Maßgeblich kann nur die Vergütungsentwicklung sein, die *mindestens* der Schwerpunkt der vergleichbaren Arbeitnehmer vollzogen hat. Bei kleinen Vergleichsgruppen – insbesondere, wenn nur zwei vergleichbare Arbeitnehmer im Betrieb beschäftigt sind –, würde ansonsten eine „Pattsituation“ drohen: Ein Arbeitnehmer wird befördert, der andere Arbeitnehmer hat keine berufliche Entwicklung vollzogen. Richtigerweise darf dem Betriebsratsmitglied keine Vergütungssteigerung nach § 37 Abs. 4 S. 1 BetrVG gewährt werden.[336] Anders wird dies vom BAG gesehen, das bei einer kleinen Vergleichsgruppe auf die durchschnittliche Vergütungssteigerung der Vergleichspersonen abstellt, „wenn nur auf diese Weise eine nach § 78 Satz 2 BetrVG unzulässige Begünstigung oder Benachteiligung des Betriebsratsmitglieds vermieden werden kann“.[337] Dabei nahm das BAG eine „kleine Vergleichsgruppe“ sogar bereits dann an, wenn diese aus drei Vergleichspersonen bestand. Damit müsse das Durchschnittsgehalt der Vergleichsgruppe maßgeblich sein.[338]

Diese Ansicht ist jedoch wenig konsequent: Wie sich aus dem letzten Halbsatz ergibt, vermischt das BAG insoweit § 37 Abs. 4 S. 1 BetrVG mit § 78 S. 2 BetrVG. Denn für die Frage, ob eine Entwicklung betriebsüblich ist, kann jedenfalls nicht erheblich sein, ob diese das Betriebsratsmitglied begünstigen oder benachteiligen würde. Zudem ist diese Auffassung auch nicht mit dem Wortlaut zu vereinbaren: Besteht die Vergleichsgruppe aus zwei Arbeitnehmern, von denen einer

---

334 So auch *Annuß*, NZA 2018, 134, 136, der den Begriff „Medianarbeitnehmer“ verwendet; *ders.* NZA 2018, 976, 977.

335 *Annuß*, NZA 2018, 134, 136.

336 So auch *Annuß*, NZA 2018, 134, 136, der bei einer Vergleichsgruppe mit lediglich zwei Arbeitnehmern auf die Entwicklung abstellt, die *alle* Arbeitnehmer der Vergleichsgruppe genommen haben.

337 BAG, Urteil v. 21.02.2018 – 7 AZR 496/16, NZA 2018, 1012; BAG, Urteil v 18.01.2017 – 7 AZR 205/15, NZA 2017, 935; BAG, Urteil v. 19.01.2005 – 7 AZR 208/04, BeckRS 2005, 30349201.

338 BAG Urteil v. 21.02.2018 – 7 AZR 496/16, NZA 2018, 1012, 1016.

befördert wurde und einer keine berufliche Entwicklung genommen hat, dann gibt es genau zwei Alternativen, die in dem Betrieb vorkommen: Entweder ein Arbeitnehmer wird befördert oder er wird nicht befördert. Etwas dazwischen – und nichts anderes ist eine Durchschnittsbetrachtung – gibt es in dem Betrieb eben nicht und kann daher schon nicht betriebs*üblich* sein.[339] Erst recht muss eine Medianbetrachtung erfolgen, wenn die Vergleichsgruppe aus drei Vergleichspersonen besteht, denn insoweit lässt sich mit Sicherheit bestimmen, wie sich die Mehrzahl der Vergleichspersonen entwickelt hat.

Das System, auf die Vergütungsentwicklung abzustellen, die mindestens der Schwerpunkt der vergleichbaren Arbeitnehmer genommen hat, kommt jedoch dann an seine Grenzen, wenn lediglich ein vergleichbarer Arbeitnehmer vorhanden ist. In diesem Fall kann gar nicht auf den Schwerpunkt der vergleichbaren Arbeitnehmer abgestellt werden.

Nach dem LAG Düsseldorf sei die Betriebsüblichkeit daher nach dem Sinn und Zweck des § 37 Abs. 4 S. 1 BetrVG zu ermitteln. Entscheidend sei, ob das Betriebsratsmitglied bei hypothetischer Betrachtung ohne Betriebsratsamt ebenfalls eine berufliche Entwicklung wie der vergleichbare Arbeitnehmer genommen hätte.[340] Dies kann allerdings keine Frage der Betriebsüblichkeit sein, sondern ist vielmehr im Rahmen von § 78 S. 2 BetrVG maßgeblich. § 37 Abs. 4 S. 1 BetrVG statuiert durch das Abstellen auf vergleichbare Arbeitnehmer einen objektiven Maßstab.[341] Damit zeigt sich jedoch auch die Inkonsequenz der Ansicht des LAG Düsseldorf: Wenn es darauf ankäme, ob das Betriebsratsmitglied eine entsprechende berufliche Entwicklung wie der vergleichbare Arbeitnehmer ohne Betriebsratsamt hypothetisch genommen hätte, wäre der vergleichbare Arbeitnehmer schlicht obsolet. Denn eine entsprechende Entgeltentwicklung könnte das Betriebsratsmitglied ebenso auf § 78 S. 2 BetrVG stützen.

Soll für die Anwendung des § 37 Abs. 4 S. 1 BetrVG ein vergleichbarer Arbeitnehmer genügen,[342] ist es nur konsequent, dieses auch zum Maßstab einer betriebsüblichen Entwicklung zu machen. Dass dies ggf. zu einer Besserstellung des Betriebsratsmitglieds im Vergleich zu seiner hypothetischen Karriere führen

339 So auch *Annuß*, NZA 2018, 976, 978.

340 LAG Düsseldorf, Urteil v. 16.07.2004 – 9 Sa 1306/03, BeckRS 2004, 41856.

341 GK-BetrVG/*Weber*, 11. Aufl. 2018, § 37 Rn. 130.

342 BAG, Urteil v. 21.04.1983 – 6 AZR 407/80, DB 1983, 2253; ebenso DKKW/*Wedde*, BetrVG, 16. Aufl. 2018, § 37 Rn. 88; *Fitting*, BetrVG, 29. Aufl. 2018, § 37 Rn. 118; *Happe*, Die persönliche Rechtsstellung von Betriebsratsmitgliedern, 2017, S. 47; *Hennecke*, RdA 1986, 241, 243; HWGNRH/*Glock*, BetrVG, 10. Aufl. 2018, § 37 Rn. 111.

kann, ist hinzunehmen. Insoweit stellt § 37 Abs. 4 S. 1 BetrVG eine gesetzlich normierte Begünstigung dar.[343]

Vergütungsentwicklungen, die über die Vergütungssteigerung vergleichbarer Arbeitnehmer hinausgehen, können nicht auf § 37 Abs. 4 S. 1 BetrVG gestützt werden. Insbesondere wenn das Betriebsratsmitglied vor seiner Betriebsratstätigkeit in einer höheren Position beschäftigt war und daher nur wenige Beförderungsstellen bestehen, wird sich eine Vergütungssteigerung nicht mehr mit der Vergütungssteigerung des Medians der vergleichbaren Arbeitnehmer begründen lassen.[344] Eine über die betriebsübliche Entwicklung hinausgehende Vergütungssteigerung ließe sich allenfalls durch § 78 S. 2 BetrVG rechtfertigen.

c) Beendigung des Betriebsratsamts – Entgeltschutz nach § 37 Abs. 4 S. 1 BetrVG

Nach § 37 Abs. 4 S. 1 BetrVG endet der Entgeltschutz nicht mit Beendigung der Amtszeit, sondern erstreckt sich auch auf einen darüberhinausgehenden Zeitraum von einem Jahr. Umstritten war dabei, ob unter den Begriff der „Beendigung der Amtszeit“ nur die Beendigung der Amtszeit des Betriebsrats als Kollektivorgan oder auch das Erlöschen der Mitgliedschaft des einzelnen Betriebsratsmitglieds zu fassen ist. Relevanz kommt dieser Frage insbesondere dann zu, wenn ein Betriebsratsmitglied vorzeitig aus dem Betriebsrat ausscheidet, etwa weil es sein Betriebsratsamt niederlegt (§ 24 Nr. 2 BetrVG).

Zur parallelen Fragestellung im Rahmen des insoweit wortlautgleichen § 15 Abs. 1 KSchG schloss sich das BAG letztgenannter Ansicht an: Der besondere Kündigungsschutz greift demnach nicht nur, wenn die Amtszeit des Betriebsrats als Kollektivorgan, sondern auch dann, wenn die Mitgliedschaft eines einzelnen Mitglieds des Betriebsrats endet.[345]

Dazu führte das Gericht aus: Die grundsätzliche terminologische Unterscheidung zwischen „Beendigung der Amtszeit“ des Betriebsrats als Kollektivorgans und dem „Erlöschen der Mitgliedschaft“ des einzelnen Betriebsratsmitglied werde im BetrVG nicht strikt durchgehalten: So stelle § 37 Abs. 7 S. 1 BetrVG auf die *regelmäßige Amtszeit* des jeweiligen Betriebsratsmitglieds ab. Dem Wortlaut lasse sich demnach nicht entnehmen, dass die Beendigung der Amtszeit des Betriebsrats maßgeblich sein soll. Systematisch sei es jedoch verfehlt, den nachwirkenden Kündigungsschutz der individualrechtlich geprägten Kündigung an den Ablauf der Amtszeit des Betriebsrats als Kollektivorgan zu

---

343 Siehe dazu Gliederungspunkt II. 2. a).

344 So auch *Bayreuther*, NZA 2014, 235, 236.

345 BAG, Urteil v. 05.07.1979 – 2 AZR 521/77, AP KSchG 1969 § 15 Nr. 6.

knüpfen. Der Kündigungsschutz stehe den Betriebsratsmitgliedern individuell zu und könne daher auch nur individuell an die Amtsführung des einzelnen Betriebsratsmitglieds anknüpfen. Dies decke sich auch mit der Entstehungsgeschichte des § 15 KSchG. Die im Regierungsentwurf vorgeschlagene Fassung stellte noch auf die „Beendigung der Mitgliedschaft" ab.[346] Gesetz wurde die Fassung des Änderungsentwurfs des Bundestagsausschusses für Arbeit und Soziales.[347] Eine materielle Änderung des Nachwirkungszeitraums sollte durch diese Änderung allerdings nicht erfolgen. Darüber hinaus führte das Gericht aus, dass eine solche Auslegung auch Sinn und Zweck entspricht.[348] Ehemaligen Betriebsratsmitgliedern soll der berufliche Einstieg wieder ermöglicht werden; ein ggf. durch die Betriebsratstätigkeit bedingtes Spannungsverhältnis zum Arbeitgeber soll sich entspannen können.[349]

Diese Rechtsprechung wird in der Literatur zu Recht auch auf § 37 Abs. 4 S. 1 BetrVG übertragen.[350] Die Norm ist im Hinblick auf den bezweckten individuellen Schutz dabei nicht anders auszulegen.[351] Der Entgeltschutz nach § 37 Abs. 4 S. 1 BetrVG knüpft ebenfalls individuell an die Rechtsposition des einzelnen Betriebsratsmitglieds an, sodass es sinnwidrig erschiene, dem Betriebsratsmitglied diesen nur bei Beendigung der Amtszeit des Betriebsrats als Kollektivorgan zu gewähren. Zudem soll dem Betriebsratsmitglied die Möglichkeit zukommen, Schulungen nachzuholen, an denen es aufgrund seiner Betriebsratstätigkeit nicht teilnehmen konnte.[352] Eine Klarstellung im Hinblick auf § 15 KSchG sowie die §§ 37 Abs. 4, 38 Abs. 3 BetrVG, wie sie noch im Regierungsentwurf des Arbeitsrechtlichen EG-Anpassungsgesetzes vorgesehen war,[353] wurde in der Beschlussempfehlung des Bundestagsausschusses für Arbeit und Soziales[354] aufgrund der ergangenen Rechtsprechung des BAG zum Kündigungsschutzrecht für entbehrlich erachtet.[355] Auch für den Entgeltschutz nach § 37 Abs. 4 S. 1 BetrVG ist damit die Beendigung der Mitgliedschaft im Betriebsrat maßgeblich.

Zuweilen wird eine Einschränkung insoweit gefordert, als der nachwirkende Entgeltschutz nicht greife, wenn die Mitgliedschaft im Betriebsrat durch

346 BT-Drucks. VI/1786, S. 28.

347 BT-Drucks. VI/2729, S. 65.

348 BAG, Urteil v. 05.07.1979 – 2 AZR 521/77, AP KSchG 1969 § 15 Nr. 6.

349 BT-Drucks. VI/1786, S. 59 f.

350 *Fitting*, BetrVG, 29. Aufl. 2018, § 37 Rn. 129; HWGNRH/*Glock*, BetrVG, 10. Aufl. 2018, § 37 Rn. 128; Richardi/*Thüsing*, BetrVG, 16. Aufl. 2018, § 37 Rn. 81.

351 GK-BetrVG/*Weber*, 11. Aufl. 2018, § 37 Rn. 135.

352 *Lipp*, Honorierung und Tätigkeitsschutz von Betriebsratsmitgliedern, 2008, S. 14.

353 BT-Drucks. 8/3317, S. 11.

354 BT-Drucks. 8/4259, S. 9 f.

355 HWGNRH/*Glock*, BetrVG, 10. Aufl. 2018, § 37 Rn. 129.

gerichtliche Entscheidung beendet wurde;[356] der Entgeltschutz sei dann verwirkt.[357] Damit stünde ehemaligen Betriebsratsmitgliedern, die etwa aufgrund einer Betriebsratswahlanfechtung, einer Auflösung des Betriebsrats oder durch einen Ausschluss nach § 23 BetrVG aus dem Betriebsrat ausgeschieden sind, der nachträgliche Entgeltschutz nicht zu. Die Gegenansicht wendet den Entgeltschutz auch auf Fälle an, in denen die Mitgliedschaft im Betriebsrat durch gerichtliche Entscheidung beendet wurde,[358] teilweise mit der Einschränkung, dass vermeintliche Betriebsratsmitglieder bei einer nichtigen Betriebsratswahl nicht in den Genuss des Entgeltschutzes kommen.[359]

Anders als § 15 Abs. 1 S. 2, 2. HS KSchG enthält § 37 Abs. 4 BetrVG eine entsprechende gesetzliche Regelung nicht. Dabei begründet § 15 Abs. 1 KSchG eine gesetzlich normierte Besserstellung des Betriebsratsmitglieds, um den Besonderheiten des Amtes Rechnung zu tragen: Das Betriebsratsmitglied soll ohne Furcht um seinen Arbeitsplatz das Betriebsratsamt ausüben und zwangsläufig damit einhergehende Konflikte mit dem Arbeitgeber nicht scheuen müssen.[360] Der einjährige nachwirkende Kündigungsschutz dient dabei vor allem der „Abkühlung" aufgetretener Kontroversen.[361] Nach der Gesetzesbegründung zu § 15 Abs. 1 S. 2 KSchG sei eine Ausdehnung des Kündigungsschutzes jedoch nicht gerechtfertigt, wenn eine der genannten Personen – und damit auch ein Betriebsratsmitglied – „durch eine Entscheidung eines Gerichts für Arbeitssachen wegen grober Verletzung ihrer gesetzlichen Pflichten aus dem Betriebsrat [...] ausgeschlossen wird."[362] Dennoch erfasst § 15 Abs. 1 S. 2, 2. HS KSchG nicht nur Fälle, in denen das Betriebsratsmitglied den nachwirkenden Kündigungsschutz durch eine grobe Pflichtverletzung „verwirkt" hat, sondern gilt allgemein für sämtliche Fälle der Beendigung der Mitgliedschaft im Betriebsrat durch

---

356 GK-BetrVG/*Weber*, 11. Aufl. 2018, § 37 Rn. 136; HGWNRH/*Glock*, BetrVG, 10. Aufl. 2018, § 37 Rn. 128; Richardi/*Thüsing*, BetrVG, 16. Aufl. 2018, § 37 Rn. 81.

357 HGWNRH/*Glock*, BetrVG, 10. Aufl. 2018, § 37 Rn. 128.

358 DKKW/*Wedde*, BetrVG, 16. Aufl. 2018, § 37 Rn. 98; ErfK/*Koch*, 19. Aufl. 2019, § 37 BetrVG Rn. 10; *Fitting*, BetrVG, 29. Aufl. 2018, § 37 Rn. 129; *Lipp*, Honorierung und Tätigkeitsschutz von Betriebsratsmitgliedern, 2008, S. 16.

359 ErfK/*Koch*, 19. Aufl. 2019, § 37 BetrVG Rn. 10; *Fitting*, BetrVG, 29. Aufl. 2018, § 37 Rn. 129, mit der Einschränkung, dass der Entgeltschutz nach § 37 Abs. 4 BetrVG so lange anwendbar ist, bis die Nichtigkeit geltend gemacht worden ist.

360 APS/*Linck*, 5. Aufl. 2017, § 15 KSchG Rn. 1.

361 BT-Drucks. VI/1786, S. 60; BAG, Urteil v. 13.06.1996 – 2 AZR 431/95, NZA 1996, 1032; APS/*Linck*, 5. Aufl. 2017, § 15 KSchG Rn. 4.

362 BT-Drucks. VI/1786, S. 59 f.

gerichtliche Entscheidung.[363] Damit verwehrt § 15 Abs. 1 S. 2, 2. HS KSchG dem Betriebsratsmitglied für diese Fälle die gesetzlich normierte Besserstellung des nachwirkenden Kündigungsschutzes.

Dennoch lässt sich diese Gesetzesbegründung zu § 15 Abs. 1 S. 2, 2. HS KSchG nicht auf den Entgeltschutz nach § 37 Abs. 4 BetrVG übertragen: Die Verwirkung eines Kündigungsschutzes wegen grober Verletzung der dem Betriebsratsmitglied obliegenden Pflichten mag noch in Betracht zu ziehen sein. § 37 Abs. 4 BetrVG ist jedoch Ausprägung des Benachteiligungsverbots[364] und stellt in Verbindung mit dem Begünstigungsverbot des § 78 S. 2 BetrVG die Betriebsratsmitglieder den vergleichbaren Arbeitnehmern gleich.[365] Ein Gleichbehandlungsgebot lässt sich jedoch keinesfalls verwirken. Ansonsten müsse man vom Arbeitgeber fordern, das Betriebsratsmitglied nach Beendigung der Mitgliedschaft im Betriebsrat gegenüber den vergleichbaren Arbeitnehmern finanziell schlechter zu stellen. Eine solche Forderung wäre jedoch keineswegs mit § 78 S. 2 BetrVG zu vereinbaren.

Ohnehin käme dem Betriebsratsmitglied bereits nach § 78 S. 2 BetrVG ein Anspruch auf eine entsprechende Vergütung zu, wenn es darlegen kann, dass es ohne sein Betriebsratsamt eine entsprechende berufliche Entwicklung genommen hätte.[366] Dem Betriebsratsmitglied würde hingegen verwehrt, sich auf die Beweiserleichterungen des § 37 Abs. 4 S. 1 BetrVG zu berufen.

Dem Betriebsratsmitglied die Beweiserleichterung des § 37 Abs. 4 S. 1 BetrVG und damit das Berufen auf vergleichbare Arbeitnehmer bei Beendigung der Mitgliedschaft durch gerichtliche Entscheidung zu verwehren, lässt sich jedoch keineswegs durch eine gesetzlich nicht normierte Ausnahme begründen. Allenfalls könnte § 15 Abs. 1 S. 2, 2. HS KSchG in analoger Anwendung in Betracht gezogen werden. Aufgrund der bereits aufgezeigten unterschiedlichen Regelungsinhalte und damit einhergehend, der unterschiedlichen Interessenlage liegen bereits die Voraussetzungen einer Analogie nicht vor.

Zudem widerspricht die Verweigerung des einjährigen Entgeltschutzes auch dessen Sinn und Zweck: In Verbindung mit dem Tätigkeitsschutz nach § 37 Abs. 5 BetrVG soll dem Betriebsratsmitglied die Wiedereingliederung in die berufliche Tätigkeit ermöglicht werden.[367] Zwar dürfen Betriebsratsmitglieder während eines Zeitraums von

---

363 APS/*Linck*, 5. Aufl. 2017, § 15 KSchG Rn. 126.

364 Siehe dazu ausführlich Gliederungspunkt II. 2. a).

365 So auch *Lipp*, Honorierung und Tätigkeitsschutz von Betriebsratsmitgliedern, 2008, S. 16.

366 Siehe dazu ausführlich Gliederungspunkt II. 2. b).

367 So zur verlängerten Schutzfrist nach § 38 Abs. 3 BetrVG *Fitting*, BetrVG, 29. Aufl. 2018, § 38 Rn. 92.

einem Jahr nach Beendigung der Amtszeit nur mit Tätigkeiten beschäftigt werden, die denen der vergleichbaren Arbeitnehmer gleichwertig sind (§ 37 Abs. 5 BetrVG), dies gilt jedoch nur, soweit das Betriebsratsmitglied die für diese Tätigkeit erforderlichen Qualifikationen besitzt.[368] Allerdings dient der einjährige Entgeltschutz dazu, ehemaligen Betriebsratsmitgliedern die insoweit erforderlichen, aber wegen der Betriebsratstätigkeit unterbliebenen Qualifikationen zu erwerben. Für vollständig freigestellte Betriebsratsmitglieder folgt dies bereits aus § 38 Abs. 4 BetrVG. Da § 38 Abs. 4 BetrVG das Benachteiligungsverbot des § 78 S. 2 BetrVG, welches dem Wortlaut nach explizit auch für die berufliche Entwicklung gilt, lediglich zu konkretisieren vermag,[369] gilt Entsprechendes bereits nach der Grundregel für nicht vollständig freigestellte Betriebsratsmitglieder.

Eine Eingliederung in den Betrieb sowie eine Angleichung an die vergleichbaren Arbeitnehmer kann aber nur dann gewährleistet werden, wenn dem Betriebsratsmitglied auch bei Beendigung der Mitgliedschaft durch gerichtliche Entscheidung dieser Entgelt- und Tätigkeitsschutz zugutekommt. Dem Betriebsratsmitglied würde ansonsten der Beweis abverlangt, dass es sich beruflich ebenso wie die vergleichbaren Arbeitnehmer entwickelt hätte. Allein dies stellt bereits eine strukturelle Benachteiligung aufgrund des Betriebsratsamts dar.

Daraus folgt: Die Regelung des § 15 Abs. 1 S. 2, 2. HS KSchG kann nicht auf § 37 Abs. 4 BetrVG übertragen werden. Auch bei einer Beendigung der Mitgliedschaft im Betriebsrat aufgrund gerichtlicher Entscheidung besteht damit der Entgeltschutz nach § 37 Abs. 4 S. 1 BetrVG. Eine bestimmte Dauer der Zugehörigkeit zum Betriebsrat setzt der Entgeltschutz nach § 37 Abs. 4 S. 1 BetrVG nicht voraus, sodass dieser auch in den Betriebsrat nachgerückten Ersatzmitgliedern zuteil wird.[370] Für Betriebsratsmitglieder, die drei volle aufeinanderfolgende Amtszeiten freigestellt waren, erhöht sich der Zeitraum des Entgeltschutzes auf zwei Jahre nach Ablauf der Amtszeit, § 38 Abs. 3 BetrVG.

Allerdings kann der Entgeltschutz richtigerweise nicht bei Nichtigkeit der Betriebsratswahl greifen.[371] Die Nichtigkeit der Wahl kann lediglich festgestellt werden,[372] eine rechtsgestaltende Wirkung kommt dieser Feststellung nicht zu. Damit hat der Betriebsrat nie bestanden; vermeintliche Betriebsratsmitglieder

368 Richardi/*Thüsing*, BetrVG, 16. Aufl. 2018, § 37 Rn. 86.

369 *Fitting*, BetrVG, 29. Aufl. 2018, § 38 Rn. 97; Richardi/*Thüsing*, BetrVG, 16. Aufl. 2018, § 38 Rn. 66.

370 *Fitting*, BetrVG, 29. Aufl. 2018, § 37 Rn. 129; GK-BetrVG/*Weber*, 11. Aufl. 2018, § 37 Rn. 134.

371 So auch *Lipp*, Honorierung und Tätigkeitsschutz von Betriebsratsmitgliedern, 2008, S. 16 f.

372 *Fitting*, BetrVG, 29. Aufl. 2018, § 19 Rn. 6.

waren tatsächlich nie Betriebsratsmitglieder.[373] Aufgrund der gesetzlichen Anknüpfung an die Stellung als Betriebsratsmitglied erstreckt sich auch der nachträgliche Entgeltschutz nicht auf vermeintliche Betriebsratsmitglieder. Da die Feststellung der Nichtigkeit lediglich deklaratorische Wirkung entfaltet, kann auch die Ansicht *Fittings*, der § 37 Abs. 4 BetrVG bis zur *Geltendmachung* der Nichtigkeit anwenden will,[374] nicht überzeugen.[375]

2. Wechselwirkungen von § 37 Abs. 4 BetrVG und § 78 S. 2 BetrVG

a) Verhältnis von § 37 Abs. 4 S. 1 BetrVG zu § 78 S. 2 BetrVG

Das Verhältnis von § 37 Abs. 4 S. 1 BetrVG zu § 78 S. 2 BetrVG wirkt sich maßgeblich auf die betriebsverfassungsrechtlich vorgesehene Entgeltentwicklung von Betriebsratsmitgliedern aus: § 37 Abs. 4 S. 1 BetrVG bestimmt, dass das Arbeitsentgelt von Mitgliedern des Betriebsrats nicht geringer bemessen werden darf als das Arbeitsentgelt vergleichbarer Arbeitnehmer mit betriebsüblicher beruflicher Entwicklung. Mit der Anknüpfung an die betriebsübliche Entwicklung statuiert die Norm einen objektiven Maßstab,[376] der die Entgeltentwicklung von Mitgliedern des Betriebsrats abbilden soll. Insoweit scheint es nicht mehr darauf anzukommen, welche Vergütung das Betriebsratsmitglied bei hypothetischer Betrachtung ohne das Betriebsratsmandat erhalten hätte.[377] Stimmen in der Literatur folgern aus der Formulierung „das Arbeitsentgelt von Mitgliedern des Betriebsrats darf […] nicht geringer bemessen werden", dass § 37 Abs. 4 S. 1 BetrVG eine Mindestvergütung im Sinne einer unteren Grenze für das Entgelt des Betriebsratsmitglieds anordnet.[378] Demnach konkretisiere § 37 Abs. 4 S. 1

373 ErfK/*Koch*, 19. Aufl. 2019, § 37 BetrVG Rn. 10.

374 *Fitting*, BetrVG, 29. Aufl. 2018, § 37 Rn. 129.

375 So auch *Lipp*, Honorierung und Tätigkeitsschutz von Betriebsratsmitgliedern, 2008, S. 17.

376 BAG, Urteil v. 16.01.2008 – 7 AZR 887/06, NZA 2008, 836; LAG Hamburg, Urteil v. 05.03.2015 – 7 Sa 63/14, juris; GK-BetrVG/*Weber*, 11. Aufl. 2018, § 37 Rn. 130; Richardi/*Thüsing*, BetrVG, 16. Aufl. 2018, § 37 Rn. 69a.

377 So insb. HWGNRH/*Glock*, BetrVG, 10. Aufl. 2018, § 37 Rn. 107 f., der § 37 Abs. 4 S. 1 BetrVG als abschließende Regelung zur Entgeltentwicklung von Betriebsratsmitgliedern ansieht; § 78 S. 2 BetrVG sei daneben nicht mehr anzuwenden.

378 *Dietze*, in: FS Klebe, 2018, S. 95, 99; *Esser*, Die Begünstigung von Mitgliedern des Betriebsrates, 2013, S. 47; *Happe*, Die persönliche Rechtsstellung von Betriebsräten, 2017, S. 24; *Kehrmann*, in: FS Wlotzke, 1996, S. 357, 364; *Neef*, in: Sozialer Dialog in der Krise, 2009, S. 97, 98; so auch *Dzida/Mehrens*, NZA 2013, 753, 755, die § 37

BetrVG das Benachteiligungsverbot des § 37 Abs. 4 S. 1 BetrVG; aufgrund der Spezialität von § 37 Abs. 4 S. 1 BetrVG sei § 78 S. 2 BetrVG auf diese Fälle nicht anzuwenden.[379] Das Mindestmaß der Vergütung ergebe sich damit ausschließlich aus § 37 Abs. 4 S. 1 BetrVG.

Dieser Auffassung ist das BAG in einer aktuellen Entscheidung entgegengetreten.[380] Einstimmig gehen Rechtsprechung und Literatur noch davon aus, dass § 37 Abs. 4 S. 1 BetrVG das Benachteiligungsverbot des § 78 S. 2 BetrVG konkretisiere.[381]

Gerade weil dem aber so sei – so führt das BAG aus – dürfe die Anwendung des § 37 Abs. 4 S. 1 BetrVG auch nicht zu einer Begünstigung des Betriebsratsmitglieds gegenüber anderen Arbeitnehmern führen.[382] Daher sei erforderlich, dass das Betriebsratsmitglied die berufliche Entwicklung der konkreten Vergleichsperson bei hypothetischer Betrachtung hätte vollziehen können. Soweit durch die Orientierung an der betriebsüblichen Entwicklung vergleichbarer Arbeitnehmer eine Vergütungshöhe erreicht werde, die das Betriebsratsmitglied bei hypothetischer Betrachtung nicht hätte erreichen können, würde es entgegen § 78 S. 2 BetrVG unzulässig begünstigt. Eine Vergütung am Maßstab des § 37 Abs. 4 S. 1 BetrVG bildet nach Ansicht der Rechtsprechung folglich keineswegs eine Mindestvergütung.

BetrVG zugleich als „Mindest- und Höchstarbeitsbedingung" ansehen; so auch *Sturm*, Die Vergütung freigestellter und dauerhaft von der Arbeit befreiter Betriebsratsmitglieder, 2016, S. 106 f., der darauf verweist, dass der Ausschuss für Arbeit und Sozialordnung in seiner Empfehlung ausdrücklich darauf abstelle, dass durch die Norm Benachteiligungen von Mitgliedern des Betriebsrats vermieden werden sollen und dazu auf den Schriftlichen Bericht des Ausschusses für Arbeit und Sozialordnung zu BT-Drucks. VI/2729, S. 23 verweist.

379 *Happe*, Die persönliche Rechtsstellung von Betriebsräten, 2017, S. 23; *Hennecke*, BB 1986, 936, 939; HWGNRH/*Glock*, BetrVG, 10. Aufl. 2018, § 37 Rn. 106; etwas weiter Richardi/*Thüsing*, BetrVG, 16. Aufl. 2018, § 78 Rn. 3, der von einer lediglich subsidiären Anwendung des § 78 BetrVG ausgeht.

380 BAG, Urteil v. 18.01.2017 – 7 AZR 205/15, NZA 2017, 935, 937.

381 BAG, Urteil v. 18.01.2017 – 7 AZR 205/15, NZA 2017, 935, 937; BAG, Urteil v. 04.11.2015 – 7 AZR 972/13, NZA 2016, 1339, 1342; BAG, Urteil v. 17.08.2005 – 7 AZR 528/04, NZA 2006, 448, 449; BAG, Urteil v. 15.01.1992 – 7 AZR 194/91, AP Nr. 84 zu § 37 BetrVG 1972; GK-BetrVG/*Weber*, 11. Aufl. 2018, § 37 Rn. 10; *Happe*, Die persönliche Rechtsstellung von Betriebsräten, 2017, S. 24; Richardi/*Thüsing*, 16. Aufl. 2018, § 37 Rn. 1 und Rn. 68; *Schulze/Ratzesberger*, AiB 2016, 22, 23.

382 BAG, Urteil v. 18.01.2017 – 7 AZR 205/15, NZA 2017, 935, 937.

Es leuchtet ein, dass § 37 Abs. 4 S. 1 BetrVG, dessen Wortlaut gerade nur davon spricht, dass das Arbeitsentgelt von Betriebsratsmitglieder nicht geringer bemessen werden darf als das Arbeitsentgelt von vergleichbaren Arbeitnehmern mit betriebsüblicher Entwicklung, den allgemeineren § 78 S. 2 BetrVG ausschließlich im Hinblick auf das Benachteiligungsverbot konkretisieren kann.[383] Wenn die Rechtsprechung nun aber davon ausgeht, dass eine Vergütung entsprechend § 37 Abs. 4 S. 1 BetrVG das Betriebsratsmitglied unzulässig begünstigen kann, lässt sie den Wortlaut des § 37 Abs. 4 S. 1 BetrVG unberücksichtigt und verkennt damit den Adressaten des Begünstigungsverbotes. § 78 S. 2 BetrVG richtet sich gegen jedermann[384] – ausgenommen dem Gesetzgeber. Dieser gestaltet den gesetzlichen Rahmen für das Betriebsratsamt. Selbst wenn eine Vergütung am Maßstab der betriebsüblichen Entwicklung vergleichbarer Arbeitnehmer zu einer Besserstellung des Betriebsratsmitglieds im Vergleich zu seiner hypothetischen Karriere führt, kann dies nicht gegen das Begünstigungsverbot des § 78 S. 2 BetrVG verstoßen, insoweit ist § 37 Abs. 4 S. 1 BetrVG als eine vom Gesetzgeber normierte Begünstigung hinzunehmen.[385] Dem Gesetzgeber stehen solche Möglichkeiten offen, anderenfalls müssten etwa auch die Regelungen des § 37 Abs. 6 und Abs. 7 BetrVG sowie der besondere Kündigungsschutz in § 15 Abs. 1 KSchG als ein Verstoß gegen das Begünstigungsverbot gesehen werden. Die Rechtsprechung des BAG unterschreitet nicht nur das Maß, das § 37 Abs. 4

383 So die einhellige Meinung: BAG, Urteil v. 18.01.2017 – 7 AZR 205/15, NZA 2017, 935, 937; BAG, Urteil v. 04.11.2015 – 7 AZR 972/13, NZA 2016, 1339, 1342; BAG, Urteil v. 17.08.2005 – 7 AZR 528/04, NZA 2006, 448, 449; DKKW/*Wedde*, BetrVG, 16. Aufl. 2018, § 37 Rn. 86; *Fitting*, BetrVG, 29. Aufl. 2018, § 37 Rn. 114; GK-BetrVG/*Weber*, 11. Aufl. 2018, § 37 Rn. 128; *Happe*, Die persönliche Rechtsstellung von Betriebsräten, 2017, S. 24 f.; HWGNRH/*Glock*, BetrVG, 10. Aufl. 2018, § 37 Rn. 105; Richardi/*Thüsing*, BetrVG, 16. Aufl. 2018, § 37 Rn. 69; *Sturm*, Die Vergütung freigestellter und dauerhaft von der Arbeit befreiter Betriebsratsmitglieder, 2016, S. 106 f.

384 BAG, Beschluss v. 15.10.2014 – 7 ABR 74/12, NZA 2015, 560; DKKW/*Buschmann*, BetrVG, 16. Aufl. 2018, § 78 Rn. 11; Düwell/*Lorenz*, BetrVG, 5. Aufl. 2018, § 78 Rn. 4; ErfK/*Kania*, 19. Aufl. 2019, § 78 BetrVG Rn. 2; *Fitting*, BetrVG, 29. Aufl. 2018, § 78 Rn. 7; GK-BetrVG/*Kreutz*, 11. Aufl. 2018, § 78 Rn. 23; HWGNRH/*Worzalla*, BetrVG, 10. Aufl. 2018, § 78 Rn. 3; MünchArbHdb/*Krois*, 4. Aufl. 2019, § 295 Rn. 173; Richardi/*Thüsing*, BetrVG, 16. Aufl. 2018, § 78 Rn. 12; WPK/*Preis*, BetrVG, 4. Aufl. 2009, § 78 Rn. 6.

385 *Annuß*, NZA 2018, 134, 134; *Happe*, Die persönliche Rechtsstellung von Betriebsräten, 2017, S. 54; HWGNRH/*Glock*, BetrVG, 10. Aufl. 2018, § 37 Rn. 121; Richardi/*Thüsing*, BetrVG, 16. Aufl. 2018, § 78 Rn. 32, der als gesetzlich zulässige Begünstigungen beispielshaft § 37 Abs. 6 und Abs. 7 BetrVG nennt.

S. 1 BetrVG vorgibt, sie ist auch widersprüchlich: Eine rechtskonforme Vergütung von Betriebsratsmitgliedern kann nur in dem gesetzlichen Rahmen liegen, den das BetrVG vorgibt. Untere Grenze bildet das Benachteiligungsverbot, obere Grenze das Begünstigungsverbot. Wenn – wie die das BAG ausführt[386] – § 37 Abs. 4 S. 1 BetrVG das Benachteiligungsverbot konkretisiert, dann wird ein Betriebsratsmitglied nur dann nicht benachteiligt, wenn seine Vergütung dem von § 37 Abs. 4 S. 1 BetrVG vorgegebenen Standard entspricht. Eine Unterschreitung dieser Grenze kann daher auch aufgrund einer in Rede stehenden unzulässigen Begünstigung nicht begründet werden. Darüber hinaus verkennt das BAG, dass § 37 Abs. 4 S. 1 BetrVG die Entgeltentwicklung von der hypothetischen Entwicklung des einzelnen Betriebsratsmitglieds entkoppelt und vergleichbare Arbeitnehmer zum Maßstab macht.[387] Auf die hypothetische Karriere des einzelnen Betriebsratsmitglieds kommt es insoweit gar nicht mehr an.[388]

Richtigerweise stellt § 37 Abs. 4 S. 1 BetrVG eine partielle Konkretisierung des § 78 S. 2 BetrVG dar. Die Bemessung eines rechtskonformen Entgelts wird durch die betriebsübliche Entwicklung vergleichbarer Arbeitnehmer als Mindeststandard und durch das Begünstigungsverbot des § 78 S. 2 BetrVG als Obergrenze determiniert. *Neef* sieht insoweit zutreffend in § 37 Abs. 4 S. 1 BetrVG den Maßstab für eine *Regelvergütung*.[389] Eine Besserstellung von Betriebsratsmitgliedern in der beruflichen Entwicklung wird durch die Norm ebenso wenig verboten wie gewährt.

b) Benachteiligung durch Abstellen auf vergleichbaren Arbeitnehmer

Da § 37 Abs. 4 S. 1 BetrVG lediglich das Benachteiligungsverbot zu konkretisieren vermag, ist eine Vergütung über dem von § 37 Abs. 4 S. 1 BetrVG statuierten Niveau betriebsverfassungsrechtlich zulässig, soweit dadurch keine gegen § 78 S. 2 BetrVG verstoßende Betriebsratsbegünstigung eintritt. Das Abstellen auf die betriebsübliche Entwicklung vergleichbarer Arbeitnehmer fungiert als Mindestmaß; eine Orientierung an diesem Maßstab führt im Einzelfall dann zu einer Benachteiligung des Betriebsratsmitglieds, wenn es bei hypothetischer Betrachtung eine demgegenüber bessere Karriere vollzogen hätte.

---

386 BAG, Urteil v. 18.01.2017 – 7 AZR 205/15, NZA 2017, 935, 937.

387 BAG, Urteil v. 16.01.2008 – 7 AZR 887/06, NZA 2008, 836, 837; BAG, Urteil v. 17.08.2005 – 7 AZR 528/04, NZA 2006, 448; *Jacobs/Frieling*, ZfA 2015, 241, 246.

388 WPK/*Kreft*, BetrVG, 4. Aufl. 2009, § 37 Rn. 38; vgl. auch *Rieble*, NZA 2008, 276, 277.

389 *Neef*, in: Sozialer Dialog in der Krise, 2009, S. 97, 98.

aa) § 78 S. 2 BetrVG als eigenständige Anspruchsgrundlage

Insoweit verbleibt dem Benachteiligungsverbot des § 78 S. 2 BetrVG für solche Vergütungsentwicklungen, die besser als betriebsüblich sind, ein eigenständiger Anwendungsbereich. Gleiches gilt für die Fälle, in denen § 37 Abs. 4 S. 1 BetrVG nicht zur Anwendung gelangt, weil kein vergleichbarer Arbeitnehmer vorhanden ist. In diesen Fällen kann eine Entgeltentwicklung nur am Benachteiligungsverbot des § 78 S. 2 BetrVG anknüpfen. Entsprechendes gilt, wenn Arbeitnehmer aus höheren Positionen in den Betriebsrat gewählt werden und der „nächste Karriereschritt“ nicht betriebsüblich ist, etwa weil auf der nächsten Hierarchieebene nicht ausreichend Stellen verfügbar sind.[390] Dass die Mehrzahl der vergleichbaren Arbeitnehmer einen entsprechenden beruflichen Aufstieg vollzieht, ist damit ausgeschlossen.

Dabei kann § 78 S. 2 BetrVG in zwei Konstellationen relevant werden: Einerseits kann § 78 S. 2 BetrVG als eigene Anspruchsgrundlage gelten, mit der das Betriebsratsmitglied einen Anspruch auf eine seiner hypothetischen Entwicklung entsprechende Vergütung geltend macht, andererseits hat § 78 S. 2 BetrVG auch dann Relevanz, wenn Arbeitgeber und Arbeitnehmer einstimmig eine Vergütungserhöhung festsetzen (freiwillige Beförderung).[391] In letzterer Konstellation stellt sich sodann die Frage, ob durch die freiwillige Beförderung eine unzulässige Begünstigung des Betriebsratsmitglieds eintritt.

Das BAG führt in ständiger Rechtsprechung aus, dass § 78 S. 2 BetrVG nicht nur ein Gebot an den Arbeitgeber darstellt, dem Betriebsratsmitglied eine berufliche Entwicklung zukommen zu lassen wie es sie bei hypothetischer Betrachtung ohne die Betriebsratstätigkeit vollzogen hätte, sondern ebenfalls als eigenständige Anspruchsgrundlage für das Betriebsratsmitglied auf Gewährung einer dementsprechenden Vergütung fungiert.[392] Wenn der Arbeitnehmer ohne das Betriebsratsamt in eine Position mit höherer Vergütung aufgestiegen wäre, erwächst ihm aus § 78 S. 2 BetrVG ein Anspruch gegen den Arbeitgeber auf Zahlung einer dieser Position entsprechenden Vergütung.[393] Das Betriebsratsmitglied an der

390 So auch *Bayreuther*, NZA 2014, 235, 236.

391 Zu dieser Differenzierung auch *Bayreuther*, NZA 2014, 235, 237.

392 BAG, Urteil v. 17.08.2005 – 7 AZR 528/04, NZA 2006, 448; BAG, Urteil v. 15.01.1992 – 7 AZR 194/91, AP Nr. 84 zu § 37 BetrVG 1972; zur parallelen Rspr. im Personalvertretungsrecht BAG, Urteil v. 14.07.2010 – 7 AZR 359/09, NJOZ 2011, 272; BAG, 27.06.2001 – 7 AZR 496/99, NZA 2002, 106, 107.

393 BAG, Urteil v. 17.08.2005 – 7 AZR 528/04, NZA 2006, 448.

Entwicklung des Medians der Vergleichspersonen festzuhalten, würde zu einer Benachteiligung wegen des Amtes führen.[394]

Das Benachteiligungsverbot als Maßstab für eine solche fiktive berufliche Entwicklung anzuerkennen, ist auch in seiner Konzeption richtig. Dürften Betriebsratsmitglieder lediglich nach der betriebsüblichen Entwicklung vergleichbarer Arbeitnehmer (§ 37 Abs. 4 S. 1 BetrVG) vergütet werden, würde ausschließlich für solche Arbeitnehmer, die sich eine schlechtere als die betriebsübliche berufliche Entwicklung prognostizierten, ein Anreiz gesetzt, Betriebsratsmitglied zu werden. Arbeitnehmer, die sich selbst einen „steilen" Karriereaufstieg zumuteten – d.h. tendenziell leistungsstarke und hoch qualifizierte Arbeitnehmer – nähmen von einem Betriebsratsamt Abstand. Zwar ist zu berücksichtigen, dass die Vergleichsgruppe auch anhand der individuellen Leistungen in der beruflichen Tätigkeit zu bestimmen ist.[395] Dies ändert allerdings nichts daran, dass – wäre einzig die betriebsübliche Entwicklung der Vergleichspersonen maßgeblich – in der Folge tendenziell eher solche Arbeitnehmer, die ihre Karrierechancen als betriebsunüblich schlecht einschätzten, in Betracht zögen, für ein Betriebsratsmandat zu kandidieren.

bb) Wie konkret müssen Tatsachen dargelegt werden?

Insbesondere für freigestellte Betriebsratsmitglieder gilt dabei: Je länger die Amtszeit des einzelnen Betriebsratsmitglieds andauert, desto weiter entfernt es sich von seiner ursprünglichen Tätigkeit und desto schwieriger wird es nachzuvollziehen, wie die hypothetische Karriere ohne das Betriebsratsamt verlaufen wäre. Auch für nicht freigestellte Betriebsratsmitglieder können sich derartige Schwierigkeiten ergeben – zumal sich das Unterbleiben einer Beförderung auf fehlende Fachkenntnisse stützen lässt, die das Betriebsratsmitglied ohne das Betriebsratsamt durchaus erworben haben könnte.[396]

Unmittelbar daran knüpft die Frage an, was das Betriebsratsmitglied darlegen muss, um eine in Rede stehende Benachteiligung aufgrund der Betriebsratstätigkeit zu beweisen. Ein pauschales Behaupten eines Anspruchs einer Vergütung entsprechend einer Beförderungsstelle genügt jedenfalls nicht.[397] Die Rechtsprechung fordert, „dass dem Betriebsratsmitglied der Nachweis gelingt, dass es ohne seine Tätigkeit als Mitglied einer Betriebsvertretung inzwischen mit einer Aufgabe betraut worden wäre, die ihm den Anspruch auf das begehrte

394 *Annuß*, NZA 2018, 134, 135; *Blattner*, NZA 2018, 129, 131, *Strauß*, JuS 2018, 1143, 1144.

395 Siehe dazu bereits Gliederungspunkt II. 1. a) dd).

396 BAG, Urteil v. 27.06.2001 – 7 AZR 496/99, BAGE 98, 164; *Keilich*, BB 2014, 2229, 2232.

397 LAG Rheinland-Pfalz, Urteil v. 06.07.2016 – 7 Sa 566/15, BeckRS 2016, 73445.

Arbeitsentgelt geben würde."[398] In der Vielzahl der Fälle wird diese Beweisführung mit Schwierigkeiten behaftet sein. Beweisschwierigkeiten ergeben sich dabei in zweierlei Hinsicht: Zum einen muss das Betriebsratsmitglied beweisen, dass es eine entsprechende berufliche Entwicklung ohne das Betriebsratsamt genommen hätte, zum anderen muss es darlegen, dass zwischen deren Ausbleiben und der Betriebsratstätigkeit ein kausaler Zusammenhang besteht.

Dabei kann das Unterbleiben des tatsächlichen beruflichen Aufstiegs aufgrund der Betriebsratstätigkeit an verschiedene Stufen des Bewerbungsvorgangs anknüpfen: Im augenscheinlichen Fall gewährt der Arbeitgeber dem Betriebsratsmitglied aufgrund des Betriebsratsamts eine berufliche Entwicklung gerade nicht, d.h. das Betriebsratsmitglied hat sich tatsächlich um eine Beförderungsstelle beworben und hätte diese Stelle auch bekommen, wenn es nicht Betriebsratsmitglied wäre. Die Nichtberücksichtigung knüpft in dieser Konstellation unmittelbar an die Stellung als Betriebsratsmitglied an. Eine subjektive Komponente im Sinne einer Benachteiligungsabsicht setzt § 78 S. 2 BetrVG dabei nicht voraus.[399] Daher ist unbeachtlich, ob der Arbeitgeber überhaupt Kenntnis von den eine Benachteiligung begründenden Umständen hat, solange eine solche objektiv vorliegt. Ein Anspruch auf eine der Beförderungsstelle entsprechende Vergütung kann sich somit etwa auch dann ergeben, wenn das Betriebsratsmitglied eine Bewerbung aufgrund der Betriebsratstätigkeit unterlassen hat, es aber ohne das Betriebsratsamt auf diese Stelle befördert worden wäre.[400] Gleichfalls ist ein derartiger Anspruch begründet, wenn die Bewerbung eines Betriebsratsmitglieds aufgrund fehlender Fachkenntnisse scheitert, diese fachlichen Defizite aber gerade auf der Betriebsratstätigkeit beruhen,[401] etwa weil das Betriebsratsmitglied aufgrund einer Freistellung bzw. einer auf der Betriebsratstätigkeit basierenden Arbeitsversäumnis mit Arbeitsprozessen oder technischen Neuerungen nicht mehr vertraut ist oder ihm deshalb Fachkenntnisse fehlen.

---

398 BAG, Urteil v. 17.08.2005 – 7 AZR 528/04, NZA 2006, 448; ebenso BAG, Urteil v. 11.12.1991 – 7 AZR 75/91, NZA 1993, 909.

399 BAG, Urteil v. 05.12.2012 – 7 AZR 698/11, BAGE 144, 85; BAG, Beschluss v. 20.01.2010 – 7 ABR 68/08, NJW 2010, 2077, 2078; ErfK/*Kania*, 19. Aufl. 2019, § 78 BetrVG Rn. 6; *Fitting*, BetrVG, 29. Aufl. 2018, § 78 Rn. 7.

400 *Keilich*, BB 2014, 2229, 2232.

401 So zur parallelen Rspr. im Personalvertretungsrecht BAG, Urteil v. 14.07.2010 – 7 AZR 359/09, NJOZ 2011, 272, 273; BAG, Urteil v. 27.06.2001 – 7 AZR 496/99, NZA 2002, 106, 107; BAG, Urteil v. 29.10.1998 – 7 AZR 676/96, BAGE 90, 106; *Keilich*, BB 2014, 2229, 2232.

Dementsprechend muss das Betriebsratsmitglied darlegen, dass (1.) eine tatsächliche Bewerbung aufgrund des Betriebsratsmandats gescheitert ist, (2.) es eine Bewerbung aufgrund der Betriebstätigkeit unterlassen hat, welche ohne diese jedoch erfolgreich gewesen wäre oder (3.) bei einer Bewerbung, die aufgrund fehlender Fachkenntnisse erfolglos blieb, diese Defizite an Fachkenntnissen auf der Betriebsratstätigkeit beruhen.[402] Dabei hat das Betriebsratsmitglied nach höchstrichterlicher Rechtsprechung Hilfstatsachen vorzubringen, aus denen sich ergibt, dass es eine entsprechende berufliche Entwicklung ohne die Betriebsratstätigkeit genommen hätte; nicht ausreichend ist jedoch darzulegen, dass das Betriebsratsmitglied und der tatsächlich auf die Stelle beförderte Arbeitnehmer in der Vergangenheit eine vergleichbare berufliche Entwicklung vollzogen haben.[403]

Zwar ließe sich argumentieren, dass, soweit unstrittig ist, dass ein Arbeitnehmer ohne sein Betriebsratsamt auf eine Stelle befördert worden wäre, diese jedoch tatsächlich mit einem anderen Arbeitnehmer besetzt worden ist, es naheliegend wäre, die berufliche Entwicklung dieses Arbeitnehmers zum Maßstab für die berufliche Entwicklung des Betriebsratsmitglieds zu machen. Insoweit würde vermutet, dass das Betriebsratsmitglied sich auf dieser Stelle beruflich ebenso entwickelt hätte. Zwar kann beileibe nicht ausgeschlossen werden, dass das Betriebsratsmitglied eine vergleichbare berufliche Entwicklung genommen hätte wie der Arbeitnehmer, mit dem die konkrete Stelle besetzt worden ist, genommen hätte; jedoch ist dies nicht gewiss. Es ist ebenso gut möglich, dass die berufliche Entwicklung dieses Arbeitnehmers auf individuellen Fähigkeiten und Leistungen beruht, die das Betriebsratsmitglied nicht aufweist. Dieser Aspekt bliebe unberücksichtigt, sähe man in der beruflichen Entwicklung dieses Arbeitnehmers eine Vermutung dahingehend, dass das Betriebsratsmitglied eine vergleichbare berufliche Entwicklung vollzogen hätte. Insoweit würde sich an einer Sonderkarriere orientiert; die nach § 37 Abs. 4 S. 1 BetrVG erforderliche Betriebsüblichkeit der beruflichen Entwicklung würde unterlaufen. Gleichzeitig bestünde die Gefahr, dass das Betriebsratsmitglied entgegen § 78 S. 2 BetrVG finanziell besser gestellt würde, als es die eigene berufliche Entwicklung bei hypothetischer Betrachtung hergeben würde.

Daraus folgt jedoch nicht, dass dem Betriebsratsmitglied kein Anspruch auf eine entsprechende Vergütung zusteht, wenn feststeht, dass es ohne das Betriebsratsamt eine dementsprechende berufliche Entwicklung genommen hätte, ansonsten würde es wiederum entgegen § 78 S. 2 BetrVG unzulässig benachteiligt. Lediglich die Karriere eines einzelnen Arbeitnehmers, der auf eine Stelle befördert worden ist, die dem Betriebsratsmitglied ohne dessen Betriebsratsamt zugewiesen worden wäre, kann keinen Anspruch

---

402 BAG, Urteil v. 27.06.2001 – 7 AZR 496/99, BAGE 98 164; zur Systematisierung *Keilich*, BB 2014, 2229, 2232; so auch *Jacobs/Frieling*, in: FS Klebe, 2018, S. 190, 191.

403 BAG, Urteil v. 17.08.2005 – 7 AZR 528/04, NZA 2006, 448, 450; BAG, Urteil v. 11.12.1991 – 7 AZR 75/91, NZA 1993, 909, 910.

auf eine berufliche Entwicklung des einzelnen Betriebsratsmitglieds begründen. Anderseits kann eine solche Karriere des beförderten Arbeitnehmers ein Indiz gegen einen Verstoß gegen § 78 S. 2 BetrVG im Rahmen einer freiwilligen Beförderung darstellen.[404]

Eine Beförderung hängt – insbesondere wenn keine Beförderungspraxis im Unternehmen besteht –[405] jedoch stets auch von individuellen Faktoren und vom persönlichen Eindruck ab.[406] Schweigt der Arbeitgeber zu den Gründen für das Ausbleiben einer Beförderung, wird es für das Betriebsratsmitglied praktisch unmöglich, die Kausalität zwischen Ausbleiben der Beförderung und der Betriebsratstätigkeit zu beweisen. *Happe* hält den Leistungsanspruch aus § 78 S. 2 BetrVG daher für allenfalls theoretischer Natur.[407] Dem ist insoweit zuzustimmen, dass sich die Beweisführung durchaus schwierig gestaltet. Dass der Leistungsanspruch nach § 78 S. 2 BetrVG durchaus praktische Bedeutung haben kann, zeigt eine Entscheidung des LAG Köln: Das Gericht befand, dass ein Betriebsratsmitglied für eine konkrete Beförderungsstellestelle mindestens ebenso gut geeignet war wie eine Konkurrentin, die die Stelle letztlich tatsächlich erhalten hatte. Dazu stellte das Gericht darauf ab, dass das Betriebsratsmitglied über eine größere Berufserfahrung sowie über betriebsinterne Kenntnisse verfügte, die die Konkurrentin nicht aufweisen konnte[408] – und damit aus objektiven Gesichtspunkten den geeigneteren Kandidaten darstellte. Anzumerken ist jedoch, dass der Arbeitgeber in seiner Auswahlentscheidung ausführte, dass zwar nicht ausschlaggebend, aber „dennoch bemerkenswert" sei, dass das Betriebsratsmitglied die Beförderungsstelle erst nach ihrer Freistellung für den Betriebsrat tatsächlich werde antreten können.[409]

cc) Unternehmensinternes Angebot

Einen Nachweis dafür, dass ein Betriebsratsmitglied ohne sein Betriebsratsamt eine berufliche Entwicklung genommen hätte, die besser als betriebsüblich verläuft, wird man jedenfalls dann annehmen müssen, wenn dem

---

404 Siehe zur freiwilligen Beförderung auch Gliederungspunkt II. 2. c).

405 Vgl. *Denecke*, AuA 2006, 24, 25.

406 *Bayreuther*, NZA 2014, 235, 235.

407 *Happe*, Die persönliche Rechtsstellung von Betriebsräten, 2017, S. 57; ähnlich *Annuß*, NZA 2018, 134, 134, der ausführt, dass Betriebsratsmitglieder einen solchen Anspruch „nur mit großen Schwierigkeiten oder überhaupt nicht führen" könnten; ebenso *Strauß*, NZA 2018, 1372, 1374.

408 LAG Köln, Urteil v. 25.04.2016 – 2 Sa 561/15, juris.

409 LAG Köln, Urteil v. 25.04.2016 – 2 Sa 561/15, juris Rn. 22.

Betriebsratsmitglied ein unternehmensinternes, ernst gemeintes, konkretes Angebot auf eine Beförderungsstelle vorgelegt worden ist.[410] Freilich darf ein solches unternehmensinternes, alternatives Stellenangebot nicht wegen der Betriebsratstätigkeit unterbreitet worden sein – ansonsten würde dies wiederum zu einer gegen § 78 S. 2 BetrVG verstoßenden Begünstigung aufgrund des Betriebsratsamts führen. Davon kann jedenfalls dann nicht ausgegangen werden, wenn das Betriebsratsmitglied für diese Stelle objektiv geeignet ist[411] und das Stellenangebot eine Beibehaltung des Betriebsratsamts ausschließt.

Lehnt der Arbeitnehmer ab, weil er seine Betriebsratsmitgliedschaft für die Beförderungsstelle nicht aufgeben möchte, muss ihm so ein Anspruch aus § 78 S. 2 BetrVG auf Zahlung einer Vergütung entsprechend der Beförderungsstelle zustehen.[412] Dies ist nur konsequent: Zwar lässt sich vorbringen, der Arbeitnehmer werde gar nicht wegen seines Betriebsratsamts benachteiligt, wenn ihm selber die Entscheidung obliegt, ob er Betriebsratsmitglied bleiben oder die Beförderungsstelle antreten und sein Betriebsratsamt aufgeben möchte. Die Benachteiligung muss jedoch nur objektiv vorliegen,[413] dem Betriebsratsmitglied würde durch die Fortführung der Betriebsratstätigkeit ein finanzieller Nachteil erwachsen. Dass die Beförderung aufgrund einer eigenen Entscheidung ausbleibt, kann daran nichts ändern, denn es kann keinen Unterschied machen, ob sich ein Arbeitnehmer entscheidet, Betriebsratsmitglied zu werden – und in der Folge nicht schlechter gestellt werden darf, als er ohne das Betriebsratsamt stünde –, oder dafür, auch weiterhin Betriebsratsmitglied zu bleiben.

Berücksichtigt werden können jedoch nur unternehmensinterne Angebote. Dem Arbeitgeber wird das Gebot auferlegt, dem Betriebsratsmitglied auch finanziell eine berufliche Entwicklung zukommen zu lassen wie es sie ohne das Betriebsratsamt vollzogen hätte. Angebote anderer Unternehmen müssen unberücksichtigt bleiben, denn selbst dann, wenn das Betriebsratsmitglied ein solches Angebot annehmen würde, würde ihm kein Anspruch gegen seinen aktuellen Arbeitgeber auf die höhere Vergütung erwachsen. Es schiede aus dem

---

410 *Kliemt/Seeger*, DB 2017, 1783; *Stück*, Anm. zu BAG, Urteil v. 18.01.2017 – 7 AZR 205/15, CCZ 2017, 238, 240.

411 Siehe zur Berücksichtigung von Fähigkeiten und Qualifikationen, die im Rahmen des Betriebsratsamtes erworben wurden Gliederungspunkt II. 2. c) dd).

412 So auch LAG Düsseldorf, Urteil v. 27.04.2018 – 10 Sa 717/17, BeckRS 2018, 16055 Rn. 42 und Rn. 44.

413 BAG, Urteil v. 05.12.2012 – 7 AZR 698/11, BAGE 144, 85; BAG, Beschluss v. 20.01.2010 – 7 ABR 68/08, NJW 2010, 2077, 2078; ErfK/*Kania*, 19. Aufl. 2019, § 78 BetrVG Rn. 6; *Fitting*, BetrVG, 29. Aufl. 2018, § 78 Rn. 7.

Unternehmen aus und müsste sich an den neuen Arbeitgeber halten. Erst recht kann kein Anspruch auf die höhere Vergütung erwachsen, wenn das Betriebsratsmitglied das alternative Angebot ablehnt, um weiterhin Betriebsratsmitglied zu bleiben. Die Betriebsratstätigkeit ist dann nicht alleiniger Grund für die unterbliebene berufliche Entwicklung, ausschlaggebender Grund ist vielmehr der unterbliebene Wechsel des Arbeitgebers.

c) Freiwillige Beförderung durch den Arbeitgeber

Relevanz erlangt § 78 S. 2 BetrVG jedoch auch in der Konstellation, dass Arbeitgeber und Betriebsratsmitglied übereinstimmend eine Beförderung vereinbaren (freiwillige Beförderungen). Dann stellt sich nicht mehr die Frage, ob das Betriebsratsmitglied gegen den Arbeitgeber einen Anspruch auf das höhere Entgelt (auch gerichtlich) geltend machen kann, sondern „lediglich", ob ein Verstoß gegen das Begünstigungsverbot des § 78 S. 2 BetrVG vorliegt.[414]

Die Regelung des § 78 S. 2 BetrVG kann dabei nicht im Einvernehmen zwischen Betriebsrat und Arbeitgeber abbedungen werden; die Norm ist zwingend.[415] Daher sind auch freiwillige Beförderungen am Maßstab des § 78 S. 2 BetrVG zu prüfen. Entsprechend der Rechtsprechung zur Darlegung eines Anspruchs auf Vergütungsanpassung aus § 78 S. 2 BetrVG muss jedoch auch für freiwillige Beförderungen gelten: Es muss dargelegt werden können, dass das Betriebsratsmitglied eine entsprechende berufliche Entwicklung tatsächlich genommen hätte. Diese Darlegung muss sich jedenfalls auf Hilfstatsachen stützen lassen.[416]

Entscheidende Bedeutung kommt dabei dem Maßstab zu, den man an diese Darlegung anlegt. Die rechtmäßige Vergütung bewegt sich im Rahmen des § 78 S. 2 BetrVG auf einem schmalen Grat: Eine Betriebsratsbenachteiligung ist dabei genauso verboten wie eine Betriebsratsbegünstigung. Es muss daher die Darlegung einer *überwiegenden Wahrscheinlichkeit* genügen, dass das Betriebsratsmitglied eine entsprechende berufliche Entwicklung tatsächlich vollzogen hätte.[417] Würden an die Darlegung strengere Voraussetzungen angelegt – etwa durch die Forderung nach einem *sichereren Nachweis* der beruflichen Entwicklung –,

---

414 So auch *Bayreuther*, NZA 2014, 235, 237.

415 *Fitting*, BetrVG, 29. Auf. 2018, § 78 Rn. 4.

416 BAG, Urteil v. 17.08.2005 – 7 AZR 528/04, NZA 2006, 448.

417 So auch *Annuß*, NZA 2018, 134, 138, der davon spricht, dass das Unternehmen „nachvollziehbar schildern" müsse, dass das Betriebsratsmitglied eine entsprechende berufliche Entwicklung vollzogen hätte.

würde dies dazu führen, dass ein *non liquet* einseitig zu Lasten des Betriebsrats ginge. Das heißt: Immer dann, wenn sich nicht mit Sicherheit feststellen ließe, dass das Betriebsratsmitglied befördert worden wäre, wäre der Arbeitgeber gezwungen, dieses bei seiner Beförderungsentscheidung zu übergehen, um es nicht entgegen § 78 S. 2 BetrVG unzulässig zu begünstigen. *Bayreuther* sieht darin zu Recht nicht lediglich die Vermeidung einer unzulässigen Betriebsratsbegünstigung, sondern schlicht eine Benachteiligung aufgrund des Betriebsratsamts.[418]

Auch unter einem weiteren Gesichtspunkt zeigt sich diese strukturelle Benachteiligung von Betriebsräten: Würde der sichere Nachweis gefordert, dass ein Betriebsratsmitglied eine Beförderung auch ohne das Betriebsratsamt erhalten hätte, wäre der Aufstieg in höhere Positionen für Betriebsratsmitglieder praktisch in Gänze ausgeschlossen. Sobald nur geringste Zweifel einen hypothetischen Karriereverlauf erschüttern würden, ließe sich eine solche berufliche Entwicklung nicht mehr auf § 78 S. 2 BetrVG stützen. Dass der Schwerpunkt der vergleichbaren Arbeitnehmer einen entsprechenden Karriereschritt vollzieht, wird schon aufgrund der begrenzten Stellen in höheren Hierarchieebenen des Unternehmens regelmäßig ausgeschlossen sein. Daraus folgt dann jedoch, dass Beförderungen in gehobene Positionen für Betriebsratsmitglieder ausschieden – und zwar selbst dann, wenn es überwiegend wahrscheinlich ist, dass das Betriebsratsmitglied ohne sein Betriebsratsamt einen entsprechenden Karriereschritt vollzogen hätte.

Der *sichere Nachweis* eines entsprechenden Karriereverlaufs ließe sich allenfalls anhand objektiver Tatsachen festmachen, etwa der besten fachlichen Eignung für die Stelle. Individuelle Beförderungen hängen jedoch auch immer vom persönlichen Eindruck ab. Nicht zwingend wird immer dem objektiv aussichtsreichsten Kandidaten die Beförderung zuteil. Nicht selten trifft ein Arbeitgeber seine Entscheidung danach, wen er für eine Stelle aus subjektiver Sicht für geeignet hält. Daher lässt sich auch bei freiwilligen Beförderungen nur schwerlich darlegen, dass das Betriebsratsmitglied *sicher* befördert worden wäre. Würde man Betriebsratsmitgliedern deshalb jedoch eine Beförderung versagen, würde dem Arbeitgeber der ihm grundsätzlich zustehende Entscheidungsspielraum genommen. Vielmehr muss dem Arbeitgeber auch bei der Beförderung von Betriebsratsmitgliedern offenstehen, auch seine subjektive Sicht in die Beförderungsentscheidung einfließen zu lassen. Ein solcher Entscheidungsspielraum

418 *Annuß*, NZA 2018, 134, 137; *Bayreuther*, NZA 2014, 235, 237; so auch *Happe*, Die persönliche Rechtsstellung von Betriebsräten, 2017, S. 60.

kann jedoch nicht grenzenlos bestehen: Um der Gefahr einer Betriebsratsbegünstigung zu entgehen, muss die Eignung des Bewerbers objektiv derart manifestiert sein, dass die Beförderungsentscheidung auch für einen Dritten jedenfalls nachvollziehbar ist.[419]

Die Befürchtung das Betriebsratsmitglied zu begünstigen, rechtfertigt es nicht, in Zweifelsfällen eine Benachteiligung aufgrund der Amtsstellung hinzunehmen. Begünstigungsverbot und Benachteiligungsverbot stehen vielmehr auf einer Ebene nebeneinander. Dieses Verhältnis ist auch bei der Frage nach dem Maßstab an die Darlegung der hypothetischen Karriere anzulegen: In Zweifelsfällen muss es genügen darzulegen, dass das Betriebsratsmitglied eine konkrete Beförderung mit *überwiegender Wahrscheinlichkeit* bekommen hätte, wenn es nicht in den Betriebsrat gewählt worden wäre.[420] Dies ist durch geeignete Hilfstatsachen darzulegen. Keinesfalls darf dabei jedoch an die Stellung als Betriebsratsmitglied angeknüpft werden.

Diese Auffassung hat auch in der Rechtsprechung Anklang gefunden: Das ArbG Berlin führte dazu bildlich aus, das „erkennbare Anliegen der diesbezüglichen Judikatur, durch möglichst weiträumigen „Sicherheitsabstand" auch nur den Anschein sachfremder Begünstigungen zu vermeiden" erfordere nicht, „ ‚das Kind' […] gleich ‚mit dem Bade auszuschütten' ".[421]

aa) Darlegung geeigneter Hilfstatsachen

Die Rechtsprechung fordert, die Darlegung der hypothetischen Karriere an geeigneten Hilfstatsachen festzumachen.[422] Nach *Bayreuther* stellt eine freiwillige fiktive Beförderung dann keine unzulässige Betriebsratsbegünstigung dar, wenn es nicht atypisch erscheint, dass das Betriebsratsmitglied die Beförderungsstelle auch tatsächlich bekommen hätte.[423] Dazu soll es darauf ankommen, dass die Beförderung „definitiv im Rahmen des ansonsten Möglichen bleibt", Arbeitnehmer mit gleicher Qualifikation und Tätigkeit auf entsprechende Stellen befördert wurden,[424] das Betriebsratsmitglied aufgrund seiner Qualifikation

---

419 Weiter *Annuß*, NZA 2018, 134, 137, der die Grenze erst überschritten sieht, wenn sich eine Auswahlentscheidung nur durch das Betriebsratsamt oder die Betriebsratstätigkeit erklären lasse.

420 Ähnlich *Annuß*, NZA 2018, 134, 138; *Bayreuther*, NZA 2014, 235, 237; dem folgend *Happe*, Die persönliche Rechtsstellung von Betriebsräten, 2017, S. 61 ff.

421 ArbG Berlin, Urteil v. 12.08.2015 – 28 Ca 18725/14, BeckRS 2015, 71758.

422 BAG, Urteil v. 17.08.2005 – 7 AZR 528/04, NZA 2006, 448.

423 *Bayreuther*, NZA 2014, 235, 237.

424 So auch *von Steinau-Steinrück/Kuntzsch*, NJW-Spezial 2017, 754, 755.

und bereits gezeigten Leistungen „gute und nachweisbare Chancen" gehabt hätte, die Beförderungsstelle tatsächlich gewährt zu bekommen, und sich auch aus dem „Gesamtbild keine großzügigere Handhabung" gegenüber Mitgliedern des Betriebsrats ergibt. Demgegenüber liege eine unzulässige Begünstigung vor, wenn solche Beförderungen „in der Belegschaft so nicht vorkommen", sich als „ungewöhnlich oder berufsfelduntypisch erweisen" oder sich die „Beförderungsfrequenz als ungewöhnlich erweist".[425] Letztendlich ist das Vorliegen von Kausalität zwischen fiktiver Beförderung und der Betriebsratstätigkeit maßgeblich. Die von *Bayreuther* genannten Kriterien sind Indizien, von denen auf das Vorliegen bzw. Nichtvorliegen der Kausalität geschlossen werden kann. Damit ist eine unzulässige Begünstigung immer eine Frage des Einzelfalls; die Ansicht *Happes* ist insoweit nicht von der Hand zu weisen, wenn er die Rechtsunsicherheit dieser Auffassung kritisiert.[426]

Dennoch lassen sich die von *Bayreuther* genannten Kriterien weiter konkretisieren und ergänzen: Wenn bereits die berufliche Entwicklung von Arbeitnehmern mit gleicher Qualifikation als Hilfstatsache herangezogen werden kann, so muss dies erst recht gelten, wenn ein Arbeitnehmer tatsächlich befördert wurde, der für die konkrete Stelle niedriger qualifiziert war als das Betriebsratsmitglied. In diesem Fall kann indiziell angenommen werden, dass eine Bewerbung des Betriebsratsmitgliedes ohne sein Betriebsratsamt erfolgreich gewesen wäre. Ebenso lassen sich Indizien aus der Karriere des Arbeitsplatznachfolgers, d.h. desjenigen Arbeitnehmers mit dem der ursprüngliche Arbeitsplatz des Betriebsratsmitglieds nach seiner Freistellung besetzt worden ist, herleiten. Dies muss insbesondere dann gelten, wenn dieser Arbeitnehmer betriebsunüblich oft befördert worden ist, sich aber in seiner Position als Arbeitsplatznachfolger im Vergleich zum Betriebsratsmitglied in derselben Tätigkeit weniger geeignet gezeigt hat.

Von Steinau-Steinrück/Kuntzsch führen aus, es komme auch darauf an, dass eine entsprechende Beförderung „aufgrund der gezeigten Leistungen des Betriebsratsmitglieds" möglich gewesen ist.[427] Diese Aussage ist missverständlich: Unter „Leistung" kann nicht eine Leistung in der Amtsführung gefasst werden; dies wäre mit dem Ehrenamtsprinzip nicht zu vereinbaren. Leistung kann

---

425 *Bayreuther*, NZA 2014, 235, 237; dem folgend ArbG Berlin, Urteil v. 12.08.2015 – 28 Ca 18725/14, BeckRS 2015, 71758; so auch *Annuß*, NZA 2018, 134, 137, der einen „wertenden Quervergleich" für maßgeblich hält.

426 *Happe*, Die persönliche Rechtsstellung von Betriebsräten, 2017, S. 63.

427 *Von Steinau-Steinrück/Kuntzsch*, NJW-Spezial 2017, 754, 755.

nur eine solche in der beruflichen Tätigkeit sein, sei es, dass ein nicht vollständig freigestelltes Betriebsratsmitglied eine solche neben seiner Betriebsratstätigkeit erbracht hat, sei es, dass ein vollständig freigestelltes Betriebsratsmitglied eine solche vor seiner Freistellung gezeigt hat.

Dabei stellen die in der Literatur genannten Kriterien überwiegend darauf ab, ob es Parallelen in der beruflichen Entwicklung anderer Arbeitnehmer außerhalb des Betriebsrats gab. Umgekehrt folgt daraus: Soweit sich vergleichbare berufliche Entwicklungen im Betrieb nicht finden, stellt dies ein deutliches Indiz dafür dar, dass dem Betriebsratsmitglied ein Sonderaufstieg ermöglicht wurde.

bb) Keine Vermutung einer unzulässigen Betriebsratsbegünstigung

Happe will den bereits angesprochenen Rechtsunsicherheiten durch die Begründung einer Vermutung begegnen: Ausgehend von der Prämisse, dem Ehrenamtsprinzip zu größtmöglicher Wirksamkeit zu verhelfen, sei bei einer Beförderung widerleglich zu vermuten, dass diese gegen das Begünstigungsverbot des § 78 S. 2 BetrVG verstoße. Eine Widerlegung der Vermutung sei jedoch möglich, wenn etwa bereits Arbeitnehmer aus der Vergleichsgruppe des § 37 Abs. 4 S. 1 BetrVG befördert worden sind oder das Betriebsratsmitglied aufgrund während der oder auch durch die Betriebsratstätigkeit erworbener Fähigkeiten und Kenntnisse nach dem Ausscheiden aus dem Betriebsrat auf diesem höherwertigen Arbeitsplatz beschäftigt werden soll.[428] Letzteres ist im Hinblick auf das Ehrenamtsprinzip durchaus kritisch zu sehen.[429] Inwieweit diese Ansicht zu mehr Rechtssicherheit beiträgt, ist überdies durchaus fraglich. Letztlich kommt es wiederum darauf an, ob im Einzelfall die Kausalität affirmiert oder negiert wird. Lediglich in Zweifelsfällen käme einer solchen Vermutung Relevanz zu: Kann die Vermutung nicht wiederlegt werden, stellt eine fiktive Beförderung einen Verstoß gegen das Begünstigungsverbot des § 78 S. 2 BetrVG dar.

Strebt man eine gerechte Lösung an, lässt sich letzten Endes eine Einzelfallentscheidung nicht vermeiden; ein gewisses Maß an Rechtsunsicherheit ist somit stets hinzunehmen. Das ist auch dem Umstand geschuldet, dass Beförderungsentscheidungen oftmals nicht verbindlichen, festen Regeln folgen, sondern auf individuellen Auswahlentscheidungen beruhen.[430] Die pauschale Annahme, es bestehe eine widerlegliche Vermutung für das Vorliegen der Kausalität, überzeugt jedoch nicht. Abgesehen davon, dass dem Gesetz keinerlei Anhaltspunkte

---

428 *Happe*, Die persönliche Rechtsstellung von Betriebsräten, 2017, S. 64.
429 Siehe dazu Gliederungspunkt II. 2. c) dd).
430 *Hennecke*, RdA 1986, 241, 243.

zu entnehmen sind, die für eine Vermutung sprechen, werden Vermutungsregelungen stets in Konstellationen angelegt, in denen zwischen den streitenden Parteien eine informationelle Asymmetrie besteht. Allein die Intention, dem Ehrenamtsprinzip „zur größtmöglichen Wirkung" zu verhelfen, rechtfertigt nicht die Begründung einer Kausalitätsvermutung zwischen Beförderung und Betriebsratsbegünstigung.

Erforderlich bleibt damit eine Betrachtung des Einzelfalls. Diese lässt sich letztendlich nur auf Indizien stützen. Hierzu können die in der Literatur angeführten Kriterien[431] herangezogen werden. Dabei muss das Vorliegen einer unzulässigen Betriebsratsvergütung stets im Zusammenhang mit dem Sinn und Zweck des Begünstigungsverbots, die Unabhängigkeit der Betriebsratstätigkeit vor Einflussnahme durch den Arbeitgeber zu bewahren, gesehen werden. Soweit dieser Zweck zu keiner Zeit gefährdet wird, ist den Parteien ein gewisser Entscheidungsspielraum zuzubilligen. Atypische Beförderungsfrequenzen, ein ungewöhnlich schneller beruflicher (und finanzieller) Aufstieg oder eine absolute Vergütungshöhe, die nicht in Relation zu der Vergütung der zum Zeitpunkt der Berufung in den Betriebsrat ausgeübten Tätigkeit steht, können ebenso Indizien für eine unzulässige Betriebsratsbegünstigung darstellen wie die Tatsache, dass vergleichbare Arbeitnehmer nicht oder nicht in der Häufigkeit befördert wurden wie das Betriebsratsmitglied. Gleiches muss für den Fall gelten, dass ein Betriebsratsmitglied trotz objektiv schlechterer Eignung befördert wurde und ein Fehlen einer fachlichen Qualifikation nicht aus der Betriebsratstätigkeit resultiert.[432]

Sind demgegenüber Beförderungsfrequenz sowie Vergütungshöhe nicht betriebsuntypisch und liegen durchaus im Bereich dessen, was vergleichbare Arbeitnehmer – wenn auch nicht in der Mehrzahl – im konkreten Betrieb erreicht haben, sprechen starke Indizien dafür, dass die Beförderung nicht aufgrund der Betriebsratstätigkeit erfolgte.

Im Strafverfahren, etwa wenn eine Strafbarkeit nach § 119 BetrVG oder wegen Untreue nach § 266 StGB im Raum steht, kommt es zu einem Perspektivwechsel. Nicht der Arbeitgeber ist beweisbelastet darzulegen, dass das Betriebsratsmitglied nicht aufgrund seines Betriebsratsamtes befördert wurde, vielmehr ist es Aufgabe der Staatsgewalt zu beweisen, dass eine Beförderung eine unzulässige Betriebsratsbegünstigung darstellt. Dabei ist hinsichtlich der Frage, ob eine Beförderung des Betriebsratsmitglieds gegen § 78 S. 2 BetrVG verstößt, der *in dubio pro reo*-Grundsatz zu berücksichtigen.[433]

---

431 *Bayreuther*, NZA 2014, 235, 237; *von Steinau-Steinrück/Kuntzsch*, NJW-Spezial 2017, 754, 755.

432 Vgl. *Jacobs/Frieling*, in: FS Klebe, 2018, S. 190, 194 f.

433 So bereits *Jacobs/Frieling*, in: FS Klebe, 2018, S. 190, 191 f.

cc) Erfordernis einer konkreten Beförderungsstelle

Nicht beantwortet ist damit jedoch die Frage, ob eine auf § 78 S. 2 BetrVG gestützte berufliche Entwicklung stets an eine konkrete Beförderungsstelle geknüpft sein muss. *Annuß* führt dazu aus, dass es nicht erforderlich sei, einen konkreten hypothetischen Karriereverlauf zu beschreiben, weil es „für leistungsstarke und leistungswillige Arbeitnehmer nicht ungewöhnlich ist, dass sie auch solche Karrieremöglichkeiten realisieren, die jenseits ausgetretener Pfade liegen." Erforderlich sei jedoch, „denkbare Karrierewege darzustellen".[434]

Annuß vollzieht dabei eine Betrachtung „im Rückspiegel" *ex post*. Seine Position fragt nicht, „Ist eine Beförderung rechtmäßig?", sondern „Kann eine bereits vollzogene Vergütungsentwicklung nachträglich *gerechtfertigt* werden?".

Eine nach § 78 S. 2 BetrVG unzulässige Benachteiligung kann jedoch lediglich dann eintreten, wenn ein Betriebsratsmitglied eine Beförderungsstelle aufgrund seines Betriebsratsamts nicht bekommt. Dazu bedarf es jedoch einer konkret zu besetzenden Stelle. Gibt es eine solche nicht, wäre das Betriebsratsmitglied auch ohne sein Betriebsratsamt nicht befördert worden. Das heißt: Gibt es keine zu besetzende Beförderungsstelle, kann die Nichtbeförderung eines Betriebsratsmitglieds keine Benachteiligung aufgrund des Amtes darstellen. Insoweit fehlt es aber bereits am Vergleichsmaßstab; das Betriebsratsmitglied müsste gegenüber anderen Arbeitnehmern benachteiligt werden.[435] Das ist aber gerade dann nicht der Fall, wenn es nicht anders behandelt wird als vergleichbare Arbeitnehmer.

Daher kann es auch nicht darauf ankommen, dass das Betriebsratsmitglied einen (von mehreren) „denkbaren Karriereweg" genommen hat. Die Frage, ob ein Betriebsratsmitglied ohne sein Betriebsratsamt eine Beförderungsstelle bekommen hätte, lässt sich jedenfalls im Hinblick auf die Alternativen klar benennen: Entweder, es hätte die Stelle bekommen, oder eben nicht. Dies ist entsprechend darzulegen. „Mehrere Karrierewege" gibt es daher bereits gar nicht.

Eine auf § 78 S. 2 BetrVG gestützte Karriereentwicklung kann daher nur anhand konkreter Beförderungsstellen nachvollzogen werden.[436] Ein „Verlassen ausgetretener Pfade" und damit eine berufliche Entwicklung ohne konkrete Beförderungsstelle ist letztlich nichts anders als die Begründung einer

434 *Annuß*, NZA 2018, 134, 138.

435 *Fitting*, BetrVG, 29. Aufl. 2018, § 78 Rn. 17; HWGNRH/*Worzalla*, BetrVG, 10. Aufl. 2018, § 78 Rn. 15; *Purschwitz*, Das betriebsverfassungsrechtliche Benachteiligungs- und Begünstigungsverbot nach § 78 Satz 2 BetrVG, 2015, S. 66.

436 So wohl auch *Keilich*, SPA 2018, 150, 150.

Sonderkarriere für Betriebsratsmitglieder. Eine solche indiziert aber gerade eine nach § 78 S. 2 BetrVG unzulässige Betriebsratsbegünstigung.[437]

dd) Anknüpfung an die im Betriebsratsamt erworbenen Fähigkeiten und Kenntnisse

Es ist nicht untypisch, dass Betriebsratsmitglieder in ihrer Amtsführung Fähigkeiten und Kenntnisse erwerben, die sie ohne ihr Betriebsratsamt nicht erworben hätten. Während der Erwerb solcher Fähigkeiten und Kenntnisse im Rahmen von § 37 Abs. 4 S. 1 BetrVG allenfalls als Indiz für eine besondere allgemeine Qualifikation herangezogen kann – und auch nur dann, wenn diese Fähigkeiten und Kenntnisse für die konkrete berufliche Tätigkeit eine Relevanz besitzen –, stellt sich sodann die Frage, ob der Arbeitgeber bei seiner Entscheidung über eine freiwillige Beförderung an diese im Rahmen der Betriebsratstätigkeit erworbenen Merkmale anknüpfen darf.[438] *Annuß* bejaht diese Frage: Anknüpfungspunkt für die Beförderung sei nun einmal nicht die Betriebsratstätigkeit, sondern die Eigenschaft des Bewerbers.[439] Auch nach *Uffmann* ist eine solche Beförderung mit § 78 S. 2 BetrVG vereinbar, wenn diese nicht an die Stellung als Betriebsratsmitglied, sondern an die im Betriebsratsamt erworbenen Qualifikationen anknüpft.[440]

Maßstab einer rechtskonformen freiwilligen Beförderung durch den Arbeitgeber muss jedoch sein, dass das Betriebsratsmitglied ohne sein Betriebsratsamt mit überwiegender Wahrscheinlichkeit eine solche Beförderung bekommen

---

437 So auch *Benkert*, NJW-Spezial 2018, 50, 51; diese Konstellation ebenfalls kritisch sehend *Jacobs/Frieling*, in: FS Klebe, 2018, S. 190, 195.

438 Ausdrücklich offenlassend, ob im Betriebsratsamt erworbene Fähigkeiten berücksichtigungsfähig sind, LAG Düsseldorf, Urteil v. 28.04.2015 – 3 Sa 13/15, BeckRS 2015, 72485: „Die Kammer übersieht nicht, dass die Klägerin eine erhebliche Anzahl von Seminaren und Schulungen besucht hat, die sich mit Fragen des Arbeitsrechts und auch dem Gesundheitsmanagement befassen. Es kann insofern dahinstehen, ob diese Fortbildungen überhaupt zu berücksichtigen sind bzw. ihre Berücksichtigung zu einer Begünstigung der Betriebsratsbewerberin führt, weil die Schulungen auf ihr Betriebsratsamt zurückführen."

439 *Annuß*, NZA 2018, 134, 137; ebenso *Dietze*, in: FS Klebe, 2018, S. 95, 99; *Wendeling-Schröder*, in: FS Klebe, 2018, S. 455, 458 f.; so wohl auch *Stück*, ArbRAktuell 2017, 512, 514; ähnlich *Byers*, NZA 2014, 65, 66, der jedoch einen Zusammenhang zur bisherigen beruflichen Tätigkeit fordert.

440 *Uffmann*, ZfA 2018, 225, 244 f.; so auch *Stück*, Anm. zu BAG, Urteil v. 18.01.2017 – 7 AZR 205/15, CCZ 2017, 238, 240.

hätte. Davon kann keineswegs gesprochen werden, wenn das Betriebsratsmitglied die für die konkrete Stelle erforderlichen Kenntnisse und Fähigkeiten erst im Betriebsrat erworben hat. Zwar knüpft der Arbeitgeber in der Tat an die Qualifikation des Betriebsratsmitglieds als Bewerber an, resultiert diese Qualifikation jedoch unmittelbar aus der Betriebsratstätigkeit, knüpft die Beförderung im Ergebnis letztlich wiederum an die Stellung als Betriebsratsmitglied an. Eine solche Beförderung, die auf denen im Amt erworbenen Fähigkeiten und Kenntnissen beruht, stellt daher eine unzulässige Betriebsratsbegünstigung dar.[441]

Gleiches muss für die Konstellationen gelten, in denen ein Betriebsratsmitglied aufgrund der im Betriebsrat erworbenen Fähigkeiten und Kenntnisse nicht nur fiktiv, sondern auch tatsächlich auf einen hierarchisch höheren Arbeitsplatz befördert wird. Der Unterschied zur bereits erörterten Konstellation der fiktiven Beförderung ist ein grundsätzlicher: Bei der fiktiven freiwilligen Beförderung *hätte* der Arbeitgeber das Betriebsratsmitglied befördert, wenn es nicht Betriebsratsmitglied wäre, tatsächlich wird jedoch einem anderen Arbeitnehmer die Stelle gewährt. Die Beförderung vollzieht sich lediglich im Hinblick auf das Entgelt. Auf der anderen Seite könnte der Arbeitgeber das Betriebsratsmitglied auch *tatsächlich* befördern. Dies führt dann nicht nur zu einer Erhöhung der Vergütung, sondern auch zu einer Änderung des Aufgabenbereichs. Nichtfreigestellte Betriebsratsmitglieder werden neben der Betriebsratstätigkeit unmittelbar auf der Beförderungsstelle tätig, freigestellte Betriebsratsmitglieder sobald sie aus dem Betriebsrat ausscheiden.

In dieser Konstellation scheint eine Vergütung entsprechend der Beförderungsstelle dem Entgeltausfallprinzip des § 37 Abs. 2 BetrVG zu entsprechen. Die Beförderung knüpft jedoch ebenfalls an die im Betriebsratsamt erworbenen Fähigkeiten und Qualifikationen an und ist somit ebenfalls nicht mit dem Begünstigungsverbot des § 78 S. 2 BetrVG zu vereinbaren.

Wird ein nicht vollständig freigestelltes Betriebsratsmitglied hingegen aufgrund der in der beruflichen Tätigkeit gezeigten Leistungen und dort erworbenen Qualifikationen tatsächlich befördert, knüpft diese berufliche Entwicklung nicht an die Betriebsratstätigkeit an. Solche Beförderungen sind jedenfalls zulässig. Während des betriebsratsbedingten Arbeitsausfalls ist nach dem Entgeltausfallprinzip daher eine der Beförderungsstelle entsprechende Vergütung zu gewähren.

---

441 Im Ergebnis auch *Jacobs/Frieling*, ZfA 2015, 241, 253; *Lipp*, Honorierung und Tätigkeitsschutz von Betriebsratsmitgliedern, 2008, S. 61; wohl auch *Weinspach*, in: FS Kreutz, 2010, S. 485, 489.

Qualifikationen, die ein Betriebsratsmitglied neben und unabhängig vom Betriebsratsamt erwirbt, müssen jedoch im Rahmen einer Beförderung nach § 78 S. 2 BetrVG unmittelbar berücksichtigt werden dürfen. In diesem Fall knüpft die Beförderung gerade weder unmittelbar noch mittelbar an die Eigenschaft als Betriebsratsmitglied an. Es besteht schon keine Ungleichbehandlung zu anderen Arbeitnehmern. Schließt ein Betriebsratsmitglied etwa neben seinem Betriebsratsamt ein Studium ab, so steht es dem Arbeitgeber frei, ihn auf eine Position entsprechend der neu erworbenen Qualifikation zu befördern. Maßgeblich ist dabei, dass das Betriebsratsmitglied – auch aufgrund der neu erworbenen Qualifikation – für die Beförderungsstelle objektiv geeignet ist. Um dem Vorwurf einer unzulässigen Begünstigung zu entgehen, empfiehlt es sich, die Gründe für die Beförderung nachvollziehbar in der Personalakte festzuhalten.

d) Beförderungsstelle außerhalb des Anwendungsbereichs des BetrVG: Vergütung eines leitenden Angestellten

Dass ein Betriebsratsmitglied dabei eine Vergütung erreichen kann, die in der Höhe derjenigen eines leitenden Angestellten entspricht, soll nach Stimmen in der Literatur kein Hindernis darstellen.[442] Dies lässt sich insoweit kritisch sehen, als leitende Angestellte nach § 5 Abs. 3 S. 1 BetrVG vom Anwendungsbereich des BetrVG ausgenommen werden. Sie sind dementsprechend für den Betriebsrat weder wahlberechtigt (§ 7 BetrVG) noch wählbar (§ 8 BetrVG).[443] Bei Verlust der Wählbarkeit erlischt nach § 24 Nr. 4 BetrVG auch die Mitgliedschaft im Betriebsrat.

aa) Vergütung eines leitenden Angestellten

Entspricht es der Betriebsüblichkeit, dass die vergleichbaren Arbeitnehmer den Aufstieg zum leitenden Angestellten vollziehen, so soll auch das Entgelt des Betriebsratsmitglieds an diese Vergütungsentwicklung anzupassen sein – auch wenn damit eine Vergütung entsprechend der eines leitenden Angestellten einhergeht.[444] Der Verlust der Wählbarkeit und damit ein Erlöschen der

---

442 *Annuß*, NZA 2018, 134, 138; *Lipp*, Honorierung und Tätigkeitsschutz von Betriebsratsmitgliedern, 2008, S. 82 f.; *Weismann*, JuS 1987, 971, 974.

443 *Fitting*, BetrVG, 29. Aufl. 2018, § 5 Rn. 353; GK-BetrVG/*Raab*, 11. Aufl. 2018, § 5 Rn. 13; HWGNRH/*Nicolai*, BetrVG, 10. Aufl. 2018, § 7 Rn. 16 und § 8 Rn. 4; Richardi/*Richardi*, BetrVG, 16. Aufl. 2018, § 5 Rn. 291.

444 A.A. VG Ansbach, Urteil v. 09.04.2008 – AN 11 K 06.01560, juris; offenlassend LAG München, Urteil v. 22.12.2005 – 4 Sa 736/05, BeckRS 2009, 67827; missverständlich *Löwisch/Rügenhagen*, DB 2008, 466, 467.

Mitgliedschaft im Betriebsrat folgen daraus nicht. In der Literatur wird dies zuweilen damit begründet, dass § 37 Abs. 4 S. 1 BetrVG ein Betriebsratsmitglied den vergleichbaren Arbeitnehmern nicht in tatsächlicher Hinsicht gleichstellt, sondern nur hinsichtlich der Vergütung.[445] Betriebsratsmitgliedern eine Vergütung entsprechend leitenden Angestellten zukommen lassen zu können, sei auch mit Sinn und Zweck der Regelung, leitende Angestellte vom Anwendungsbereich des BetrVG auszunehmen, vereinbar: Aufgrund ihrer betrieblichen Stellung werden leitende Angestellte dem Interessenkreis des Arbeitgebers zugerechnet.[446] Könnten leitende Angestellte in den Betriebsrat gewählt werden, müssten sie somit auf der einen Seite die Arbeitgeberinteressen durchsetzen und auf der anderen Seite – in ihrer Funktion als Betriebsratsmitglied – sich für die Interessen der Belegschaft einsetzen. Dies führte unweigerlich zu Interessenkonflikten. Werden Betriebsratsmitglieder jedoch lediglich hinsichtlich ihrer Vergütung einem leitenden Angestellten gleichgestellt, erfolge dadurch noch keine Zurechnung zum Interessenkreis des Arbeitgebers. Allein aus der Vergütungshöhe könne kein Interessenkonflikt entstehen.[447]

Im Gegenteil: Wäre eine Vergütung entsprechend derjenigen leitender Angestellter ausgeschlossen, hätten Arbeitnehmer, die bereits unmittelbar davor stehen, sich zum leitenden Angestellten zu entwickeln, keinerlei Anreiz, ein Betriebsratsamt zu übernehmen. Denn mit der Wahl in den Betriebsrat wäre ihre berufliche Entwicklung beendet. Besonders qualifizierten Arbeitnehmern würde der Anreiz einer Wahl in den Betriebsrat genommen.[448]

Dem ist weitestgehend zuzustimmen: § 37 Abs. 4 S. 1 BetrVG führt gerade nicht dazu, dass ein Betriebsratsmitglied als leitender Angestellter tätig wird. Allein aus der beruflichen Entwicklung der Mehrzahl der vergleichbaren Arbeitnehmer zum leitenden Angestellten kann kein Interessenkonflikt des Betriebsratsmitglieds gefolgert werden. Gleiches gilt im Fall einer hypothetischen Beförderung im Rahmen des § 78 S. 2 BetrVG: Kann ein Betriebsratsmitglied nachweisen, dass es ohne sein Betriebsratsamt eine Beförderung zum leitenden Angestellten vollzogen hätte, hat es gegen den Arbeitgeber einen Anspruch auf

445 *Annuß*, NZA 2018, 134, 137; *Lipp*, Honorierung und Tätigkeitsschutz von Betriebsratsmitgliedern, 2008, S. 82; *Neef*, in: Sozialer Dialog in der Krise, 2009, S. 97, 104; *Weismann*, JuS 1987, 971, 974.

446 GK-BetrVG/*Raab*, 11. Aufl. 2018, § 5 Rn. 161.

447 *Lipp*, Honorierung und Tätigkeitsschutz von Betriebsratsmitgliedern, 2008, S. 82; *Weismann*, JuS 1987, 971, 974.

448 *Hennecke*, BB 1986, 936, 937; *Lipp*, Honorierung und Tätigkeitsschutz von Betriebsratsmitgliedern, 2008, S. 82; *Weismann*, JuS 1987, 971, 974.

eine entsprechende Vergütung.[449] Dennoch wird es gerade nicht auf dieser Position tätig, sondern bleibt weiterhin Betriebsratsmitglied. Damit scheidet es auch nicht aus dem Anwendungsbereich des BetrVG aus. Interessenkonflikte entstehen ebenfalls nicht.

Anders ist der Fall jedoch zu bewerten, wenn ein nicht vollständig freigestelltes Betriebsratsmitglied aufgrund der in der beruflichen Tätigkeit gezeigten Leistungen *tatsächlich* auf eine Stelle als leitender Angestellter befördert wird. In diesem Fall erfolgt nicht lediglich eine Anpassung der Vergütung. Mit der tatsächlichen Beförderung zum leitenden Angestellten verliert das Betriebsratsmitglied seine Wählbarkeit für den Betriebsrat; das Betriebsratsamt erlischt somit (§ 24 Nr. 4 BetrVG).

bb) Höchstgrenze der beruflichen Entwicklung

Zuweilen wird vorgebracht, § 37 Abs. 4 S. 1 BetrVG sehe keine Höchstgrenze der beruflichen Entwicklung vor.[450] Dem ist zu widersprechen: Zwar vermag hinsichtlich einer Vergütungsentwicklung hin zum leitenden Angestellten die Höchstgrenze noch nicht erreicht sein, eine Vergütungsentwicklung entsprechend der Entwicklung von Arbeitnehmern in die Position als Vorsitzender einer AG oder Geschäftsführer einer GmbH kann im Rahmen des § 37 Abs. 4 S. 1 BetrVG nicht erfolgen: Bereits in rein tatsächlicher Hinsicht wird eine solche Entwicklung bereits nicht der Betriebsüblichkeit entsprechen. Doch auch dogmatisch ist eine solche Entwicklung mit § 37 Abs. 4 S. 1 BetrVG nicht zu vereinbaren. § 37 Abs. 4 S. 1 BetrVG knüpft an die Arbeitnehmereigenschaft der Vergleichsperson an. Zwar ist für die Vergleichbarkeit nicht der Zeitpunkt der Geltendmachung des Anspruchs maßgeblich – die Rechtsprechung stellt auf den Zeitpunkt der Amtsübernahme ab.[451] Dies kann jedoch nur hinsichtlich der Kriterien der fachlichen und persönlichen Vergleichbarkeit gelten, nicht jedoch für die Eigenschaft als Arbeitnehmer. Diese muss auch noch im Zeitpunkt der Geltendmachung des Anspruchs gegeben sein.[452] Vom Arbeitnehmerbegriff des BetrVG werden nach § 5 Abs. 2 Nr. 1 BetrVG jedoch die Mitglieder des Organs

---

449 Siehe dazu bereits Gliederungspunkt II. 2 b).

450 *Lipp*, Honorierung und Tätigkeitsschutz von Betriebsratsmitgliedern, 2008, S. 82.

451 BAG, Urteil v. 18.01.2017 – 7 AZR 205/15, NZA 2017, 935; BAG, Urteil v. 14.07.2010 – 7 AZR 359/09, NJOZ 2011, 272; BAG, Urteil v. 19.01.2005 – 7 AZR 208/04, BeckRS 2005, 30349201; BAG, Urteil v. 15.01.1992 – 7 AZR 194/91, AP BetrVG 1972 § 37 Nr. 84; siehe zum maßgeblichen Zeitpunkt bereits Gliederungspunkt II. 1. a) aa).

452 Vgl. BGH, Urteil v. 17.09.2009 – 5 StR 521/08, NJW 2010, 92, 95.

einer juristischen Person, das zur gesetzlichen Vertretung der juristischen Person berufen ist, ausgenommen. Das heißt: Wird ein vergleichbarer Arbeitnehmer in den Vorstand der AG oder die Geschäftsführung der GmbH berufen, scheidet er als Vergleichsperson im Rahmen von § 37 Abs. 4 S. 1 BetrVG aus.

3. Auskunftsanspruch

§ 37 Abs. 4 S. 1 BetrVG ist dabei eine eigene Anspruchsgrundlage des Betriebsratsmitglieds, welche diesem einen Anspruch auf Entgeltanpassung an die vergleichbaren Arbeitnehmer zuspricht. Prozessuale Schwierigkeiten ergeben sich dabei für das Betriebsratsmitglied zum einen im Hinblick auf die Bezifferung des Klageantrags,[453] zum anderen im Hinblick auf die Beweislast: Prozessual gilt dabei der Grundsatz, dass der Anspruchsteller die rechtsbegründenden Tatbestandsmerkmale zu beweisen hat.[454] Dies ist dem Betriebsratsmitglied im Rahmen des § 37 Abs. 4 S. 1 BetrVG faktisch nicht möglich: Das Betriebsratsmitglied müsste darlegen, welches die vergleichbaren Arbeitnehmer sind und welche berufliche Entwicklung betriebsüblich ist. Dazu ist es jedoch erforderlich zu wissen, welche Vergütung die Vergleichspersonen zum maßgeblichen Zeitpunkt der Festlegung[455] sowie zum Zeitpunkt der Geltendmachung des Anspruchs erhalten haben. Informationen hinsichtlich der Vergütung der Vergleichspersonen werden dem Betriebsratsmitglied oftmals nicht bekannt sein und lassen sich regelmäßig nur aus der Personalakte entnehmen. Selbstverständlich verbleibt dem Betriebsratsmitglied die Möglichkeit, die vergleichbaren Arbeitnehmer nach ihrer Vergütung zu befragen, eine Verweigerung der Auskunft oder die Gefahr falscher Auskünfte fallen insoweit jedoch in den Risikobereich des Betriebsratsmitglieds.

a) Auskunftsanspruch hinsichtlich der Gehaltsentwicklung der vergleichbaren Arbeitnehmer

Die Rechtsprechung spricht dem einzelnen Betriebsratsmitglied daher einen Auskunftsanspruch über die Gehaltsentwicklung der vergleichbaren Arbeitnehmer nach § 611a BGB i.V.m. § 242 BGB, § 37 Abs. 4 BetrVG zu.[456] Zu berücksichtigen

---

453 *Hennecke*, RdA 1986, 241, 246.

454 MünchKommZPO/*Prütting*, 5. Aufl. 2016, § 286 Rn. 111.

455 Siehe zum maßgeblichen Zeitpunkt bereits Gliederungspunkt II. 1. a) aa).

456 BAG, Urteil v. 04.11.2015 – 7 AZR 972/13, NZA 2016, 1339; BAG, Urteil v. 19.01.2005 – 7 AZR 208/04, BeckRS 2005, 30349201.

sei, dass die Grundsätze der Darlegungs- und Beweislast nicht zu Lasten des Anspruchsgegners verkehrt werden dürften. Danach ist keine der Parteien verpflichtet, der anderen Partei das Material für deren Obsiegen im Prozess zur Hand zu geben.[457] Ein Auskunftsanspruch kann nach der Rechtsprechung nur dann ergänzend eingreifen, wenn die Verteilung der Darlegungs- und Beweislast im Einzelfall einer Korrektur bedarf.[458] Bestehe ein billigenswertes Interesse des Anspruchstellers an der Auskunft und tritt dadurch keine übermäßige Belastung des Antragsgegners ein, so könne ein auf Treu und Glauben beruhender Auskunftsanspruch des Anspruchstellers bestehen.[459] Erforderlich dazu ist, dass „der Anspruchsberechtigte in entschuldbarer Weise über das Bestehen oder den Umfang seines Rechts im Ungewissen ist und der Verpflichtete die zur Beseitigung der Ungewissheit erforderliche Auskunft unschwer erteilen kann."[460] Das Betriebsratsmitglied kenne in der Regel die Entgelthöhe der Vergleichspersonen nicht und der Arbeitgeber könne diese Auskunft unschwer erteilen, sodass ein Auskunftsanspruch hinsichtlich der Gehaltsentwicklung der Vergleichspersonen bestehe.[461] Diese Ansicht wird auch in der herrschenden Literatur geteilt.[462] Erforderlich ist jedoch, dass das Betriebsratsmitglied die Wahrscheinlichkeit des Bestehens seines Anspruchs darlegen kann.[463] Das Betriebsratsmitglied

---

457 BAG, Urteil v. 04.11.2015 – 7 AZR 972/13, NZA 2016, 1339, 1341; BAG, Urteil v. 01.12.2004 – 5 AZR 664/03, NZA 2005, 289, 291; BGH, Urteil v. 11.06.1990 – II ZR 159/89, NJW 1990, 3151; BGH, Urteil v. 26.06.1958 – II ZR 66/57, NJW 1958, 1491, 1492.

458 BAG, Urteil v. 07.09.1995 – 8 AZR 828/93, NZA 1996, 637, 638.

459 BAG, Urteil v. 04.11.2015 – 7 AZR 972/13, NZA 2016, 1339, 1341; GK-BetrVG/*Weber*, 11. Aufl. 2018, § 37 Rn. 142.

460 BAG, Urteil v. 19.01.2005 – 7 AZR 208/04, BeckRS 2005, 30349201; so bereits BAG, Urteil v. 01.12.2004 – 5 AZR 664/03, NZA 2005, 289, 291; BAG, Urteil v. 18.01.1996 – 6 AZR 314/95, NZA 1997, 41.

461 BAG, Urteil v. 19.01.2005 – 7 AZR 208/04, BeckRS 2005, 30349201.

462 Düwell/*Wolmerath*, BetrVG, 5. Aufl. 2018, § 37 Rn. 27; ErfK/*Koch*, 19. Aufl. 2019, § 37 BetrVG Rn. 10; *Fitting*, BetrVG, 29. Aufl. 2018, § 37 Rn. 128; GK-BetrVG/*Weber*, 11. Aufl. 2018, § 37 Rn. 142; *Hennecke*, RdA 1986, 241, 246; HWGNRH/*Glock*, BetrVG, 10. Aufl. 2018, § 37 Rn. 127; *Jacobs/Frieling*, ZfA 2015, 241, 252; *Lipp*, Honorierung und Tätigkeitsschutz von Betriebsratsmitgliedern, 2008, S. 29 ff.; Richardi/*Thüsing*, BetrVG, 16. Aufl. 2018, § 37 Rn. 78.

463 BAG, Urteil v. 04.11.2015 – 7 AZR 972/13, NZA 2016, 1339, 1342; zum Erfordernis der Darlegung der Wahrscheinlichkeit des Auskunftsanspruchs BAG, Urteil v. 21.11.2000 – 9 AZR 665/99, NZA 2001, 1093, 1094; BAG, Urteil v. 27.09.1988 – 3 AZR 59/87, AP BGB § 611 Konkurrenzklausel Nr. 35; BAG, Urteil v. 12.05.1972 – 3

muss somit darlegen, welche aus seiner Sicht die vergleichbaren Arbeitnehmer sind und aufgrund welcher Umstände die Wahrscheinlichkeit besteht, dass die Mehrzahl der angeführten Arbeitnehmer die begehrte Entgeltsteigerung erfahren hat.[464] Der Arbeitgeber ist nur dann verpflichtet, einem Betriebsratsmitglied über die Vergütungsentwicklung eines Arbeitnehmers Auskunft zu geben, wenn es sich bei diesem tatsächlich um einen vergleichbaren Arbeitnehmer im Sinne des § 37 Abs. 4 S. 1 BetrVG handelt.[465]

b) Auskunftsanspruch hinsichtlich der Benennung der vergleichbaren Arbeitnehmer

In unmittelbarem Zusammenhang damit steht die Frage, ob der Arbeitgeber auch verpflichtet ist, dem Betriebsratsmitglied die vergleichbaren Arbeitnehmer zu benennen. Dies wird in der Literatur teilweise strikt abgelehnt: *Lipp* sieht durch einen Auskunftsanspruch auch hinsichtlich der vergleichbaren Arbeitnehmer die Beweisverteilung in ihr Gegenteil verkehrt. Hätte das Betriebsratsmitglied gegen den Arbeitgeber einen solchen Anspruch, müsse das Betriebsratsmitglied lediglich die „vage Vermutung" äußern, es werde zu gering vergütet, und der Arbeitgeber müsste ihm sämtliche für die Geltendmachung des Anspruchs aus § 37 Abs. 4 S. 1 BetrVG erforderlichen Informationen mitteilen.[466] Zu Recht sieht *Lipp* darin eine Unvereinbarkeit mit den Grundsätzen der Darlegungs- und Beweislast. Nicht zu folgen ist ihr indes, soweit sie ausführt, dass ein Betriebsratsmitglied die Vergleichspersonen unschwer benennen kann, da es regelmäßig weiß, mit welchen Arbeitnehmern es zusammengearbeitet hat oder welche Arbeitnehmer eine ähnliche Arbeit verrichten.[467] Dies mag man in kleineren Betrieben noch annehmen können. Da jedoch für die betriebsübliche Entwicklung der Median der vergleichbaren Arbeitnehmer eines Betriebs maßgeblich ist,[468] müssen der Betrachtung sämtliche vergleichbaren Arbeitnehmer des Betriebs zugrunde gelegt werden. Je mehr Arbeitnehmer in einem Betrieb arbeiten, umso schwerer wird es auch für das Betriebsratsmitglied sämtliche vergleichbaren Arbeitnehmer zu ermitteln.

AZR 401/71, AP HGB § 60 Nr. 6; BAG, Urteil v. 21.10.1970 – 3 AZR 479/69, AP BGB § 242 Auskunftspflicht Nr. 13; ErfK/*Preis*, 19. Aufl. 2019, § 611a BGB Rn. 633.

464 GK-BetrVG/*Weber*, 11. Aufl. 2018, § 37 Rn. 142.

465 BAG, Urteil v. 19.01.2005 – 7 AZR 208/04, BeckRS 2005, 30349201.

466 *Lipp*, Honorierung und Tätigkeitsschutz von Betriebsratsmitgliedern, 2008, S. 33 f.

467 *Lipp*, Honorierung und Tätigkeitsschutz von Betriebsratsmitgliedern, 2008, S. 34.

468 Siehe dazu bereits Gliederungspunkt II. 1. b).

Aus dieser Situation folgert das BAG jedoch nicht, dass dem Betriebsratsmitglied auch ein genereller Auskunftsanspruch gegen den Arbeitgeber auf Nennung der vergleichbaren Arbeitnehmer zusteht. Völlig unberücksichtigt lässt das BAG die fehlende Gewissheit über die vergleichbaren Arbeitnehmer hingegen ebenfalls nicht: Fehle es dem Betriebsratsmitglied an „ausreichenden Erkenntnismöglichkeiten", genüge es, wenn es „Referenzfälle schlüssig darlegt, aus denen sich auf eine betriebsübliche Beförderungspraxis in dem Zeitraum seiner Zugehörigkeit zum Betriebsrats schließen lässt".[469] Die Äußerung einer bloß vagen Vermutung[470] genügt nicht. Gelingt dem Betriebsratsmitglied jedoch aufgrund von Referenzfällen schlüssig darzulegen, dass mit hinreichender Wahrscheinlichkeit eine betriebsübliche Beförderungspraxis besteht, so besteht ein Auskunftsanspruch gegen den Arbeitgeber hinsichtlich der Nennung der vergleichbaren Arbeitnehmer.[471] Das Betriebsratsmitglied muss somit darlegen, dass mit hinreichender Wahrscheinlichkeit ein Anspruch auf Entgeltanpassung nach § 37 Abs. 4 S. 1 BetrVG besteht.[472]

c) Vereinbarkeit mit datenschutzrechtlichen Bestimmungen

In der Literatur wird zuweilen zu Recht angeführt, dass eine grundsätzliche Schweigepflicht des Arbeitgebers über die Höhe des Arbeitsentgelts gegenüber Dritten bestehe.[473] Diese lässt sich jedoch mit § 37 Abs. 4 S. 1 BetrVG nur bedingt vereinbaren. Der Auskunftsanspruch nach § 611a BGB i.V.m. § 242 BGB, § 37 Abs. 4 BetrVG setzt zwangsläufig voraus, dass der Arbeitgeber dem Betriebsratsmitglied gegenüber die den vergleichbaren Arbeitnehmern gewährte Vergütung offenbart. Könnte sich der Arbeitgeber der Auskunft verweigern, wäre die (gerichtliche) Geltendmachung eines Anspruchs nach § 37 Abs. 4 S. 1 BetrVG überhaupt nicht möglich: Das Betriebsratsmitglied könnte seine Klage nicht beziffern und seinen Anspruch nicht beweisen. Das Arbeitsgericht müsste die Klage somit abweisen. Der Zweck des § 37 Abs. 4 S. 1 BetrVG, Betriebsratsmitglieder vergleichbaren Arbeitnehmern gleichzustellen, würde dadurch konterkariert.[474] Dem Arbeitgeber muss jedoch die

---

469 BAG, Urteil v. 04.11.2015 – 7 AZR 972/13, NZA 2016, 1339, 1342.

470 Das BAG spricht von einer „'ins Blaue' zielenden Behauptung", BAG, Urteil v. 04.11.2015 – 7 AZR 972/13, NZA 2016, 1339, 1342.

471 BAG, Urteil v. 04.11.2015 – 7 AZR 972/13, NZA 2016, 1339, 1342.

472 *Lipinski/Domni*, DB 2016, 1137, 1138; *Schulze/Ratzesberger*, AiB 2016, 22, 24.

473 *Hennecke*, RdA 1986, 241, 246.

474 *Hennecke*, RdA 1986, 241, 246; so auch *Lipp*, Honorierung und Tätigkeitsschutz von Betriebsratsmitgliedern, 2008, S. 33.

Möglichkeit eingeräumt werden, sich – soweit dies möglich ist – auf eine anonymisierte Darstellung zu beschränken.[475]

aa) § 26 BDSG

Hinsichtlich des Auskunftsanspruchs sind datenschutzrechtlich seit dem 25.05.2018 § 26 BDSG und Art. 6 DS-GVO zu beachten: Art. 88 Abs. 1 DS-GVO eröffnet für Mitgliedsstaaten eine Regelungsoption, spezifischere Vorschriften zu erlassen, die der DS-GVO vorgehen.[476] Der deutsche Gesetzgeber hat mit § 26 BDSG eine solche Norm geschaffen. Die entsprechenden Regelungen der DS-GVO treten zurück, soweit ein Sachverhalt in den Anwendungsbereich des § 26 BDSG fällt. Nach dieser Norm dürfen personenbezogene Daten von Beschäftigten für Zwecke des Beschäftigungsverhältnisses verarbeitet werden, wenn dies für die Entscheidung über die Begründung eines Beschäftigungsverhältnisses oder für dessen Durchführung oder Beendigung oder zur Ausübung oder Erfüllung der sich aus einem Gesetz oder einem Tarifvertrag, einer Betriebs- oder Dienstvereinbarung ergebenden Rechte und Pflichten der Interessenvertretung der Beschäftigten erforderlich ist. Die Abgrenzung zum Anwendungsbereich der DS-GVO gestaltet sich dabei nicht unproblematisch. Maßgeblich kommt es darauf an, ob § 26 BDSG lediglich die Verarbeitung von personenbezogenen Daten für Zwecke des konkreten Beschäftigungsverhältnisses – d.h. nur im Rahmen der Relativität des Schuldverhältnisses zwischen Arbeitgeber und dem betroffenen Arbeitnehmer – erfasst oder auch für Zwecke anderer Beschäftigungsverhältnisse mit dem Arbeitgeber. Die Weitergabe von Daten an ein Betriebsratsmitglied stellt gerade keine Datenverarbeitung im Verhältnis des Arbeitgebers zu dem betroffenen Arbeitnehmer dar, sodass je nach Auslegung § 26 BDSG nicht zur Anwendung gelangt.

Richtigerweise wird man eine Beschränkung auf das jeweilige Rechtsverhältnis annehmen müssen: Nach § 26 S. 1 BDSG dürfen personenbezogene Daten für Zwecke *des* Beschäftigungsverhältnisses verarbeitet werden. Der Wortlaut spricht gerade nicht dafür, dass ein beliebiges Beschäftigungsverhältnis mit dem Arbeitgeber genügen soll, vielmehr nimmt die Verwendung des bestimmten Artikels „*des*" Bezug auf das konkrete Beschäftigungsverhältnis. Damit fällt die

---

475 Richardi/*Thüsing*, BetrVG, 16. Aufl. 2018, § 37 Rn. 78.

476 BeckOK DatenschutzR/*Riesenhuber*, 29. Ed. 01.08.2019, Art. 88 DS-GVO Rn. 16 f.; dazu Heidelberger Kommentar DS-GVO/BDSG/*Thüsing*/*Traut*, 2018, Art. 88 DS-GVO Rn. 6 ff.

Weitergabe von Daten über die Vergütungshöhe der vergleichbaren Arbeitnehmer nicht in den Anwendungsbereich von § 26 BDSG.

Datenschutzrechtlich ist ein Auskunftsanspruch des Betriebsratsmitgliedes somit an der DS-GVO zu messen. Nach Art. 6 Abs. 1 DS-GVO ist eine Datenverarbeitung dem Grundsatz nach nur dann rechtmäßig, wenn einer der in Art. 6 Abs. 1 S. 1 lit. a) bis f) DS-GVO genannten Tatbestände einschlägig ist. Die Erteilung der Auskunft über die Gehaltsentwicklung der vergleichbaren Arbeitnehmer ist unter den Anwendungsbereich der DS-GVO zu fassen. Eine Datenverarbeitung nach Art. 6 Abs. 1 DS-GVO erfasst dabei nach der Begriffsbestimmung in Art. 4 Nr. 2 DS-GVO u.a. die Offenlegung durch Übermittlung. Darunter fällt die Weitergabe von Daten an einen Dritten.[477]

Der sachliche Anwendungsbereich der DS-GVO setzt dabei voraus, dass die Mitteilung über die Vergütungssteigerung als personenbezogenes Datum zu qualifizieren ist; Art. 2 Abs. 1 DS-GVO. Nach der Begriffsbestimmung in Art. 4 Nr. 1 DS-GVO sind personenbezogene Daten alle Informationen, die sich auf eine identifizierte oder identifizierbare natürliche Person beziehen. Die einem vergleichbaren Arbeitnehmer zuzuordnende Vergütungshöhe bzw. Vergütungssteigerung ist zweifelsohne eine personenbezogene Information. Die Anwendbarkeit der DS-GVO ist jedoch dann ausgeschlossen, wenn eine vollständige Anonymisierung der Daten vorliegt, d.h. aus der Information keine Rückschlüsse auf einen konkreten Arbeitnehmer erfolgen können. Mit anderen Worten: Ein Sachverhalt fällt nicht in den Anwendungsbereich der DS-GVO, wenn ein Personenbezug nicht mehr herstellbar ist (Erwägungsgrund 26 S. 5, 6 zur DS-GVO).[478]

bb) Art. 6 Abs. 1 S. 1 lit. c) DS-GVO

Eine Datenverarbeitung kann dabei rechtmäßig sein, wenn die Verarbeitung zur Erfüllung einer rechtlichen Verpflichtung erforderlich ist, der der Verantwortliche unterliegt; Art. 6 Abs. 1 S. 1 lit. c) DS-GVO. In der Literatur wird die Fassung des Art. 6 Abs. 1 S. 1 lit. c) DS-GVO kritisiert: Sprachlich unpräzise werde der Begriff der „rechtlichen Verpflichtung“ verwendet. Präzise müsste – wie der Kommissions- und Parlamentsentwurf noch formulierte – von einer „gesetzlichen Verpflichtung“ gesprochen werden.[479]

477 BeckOK DatenschutzR/*Schild*, 29. Ed. 01.02.2019, Art. 4 DS-GVO Rn. 49.

478 Siehe dazu näher unter Gliederungspunkt II. 3. c) cc).

479 BeckOK DatenschutzR/*Albers/Veit*, 29. Ed. 01.08.2019, Art. 6 DS-GVO Rn. 34.

Die Rechtsgrundlage für die rechtliche Verpflichtung wird nach Art. 6 Abs. 3 DS-GVO durch Unionsrecht festgelegt sowie durch das Recht des jeweiligen Mitgliedsstaates. Darunter fallen jedenfalls Gesetze im formellen Sinne, Rechtsverordnungen sowie Satzungen.[480] Ob normative Teile von Tarifverträgen ebenfalls darunter zu fassen sind, ist umstritten.[481] Dass ein Auskunftsanspruch des Betriebsratsmitglieds gegen den Arbeitgeber besteht, aufgrund dessen dieser zur Auskunftserteilung verpflichtet ist, ist dabei gesetzlich nicht ausdrücklich kodifiziert. Ein solcher Anspruch ist jedoch gewohnheitsrechtlich anerkannt.[482] Bislang haben sich weder die deutschen Aufsichtsbehörden noch die Kommentarliteratur dazu geäußert, ob auch Gewohnheitsrecht unter das Recht der Mitgliedsstaaten subsummiert werden kann.[483] Ein Parlamentsgesetz stellt das Gewohnheitsrecht jedenfalls nicht dar. Dies ist jedoch nicht zwingend: Das „Recht der Mitgliedsstaaten“ kann dabei auch alle Gesetze im materiellen Sinne mitumfassen.[484] Dies entspricht auch dem Verständnis, welches den Erwägungsgründen zur DS-GVO zugrunde liegt: Für das Vorliegen einer Rechtsgrundlage kommt es nach Erwägungsgrund 41 zur DS-GVO nicht auf einen parlamentarischen Gesetzgebungsakt an. Die Rechtsgrundlage sollte jedoch „klar und präzise sein“ und die Anwendung sollte für den Betroffenen vorhersehbar sein. Dies wird man für den Auskunftsanspruch nach § 611a BGB i.V.m. § 242 BGB, § 37 Abs. 4 BetrVG bejahen müssen.

Für die Anerkennung von Gewohnheitsrecht spricht zudem, dass es keinen Unterschied machen kann, ob der Gesetzgeber durch einen Gesetzgebungsakt eine rechtliche Verpflichtung begründet oder ob er eine ständige Rechtsprechung bzw. eine gewohnheitsrechtliche Verpflichtung dadurch billigt, dass er bewusst nicht tätig wird. So wurde das Vorliegen eines gewohnheitsrechtlichen Auskunftsanspruchs bereits 2005 vom BAG auf die Konstellation der Entgeltanpassung im Rahmen von § 37 Abs. 4 S. 1 BetrVG übertragen. Für das Arbeitsverhältnis wurde ein auf § 242 BGB gründender Auskunftsanspruch bereits zuvor

---

480 Paal/Pauly/*Frenzel*, DS-GVO/BDSG, 2. Aufl. 2018, Art. 6 DS-GVO Rn. 17.

481 Gola/*Schulz*, DS-GVO, 2. Aufl. 2018, Art. 6 Rn. 198.

482 Zu dieser Feststellung BAG, Urteil v. 04.11.2015 – 7 AZR 972/13, NZA 2016, 1339, 1341.

483 Siehe dazu Gola/*Schulz*, DS-GVO, 2. Aufl. 2018, Art. 6 Rn. 198; Heidelberger Kommentar DS-GVO/BDSG/*Pabst*, 2018, Art. 6 DS-GVO Rn. 59 ff.; Kühling/Buchner/*Buchner/Petri*, DS-GVO/BDSG, 2. Aufl. 2018, Art. 6 DS-GVO Rn. 84 ff.; Plath/*Plath*, BDSG/DS-GVO, 2. Aufl. 2016, Art. 6 DS-GVO Rn. 24 ff.

484 Kühling/Buchner/*Buchner/Petri*, DS-GVO/BDSG, 2. Aufl. 2018, Art. 6 DS-GVO Rn. 84.

in ständiger Rechtsprechung anerkannt.[485] Eine Kodifizierung dieses Auskunftsanspruchs war somit schlicht nicht mehr erforderlich.

Auch für den Arbeitgeber besteht kein Unterschied, aus welcher Rechtsgrundlage seine rechtliche Verpflichtung rührt. Denn ob er aus Gewohnheitsrecht oder aus einem Parlamentsgesetz zur Auskunftserteilung verpflichtet ist, ändert nichts am Bestehen seiner Verpflichtung zur Auskunftserteilung. Da jedenfalls durch die höchstrichterliche Entscheidung vom 04.11.2015[486] die Voraussetzungen für das Bestehen eines Auskunftsanspruchs im Rahmen des § 37 Abs. 4 S. 1 BetrVG hinreichend „klar und präzise" umrissen wurden, ist auch für die vergleichbaren Arbeitnehmer vorhersehbar, unter welchen Voraussetzungen sie mit einer Weitergabe von Informationen über ihre Vergütung an ein Betriebsratsmitglied zu rechnen haben. Dementsprechend ist die Erteilung der Auskunft bereits nach Art. 6 Abs. 1 S. 1 lit. c) DS-GVO als rechtmäßig anzusehen.

cc) Art. 6 Abs. 1 S. 1 lit. f) DS-GVO

Wollte man Gewohnheitsrecht nicht unter Art. 6 Abs. 1 S. 1 lit. c) DS-GVO fassen, ist jedenfalls Art. 6 Abs. 1 S. 1 lit. f) DS-GVO einschlägig: Danach ist eine Verarbeitung rechtmäßig, wenn diese zur Wahrung der berechtigten Interessen des Verantwortlichen oder eines Dritten erforderlich ist, sofern nicht die Interessen oder Grundrechte und Grundfreiheiten der betroffenen Person, die den Schutz personenbezogener Daten erfordern, überwiegen. Dabei erfordert Art. 6 Abs. 1 S. 1 lit. f) DS-GVO neben berechtigten Interessen die Erforderlichkeit der Datenverarbeitung, welche durch Abwägung der Interessen des Verantwortlichen oder eines Dritten mit den Interessen der betroffenen Person im Einzelfall zu bestimmen ist.[487] Zu den berechtigten Interessen zählen rechtliche, tatsächliche, wirtschaftliche oder ideelle Interessen.[488]

---

485 Siehe zum Auskunftsanspruch bereits BAG, Urteil v. 13.11.2014 – 8 AZR 817/13, NZA 2015, 166; BAG, Urteil v. 01.12.2004 – 5 AZR 664/03, NZA 2005, 289; BAG, Urteil v. 18.01.1996 – 6 AZR 314/95, NZA 1997, 41; BAG, Urteil v. 07.09.1995 – 8 AZR 828/93, NZA 1996, 637; BAG, Urteil v. 23.01.1992 – 6 AZR 110/90, juris; BAG, Urteil v. 21.10.1970 – 3 AZR 479/69, DB 1971, 50; BAG, Urteil v. 19.04.1967 – 3 AZR 347/66, DB 1967, 1327; ErfK/*Preis*, 19. Aufl. 2019, § 611a Rn. 633; BeckOK BGB/*Baumgärtner*, 51. Ed. 01.08.2019, § 611a BGB Rn. 61.

486 BAG, Urteil v. 04.11.2015 – 7 AZR 972/13, NZA 2016, 1339.

487 BeckOK DatenschutzR/*Albers/Veit*, 29. Ed. 01.08.2019, Art. 6 DS-GVO Rn. 49; Paal/Pauly/*Frenzel*, DS-GVO/BDSG, 2. Aufl. 2018, Art. 6 DS-GVO Rn. 27.

488 Kühling/Buchner/*Buchner/Petri*, DS-GVO/BDSG, 2. Aufl. 2018, Art. 6 DS-GVO Rn. 146.

Als berechtigtes Interesse muss dabei das Interesse des Betriebsratsmitglieds an der Durchsetzung eines Anspruchs auf Entgeltanpassung nach § 37 Abs. 4 S. 1 BetrVG angesehen werden. Dieses ist jedenfalls ein wirtschaftliches Interesse und damit als berechtigtes Interesse zu qualifizieren. Dem steht das Recht der vergleichbaren Arbeitnehmer auf informationelle Selbstbestimmung entgegen. Freilich hängt dabei die Intensität des Eingriffs in die Rechte der betroffenen Person vom Einzelfall ab: So richtet sich der Auskunftsanspruch des Betriebsratsmitglieds in erster Linie auf Auskunft hinsichtlich der Vergütungssteigerung in einem konkreten Zeitraum.[489] Dem Betriebsratsmitglied muss dabei nicht zwangsläufig die Höhe der aktuellen bzw. der ursprünglichen Vergütung mitgeteilt werden; es genügt demnach, die Vergütungssteigerung prozentual zu beziffern. Dies entspricht auch dem in Art. 5 Abs. 1 lit. c) DS-GVO statuierten Grundsatz der Datenminimierung: Die Datenverarbeitung soll demnach auf das notwendige Maß beschränkt werden.

Dem Betriebsratsmitglied gegenüber wird damit die Höhe der Vergütung der vergleichbaren Arbeitnehmer nicht zwangsläufig offengelegt; im Einzelfall kann sich jedoch ggf. die Möglichkeit ergeben, auf die Vergütungshöhe rückzuschließen. Dem Arbeitgeber muss dabei die Möglichkeit eröffnet sein, sich auf eine anonymisierte Form der Datenweitergabe zu beschränken.[490] Dies vermag jedoch lediglich bei einer größeren Vergleichsgruppe sinnvoll zu sein: Begehrt das Betriebsratsmitglied lediglich Auskunft hinsichtlich der Vergütungsentwicklung einer Vergleichsperson, scheidet eine anonymisierte Darstellung aus. Gleiches gilt für Konstellationen, in denen lediglich eine kleine Vergleichsgruppe besteht, sodass sich Rückschlüsse von der „anonymisierten Darstellung" auf die jeweiligen Vergleichspersonen erlauben. Je größer die von der Auskunft betroffene Gruppe der Vergleichspersonen, desto geringer ist auch die Intensität des jeweiligen Eingriffs. Führt eine anonymisierte Darstellung aufgrund der Größe der Referenzgruppe dazu, dass aus der mitgeteilten Information nicht auf einen konkreten Arbeitnehmer rückgeschlossen werden kann, fehlt es an der Bestimmbarkeit. Es liegen mithin keine personenbezogenen Daten mehr vor;[491] die Datenverarbeitung fiele aus dem Anwendungsbereich der DS-GVO heraus. Gleiches gilt auch, wenn nicht lediglich die Vergütungshöhe Gegenstand des Auskunftsanspruchs ist, sondern das Betriebsratsmitglied auch Auskunft hinsichtlich der vergleichbaren Arbeitnehmer verlangt. Denn auch insoweit kann

489 BAG, Urteil v. 19.01.2005 – 7 AZR 208/04, BeckRS 2005, 30349201.

490 So auch Richardi/*Thüsing*, BetrVG, 16. Aufl. 2018, § 37 Rn. 78.

491 Paal/Pauly/*Ernst*, DS-GVO/BDSG, 2. Aufl. 2018, Art. 4 DS-GVO Rn. 49.

sich der Arbeitgeber ebenfalls darauf beschränken, dem Betriebsratsmitglied die Daten in anonymisierter Form zukommen zu lassen.

Im Rahmen der Interessenabwägung ist den Interessen des Betriebsratsmitglieds Vorrang einzuräumen: Die Weitergabe der Daten über die Vergütungssteigerung erfolgt anlassbezogen an das konkrete Betriebsratsmitglied. Dabei hat bereits der Gesetzgeber mit der Schaffung des § 37 Abs. 4 S. 1 BetrVG die Wertung getroffen, Daten von vergleichbaren Arbeitnehmern für ein Betriebsratsmitglied heranzuziehen. Dessen Anwendung erfordert bereits das Bestehen eines Auskunftsanspruchs sowie die Weitergabe der jeweiligen Daten. Im Rahmen der Interessenabwägung sind nach Erwägungsgrund 47 S. 2, 3 zur DS-GVO auch die „vernünftigen Erwartungen" der betroffenen Person miteinzustellen sowie, ob die betroffene Person die Datenverarbeitung berechtigterweise vorhersehen konnte. Aufgrund der gesetzlichen Regelung in § 37 Abs. 4 S. 1 BetrVG und der Zubilligung eines Auskunftsanspruchs durch die Rechtsprechung ist es für jeden Arbeitnehmer auch vorhersehbar, dass er als Vergleichsperson herangezogen werden kann und ggf. Daten über die persönliche Vergütungssteigerung an das Betriebsratsmitglied weitergegeben werden können.

Der Vorrang der berechtigten Interessen des Betriebsratsmitglieds wird auch durch eine hypothetische Betrachtung der ansonsten eintretenden Folgen deutlich: Räumte man dem informationellen Selbstbestimmungsrecht Vorrang ein, wäre der Anspruch aus § 37 Abs. 4 S. 1 BetrVG prozessrechtlich nicht durchsetzbar. Betriebsratsmitglieder könnten an der betriebsüblichen Entgeltentwicklung nicht teilnehmen, sondern würden dahinter zurückbleiben. Auf der anderen Seite entstehen Arbeitnehmern keine unmittelbaren Nachteile durch die Weitergabe der Daten über ihre Vergütungsentwicklung zur Anpassung der Vergütung von Betriebsratsmitgliedern.

III. Kapitel 3: Konkretisierung von § 37 Abs. 4 BetrVG durch Benennung von Vergleichspersonen

Die von § 37 Abs. 4 BetrVG geforderte Vergütungsentwicklung anhand der betriebsüblichen Entwicklung vergleichbarer Arbeitnehmer stellt die betriebliche Praxis zwangsläufig vor erhebliche Probleme. Denn der Begriff des „vergleichbaren Arbeitnehmers“ in § 37 Abs. 4 S. 1 BetrVG umfasst dabei *sämtliche* vergleichbaren Arbeitnehmer des Betriebs. Dies ergibt sich bereits aus der Rechtsprechung des BAG, die für die Betriebsüblichkeit auf die berufliche Entwicklung der Mehrzahl der vergleichbaren Arbeitnehmer abstellt.[492] Um der legislativen Idealvorstellung Praktikabilität zu verschaffen, wird in der Literatur die Empfehlung ausgesprochen, mit Berufung des Arbeitnehmers in den Betriebsrat Vergleichspersonen festzulegen.[493] Das BAG hat ein solches Verfahren, bei dem vergleichbare Arbeitnehmer in Konkretisierung des § 37 Abs. 4 S. 1 BetrVG vor Amtsantritt festgelegt werden, ausdrücklich für zulässig erklärt.[494] § 37 Abs. 4 S. 1 BetrVG sei jedoch zwingend, sodass sich ein solches Verfahren im Rahmen der §§ 37 Abs. 4 S. 1, 78 S. 2 BetrVG halten müsse und diesen gesetzlichen Rahmen lediglich konkretisieren könne.[495]

---

492 Siehe dazu bereits Gliederungspunkt II. 1. b).

493 So insbesondere: *Bittmann/Mujan*, BB 2012, 637, 638; *Blattner*, NZA 2018, 129, 133; *Boigs*, Anm. zu LArbG Mainz, Urteil v. 28.10.2013 – 5 Sa 218/13, jurisPR-ArbR 10/2014 Anm. 3; Düwell/*Wolmerath*, BetrVG, 5. Aufl. 2018, § 37 Rn. 25; *Fischer*, NZA 2007, 484, 485; *Frahm/Koch*, ArbRAktuell 2010, 468, 468; HWGNRH/*Glock*, BetrVG, 10. Aufl. 2018, § 37 Rn. 110; *Kehrmann*, in: FS Wlotzke, 1996, S. 357, 364; *Keilich*, SPA 2018, 150, 151; *Lipinski/Domni*, DB 2016, 1137, 1138; *Nebeling/Hey*, BB Die erste Seite 2018, Nr. 9; *Rudolph*, AiB 2010, 734, 736; *Schweibert/Buse*, NZA 2007, 1080, 1081; Stege/Weinspach/Schiefer, BetrVG, 9. Aufl. 2002, § 37 Rn. 27a; *Stück*, ArbRAktuell 2017, 512, 514; *Wendeling-Schröder*, in: FS Klebe, 2018, S. 455, 457; *Wichert*, AuA, 2013, 281, 281; *Wolmerath*, Anm. zu LArbG Hamburg, Urteil v. 05.03.2015 – 7 Sa 63/14, jurisPR-ArbR 31/2015 Anm. 6; vgl. LAG München, Urteil v. 22.12.2005 – 4 Sa 736/05, juris.

494 BAG, Urteil v. 18.01.2017 – 7 AZR 205/15, NZA 2017, 935; dem folgend BAG, Urteil v. 21.02.2018 – 7 AZR 496/16, NZA 2018, 1012; a.A. *Jacobs/Frieling*, ZfA 2015, 241, 250 f.

495 BAG, Urteil v. 18.01.2017 – 7 AZR 205/15, NZA 2017, 935, 937.

1. Regelungsinhalt

Zunächst gilt es zu klären, welche Auswirkungen ein solches Konkretisierungsverfahren auf die Regelung des § 37 Abs. 4 S. 1 BetrVG hat. Nach der Vorstellung des LAG Hamburg können die benannten Vergleichspersonen eine betriebsübliche Entwicklung abbilden; das nach § 37 Abs. 4 S. 1 BetrVG geschuldete, rechtskonforme Entgelt des Betriebsratsmitglieds ergäbe sich damit zwangsläufig aus der durchschnittlichen Vergütungssteigerung der benannten Vergleichspersonen.[496] Die berufliche Entwicklung der benannten Vergleichspersonen würde damit die Betriebsüblichkeit repräsentieren.

Dieser Auffassung ist das BAG entgegengetreten: Im vorliegenden Fall wurde eine Vergleichsgruppe, gebildet aus drei Vergleichspersonen, benannt. Alle Vergleichspersonen wurden im Zeitpunkt der Freistellung des Betriebsratsmitglieds tariflich vergütet, zwei dieser Vergleichspersonen hatten den Endwert der Vergütungsgruppe nicht erreicht, die dritte Vergleichsperson, ebenso wie das Betriebsratsmitglied, jedoch schon.

Zwei dieser Vergleichspersonen konnten innerhalb ihrer Vergütungsgruppe eine Vergütungssteigerung erzielen, mit der dritten Vergleichsperson, die den Endwert der Vergütungsgruppe bereits erreicht hatte, wurde ein außertariflicher Arbeitsvertrag (AT-Vertrag) geschlossen.[497]

Das BAG führte aus, das Betriebsratsmitglied habe lediglich dann einen Anspruch auf Gehaltsanpassung, wenn der Aufstieg in den Kreis der AT-Angestellten der Betriebsüblichkeit entspräche. Dies sei nur dann der Fall, „wenn nach den betrieblichen Gepflogenheiten die Mehrzahl der im Zeitpunkt der Amtsübernahme vergleichbaren Arbeitnehmer einen solchen Aufstieg erreicht hat oder dem Kl[äger] ein AT-Vertrag hätte angeboten werden müssen. Dazu hat das LAG bislang keine Feststellungen getroffen.“[498] Das BAG verwendet an dieser Stelle eine allgemeine, bereits vorher in anderem Zusammenhang verwendete Formulierung[499] und äußert sich damit an dieser Stelle nur unpräzise. Unklar bleibt, ob sich die Aussage zu den fehlenden Feststellungen des LAG auf

---

496 LAG Hamburg, Urteil v. 05.03.2015 – 7 Sa 63/14, juris Rn. 81; so auch für eine kleine Vergleichsgruppe von drei Vergleichspersonen BAG, Urteil v. 21.02.2018 – 7 AZR 496/16, NZA 2018, 1012.

497 BAG, Urteil v. 18.01.2017 – 7 AZR 205/15, NZA 2017, 935, 936.

498 BAG, Urteil v. 18.01.2017 – 7 AZR 205/15, NZA 2017, 935, 938; zur Kritik an dieser Bestimmung der betriebsüblichen Entwicklung siehe bereits Gliederungspunkt II. 1. b).

499 Siehe etwa auch BAG, Urteil v. 17.08.2005 – 7 AZR 528/04, NZA 2006, 448, 449.

den vollständigen vorausgehenden Satz bezieht oder lediglich auf den zweiten Halbsatz. Dass die Mehrzahl der Arbeitnehmer der Vergleichsgruppe keinen Aufstieg in den AT-Bereich vollzogen hat, ist offensichtlich. Dennoch ließe sich das BAG auch so verstehen, dass der Aufstieg der Vergleichsperson in den AT-Bereich *selbst* der Betriebsüblichkeit gemessen an allen vergleichbaren Arbeitnehmern im Betrieb entsprechen müsse. Damit führte das BAG jedoch nicht nur den Zweck eines solchen Konkretisierungsverfahrens, Praktikabilität und Rechtssicherheit zu schaffen, *ad absurdum*, vielmehr führte dieses Verständnis auch zu einem Kuriosum: Soweit keine Vergleichspersonen benannt würden, orientierte sich die Vergütung von Betriebsratsmitgliedern an der betriebsüblichen Entwicklung vergleichbarer Arbeitnehmer im Betrieb. Würden jedoch Vergleichspersonen benannt, so wäre die Vergütung *der Vergleichsperson* anhand der vergleichbaren Arbeitnehmer im Betrieb zu überprüfen. Die vom Gesetzgeber für das Betriebsratsmitglied vorgesehene Prüfung würde auf die benannten Vergleichspersonen verlagert. Für das Betriebsratsmitglied wirkte die gesetzgeberische Konzeption des § 37 Abs. 4 BetrVG damit nur noch mittelbar. Ein solches Verständnis kann vom BAG nicht gewollt sein.

Es ist daher naheliegender, lediglich den Halbsatz („oder dem Kl[äger] ein AT-Vertrag hätte angeboten werden müssen") als Bezugspunkt für die Aussage des BAG, das LAG Hamburg habe insoweit noch keine Feststellungen getroffen, anzusehen.

Für das Konkretisierungsverfahren bedeutet dies Folgendes: Auch wenn eine Vergleichsgruppe gebildet wurde, ist auf deren Entwicklung das Kriterium der Betriebsüblichkeit anzuwenden. Nach ständiger Rechtsprechung ist eine berufliche Entwicklung betriebsüblich, „wenn nach den betrieblichen Gepflogenheiten dem Betriebsratsmitglied die höherwertige Tätigkeit hätte übertragen werden müssen oder die Mehrzahl der vergleichbaren Arbeitnehmer einen solchen Aufstieg erreicht."[500] Mit „Mehrzahl der vergleichbaren Arbeitnehmer" ist damit – so lässt sich das BAG eben auch verstehen – die Mehrzahl der Arbeitnehmer der Vergleichsgruppe gemeint. Ein Konkretisierungsverfahren führt daher keineswegs dazu, dass durch die Entwicklung der Vergleichspersonen eine betriebsübliche Entwicklung abgebildet wird, vielmehr führt ein solches Verfahren zu einer Verkleinerung der Referenzgruppe.[501] Es ist somit nicht auf sämtliche

---

500 BAG, Urteil v. 18.01.2017 – 7 AZR 205/15, NZA 2017, 935; BAG, Urteil v. 17.08.2005 – 7 AZR 528/04, NZA 2006, 448; siehe dazu bereits ausführlich Gliederungspunkt II. 1. b).

501 A.A. *Frieling*, Anm. zu BAG, Urteil v. 21.02.2018 – 7 AZR 496/16, jurisPR-ArbR 34/2018 Anm. 5.

vergleichbaren Arbeitnehmer im Betrieb abzustellen und die berufliche Entwicklung der Mehrzahl dieser zu ermitteln. Für das Betriebsratsmitglied kann die berufliche Entwicklung der Mehrzahl der Arbeitnehmer der Vergleichsgruppe zugrunde gelegt werden. Maßgeblich ist damit der Median der Vergleichsgruppe.

2. Rechtsform eines Konkretisierungsverfahrens

In dem vom BAG entschiedenen Fall bestand zwischen dem Unternehmen und dem Konzernbetriebsrat eine „Regelungsvereinbarung über die Grundsätze und Verfahren für die Vergütung von freigestellten Betriebsratsmitgliedern", in der hinsichtlich des Verfahrens niedergelegt war, dass Vergleichspersonen festgelegt werden und sich die finanzielle Entwicklung des Betriebsratsmitglieds sowohl nach Art, Umfang und Schwierigkeit der jeweiligen Tätigkeit als auch an „Grad und Güte der Aufgabenerfüllung" des Mitarbeiters zu orientieren habe.[502] Eine Regelungsabrede wirkt dabei lediglich schuldrechtlich und im Verhältnis der Parteien der Regelungsabrede untereinander.[503] Anspruchsgrundlage bleibt somit § 37 Abs. 4 S. 1 BetrVG. Das LAG Hamburg führte dazu aus, dass, wenn aufgrund einer Regelungsabrede Vergleichspersonen bestimmt werden, sowohl der Arbeitgeber als auch das jeweilige Betriebsratsmitglied im Rahmen der Vergütungsentwicklung des § 37 Abs. 4 S. 1 BetrVG daran grundsätzlich gebunden seien.[504] Diese Annahme einer Bindungswirkung erscheint erstaunlich, denn eine Regelungsvereinbarung wirkt lediglich *inter partes* und damit gerade nicht für und gegen ein einzelnes Betriebsratsmitglied. Das BAG positionierte sich insoweit weniger eindeutig: Demnach sei revisionsrechtlich nicht zu beanstanden, dass „die Bestimmungen der Regelungsvereinbarung […] Berücksichtigung finden können."[505] Die Auffassung des LAG Hamburg lässt sich auch nur dadurch erklären, dass im konkreten Fall die Regelungsvereinbarung vorsah, dass die Vergleichspersonen in Übereinstimmung zwischen Geschäftsleitung, Betriebsrat und dem betroffenen, einzelnen Betriebsratsmitglied bestimmt werden.[506] Würden die Vergleichspersonen einseitig durch das Unternehmen

502 BAG, Urteil v. 18.01.2017 – 7 AZR 205/15, NZA 2017, 935, 935 f.

503 BAG, Urteil v. 18.01.2017 – 7 AZR 205/15, NZA 2017, 935, 935 f.; BAG, Beschluss v. 21.01.2003 – 1 ABR 9/02, NZA 2003, 1097, 1099; *Fitting*, BetrVG, 29. Aufl. 2018, § 77 Rn. 11.

504 LAG Hamburg, Urteil v. 05.03.2015 – 7 Sa 63/14, juris Rn. 80.

505 BAG, Urteil v. 18.01.2017 – 7 AZR 205/15, NZA 2017, 935, 937.

506 LAG Hamburg, Urteil v. 05.03.2015 – 7 Sa 63/14, juris Rn. 79.

bestimmt, ließe sich eine Bindungswirkung des betroffenen Betriebsratsmitglieds nicht rechtfertigen.

Anders wäre dies nur zu beurteilen, wenn die Regelungen hinsichtlich eines Verfahrens zur Festlegung von Vergleichspersonen nicht in einer Regelungsvereinbarung, sondern in einer Betriebsvereinbarung niedergelegt würden. Im Gegensatz zur Regelungsvereinbarung hat eine Betriebsvereinbarung nicht lediglich schuldrechtliche Wirkung. Betriebsvereinbarungen gelten nach § 77 Abs. 4 S. 1 BetrVG unmittelbar und zwingend. Ihnen kommt damit normative Wirkung zu; sie entfalten unmittelbare Geltung für das jeweilige Arbeitsverhältnis.[507] Das BAG hat dabei in seiner Entscheidung klargestellt, dass es zulässig ist, „betriebliche Vereinbarungen" im Hinblick auf die Entgeltanpassung nach § 37 Abs. 4 S. 1 BetrVG zu treffen – solange diese die gesetzlichen Vorgaben der §§ 37 Abs. 4 S. 1, 78 S. 2 BetrVG lediglich konkretisierten und nicht von diesen abwichen.[508] Damit lassen sich Regelungen zu einem Konkretisierungsverfahren des § 37 Abs. 4 S. 1 BetrVG ebenfalls in einer Betriebsvereinbarung treffen. Aufgrund der normativen Wirkung der Betriebsvereinbarung nach § 77 Abs. 4 S. 1 BetrVG sind dabei sowohl Arbeitgeber als auch das betroffene Betriebsratsmitglied an die Regelungen der Betriebsvereinbarung und damit an das Konkretisierungsverfahren gebunden.

3. Festlegung vergleichbarer Arbeitnehmer

Hinsichtlich der Festlegung der Vergleichspersonen hat die Rechtsprechung bislang kaum Vorgaben gemacht. Maßgeblich ist, dass die gesetzlichen Regelungen lediglich konkretisiert, nicht jedoch modifiziert werden. Sowohl § 37 BetrVG als auch § 78 S. 2 BetrVG sind zwingend; Abweichungen sind weder durch Tarifvertrag, Betriebsvereinbarung noch Regelungsabrede zulässig.[509]

---

507 *Fitting*, BetrVG, 29. Aufl. 2018, § 77 Rn. 124.

508 BAG, Urteil v. 18.01.2017 – 7 AZR 205/15, NZA 2017, 935, 937.

509 BAG, Urteil v. 18.01.2017 – 7 AZR 205/15, NZA 2017, 935, 937; für § 37 Abs. 3 BetrVG BAG, Urteil v. 28.09.2016 – 7 AZR 248/14, NZA 2017, 335, 336; für § 37 Abs. 2 BetrVG BAG, Urteil v. 13.07.1994 – 7 AZR 477/93, NZA 1995, 588, 590; *Fitting*, BetrVG, 29. Aufl. 2018, § 37 Rn. 4 und § 78 Rn. 4; GK-BetrVG/*Weber*, 11. Aufl. 2018, § 37 Rn. 8 und GK-BetrVG/*Kreutz*, 11. Aufl. 2018, § 78 Rn. 24; HWGNRH/*Glock*, BetrVG, 10. Aufl. 2018, § 37 Rn. 8 und HWGNRH/*Worzalla*, BetrVG, 10. Aufl. 2018, § 78 Rn. 3.

a) Grundsätze der Festlegung

Es stellt sich somit zunächst die Frage, durch wen die Vergleichspersonen festzulegen sind. Denkbar ist es, die Vergleichspersonen im Einvernehmen zwischen dem Unternehmen, dem Betriebsrat als Organ und dem betroffenen Betriebsratsmitglied, im Einvernehmen zwischen Unternehmen und dem Betriebsrat als Organ oder einseitig durch das Unternehmen zu benennen. Rechtliche Vorgaben bestehen insoweit nicht. Es können daher lediglich die Vor- und Nachteile der jeweiligen Regelung aufgezeigt werden.

Bislang hat das BAG eine Regelung, in der die Vergleichspersonen im Einvernehmen zwischen dem Unternehmen, dem Betriebsrat sowie dem betroffenen Betriebsratsmitglied bestimmt wurden, nicht beanstandet.[510] Das Vorgehen, das betroffene Betriebsratsmitglied in die Festlegung miteinzubeziehen, wird auch von Stimmen in der Literatur empfohlen.[511] Für dieses Verfahren sprechen Aspekte der Rechtssicherheit: Nachträgliche Streitigkeiten zwischen Betriebsratsmitglied und Arbeitgeber über die Festlegung der Vergleichspersonen werden vermieden. Zudem kennt das Betriebsratsmitglied vom Zeitpunkt der Festlegung an seine Vergleichspersonen und kann deren berufliche Entwicklung nachverfolgen.

Aus der Rechtsprechung des BAG lässt sich jedoch nicht der Umkehrschluss bilden, dass eine andere Regelung mit §§ 37 Abs. 4 S. 1, 78 BetrVG unvereinbar wäre. Im Gegenteil: Das Ehrenamtsprinzip nach § 37 Abs. 1 BetrVG soll gerade das Vertrauen der Belegschaft in eine interessengerechte Wahrnehmung der Mitbestimmungsrechte gewährleisten.[512] Diesem Zweck wird es nicht vollumfänglich gerecht, wenn das Betriebsratsmitglied Einfluss auf die Benennung seiner Vergleichspersonen und damit mittelbar auch auf die ihm zu gewährende Vergütung hat. Werden die Grundsätze einer Konkretisierung jedoch lediglich in einer Regelungsvereinbarung zwischen Arbeitgeber und dem Betriebsrat als Organ getroffen, ist das betroffene Betriebsratsmitglied aufgrund der

---

510 BAG, Urteil v. 21.02.2018 – 7 AZR 496/16, NZA 2018, 1012; BAG, Urteil v. 18.01.2017 – 7 AZR 205/15, NZA 2017, 935, 937.

511 *Schweibert/Buse*, NZA 2007, 1080, 1081; *Boigs,* Anm. zu LArbG Mainz, Urteil v. 28.10.2013 – 5 Sa 218/13, jurisPR-ArbR 10/2014 Anm. 3; HWGNRH/*Glock*, BetrVG, 10. Aufl. 2018, § 37 Rn. 110; *Kehrmann*, in: FS Wlotzke, 1996, S. 357, 364; *Rudolph*, AiB 2010, 734, 736; Stege/Weinspach/Schiefer, BetrVG, 9. Aufl. 2002; § 37 Rn. 27a.

512 BAG Urteil v. 18.02.2014 – 3 AZR 568/12, BeckRS 2014, 68286, *Fitting*, BetrVG, 29. Aufl. 2018, § 37 Rn. 7; Richardi/*Thüsing*, BetrVG, 16. Aufl. 2018, § 37 Rn. 2.

inter partes-Wirkung der Regelungsvereinbarung nicht an diese gebunden. Das Betriebsratsmitglied kann somit eine Anpassung der Vergütung nach § 37 Abs. 4 S. 1 BetrVG gestützt auf sämtliche vergleichbaren Arbeitnehmer im Betrieb verlangen – auch dann, wenn sich eine solche nicht aus der beruflichen Entwicklung der ohne sein Einvernehmen benannten Vergleichspersonen ergeben sollte.

Ebenfalls mit § 37 Abs. 4 S. 1 BetrVG vereinbar ist eine Ausgestaltung des Verfahrens, das eine Benennung von Vergleichspersonen im Einvernehmen mit dem Betriebsratsmitglied nicht vorsieht – sei es, dass die Benennung im Einvernehmen mit dem Betriebsrat als Organ erfolgt[513] oder einseitig durch den Arbeitgeber.[514] Ein Mitspracherecht des Betriebsrats als Organ kann dazu beitragen, dass die Akzeptanz des einzelnen Betriebsratsmitglieds in die Festlegung gestärkt wird. Auf der anderen Seite lässt sich der Anschein einer Betriebsratsbegünstigung nur dann vollständig vermeiden, wenn eine Mitwirkung des Betriebsrats auf die Vergütung seiner Mitglieder vollständig ausgeschlossen ist. Soll eine Festlegung der Vergleichspersonen jedoch ohne Mitwirkung des betroffenen Betriebsratsmitglieds erfolgen, ist es für den Arbeitgeber somit ratsam, das Konkretisierungsverfahren mittels Betriebsvereinbarung zu regeln. Aufgrund der normativen Wirkung nach § 77 Abs. 4 S. 1 BetrVG ist somit auch das jeweilige Betriebsratsmitglied gebunden.[515]

Denkbar ist es jedoch auch, eine Einbeziehung des Betriebsratsmitglieds dahingehend vorzunehmen, dass man ihm etwa ein Vorschlagsrecht einräumt. Der Anschein, Einfluss auf die eigene Vergütung zu nehmen, kann dabei nicht entstehen, solange das Betriebsratsmitglied nicht in die Letztentscheidung eingebunden ist. Der Arbeitgeber hätte sodann zu prüfen, ob der von dem Betriebsratsmitglied als Vergleichsperson vorgeschlagene Arbeitnehmer den Maßgaben des § 37 Abs. 4 S. 1 BetrVG entspricht. Ist dies nicht der Fall, scheidet dieser Arbeitnehmer bereits von vornherein als Vergleichsperson aus. Entspricht dieser Arbeitnehmer den Vorgaben des § 37 Abs. 4 S. 1 BetrVG, so muss es letztlich

---

513 Für eine Festlegung im Einvernehmen mit dem Betriebsrat *Wichert*, AuA 2013, 281, 281.

514 Für eine einseitige Benennung durch den Arbeitgeber *Lipinski/Domni*, DB 2016, 1137, 1138; a.A. *Kania/Schulte-Wissermann*, NZA 2019, 78, 79, die jedenfalls hinsichtlich der Ausgestaltung konkretisierender betrieblicher Vereinbarungen zu § 37 Abs. 4 S. 1 BetrVG – insb. hinsichtlich der Festlegung vergleichbarer Arbeitnehmer – ein Mitbestimmungsrecht des Betriebsrats nach § 87 Abs. 1 Nr. 10 BetrVG annehmen.

515 BAG, Urteil v. 12.12.2006 – 1 AZR 96/06, NZA 2007, 453, 454; BAG, Urteil v. 21.09.1989 – 1 AZR 454/88, NZA 1990, 351, 352; BAG, Beschluss v. 18.08.1987 – 1 ABR 30/86, NZA 1987, 779, 780; *Fitting*, BetrVG, 29. Aufl. 2018, § 77 Rn. 125.

dennoch in der Hand des Arbeitgebers liegen, diesen als Vergleichsperson heranzuziehen oder nicht. Denn wenn der Arbeitgeber etwa zum Zeitpunkt der Benennung bereits plant, den vorgeschlagenen Arbeitnehmer besonders zu fördern, sodass damit zu rechnen ist, dass dieser in Zukunft eine Sonderkarriere vollziehen wird, wäre die Benennung als Vergleichsperson kaum zielführend. Dem Arbeitgeber muss man daher jedenfalls das Recht einräumen, die vorgeschlagene Vergleichsperson aus sachlichem Grund ablehnen zu können.

b) Repräsentative Größe der Vergleichsgruppe

Wie viele Arbeitnehmer zur Bildung einer repräsentativen Vergleichsgruppe zu benennen sind, wurde bislang nicht durch die Rechtsprechung festgelegt. *Annuß* sprach sich jüngst für eine normative Betrachtung im Einzelfall aus: Die Größe der Vergleichsgruppe sei flexibel je nach Position und Qualifikation des Betriebsratsmitglieds festzulegen. Je nach Einzelfall seien unterschiedliche Anforderungen an die Größe der Vergleichsgruppe zu stellen. Für „hochqualifizierte Spezialisten" könne dabei die Benennung einer einzigen Vergleichsperson genügen.[516] Dies ist auch zwangsläufig richtig, denn gibt es im Betrieb nur eine Vergleichsperson, so kann auch nur diese benannt werden. Dies deckt sich auch mit der Rechtsprechung, wonach ein Vergleichsarbeitnehmer im Rahmen der Vergütungsanpassung nach § 37 Abs. 4 S. 1 BetrVG genügen soll.[517] Das LAG München hielt die berufliche Entwicklung einer Vergleichsperson für nicht ausreichend: Im entschiedenen Fall schieden aus einer ursprünglichen Vergleichsgruppe, gebildet aus fünf Vergleichspersonen, vier dieser Vergleichspersonen aus dem Unternehmen aus, sodass letztlich nur eine Vergleichsperson verblieb. Das LAG München führte aus, dass sich die Vergütungsentwicklung nur dann an dieser Vergleichsperson orientieren könne, wenn „die einzige verbleibende Person wiederum als repräsentativ, als idealtypisch hinsichtlich ihrer beruflichen Entwicklung im Rahmen der Vergleichsgruppe und somit hinsichtlich des Klägers, angesehen werden müsste".[518] Diese Rechtsprechung ist jedoch durchaus kritisch zu sehen: Gibt es nur einen vergleichbaren Arbeitnehmer im Betrieb, so kann auch nur dieser als Vergleichsperson festgelegt werden. In der Konsequenz muss dieser auch Maßstab der betriebsüblichen Entwicklung sein.[519] Nichts

516 *Annuß*, NZA 2018, 134, 135.
517 BAG, Urteil v. 21.04.1983 – 6 AZR 407/80, DB 1983, 2253; siehe dazu bereits Gliederungspunkt II. 1. b).
518 LAG München, Urteil v. 22.12.2005 – 4 Sa 736/05, juris.
519 Siehe zur Kritik bereits Gliederungspunkt II. 1. b).

anderes kann aber gelten, wenn aus einer repräsentativen Vergleichsgruppe so viele vergleichbare Arbeitnehmer aus dem Betrieb ausgeschieden sind, dass nur noch ein vergleichbarer Arbeitnehmer im Betrieb übrigbleibt.

Sind in einem Betrieb jedoch mehr potenzielle Vergleichspersonen beschäftigt, sind auch mehrere Vergleichsperson zu benennen. Ein Konkretisierungsverfahren soll gerade auf der einen Seite Praktikabilität für den Arbeitgeber schaffen sowie auf der anderen Seite die Vorgaben des BetrVG und der Rechtsprechung umsetzen. Für das in § 37 Abs. 4 S. 1 BetrVG normierte Erfordernis der Betriebsüblichkeit der beruflichen Entwicklung kommt es maßgeblich auf die berufliche Entwicklung an, die der Schwerpunkt der Vergleichspersonen vollzogen hat. Entscheidende Bedeutung kommt damit dem Medianarbeitnehmer zu.[520] Eine klare Bestimmung dieses Medianarbeitnehmers lässt sich nur aus einer ungeraden Anzahl an Vergleichspersonen treffen. Insoweit ist die Vergleichsgruppe möglichst aus mindestens drei Vergleichspersonen zu bestimmen.[521] Werden mehr Vergleichspersonen benannt, stärkt dies auf der einen Seite zwar die Repräsentativität der Vergleichsgruppe, gleichzeitig steigt auf der anderen Seite jedoch auch der Verwaltungsaufwand für den Arbeitgeber. Dies hingegen steht im Widerspruch zu Sinn und Zweck eines Konkretisierungsverfahrens, die Vergütungsanpassung nach § 37 Abs. 4 S. 1 BetrVG praktikabel auszugestalten.

Das LAG Hamburg hat eine Regelungsvereinbarung, in der eine Vergleichsgruppe aus drei Vergleichspersonen gebildet wurde, als mit § 37 Abs. 4 S. 1 BetrVG vereinbar angesehen.[522] In der Revision wurde dies auch vom BAG nicht beanstandet.[523] Größere Vergleichsgruppen kommen dem gesetzlichen Leitbild, die Vergütungsentwicklung an allen vergleichbaren Arbeitnehmern des Betriebs auszurichten, näher und sind somit stets mit § 37 Abs. 4 S. 1 BetrVG vereinbar.

c) Maßgeblicher Zeitpunkt der Festlegung

Der maßgebliche Zeitpunkt für die Festlegung von Vergleichspersonen im Rahmen eines Konkretisierungsverfahrens entspricht dem maßgeblichen Zeitpunkt für die Vergleichbarkeit im Rahmen des § 37 Abs. 4 S. 1 BetrVG: Während die

---

520 Siehe dazu bereits Gliederungspunkt II. 1. b).

521 So auch *Keilich*, SPA 2018, 150, 151, der eine Vergleichsgruppe von drei bis fünf Vergleichspersonen als ausreichend ansieht.

522 LAG Hamburg, Urteil v. 05.03.2015 – 7 SA 63/14, juris Rn. 81; das LAG München sah eine Vergleichsgruppe aus fünf Vergleichspersonen wohl als repräsentativ an LAG München, Urteil v. 22.12.2005 – 4 Sa 736/05, juris.

523 BAG, Urteil v. 18.01.2017 – 7 AZR 205/15, NZA 2017, 935, 937.

jüngere Rechtsprechung auf den Zeitpunkt der Übernahme des Betriebsratsamts abstellt,[524] muss der Zeitpunkt als maßgeblich angesehen werden, in dem ein Betriebsratsmitglied nicht mehr wie andere Arbeitnehmer an der betriebsüblichen Entwicklung teilnimmt. Dies wird regelmäßig mit dem Zeitpunkt der Amtsübernahme übereinstimmen. Für nicht vollständig freigestellte Betriebsratsmitglieder muss jedoch richtigerweise zur *jeweiligen* Amtszeit eine Überprüfung und ggf. eine Neufestlegung der Vergleichspersonen erfolgen. Maßgeblich für die Vergleichbarkeit und damit auch für die Festlegung ist insoweit der Zeitpunkt des Antritts der *jeweiligen* Amtszeit. Vor einer vollständigen Freistellung ist eine letztmalige Überprüfung und ggf. eine Neubestimmung der Vergleichsgruppe vorzunehmen.[525]

Die gleichen Maßstäbe gelten auch, wenn die Festlegung von Vergleichspersonen erst nachträglich erfolgt, etwa weil ein Konkretisierungsverfahren erst nachträglich eingeführt wird. Das BAG stellte insoweit ausdrücklich fest, dass auch für eine rückwirkende Festlegung von Vergleichspersonen die auch sonst geltenden Maßgaben entscheidend sind.[526] Dies ist nur richtig, denn anderenfalls könnten durch die nachträgliche Benennung von Vergleichspersonen die Vorgaben des § 37 Abs. 4 S. 1 BetrVG modifiziert werden. Dies widerspricht jedoch der Unabdingbarkeit der Norm.[527] Das heißt: Maßgeblich ist stets eine retrospektive Betrachtung auf den jeweils individuell maßgeblichen Zeitpunkt.

4. Bindungswirkung des Verfahrens und Austausch von Vergleichspersonen

Werden Vergleichspersonen auf Grundlage einer Betriebsvereinbarung oder einer Regelungsvereinbarung unter Einbeziehung des Betriebsratsmitglieds festgelegt, so tritt dadurch eine Bindungswirkung ein: Der Arbeitgeber hat die Vergütung des Betriebsratsmitglieds am Median der benannten Vergleichsarbeitnehmer zu orientieren. Das Betriebsratsmitglied kann auf der anderen

---

524 BAG, Urteil v. 18.01.2017 – 7 AZR 205/15, NZA 2017, 935; BAG, Urteil v. 14.07.2010 – 7 AZR 359/09, NJOZ 2011, 272; BAG, Urteil v. 19.01.2005 – 7 AZR 208/04, BeckRS 2005, 30349201; BAG, Urteil v. 15.01.1992 – 7 AZR 194/91, AP BetrVG 1972 § 37 Nr. 84.

525 Siehe zum maßgeblichen Zeitpunkt bereits Gliederungspunkt II. 1. a) aa).

526 BAG, Urteil v. 18.01.2017 – 7 AZR 205/15, NZA 2017, 935, 938.

527 BAG, Urteil v. 18.01.2017 – 7 AZR 205/15, NZA 2017, 935, 937; BAG, Urteil v. 28.09.2016 – 7 AZR 248/14, NZA 2017, 335, 338; BAG, Urteil v. 13.07.1994 – 7 AZR 477/93, BAGE 77, 195.

Seite einen Anspruch auf Vergütungsanpassung nach § 37 Abs. 4 S. 1 BetrVG nur auf diese Arbeitnehmer stützen.

a) Austausch bei fehlerhafter Benennung von Vergleichspersonen

Maßgeblich ist dabei jedoch, dass § 37 Abs. 4 S. 1 BetrVG auch tatsächlich durch die Benennung der Vergleichspersonen *konkretisiert* wird. Die Vorgaben der Rechtsprechung hinsichtlich der tatsächlichen Vergleichbarkeit zum maßgeblichen Zeitpunkt müssen gewahrt bleiben.[528] Wurde ein Arbeitnehmer benannt, der diesen Anforderungen nicht entspricht, so kann sich hinsichtlich dieses Arbeitnehmers auch keine Bindungswirkung entfalten. Anderenfalls würde § 37 Abs. 4 S. 1 BetrVG nicht lediglich konkretisiert, sondern modifiziert – dies widerspräche dem nicht dispositiven Charakter der Norm. Stellt sich im Nachhinein heraus, dass eine Vergleichsperson im maßgeblichen Zeitpunkt tatsächlich nicht den Anforderungen an die Vergleichbarkeit im Rahmen des § 37 Abs. 4 S. 1 BetrVG entspricht, kann diese nicht im Rahmen der Entgeltanpassung nach § 37 Abs. 4 S. 1 BetrVG herangezogen werden. Um zur Rechtmäßigkeit des Verfahrens zurückzukehren, muss den Beteiligten bereits insoweit die Möglichkeit offenstehen, eine fehlerhafte Benennung einer Vergleichsperson durch eine spätere Korrektur und Benennung einer anderen, den Maßgaben des § 37 Abs. 4 S. 1 BetrVG entsprechenden Vergleichsperson zu beseitigen.

Auch die Rechtsprechung geht davon aus, dass ein Austausch von einmal benannten Vergleichspersonen möglich sein muss: Das LAG Hamburg führte aus, dass eine Regelungsvereinbarung mit den §§ 37 Abs. 4, 78 S. 2 BetrVG vereinbar sei, die eine Neufestlegung von Vergleichspersonen vorsah bei Wegfall einzelner oder aller Vergleichspersonen oder sofern die Vergleichspersonen aus anderen Gründen nicht mehr vergleichbar erschienen.[529] In der Revision wurde diese Auffassung auch vom BAG nicht beanstandet.[530]

Besondere Bedeutung kann einem Austausch zukommen, wenn das Betriebsratsmitglied in seiner Amtsführung besondere Leistungen erbringen und Erfolge erzielen konnte sowie umfangreiche Qualifikationen erworben hat. Hat es dadurch ein Leistungspotential nachgewiesen, welches bei der Festlegung der Vergleichspersonen unberücksichtigt geblieben ist,[531] so kann die ursprüngliche Benennung rechtsfehlerhaft erfolgt sein.

528 Siehe zur Vergleichbarkeit bereits Gliederungspunkt II. 1. a).

529 LAG Hamburg, Urteil v. 05.03.2015 – 7 Sa 63/14, juris Rn. 79 f.

530 BAG, Urteil v. 18.01.2017 – 7 AZR 205/15, NZA 2017, 935.

531 Siehe dazu bereits Gliederungspunkt II. 1. a) cc).

Auch in diesem Fall hat ein Austausch der Vergleichspersonen zu erfolgen. Ggf. kann so auch ein mehrmaliger Austausch einer Vergleichsperson so erforderlich sein.

b) Austausch bei Ausscheiden von Vergleichspersonen aus dem Betrieb

Ein Austausch kommt ebenfalls bei Ausscheiden einer oder sämtlicher Vergleichspersonen aus dem Betrieb in Betracht.[532] Im Idealfall sind daher bereits bei der erstmaligen Festlegung Vergleichspersonen festzulegen, die nicht älter sind als das Betriebsratsmitglied. Anderenfalls besteht – bei langer Betriebsratstätigkeit – eine erhöhte Wahrscheinlichkeit dafür, dass die Vergleichspersonen vor dem Betriebsratsmitglied aus dem Betrieb ausscheiden und zwangsläufig neue Vergleichspersonen festgelegt werden müssen.

c) Grenzen der Austauschbarkeit

Ein Austausch von Vergleichspersonen kommt jedoch dann nicht mehr in Betracht, wenn sämtliche vergleichbaren Arbeitnehmer aus dem Betrieb ausgeschieden sind. Denn: Gibt es keinen vergleichbaren Arbeitnehmer, so kann die Entgeltentwicklung eines Betriebsratsmitglieds nur auf das Begünstigungs- und Benachteiligungsverbot des § 78 S. 2 BetrVG gestützt werden. Insoweit ist eine hypothetische Betrachtung maßgeblich.[533] Indizien dafür lassen sich zum einen aus der beruflichen Entwicklung des Arbeitnehmers ableiten, der auf dem Arbeitsplatz des Betriebsratsmitglieds nach dessen Freistellung tätig wurde, zum Anderen aus der beruflichen Entwicklung derjenigen Arbeitnehmer, die den ausgeschiedenen Vergleichspersonen auf deren jeweiligen Arbeitsplatz nachfolgen. Es ist daher ratsam diese Arbeitnehmer als Vergleichspersonen zu benennen – nicht im Rahmen einer Vergleichbarkeit nach § 37 Abs. 4 S. 1 BetrVG, jedoch um Rückschlüsse aus deren beruflicher Entwicklung auf eine hypothetische berufliche Entwicklung des Betriebsratsmitglieds zu ziehen und so das Betriebsratsmitglied vor Benachteiligungen aufgrund seines Amtes zu bewahren, ihm aber gleichzeitig auch keine Begünstigung zukommen zu lassen.[534]

532 So bereits LAG Hamburg, Urteil v. 05.03.2015 – 7 Sa 63/14, juris Rn. 79 f.; *Arnold*, Anm. zu BAG, Urteil v. 10.11.2015 – 3 AZR 574/14, ArbRAktuell 2016, 142.

533 Siehe dazu bereits Gliederungspunkt II. 1. a) gg).

534 Siehe dazu bereits Gliederungspunkt II. 2. c).

d) Berücksichtigung des Benachteiligungsverbots im Rahmen des Konkretisierungsverfahrens

Eine Regelungs- oder Betriebsvereinbarung sollte ebenfalls Regelungen für den Fall vorsehen, dass das Betriebsratsmitglied eine schnellere als die betriebsübliche Entwicklung vollzieht, etwa weil es ohne sein Betriebsratsamt befördert worden wäre.[535] Ein Austausch der Vergleichspersonen ist damit jedoch nicht verbunden: § 37 Abs. 4 S. 1 BetrVG stellt lediglich das Mindestmaß der beruflichen Entwicklung dar.[536] Dass die berufliche Entwicklung des Betriebsratsmitglieds temporär schneller verläuft als dieser Mindeststandard, kann gerade nicht zu einem Austausch der Vergleichspersonen führen. Denn insoweit hat sich auch an den Maßgaben der Rechtsprechung nichts geändert: Keineswegs dürfen Vergleichspersonen mit einer Tätigkeit entsprechend der Beförderungsstelle benannt werden – dies würde den maßgeblichen Zeitpunkt für die Festlegung von Vergleichspersonen modifizieren.

Dennoch: Aus der beruflichen Entwicklung des Arbeitnehmers, der anstelle des Betriebsratsmitglieds tatsächlich befördert wurde, lässt sich ebenfalls indiziell auf eine hypothetische Karriere des Betriebsratsmitglieds schließen. Denn wenn das Betriebsratsmitglied für die konkrete Beförderungsstelle besser geeignet wäre als dieser Arbeitnehmer, bestehen Indizien dafür, dass auch das Betriebsratsmitglied eine entsprechende berufliche Entwicklung vollzogen hätte. Dies kann im Rahmen einer freiwilligen Beförderung durch den Arbeitgeber Berücksichtigung finden.[537]

5. Dokumentation des Verfahrens

Um dieses Verfahren und damit insbesondere dessen Rechtmäßigkeit nachvollziehbar zu machen, sollte in der Regelungs- bzw. Betriebsvereinbarung eine Pflicht zur schriftlichen Dokumentation des Verfahrens vorgesehen werden. So kann auch in einem gerichtlichen Verfahren nachvollzogen werden, ob die Vergleichspersonen nach Maßgabe des § 37 Abs. 4 S. 1 BetrVG benannt wurden. Wird aber die Dokumentationspflicht bewusst nicht beachtet, so stellt dieses Vorgehen ein Indiz dafür dar, dass auch die Vorgaben des Verfahrens nicht berücksichtigt wurden. Denn das Fehlen einer Dokumentation, die die

535 Siehe dazu bereits Gliederungspunkt II. 2. c).
536 Siehe dazu bereits Gliederungspunkt II. 2. a).
537 Siehe dazu bereits Gliederungspunkt II. 2. c).

Rechtmäßigkeit des Verfahrens nachweisen kann, indiziert gerade, dass das Verfahren nicht rechtmäßig durchgeführt wurde.

Ein besonderes Begründungserfordernis besteht dabei für den Austausch einer Vergleichsperson, denn ein solcher birgt immer das Risiko, ein Betriebsratsmitglied zu begünstigen. Die berufliche Entwicklung der Vergleichspersonen verläuft in der Regel gerade nicht identisch. Vielmehr vollziehen einige dieser Arbeitnehmer eine steilere, andere eine weniger steile Karriere. Das Kriterium der Betriebsüblichkeit der beruflichen Entwicklung – und folglich ein Abstellen auf den Median – soll gerade den „Normallfall"[538] in der Spanne der möglichen Entwicklungen darstellen. Durch einen nachträglichen Austausch der Vergleichspersonen wäre es jedoch ebenfalls möglich, die Vergleichsgruppe am oberen Ende der nun bekannten Spanne der beruflichen Entwicklungen anzusetzen. Dadurch würde das Betriebsratsmitglied jedoch wiederum entgegen § 78 S. 2 BetrVG begünstigt. Auch die nachträgliche Festlegung einer Vergleichsperson muss daher repräsentativ erfolgen.[539]

In einer Dokumentation sind daher der Grund für das Wegfallen der ursprünglichen sowie die Kriterien für die Festlegung der neuen Vergleichsperson darzulegen.

Ebenfalls besteht ein besonderes Begründungsbedürfnis für die Fälle, in denen das Betriebsratsmitglied eine schnellere berufliche Entwicklung vollzieht als der Median der Vergleichsgruppe. Es ist daher ratsam, in der Dokumentation die Gründe darzulegen, warum das Betriebsratsmitglied ohne sein Betriebsratsamt tatsächlich befördert worden wäre. Nur so kann gewährleistet werden, dass auch in einem gerichtlichen Verfahren ein Verstoß gegen das Begünstigungsverbot des § 78 S. 2 BetrVG ausgeschlossen werden kann.

---

538 BAG, Urteil v. 15.01.1992 – 7 AZR 194/91, AP BetrVG 1972 § 37 Nr. 84.

539 So auch *Stück*, Anm. zu LAG Köln, Urteil v. 06.04.2017 – 7 Sa 896/16, CCZ 2018, 188, 190.

IV. Kapitel 4: Der Begriff des Entgelts

Das Betriebsratsmitglied ist nach dem Lohnausfallprinzip des § 37 Abs. 2 BetrVG so zu vergüten, wie wenn es die Betriebsratstätigkeit nicht wahrgenommen hätte.[540] Erforderlich ist insoweit eine hypothetische Betrachtung.[541] Maßgeblich ist das Entgelt, welches es erhalten hätte, wenn es normal, d.h. ohne Betriebsratsmandat, auf seinem Arbeitsplatz tätig geworden wäre.

1. Vergütung

Vergütet wird nicht die Betriebsratsarbeit an sich. § 37 Abs. 2 BetrVG hält lediglich den Vergütungsanspruch nach § 611a Abs. 2 BGB aufrecht.[542] Zu berücksichtigen ist dabei das Kausalitätserfordernis: Die Betriebsratstätigkeit muss alleiniger Grund für den Arbeitsausfall sein; wäre der Arbeitsausfall auch ohne die Betriebsratstätigkeit eingetreten, besteht kein Vergütungsanspruch.[543] Dies gilt ebenfalls für Zuschläge: So besteht kein Anspruch des Betriebsratsmitglieds auf einen Nachtarbeitszuschlag, wenn das Betriebsratsmitglied zwar vor seinem Betriebsratsamt Nachtarbeit geleistet hat, jedoch *vor* Amtsantritt eine einvernehmliche Änderung der Arbeitszeit erfolgte, sodass das Betriebsratsmitglied zum Zeitpunkt des Amtsantritts keine Nachtarbeit mehr leistete.[544] Grund für den Wegfall des Nachtarbeitszuschlags ist gerade nicht das Betriebsratsamt,

---

540 BAG, Urteil v. 27.07.2016 – 7 AZR 255/14, NZA 2016, 1418; BAG, Urteil v. 28.05.2014 – 7 AZR 404/12, NZA 2015, 564.

541 BAG, Urteil v. 29.06.1988 – 7 AZR 651/87, AP BPersVG § 24 Nr. 1; GK-BetrVG/*Weber*, 11. Aufl. 2018, § 37 Rn. 64.

542 BAG, Urteil v. 29.04.2015 – 7 AZR 123/13, NZA 2015, 1328; BAG, Urteil v. 08.09.2010 – 7 AZR 513/09, NZA 2011, 159; BAG, Urteil v. 17.09.1974 – 1 AZR 574/73, AP BetrVG 1972 § 37 Nr. 17; BAG, Beschluss v. 18.06.1974 – 1 ABR 119/73, AP BetrVG 1972 § 37 Nr. 16; BAG, Beschluss v. 30.01.1973 – 1 ABR 22/72, AP BetrVG 1972 § 37 Nr. 1; *Fitting*, BetrVG, 29. Aufl. 2018, § 37 Rn. 58; Richardi/*Thüsing*, BetrVG, 16. Aufl. 2018, § 37 Rn. 32.

543 BAG, Urteil v. 27.06.1990 – 7 AZR 292/89, NZA 1991, 200; BAG, Urteil v. 25.10.1988 – 1 AZR 368/87, NZA 1989, 353, 354; BAG, Urteil v. 31.07.1986 – 6 AZR 298/84, NZA 1987, 528; BAG, Urteil v. 29.07.1980 – 6 AZR 231/78, NJW 1981, 1287; *Fitting*, BetrVG, 29. Aufl. 2018, § 37 Rn. 61; GK-BetrVG/*Weber*, 11. Aufl. 2018, § 37 Rn. 68; Richardi/*Thüsing*, BetrVG, 16. Aufl. 2018, § 37 Rn. 36; *Sturm*, Die Vergütung freigestellter und dauerhaft von der Arbeit befreiter Betriebsratsmitglieder, 2016, S. 68.

544 BAG, Urteil v. 18.05.2016 – 7 AZR 401/14, NZA 2016, 1212.

sondern die einvernehmliche Änderung der Arbeitsbedingungen – auch wenn der Antritt des Betriebsratsamts Anlass für diese Änderung gewesen sein mag.

Ebenso hat ein Betriebsratsmitglied im Baugewerbe nach der Rechtsprechung des BAG keinen Anspruch auf die volle Vergütung, sondern nur auf ein Schlechtwettergeld, wenn es während eines aufgrund von Schlechtwetter bedingten Arbeitsausfalls Betriebsratstätigkeit verrichtet hat.[545] Dies ist Ausdruck des Lohnausfallprinzips: Ohne das Betriebsratsamt hätte es ebenfalls nur ein Schlechtwettergeld erhalten. Dass es während dieses Zeitraums seiner Betriebsratstätigkeit nachging, ist insoweit unerheblich. Gleiches gilt für die beruflichen Entwicklung: War ein Betriebsratsmitglied vor Amtsantritt auf einer Stelle beschäftigt, in der etwa Erschwernis- oder Zeitzuschläge gewährt wurden, und wäre es ohne sein Betriebsratsamt auf eine Stelle befördert worden, auf der solche Zuschläge nicht mehr gewährt werden, so dürfen entsprechende Zuschläge auch nicht mehr an das Betriebsratsmitglied ausgezahlt werden. Vielmehr hat sich seine Vergütung nach dem Lohnausfallprinzip an dem zu orientieren, was es ohne Betriebsratsamt tatsächlich erhalten hätte.[546]

a) Abgrenzung von Vergütung zu Aufwendungsersatz

Nach ständiger Rechtsprechung gehören zum Arbeitsentgelt neben dem Grundgehalt sämtliche Zuschläge und Zulagen, insbesondere auch Zuschläge für Mehr-, Über-, Nacht-, Sonn- und Feiertagsarbeit, Erschwernis- und Sozialzulagen.[547] Nicht zu den Vergütungsbestandteilen gehören dabei Leistungen mit reinem Aufwendungscharakter, die für einen konkreten mit der ursprünglichen Tätigkeit verbundenen Mehraufwand gezahlt werden, der aufgrund der Betriebsratstätigkeit nicht mehr anfällt.[548] Eine dritte Kategorie von Zahlungen – neben Vergütung und Aufwendungsersatz – besteht nicht.[549]

---

545 BAG, Urteil v. 31.07.1986 – 6 AZR 298/84, NZA 1987, 528; BAG, Urteil v. 23.04.1974 – 1 AZR 139/73, AP BetrVG 1972 § 37 Nr. 11; ablehnend DKKW/*Wedde*, BetrVG, 16. Aufl. 2018, § 37 Rn. 53.

546 BAG, Urteil v. 29.08.2018 – 7 AZR 206/17, juris.

547 BAG, Urteil v. 18.05.2016 – 7 AZR 401/14, NZA 2016, 1212; BAG, Urteil v. 23.06.2004 – 7 AZR 514/03, NZA 2004, 1287; BAG, Urteil v. 05.04.2000 – 7 AZR 213/99, NZA 2000, 1174; BAG, Urteil v. 16.08.1995 – 7 AZR 103/95, NZA 1996, 552, 553; BAG, Urteil v. 13.07.1994 – 7 AZR 477/93, NZA 1995, 588; BAG, Urteil v. 29.07.1980 – 6 AZR 231/78, NJW 1981, 1287; BGH, Urteil v. 21.06.1957 – 1 AZR 465/56, NJW 1957, 1454.

548 BAG, Urteil v. 29.04.2015 – 7 AZR 123/13, NZA 2015, 1328, 1329; BAG, Urteil v. 05.04.2000 – 7 AZR 213/99, NZA 2000, 1174, 1174; BAG, Urteil v. 13.07.1994 – 7 AZR 477/93, NZA 1995, 588, 589; *Fitting*, BetrVG, 29. Aufl. 2018, § 37 Rn. 67; *Jacobs/Frieling*, ZfA 2015, 241, 244; *Rieble*, NZA 2008, 276, 277.

549 BAG, Urteil v. 13.07.1995 – 7 AZR 477/93, NZA 1995, 558, 589.

Abgrenzungskriterium für die Unterscheidung von Vergütungsbestandteilen und Aufwendungsersatz ist demnach die inhaltliche Ausgestaltung sowie der objektive, mit der Leistung verbundene Zweck.[550] Unerheblich ist, ob die Parteien eine Leistung als Aufwendungsersatz oder als Entgelt bezeichnen; dies folgt bereits aus dem zwingenden Charakter des § 78 S. 2 BetrVG.[551] Vielmehr ist maßgeblich, ob durch die Leistung ein Mehraufwand kompensiert wird oder der Leistung eine eigenständige Vergütungsfunktion zukommt.[552] Ist der Charakter einer Leistung als Sonderzulage für eine besondere Belastung zu qualifizieren, handelt es sich um einen eigenen Vergütungsbestandteil, der dem Betriebsratsmitglied somit auch weiterhin zu gewähren ist.[553] Leistungen mit reinem Aufwendungscharakter hingegen sind vom Anspruch auf Lohnfortzahlung ausgenommen. Solche Leistungen dienen lediglich dem Ausgleich von entstandenen Aufwendungen. Soweit diese aufgrund der Betriebsratstätigkeit nicht mehr anfallen, dürfen dem Betriebsratsmitglied auch keine entsprechenden Leistungen ausgezahlt werden, weil es ansonsten entgegen § 78 S. 2 BetrVG einen unzulässigen Vorteil aufgrund seines Betriebsratsamtes erlangen würde.[554] Als Leistungen mit reinem Aufwendungscharakter werden etwa Wegegelder, Auslösungen sowie Beköstigungszulagen qualifiziert,[555] hingegen hat das BAG eine Fahrentschädigung für Lokomotivführer und Zugbegleiter als Vergütungsbestandteil angesehen.[556] Auch wird die Zahlung einer Schmutzzulage, die nicht den Verbrauch zusätzlicher Reinigungsmittel ausgleichen soll, sondern für die

550 BAG, Urteil v. 05.04.2000 – 7 AZR 213/99, NZA 2000, 1174, 1175; *Fitting*, BetrVG, 29. Aufl. 2018, § 37 Rn. 67.

551 BAG, Urteil v. 05.04.2000 – 7 AZR 213/99, NZA 2000, 1174, 1175; BAG, Urteil v. 15.07.1992 – 7 AZR 491/91, NZA 1993, 661, 662; BAG, Urteil v. 28.08.1991 – 7 AZR 137/90, NZA 1992, 709, 709 f.; BAG, Urteil v. 10.02.1988 – 7 AZR 36/87, NZA 1989, 112, 113.

552 BAG, Urteil v. 05.04.2000 – 7 AZR 213/99, NZA 2000, 1174, 1175; *Rieble*, NZA 2008, 276, 277; weiter *Farthmann*, in: FS Stahlhacke, 1995, S. 115, 120.

553 BAG, Urteil v. 05.04.2000 – 7 AZR 213/99, NZA 2000, 1174; ErfK/*Koch*, 19. Aufl. 2019, § 37 BetrVG Rn. 6; *Fitting*, BetrVG, 29. Aufl. 2018, § 37 Rn. 67; GK-BetrVG/*Weber*, 11. Aufl. 2018, § 37 Rn. 77; Richardi/*Thüsing*, BetrVG, 16. Aufl. 2018, § 37 Rn. 37.

554 *Purschwitz*, Das betriebsverfassungsrechtliche Benachteiligungs- und Begünstigungsverbot nach § 78 Satz 2 BetrVG, 2015, S. 121.

555 ErfK/*Koch*, 19. Aufl. 2019, § 37 BetrVG Rn. 6; *Fitting*, BetrVG, 29. Aufl. 2018, § 37 Rn. 67.

556 BAG, Urteil v. 05.04.2000 – 7 AZR 213/99, NZA 2000, 1174.

Leistung von schmutziger Arbeit gezahlt wird, beispielshaft als Vergütungsbestandteil genannt.[557]

Bereits das RAG differenzierte zwischen Lohn und „Auslagenersatz": Nach der Rechtsprechung konnte ein Betriebsratsmitglied für die Zeit seiner Betriebsratstätigkeit ebenfalls eine sog. Gießereizulage beanspruchen, die jedenfalls teilweise auch dafür gewährt wurde, dass die Tätigkeit in der Gießerei eine erhöhte Anspannung erfordere und zu gesundheitlichen Einbußen führen könne. Die Zulage werde daher auch für die „besondere Beschwerlichkeit der Arbeit" gewährt und sei damit als Teil des Lohns anzusehen.[558]

b) Kritik in der Literatur: Einbeziehung eines Kompensationsfaktors

Dieser Rechtsprechung wird auch in der Literatur weitestgehend zugestimmt.[559] *Purschwitz* führt jedoch Kritik an: Leistungen für besondere Arbeitsumstände wie Mehr-, Schicht-, Feiertags-, Sonntagsarbeit oder bei Erschwerniszulagen seien danach zu differenzieren, ob der Entgeltcharakter oder der Ausgleichscharakter für erschwerte Arbeitsbedingungen überwiege.[560] Erschwerniszulagen seien ein finanzieller Ausgleich für gesellschaftliche oder gesundheitliche Einbußen. Entfielen diese Einbußen aufgrund veränderter Arbeitsbedingungen wegen der Betriebsratstätigkeit, seien auch die Erschwerniszulagen nicht mehr zu zahlen. Denn der Ausgleich für die Erschwerniszulage sei der Wegfall der erschwerten Arbeitsbedingungen. Anderenfalls würde ein Betriebsratsmitglied entgegen § 78 S. 2 BetrVG unzulässig begünstigt.[561] Erschwerniszulagen seien nicht als

557 BAG, Urteil v. 08.10.1981 – 6 AZR 81/79, NJW 1982, 1348; *Fitting*, BetrVG, 29. Aufl. 2018, § 37 Rn. 67; GK-BetrVG/*Weber*, 11. Aufl. 2018, § 37 Rn. 77.

558 RAG, Urteil v. 13.02.1932 – RAG 240/31, BenshSlg. 14, 50.

559 DKKW/*Wedde*, BetrVG, 16. Aufl. 2018, § 37 Rn. 50; ErfK/*Koch*, 19. Aufl. 2019, § 37 BetrVG Rn. 6; *Esser*, Die Begünstigung von Mitgliedern des Betriebsrats, 2013, S. 56 ff.; *Fitting*, BetrVG, 29. Aufl. 2018, § 37 Rn. 63; GK-BetrVG/*Weber*, 11. Aufl. 2018, § 37 Rn. 73; HWGNRH/*Glock*, BetrVG, 10. Aufl. 2018, § 37 Rn. 58; Richardi/*Thüsing*, BetrVG, 16. Aufl. 2018, § 37 Rn. 34; *Rieble*, NZA 2008, 276, 276; *Sturm*, Die Vergütung freigestellter und dauerhaft von der Arbeit befreiter Betriebsratsmitglieder, 2016, S. 72.

560 *Purschwitz*, Das betriebsverfassungsrechtliche Benachteiligungs- und Begünstigungsverbot nach § 78 Satz 2 BetrVG, 2015, S. 122 ff.

561 *Purschwitz*, Das betriebsverfassungsrechtliche Benachteiligungs- und Begünstigungsverbot nach § 78 Satz 2 BetrVG, 2015, S. 122; zur Fortgewährung von Erholungsurlaub zum Ausgleich für gesundheitsgefährdende Tätigkeit BAG, Urteil v. 08.10.1981 – 6 AZR 81/79, AP BAT § 49 Nr. 2 mit Anm. *Meisel*.

fester Entgeltbestandteil anzusehen. Diese seien vielmehr eine reine Kompensation für die erschwerten Bedingungen. Soweit ein Betriebsratsmitglied diesen erschwerten Bedingungen nicht mehr ausgesetzt sei, bestehe auch kein „kompensationsfähiger Umstand“ mehr.[562]

Kernfrage bleibt damit, wie solche Erschwerniszuschläge zu qualifizieren sind. *Purschwitz* bezeichnet diese als „reine Kompensation“. In der Konsequenz würde damit neben der in der Rechtsprechung unumstrittenen Differenzierung von Leistungen mit Entgeltcharakter und solchen mit Aufwendungscharakter[563] eine dritte Kategorie von Leistungen begründet. Erschwerniszulagen wären somit nicht als Entgelt zu qualifizieren. Dass Erschwerniszulagen Entgeltcharakter zukommt, wird jedoch auch nicht von *Meisel* bestritten, den *Purschwitz* insoweit zitiert.[564] Sieht man Erschwerniszulagen hingegen als Entgeltbestandteil an, ist es mit dem Lohnausfallprinzip nicht zu vereinbaren, einem Betriebsratsmitglied, welches ohne Antritt seines Betriebsratsamts Anspruch auf eine solche Zulage hätte, diese zu verwehren – unabhängig davon, ob das Betriebsratsmitglied tatsächlich noch beschwert ist. Dies ist gerade Ausdruck einer hypothetischen Betrachtung. Selbst wenn man dies als Begünstigung von Betriebsratsmitgliedern qualifizieren wollte, so könnte diese bereits nicht gegen § 78 S. 2 BetrVG verstoßen, da diese unmittelbar in § 37 Abs. 2 BetrVG angelegt ist.

c) Aufwendungsersatz und Pauschalierung

Entstehen dem Betriebsratsmitglied hingegen Aufwendungen im Rahmen seines Betriebsratsamtes, so hat es gegen den Arbeitgeber einen Anspruch auf Ersatz dieser Aufwendungen. Nach dem Grundsatz des § 40 Abs. 1 BetrVG trägt der Arbeitgeber die Kosten der Betriebsratstätigkeit. Auch wenn der Wortlaut des § 40 Abs. 1 BetrVG dies – anders als § 40 Abs. 2 BetrVG – nicht ausdrücklich vorsieht, hat der Arbeitgeber die Kosten der Betriebsratstätigkeit lediglich im Rahmen des Erforderlichen zu tragen.[565] Dies folgt aus dem in § 37 Abs. 2

562 *Purschwitz*, Das betriebsverfassungsrechtliche Benachteiligungs- und Begünstigungsverbot nach § 78 Satz 2 BetrVG, 2015, S. 124.

563 Siehe zu dieser Differenzierung bereits Gliederungspunkt IV. 1. a).

564 *Meisel*, Anm. zu BAG, Urteil v. 08.10.1981 – 6 AZR 81/79, AP BAT § 49 Nr. 2.

565 BAG, Beschluss v. 19.04.1989 – 7 ABR 87/87, NZA 1989, 936; BAG, Beschluss vom 27.09.1974 – 1 ABR 67/73, AP BetrVG 1972 § 40 Nr. 8; *Fitting*, BetrVG, 29. Aufl. 2018, § 40 Rn. 9; GK-BetrVG/*Weber*, 11. Aufl. 2018, § 40 Rn. 12; HWGNRH/*Glock*, BetrVG, 10. Aufl. 2018, § 40 Rn. 11; Richardi/*Thüsing*, BetrVG, 16. Aufl. 2018, § 40 Rn. 6.

BetrVG niedergelegten Grundsatz, dass der Arbeitgeber nur mit den Kosten einer erforderlichen Betriebsratstätigkeit belastet werden dürfe.[566]

Für den Arbeitgeber kann es dabei aus praktischen Gesichtspunkten sinnvoll sein, pauschale Aufwandsentschädigungen zu zahlen und so eine detaillierte und ggf. komplizierte Abrechnung obsolet zu machen.[567] Ob die Zahlung einer Aufwandspauschale auch an Betriebsratsmitglieder zulässig sein kann, ist am Maßstab der §§ 37, 78 S. 2 BetrVG zu messen. Eine Pauschalierung setzt dabei notwendigerweise voraus, dass ein Betriebsratsmitglied wiederkehrende Aufwendungsersatzansprüche gegen den Arbeitgeber hat, die pauschaliert werden können.[568] Im Gegensatz zu einer Einzelabrechnung ist einer Pauschalierung dabei immanent, dass sie nicht in jedem Abrechnungszeitraum exakt mit den tatsächlichen entstandenen Aufwendungen ihrer Höhe nach übereinstimmt. Ein Betriebsratsmitglied erhielte daher in jedem Abrechnungszeitraum entweder etwas mehr oder weniger als das, was es tatsächlich ausgelegt hat.

Bereits in den 1950er Jahren entschied das BAG, dass die Pauschalabgeltung von wiederkehrenden Aufwendungen eines Betriebsratsmitglieds möglich sei, auch wenn das Betriebsratsmitglied dadurch in einem Abrechnungszeitraum einmal begünstigt werden sollte. Auf der anderen Seite trage es nämlich auch die Gefahr, dass die Pauschale in einem anderen Abrechnungszeitraum nicht genüge, die Aufwendungen zu decken. Die Pauschalierung dürfe jedoch nicht zu einer verdeckten Lohnerhöhung führen, sie müsse vielmehr so beschaffen sein, dass sie „im großen und ganzen gesehen, den tatsächlichen Aufwendungen entspricht."[569]

Diese Rechtsprechung des BAG wurde in der unterinstanzlichen Rechtsprechung sowie der Literatur geteilt und weiter konkretisiert: Indizien für die Gewährung einer verdeckten Vergütung für die Betriebsratstätigkeit lägen demnach vor, wenn allen Betriebsratsmitgliedern eine Pauschale in derselben Höhe gewährt wird, weil nach der Lebenserfahrung Betriebsratsmitgliedern Aufwendungen in unterschiedlicher Höhe entstünden.[570] Gleiches gelte für den Fall,

---

566 GK-BetrVG/*Weber*, 11. Aufl. 2018, § 40 Rn. 12; HWGNRH/*Glock*, BetrVG, 10. Aufl. 2018, § 40 Rn. 11; Richardi/*Thüsing*, BetrVG, 16. Aufl. 2018, § 40 Rn. 6.

567 Siehe dazu auch *Jacobs/Frieling*, ZfA 2015, 241, 253.

568 *Jacobs/Frieling*, ZfA 2015, 241, 253.

569 BAG, Urteil v. 09.11.1955 – 1 AZR 329/54, NJW 1956, 158, 159; dem folgend *Moll/Roebers*, NZA 2012, 57, 58; ähnlich GK-BetrVG/*Weber*, 11. Aufl. 2018, § 37 Rn. 77 und § 40 Rn. 4 und Rn. 33.

570 ArbG Stuttgart, Urteil v. 13.12.2012 – 24 Ca 5430/12, juris; *Bittmann/Mujan*, BB 2012, 637, 639; *Franzen*, NZA 2008, 250, 252; *Jacobs/Frieling*, ZfA 2015, 241, 255; *Schiefer/Borchard*, DB 2016, 770, 771.

dass eine Pauschale über mehrere Jahre in unveränderter Höhe gezahlt werde.[571] Erfolge jedoch eine regelmäßige Anpassung orientiert an den tatsächlichen entstehenden Aufwendungen, so soll eine Pauschalierung zulässig sein.[572]

Diese Auffassung wird von *Esser* kritisiert: Dass durch eine Pauschalierung ein Ausgleich zwischen Begünstigung und Benachteiligung erzielt werde, sei nicht mit § 78 S. 2 BetrVG vereinbar. Denn – insoweit dem ArbG Essen folgend –[573] das „Unrecht einer Benachteiligung" könne nicht durch das „Unrecht einer Begünstigung ausgeglichen werden".[574] Diese Kritik überzeugt jedoch nicht vollends: Ziel ist es gerade nicht Unrecht auszugleichen, als vielmehr defizitären Aufwendungsersatz in einem Abrechnungszeitraum durch einen Überschuss in einem anderen Abrechnungszeitraum aufzuwiegen, sodass – bei Betrachtung mehrerer Abrechnungszeiträume – gar nicht erst eine Begünstigung bzw. Benachteiligung entsteht. Uneingeschränkt gilt daher, dass eine Pauschalierung in keinem Fall dazu führen darf, dass einem Betriebsratsmitglied eine verdeckte Vergütung für die Wahrnehmung seines Betriebsratsamts gewährt wird, weil dies einen Verstoß gegen das Begünstigungsverbot des § 78 S. 2 BetrVG bedeuten würde.[575]

Andere Stimmen betonen den zwingenden Charakter von § 40 Abs. 1 BetrVG: Durch eine Pauschalierungsabrede könne dieser Anspruch gerade nicht abbedungen werden. Ein Betriebsratsmitglied könne gerade auch dann die

---

571 ArbG Stuttgart, Urteil v. 13.12.2012 – 24 Ca 5430/12, NZA-RR 2012, 140.

572 ArbG Stuttgart, Urteil v. 13.12.2012 – 24 Ca 5430/12, NZA-RR 2012, 140; *Bayreuther*, NZA 2013, 758, 760; *Bittmann/Mujan*, BB 2012, 637, 639; *Däubler*, SR 2017, 85, 107; DKKW/*Wedde*, BetrVG, 16. Aufl. 2018, § 40 Rn. 12 und Rn. 57; *Dzida/Mehrens*, NZA 2013, 753, 756; ErfK/*Koch*, 19. Aufl. 2019, § 37 BetrVG Rn. 1 und § 40 BetrVG Rn. 1; *Fitting*, BetrVG, 29. Aufl. 2018, § 40 Rn. 41; GK-BetrVG/*Weber*, 11. Aufl. 2018, § 40 Rn. 33; *Klenter*, Anm. zu ArbG Stuttgart, Urteil v. 13.12.2012 – 24 Ca 5430/12, jurisPR-ArbR 8/2013, Anm. 1; *Moll/Roebers*, NZA 2012, 57, 58; *Rüthers*, RdA 1976, 61, 63; *Schiefer/Borchard*, DB 2016, 770, 771; *Weinspach*, in: FS Kreutz, S. 485, 488; auf den *Durchschnitt* der tatsächlich entstehenden Kosten abstellend *Behrendt/Lilientahl*, KSzW 2014, 277, 278; *Farthmann*, in: FS Stahlhacke, 1995, S. 115, 121 f.; *Kehrmann*, in: FS Wlotzke, 1996, S. 357, 374 ff.; *Schweibert/Buse*, NZA 2007, 1080, 1083; *Waas*, Betriebsrat und Arbeitszeit, 2011, S. 21 ff.; uneinheitlich HWGNRH/*Glock*, BetrVG, 10. Aufl. 2018, § 37 Rn. 18, aber § 40 Rn. 105.

573 ArbG Essen, Urteil v. 03.12.2010 – 5 Ca 2260/10, BeckRS 2011, 72393.

574 *Esser*, Die Begünstigung von Mitgliedern des Betriebsrats, 2013, S. 72.

575 *Jacobs/Frieling*, ZfA 2015, 241, 255.

Differenz zu den tatsächlich entstandenen Aufwendungen verlangen, wenn die Pauschale hinter diesen zurückbleibt.[576]

In diesem Fall handelt es sich jedoch nicht mehr um eine Pauschale, sondern vielmehr um eine Abschlagszahlung.[577] Die Vereinbarung würde stets einseitig zugunsten des Betriebsratsmitglieds erfolgen; ein Ausgleich von Defizit und Überschuss könnte somit auch nicht eintreten. Die Vereinbarung einer solchen Abschlagszahlung stellt daher in jedem Fall eine Begünstigung aufgrund des Amtes dar und ist daher stets unzulässig.[578] Eine Begünstigung ließe sich nur vermeiden, wenn nicht nur einseitig die Differenz zwischen den tatsächlichen entstandenen Aufwendungen und einer zu niedrigen Pauschalzahlung vom Betriebsratsmitglied verlangt werden könnte, sondern auf der anderen Seite der Arbeitgeber auch Überschüsse zurückfordern könnte. Dann kann jedoch nicht mehr von einer Pauschalierung gesprochen werden und auch die mit einer Pauschalierung angestrebte Vermeidung einer komplizierten Abrechnung wird nicht erreicht.

Letztlich stellt sich die Frage, ob man einer vereinfachten Abrechnung durch eine Pauschalierung den Vorrang vor der strikten Anwendung des Ehrenamts- und Lohnausfallprinzips einräumt. Denn selbst wenn sich eine Pauschalierung „im großen und ganzen gesehen"[579] einer exakten Abrechnung annähert, so verbleibt die Gefahr geringfügiger Abweichungen nach oben als auch nach unten. Aus teleologischen Gesichtspunkten wird man dies mit § 78 S. 2 BetrVG wohl noch vereinbaren können, denn es lässt sich kaum sagen, dass eine Begünstigung um wenige Euro im Monat die Unabhängigkeit eines Betriebsratsmitglieds gefährdet.[580] Dennoch: Auch bei Betrachtung eines ausreichend langen Zeitraums – auch über mehrere Abrechnungszeiträume hinaus – verbleibt das Risiko geringfügiger Begünstigungen bzw. Benachteiligungen. § 78 S. 2 BetrVG differenziert nicht zwischen geringfügigen Begünstigungen und solchen, die darüber hinausgehen. Jede Besser- bzw. Schlechterstellung aufgrund des Amtes ist mit

576 So bereits LAG Köln, Urteil v. 13.09.1984 – 10 Sa 583/84, DB 1985, 394; ErfK/*Koch*, 19. Aufl. 2019, § 40 BetrVG Rn. 7; *Franzen*, in: FS Adomeit, 2008, S. 173, 178; HWGNRH/*Glock*, BetrVG, 10. Aufl. 2018, § 40 Rn. 105; Richardi/*Thüsing*, BetrVG, 16. Aufl. 2018, § 40 Rn. 48.

577 LAG Köln, Urteil v. 13.09.1984 – 10 Sa 583/84, DB 1985, 394.

578 So auch Düwell/*Wolmerath*, BetrVG, 5. Aufl. 2018, § 40 Rn. 2; *Esser*, Die Begünstigung von Mitgliedern des Betriebsrats, 2013, S. 72; *Jacobs/Frieling*, ZfA 2015, 241, 255; WPK/*Kreft*, BetrVG, 4. Aufl. 2009, § 40 Rn. 23.

579 BAG, Urteil v. 09.11.1955 – 1 AZR 329/54, NJW 1956, 158, 159.

580 So aber *Esser*, Die Begünstigung von Mitgliedern des Betriebsrats, 2013, S. 71.

§ 78 S. 2 BetrVG nicht zu vereinbaren. Anderenfalls müsste die Geringfügigkeit im Rahmen von § 78 S. 2 BetrVG durch Einführung einer Bagatellgrenze definiert werden, unter der eine Begünstigung bzw. Benachteiligung keine Auswirkungen auf die Unabhängigkeit des Betriebsratsmitglieds haben kann. Das BAG scheint eine solche Bagatellgrenze zu befürworten, blieb jedoch insoweit mit der Formulierung, eine Pauschalierung müsse „so bemessen sein, daß sie im großen und ganzen gesehen, den tatsächlichen Aufwendungen entspricht“[581] vage. Dies scheint auch dem praktischen Bedürfnis, wiederkehrende Aufwendungen durch Pauschalleistungen abzudecken, zu entsprechen. Allein aus einem Bedürfnis kann jedoch nicht auf dessen Vereinbarkeit mit den betriebsverfassungsrechtlichen Bestimmungen geschlossen werden. Vielmehr ist § 78 S. 2 BetrVG konsequent auf jegliche Begünstigung und Benachteiligung anzuwenden. Dies umfasst auch den pauschalierten Aufwendungsersatz, dem ein Abweichen von einer exakten Abrechnung und damit eine Begünstigung bzw. Benachteiligung im jeweiligen Abrechnungszeitraum immanent ist. Denn eine Pauschalierung lässt sich auch nicht mit dem Grundsatz vereinbaren, hinsichtlich der Unentgeltlichkeit der Amtsführung sowie des Ehrenamtsprinzips einen strengen Maßstab anzulegen.[582] Aufwendungspauschalen müssen daher entgegen der Rechtsprechung des BAG und der überwiegenden Auffassung im Schrifttum als mit § 78 S. 2 BetrVG unvereinbar und daher unzulässig angesehen werden.[583] Zulässig ist damit allein die Gewährung eines Vorschusses, den es am Ende des jeweiligen Abrechnungszeitraums exakt abzurechnen gilt.[584]

2. Gewährung eines Dienstwagens

Ob einem Betriebsratsmitglied ein Dienstfahrzeug zur Verfügung gestellt werden darf bzw. muss, richtet sich nach den Vorgaben des BetrVG. Auch wenn es vielfach der Praxis entspricht, dass ein Dienstwagen einem Arbeitnehmer neben

581 BAG, Urteil v. 09.11.1955 – 1 AZR 329/54, NJW 1956, 158, 159.

582 Siehe dazu bereits Gliederungspunkt I.1.; BAG, Urteil v. 20.10.1993 – 7 AZR 581/92 (A), AP BetrVG 1972 § 37 Nr. 90; RAG, Urteil v. 08.02.1928 – RAG 66/27, BenshSlg. 2, 36, 38; ErfK/*Koch*, 19. Aufl. 2019, § 37 BetrVG Rn. 1; *Joussen*, RdA 2018, 193, 194 f.; Richardi/*Thüsing*, BetrVG, 16. Aufl. 2018, § 37 Rn. 7.

583 So auch Düwell/*Wolmerath*, BetrVG, 5. Aufl. 2018, § 40 Rn. 2; *Esser*, Die Begünstigung von Mitgliedern des Betriebsrats, 2013, S. 72; wohl auch *Frahm/Koch*, ArbRAktuell 2010, 468, 469; *Rieble*, NZA 2008, 276, 277.

584 So auch *Rieble*, NZA 2008, 276, 277; WPK/*Kreft*, BetrVG, 4. Aufl. 2009, § 40 Rn. 23.

der dienstlichen auch zur privaten Nutzung zur Verfügung gestellt wird, erfordern diese Regelungen eine differenzierte Betrachtung:

a) Betriebsratsmitglied kann Anspruch auf dienstliche Nutzung eines Dienstfahrzug gem. § 40 Abs. 2 BetrVG haben

Der Arbeitgeber hat nach § 40 Abs. 1 BetrVG die durch die Tätigkeit des Betriebsrats entstehenden Kosten zu tragen. Kosten, die aufgrund notwendiger Dienstreisen im Rahmen der Betriebsratstätigkeit anfallen, sind daher vom Arbeitgeber zu tragen.[585] In engem Zusammenhang dazu steht § 40 Abs. 2 BetrVG, der die Verpflichtung des Arbeitgebers statuiert, dem Betriebsrat die für die Betriebsratstätigkeit erforderlichen Räume, Sach- und Personalmittel zur Verfügung zu stellen.[586] Anspruchsberechtigter ist dabei der Betriebsrat, nicht jedoch das einzelne Betriebsratsmitglied.[587] Ein Dienstfahrzeug – jedenfalls solange es ausschließlich für die dienstliche Nutzung verwendet wird – stellt nichts anderes als ein „Arbeitsmittel" dar, welches der Arbeitgeber dem Betriebsrat – soweit zur ordnungsgemäßen Erfüllung der Betriebsratstätigkeit erforderlich – zur Verfügung zu stellen hat.[588] Aus Kosten- und Effizienzgründen kann dies insbesondere auch im Interesse des Arbeitgebers liegen:[589] Es ist nicht unwahrscheinlich, dass das Gewähren eines Dienstwagens für den Arbeitgeber gegenüber der Einzelabrechnung von Tickets für öffentliche Verkehrsmittel, Flug- und Taxikosten sowie Kostenerstattung für die Nutzung des Privatfahrzeugs, die er im Rahmen von § 40 Abs. 1 BetrVG zwangsläufig zu tragen hätte, die günstigere Alternative darstellt.[590] Fallen für ein Betriebsratsmitglied Reisekosten in entsprechendem Umfang an, obliegt es dem Arbeitgeber, ob er dem Betriebsrat ein Dienstfahrzeug zur Verfügung stellt. Anknüpfen darf der Arbeitgeber dabei jedoch nicht an die Stellung des Betriebsratsmitglieds in der Unternehmenshierarchie, weil ansonsten eine Begünstigung aufgrund der Betriebsratstätigkeit naheliegt. So darf er nicht etwa dem Betriebsratsvorsitzenden einen Dienstwagen zur Verfügung stellen, ein Betriebsratsmitglied, für welches vergleichbare Reisekosten anfallen, jedoch auf Taxifahrten und die öffentlichen Verkehrsmittel verweisen.

---

585 *Ehrich/Hoß*, NZA 1996, 1075, 1078.
586 GK-BetrVG/*Weber*, 11. Aufl. 2018, § 40 Rn. 137.
587 *Fitting*, BetrVG, 29. Aufl. 2018, § 40 Rn. 105.
588 *Bayreuther*, NZA 2013, 758, 762; *Wichert*, AuA 2013, 281, 282.
589 *Bittmann/Mujan*, BB 2012, 637, 639; *Dzida/Mehrens*, NZA 2013, 753, 756.
590 *Bittmann/Mujan*, BB 2012, 637, 639; *Schweibert/Buse*, NZA 2007, 1080, 1083 f.

Maßgeblich können nur solche Kriterien sein, die aus Effizienzgesichtspunkten resultieren, etwa eine Mindestfahrleistung im Jahr.[591]

aa) Anspruch auf dienstliche Nutzung eines Dienstwagens

Insoweit lässt sich ein Anspruch auf die Zurverfügungstellung eines Dienstwagens jedoch nur ableiten, soweit dieser zur ordnungsgemäßen Durchführung der Betriebsratsaufgaben erforderlich ist.[592] Aufgrund des engen Zusammenhangs mit der Kostentragungspflicht nach § 40 Abs. 1 BetrVG ist insoweit ein einheitlicher Maßstab anzulegen.[593] Erforderlich nach § 40 Abs. 1 BetrVG sind nach der Rechtsprechung des BAG die zur ordnungsgemäßen Erfüllung der Betriebsratsaufgaben *notwendigen* Kosten.[594] Die Zurverfügungstellung eines Dienstwagens muss somit auf der einen Seite zunächst der Betriebsratstätigkeit dienen, d.h. es muss ein betriebsratsbedingter Mobilitätsbedarf bestehen. Auf der anderen Seite muss die Zurverfügungstellung des Dienstwagens notwendig sein, um diesen Mobilitätsbedarf zu decken.[595] Dazu genügt es nicht, dass die Gewährung eines Dienstwagens die Betriebsratstätigkeit erleichtert.[596] Die Erforderlichkeit ist im Einzelfall zu ermitteln.[597] Dabei obliegt bei mehreren sachdienlichen Mitteln zur Deckung des Mobilitätsbedarfs die Auswahl grundsätzlich dem Arbeitgeber.[598] Nach der Rechtsprechung und der überwiegenden Auffassung in der Literatur wird dem Betriebsrat jedoch hinsichtlich der Frage der Erforderlichkeit ein

---

591 *Bayreuther*, NZA 2013, 758, 763.

592 DKKW/*Wedde*, BetrVG, 16. Aufl. 2018, § 40 Rn. 116; *Fitting*, BetrVG, 29. Aufl. 2018, § 40 Rn. 104; GK-BetrVG/*Weber*, 11. Aufl. 2018, § 40 Rn. 137; HWGNRH/*Glock*, BetrVG, 10. Aufl. 2018, § 40 Rn. 110; Richardi/*Thüsing*, BetrVG, 29. Aufl. 2018, § 40 Rn. 66.

593 GK-BetrVG/*Weber*, 11. Aufl. 2018, § 40 Rn. 137.

594 BAG, Beschluss v. 27.09.1974 – 1 ABR 67/73, AP BetrVG 1972 § 40 Nr. 8.

595 So auch *Behrendt/Lilienthal*, KSzW 2014, 277, 280, die darauf abstellen, ob ein Betriebsratsmitglied zur Erfüllung seiner Aufgaben dauerhaft auf ein eigenes Fahrzeug angewiesen ist.

596 BAG, Beschluss v. 17.02.1993 – 7 ABR 19/92, NZA 1993, 854; *Ehrich/Hoß*, NZA 1996, 1075, 1079.

597 *Fitting*, BetrVG, 29. Aufl. 2018, § 40 Rn. 105; GK-BetrVG/*Weber*, 11. Aufl. 2018, § 40 Rn. 135; HWGNRH/*Glock*, BetrVG, 10. Aufl. 2018, § 40 Rn. 110; MünchArbRHdb/*Krois*, 4. Aufl. 2019, § 296 Rn. 5; Richardi/*Thüsing*, BetrVG, 16. Aufl. 2018, § 40 Rn. 64.

598 So für ein elektronisches Kommunikationssystem BAG, Beschluss v. 17.02.1993 – 7 ABR 19/92, NZA 1993, 854; für Büropersonal BAG, Beschluss v. 17.10.1990 – 7 ABR 69/89, NZA 1991, 432; *Fitting*, BetrVG, 29. Aufl. 2018, § 40 Rn. 106.

Beurteilungsspielraum zugebilligt.[599] In diesem Rahmen hat der Betriebsrat das Interesse der Belegschaft an einer sachgerechten Betriebsratstätigkeit mit dem Interesse des Arbeitgebers an einer Begrenzung der Kosten für die Betriebsratstätigkeit abzuwägen.[600] Von § 40 Abs. 2 BetrVG wird jedenfalls nicht die Zurverfügungstellung solcher Sachmittel erfasst, die nach Beurteilung des Betriebsrats zwar nicht erforderlich, aber für die Betriebsratstätigkeit dienlich sind. Maßgeblich dafür, ob ein Anspruch auf die Überlassung eines Dienstwagens als Sachmittel besteht, müssen die im Einzelfall zu überprüfende Wirtschaftlichkeit sowie das in § 40 Abs. 2 BetrVG statuierte Effizienzgebot sein. Bestehen für den Arbeitgeber kostengünstigere Alternativen, scheidet ein Anspruch des Betriebsrats nach § 40 Abs. 2 BetrVG aus. Der Betriebsrat ist gerade gehalten, die Kosten der Betriebsratstätigkeit auf das notwendige Maß zu begrenzen.[601] Daraus folgt aber auch: Stellt die Zurverfügungstellung eines Dienstwagens gegenüber den Kosten für öffentliche Verkehrsmittel, Taxifahrten etc. die kostengünstigere Alternative zur Deckung des Mobilitätsbedarfs dar, folgt aus § 40 Abs. 2 BetrVG ein Anspruch auf Gewährung eines Dienstwagens.[602]

bb) Freiwillige überobligatorische Ausstattung

Damit ist jedoch lediglich angesprochen, unter welchen Voraussetzungen der Betriebsrat einen *Anspruch* auf die Zurverfügungstellung eines Dienstwagens gegen den Arbeitgeber hat – nicht dagegen, ob der Arbeitgeber dem Betriebsrat darüber hinaus freiwillig ein Mehr an Ausstattung gewähren *darf*. Konkret stellt sich die Frage: Darf der Arbeitgeber, wenn der Betriebsrat nach § 40 Abs. 2 BetrVG einen Anspruch auf die Gewährung eines Dienstwagens hat, diesem einen zweiten zur Nutzung für die Betriebsratstätigkeit zur Verfügung stellen? Bzw.: Darf der Arbeitgeber, wenn die Zurverfügungstellung eines Kleinwagens erforderlich ist, dem Betriebsrats auch einen Mittelklassewagen gewähren?

---

599 Für einen Beurteilungsspielraum BAG, Beschluss v. 09.06.1999 – 7 ABR 66/97, AP BetrVG 1972 § 40 Nr. 66; BAG, Beschluss v. 12.05.1999 – 7 ABR 36/97, AP BetrVG 1972 § 40 Nr. 65; DKKW/*Wedde*, BetrVG, 16. Aufl. 2018, § 40 Rn. 117; *Fitting*, BetrVG, 29. Aufl. 2018, § 40 Rn. 106; *Klebe/Wedde*, DB 1999, 1954, 1955; MünchArbRHdb/*Krois*, 4. Aufl. 2019, § 296 Rn. 8; Richardi/*Thüsing*, BetrVG, 16. Aufl. 2018, § 40 Rn. 8; a.A: GK-BetrVG/*Weber*, 11. Aufl. 2018, § 40 Rn. 139 ff., der auf die objektive Erforderlichkeit abstellt.

600 BAG, Beschluss v. 20.01.2010 – 7 ABR 79/08, NZA 2010, 709; BAG, Beschluss v. 16.05.2007 – 7 ABR 45/06, NZA 2007, 1117.

601 Richardi/*Thüsing*, BetrVG, 16. Aufl. 2018, § 40 Rn. 7.

602 So auch *Joussen*, NZA 2018, 139, 141.

Nach Ansicht *Bayreuthers* stellt die gem. § 40 BetrVG zu gewährende erforderliche „Minimalausstattung“ an Sach- und Personalmitteln keine Obergrenze dessen dar, was der Arbeitgeber dem Betriebsratsmitglied gewähren dürfe. § 40 BetrVG regele lediglich, was der Arbeitgeber zu gewähren *hat.* Er dürfe dem Betriebsrat jedoch auch über das Mindestmaß der Erforderlichkeit hinaus Sach- und Personalmittel zuwenden, wenn diese geeignet sind, die Betriebsratstätigkeit „zu fördern oder zu erleichtern“. Erst wenn sich die Zuwendung solcher Sach- und Personalmittel „bei Licht betrachtet“ als Begünstigung einzelner Betriebsratsmitglieder darstelle, sei eine solche Zuwendung als unzulässige Betriebsratsbegünstigung zu qualifizieren.[603] Danach besteht zwischen der erforderlichen Mindestausstattung und einer Betriebsratsbegünstigung ein „Spielraum“ des Arbeitgebers, in dem es ihm obliegt, was er dem Betriebsrat an förderlichen Leistungen zuwenden möchte.[604]

Es wird oftmals auch im Interesse des Arbeitgebers liegen, den Betriebsrat überobligatorisch auszustatten. Allgemein mag dies sinnvoll sein, um unternehmenseinheitliche Standards zu gewährleisten. Diese können zum einen zur Kostenoptimierung förderlich sein, zum anderen können auch Praktikabilitäts- und Kompatibilitätserwägungen für eine einheitliche Ausstattung im Betrieb sprechen. Auch im Hinblick auf einen Dienstwagen kann das wirtschaftliche Interesse des Arbeitgebers eine überobligatorische Zurverfügungstellung von Dienstwagen gebieten: Steht dem Betriebsrat ein – für die Betriebsratstätigkeit nicht erforderlicher – Dienstwagen zur Verfügung und führt dies dazu, dass ein nicht vollständig freigestelltes Betriebsratsmitglied eine Aufgabe des Betriebsrats effektiver, d.h. schneller, fertigstellen kann, etwa weil es nicht auf öffentliche Verkehrsmittel angewiesen ist und Wartezeiten und Verzögerungen somit entfallen, fällt somit auch ein geringerer Arbeitsausfall nach § 37 Abs. 2 BetrVG an.

Der Ansicht *Bayreuthers* ist nicht nur aus wirtschaftlichen Aspekten zuzustimmen. Dass eine überobligatorische Ausstattung des Betriebsrats zulässig sein muss, folgt unmittelbar aus dem Regelungsinhalt des § 40 BetrVG: § 40 BetrVG ist eine Anspruchsgrundlage, jedoch kein Verbotsgesetz. Die erforderliche Ausstattung kann daher lediglich als Minimalausstattung begriffen werden. Der in § 40 Abs. 2 BetrVG statuierte Grundsatz der Erforderlichkeit soll den Arbeitgeber vor übermäßiger finanzieller Belastung schützen.[605] Eines solchen Schutzes bedarf es jedoch nicht, wenn der Arbeitgeber freiwillig mehr leisten möchte.

---

603 *Bayreuther*, NZA 2013, 758, 763 f.

604 So auch ErfK/*Koch*, 19. Aufl. 2019, § 40 BetrVG Rn. 1.

605 BAG, Beschluss v. 20.01.2010 – 7 ABR 79/08, NZA 2010, 709.

Die Aussage *Bayreuthers,* eine Zuwendung von Sach- und Personalmitteln dürfe sich „bei Licht betrachtet" nicht als Begünstigung einzelner Betriebsratsmitglieder darstellen,[606] bedarf jedoch einer Konkretisierung. Obere Grenze einer überobligatorischen Ausstattung stellt das Begünstigungsverbot des § 78 S. 2 BetrVG dar. Danach dürfen die *Mitglieder* des Betriebsrats nicht begünstigt werden. Maßgeblich ist, dass die überobligatorische Ausstattung dem Betriebsrat als Kollektiv zukommt und der Betriebsratsarbeit insgesamt dient.[607] Anknüpfungspunkt für eine überobligatorische Ausstattung muss daher der Betriebsrat als solcher sein, nicht jedoch das einzelne Betriebsratsmitglied. Die überobligatorische Ausstattung des Betriebsrats darf nicht auf die individuelle Ebene umschlagen. Ein solches Umschlagen in eine individuelle Begünstigung eines einzelnen Betriebsratsmitglieds wird in der Regel ausscheiden, wenn der Arbeitgeber lediglich in quantitativer Hinsicht ein Mehr an Dienstfahrzeugen zur rein dienstlichen Nutzung zur Verfügung stellt. Dies wird man selbst dann annehmen müssen, wenn für jedes Betriebsratsmitglied ein solches Dienstfahrzeug vorgehalten wird – unabhängig vom individuellen Mobilitätsbedarf des Betriebsratsmitglieds. Denn die Gefahr, ein Betriebsratsmitglied zu begünstigen erwächst aus der Tatsache, dass einem Kraftfahrzeug im Allgemeinen und insbesondere einem Dienstwagen auch die Funktion eines Statussymbols zukommt.[608] Eine Begünstigung liegt jedoch gerade nicht vor, wenn ein Betriebsratsmitglied statt mit einem Taxi mit einem Dienstwagen, der dem Mindeststandard des § 40 BetrVG entspricht, zu einem dienstlichen Termin vorfährt. Denn in diesem Fall wird der Dienstwagen regelmäßig nicht als Statussymbol wahrgenommen werden.

Soweit dem Betriebsrat etwa Dienstwagen gewährt werden, die in qualitativer Hinsicht über den Mindeststandard des § 40 BetrVG hinausgehen, besteht jedoch die Gefahr, jedes einzelne Betriebsratsmitglied, welches Zugriff auf diese hat, zu begünstigen. Maßgeblich muss daher stets der Vergleich zu den anderen Arbeitnehmern sein. Entscheidend ist somit, welche Ausstattung im Betrieb üblich ist. Auf die Gewährung eines Dienstwagens bezogen folgt daraus: Wird der Mobilitätsbedarf im Betrieb üblicherweise durch die Zurverfügungstellung eines Mittelklassewagens als Dienstfahrzeug gewährt, darf auch dem Betriebsrat ein vergleichbares Modell gewährt werden – auch dann, wenn der Mobilitätsbedarf des Betriebsrats bereits durch die Zurverfügungstellung eines Kleinwagens

606 *Bayreuther,* NZA 2013, 758, 764.

607 So auch HWGNRH/*Worzalla,* BetrVG, 10. Aufl. 2018, § 78 Rn. 23.

608 Zum Dienstwagen als Statussymbol *Bayreuther,* NZA 2013, 758, 764.

gedeckt würde. Eine nach § 78 S. 2 BetrVG unzulässige Begünstigung tritt dadurch nicht ein; vielmehr wird der Betriebsrat den anderen Arbeitnehmern gerade gleichgestellt.

b) Private Nutzung eines Dienstwagens ist Entgeltbestandteil

Davon zu unterscheiden ist die private Nutzung eines Dienstwagens. Die Privatnutzung eines Dienstwagens stellt einen Vergütungsbestandteil in Form eines Sachbezugs dar.[609] In ständiger Rechtsprechung führt das BAG aus: „Auch die Möglichkeit, einen im Rahmen eines Arbeitsverhältnisses überlassenen Dienstwagen für private Fahrten zu nutzen, ist Bestandteil des Arbeitsentgelts. Es handelt sich um eine zusätzliche Gegenleistung für die geschuldete Arbeit in Form eines Sachbezugs."[610] Unerheblich ist insoweit, ob der Dienstwagen vorwiegend zur privaten oder zur gemischt privat-dienstlichen Nutzung überlassen wird und ob die private Nutzung Beschränkungen unterliegt. Vergütungscharakter hat die Nutzung eines Dienstwagens nur dann nicht, wenn diese ausschließlich auf die dienstliche Nutzung beschränkt und eine Privatnutzung vollständig ausgeschlossen ist.[611]

c) Anspruch des Betriebsratsmitglieds auf private Nutzung eines Dienstwagens

Dementsprechend ist die Überlassung eines Dienstwagens an ein Betriebsratsmitglied am Maßstab der §§ 37 Abs. 2, Abs. 4, 78 S. 2 BetrVG zu messen. Vom Lohnausfallprinzip des § 37 Abs. 2 BetrVG sind sämtliche Vergütungsbestandteile erfasst.[612] Der Arbeitnehmer soll durch die Übernahme eines Betriebsratsamts keine Einbußen in der Vergütung erleiden. Ihm ist das Entgelt zu gewähren, welches er ohne die Betriebsratstätigkeit erhalten hätte – inklusive aller Sachbezüge und sonstigen Vergütungsbestandteile.[613]

---

609 *Keilich*, BB 2014, 2229, 2230.

610 BAG, Urteil v. 23.06.2004 – 7 AZR 514/03, NZA 2004, 1287; so bereits BAG 11.10.2000 – 5 AZR 240/99 DB 2001, 486; BAG Urteil v. 27.05.1999 – 8 AZR 415/98, DB 1999, 1759; BAG, Urteil v. 16.11.1995 – 8 AZR 240/95, DB 1996, 630; BAG, Urteil v. 23.06.1994 – 8 AZR 537/92, DB 1994, 2239.

611 BAG, Urteil v. 23.06.2004 – 7 AZR 514/03, NZA 2004, 1287.

612 ErfK/*Koch*, 19 Aufl. 2019, § 37 BetrVG Rn. 10.

613 Richardi/*Thüsing*, BetrVG, 16. Aufl. 2018, § 37 Rn. 33.

aa) Keine Anknüpfung an Betriebsratstätigkeit

Man mag argumentieren: Besteht in einem Unternehmen eine Praxis, nach der Arbeitnehmer, denen ein Dienstwagen zur dienstlichen Nutzung gewährt wird, diesen auch zur Privatnutzung verwenden dürfen, so könne nichts Anderes für die Mitglieder des Betriebsrats gelten: Erfordert die Betriebsratstätigkeit die Überlassung eines Dienstwagens, so müsse das Betriebsratsmitglied diesen auch privat nutzen dürfen, weil es ansonsten gegenüber anderen Arbeitnehmern ohne Betriebsratsamt benachteiligt würde, wenn ihm die Privatnutzung verwehrt bliebe.

Diese Betrachtung führt jedoch dazu, dass die Privatnutzung des Dienstwagens unmittelbar an die Betriebsratstätigkeit anknüpft, d.h. einem Betriebsratsmitglied wird die Privatnutzung eines Dienstwagens gerade aufgrund des Betriebsratsamts gewährt. Das Betriebsratsmitglied erhält somit – unmittelbar auf seiner Betriebsratstätigkeit beruhend – einen zusätzlichen Vergütungsbestandteil. Eine solche Betrachtung widerspricht jedoch dem Ehrenamtsprinzip und verstößt gegen das Begünstigungsverbot des § 78 S. 2 BetrVG. Aufgrund der Betriebsratstätigkeit darf dem Betriebsratsmitglied keine Vergütung zufließen, die es nicht auch bekommen hätte, wenn es das Betriebsratsamt nicht angetreten hätte.[614] Die Überlassung eines Dienstwagens zur Privatnutzung kann somit – aufgrund ihres Vergütungscharakters – nicht an die Tätigkeit als Betriebsratsmitglied angeknüpft werden. Es ist nicht erheblich, ob aufgrund der Betriebsratstätigkeit ein Mobilitätsbedarf besteht, der die Nutzung eines Dienstwagens erfordert. Eine dienstliche Nutzung im Rahmen der Betriebsratstätigkeit wird insoweit bereits von § 40 BetrVG erfasst.

Deutlich wird damit: Es kommt nicht darauf an, ob ein Betriebsratsmitglied ein Dienstfahrzeug für seine Betriebsratstätigkeit benötigt. Die Überlassung eines Dienstwagens ist völlig losgelöst von der Betriebsratstätigkeit zu betrachten. Gleiches muss auch für die Fahrzeugkategorie gelten. So darf nicht etwa einem Betriebsratsmitglied infolge seiner Wahl zum Betriebsratsvorsitzenden eine Aufwertung der Fahrzeugkategorie von der „Mittel-“ zur „Luxusklasse“ gewährt werden.[615] Jede an die Betriebsratstätigkeit anknüpfende Aufwertung der Fahrzeugkategorie stellt eine Begünstigung aufgrund der Betriebsratstätigkeit dar und ist als solche gem. § 78 S. 2 BetrVG unzulässig.

614 *Fitting*, BetrVG, 29. Aufl. 2018, § 37 Rn. 8.
615 *Schweibert/Buse*, NZA 2007, 1080, 1083 f.

bb) *Anspruch auf die private Nutzung eines Dienstwagens ergibt sich unmittelbar aus dem Lohnausfallprinzip*

Ob einem Betriebsratsmitglied ein Dienstfahrzeug auch zur privaten Nutzung überlassen werden darf, richtet sich unmittelbar nach dem Lohnausfallprinzip. Nach § 37 Abs. 2 BetrVG ist ein Mitglied des Betriebsrats ohne Minderung seines Arbeitsentgelts von seiner beruflichen Tätigkeit zu befreien. Daraus folgt: Stand dem Betriebsratsmitglied bereits vor seiner Wahl in den Betriebsrat ein Dienstwagen auch zur Privatnutzung zur Verfügung, so muss ihm dieser auch als Betriebsratsmitglied weiterhin gewährt werden – unabhängig davon, ob das Betriebsratsmitglied diesen für seine Betriebsratstätigkeit benötigt oder nicht.[616] Maßgeblich ist einzig, ob dem Betriebsratsmitglied im für § 37 Abs. 4 S. 1 BetrVG maßgeblichen Zeitpunkt ein Anspruch auf die Privatnutzung eines Dienstfahrzeugs zustand.[617]

Diese Rechtsprechung wird in der Literatur teilweise durchaus kritisch gesehen: So werde infolge der Wahl in den Betriebsrat aus einem Dienstfahrzeug ein reines Privatfahrzeug. Wird die bislang von dem in den Betriebsrat gewählten Arbeitnehmer ausgeübte Tätigkeit von einem anderen Arbeitnehmer übernommen, so muss der Arbeitgeber ein neues Fahrzeug anschaffen. Es müsse demnach eine vertragliche Klausel zulässig sein, die eine finanzielle Abgeltung vorsieht oder generell die Gewährung eines Dienstwagens an den betrieblichen Bedarf bindet. Damit stünde ein Betriebsratsmitglied genauso dar, als wenn es in den Innendienst versetzt worden wäre.[618]

cc) *Anspruch auf private Nutzung aufgrund der Entgeltentwicklung nach § 37 Abs. 4 S. 1 BetrVG*

Ein Anspruch auf die private Nutzung eines Dienstfahrzeugs kann auch erst nach der Wahl in den Betriebsrat entstehen. § 37 Abs. 4 S. 1 BetrVG knüpft die Vergütungsentwicklung von Betriebsratsmitgliedern an die betriebsübliche Entwicklung vergleichbarer Arbeitnehmer. Dadurch wird ein objektiver Maßstab für die grundsätzlich nach § 78 S. 2 BetrVG hypothetisch zu ermittelnde berufliche Entwicklung von Betriebsratsmitgliedern begründet.[619] In der Literatur wird

616 BAG, Urteil v. 23.06.2004 – 7 AZR 514/03, NZA 2004, 1287; *Bayreuther*, NZA 2013, 758, 763; *Joussen*, NZA 2018, 139, 141 f.; *Rieble*, NZA 2008, 276, 276.

617 So auch *Purschwitz*, Das betriebsverfassungsrechtliche Benachteiligungs- und Begünstigungsverbot nach § 78 Satz 2 BetrVG, 2015, S. 262.

618 Siehe dazu Richardi/*Thüsing*, BetrVG, 16. Aufl. 2018, § 37 Rn. 33.

619 GK-BetrVG/*Weber*, 11. Aufl. 2018, § 37 Rn. 130.

vertreten, dass, wenn den vergleichbaren Arbeitnehmern bei betriebsüblicher Entwicklung ein Dienstfahrzeug zur privaten Nutzung überlassen wird, gem. § 37 Abs. 4 S. 1 BetrVG auch dem Betriebsratsmitglied ein Dienstwagen zur Privatnutzung zu überlassen sei[620] – unabhängig davon, ob aufgrund der Betriebsratstätigkeit ein Mobilitätsbedarf des Betriebsratsmitglieds besteht. Ansonsten würde das Betriebsratsmitglied aufgrund seiner Betriebsratstätigkeit entgegen § 78 S. 2 BetrVG benachteiligt.

Zuweilen wird bezweifelt, dass sich auch die erstmalige Zurverfügungstellung eines Dienstwagens zur privaten Nutzung auf § 37 Abs. 4 S. 1 BetrVG gründen lässt. So sei die Zurverfügungstellung eines Dienstwagens nicht als Arbeitsentgelt im Sinne des § 37 Abs. 4 S. 1 BetrVG zu qualifizieren.[621] Richtig dabei ist, dass die Gewährung eines Dienstwagens nur dann als Entgeltbestandteil qualifiziert werden kann, wenn diese über die rein dienstliche Nutzung hinausgeht. Das BAG geht jedoch in ständiger Rechtsprechung davon aus, dass die Privatnutzung eines Dienstwagens auch als Gegenleistung für die Arbeitsleistung gewährt wird, mithin einen Sachbezug und damit einen Bestandteil des Arbeitsentgelts darstellt.[622] Folgt man dem, lässt sich nicht begründen, völlig unberücksichtigt zu lassen, dass den vergleichbaren Arbeitnehmern die Privatnutzung eines Dienstwagens gewährt wird.

(1) Erforderlichkeit der Bewertung des Sachbezugs „Dienstwagen“

Dementsprechend ist auch im Rahmen der Entgeltentwicklung nach § 37 Abs. 4 S. 1 BetrVG zu berücksichtigen, ob es der Betriebsüblichkeit entspricht, dass vergleichbaren Arbeitnehmern als Sachbezug die Privatnutzung eines Dienstwagens gewährt wird. Soweit dies der Fall ist, ist auch das Entgelt des Betriebsrats nach § 37 Abs. 4 S. 1 BetrVG entsprechend anzupassen. Daraus kann jedoch nicht geschlussfolgert werden, dass, wenn der Mehrzahl der vergleichbaren

---

620 *Bayreuther*, NZA 2013, 758, 763; *Joussen*, NZA 2018, 139, 142 f.; *Oltmanns/Fuhlrott*, DB 2018, 1086, 1087; zu dem umgekehrten Fall, dass den vergleichbaren Arbeitnehmern der Dienstwagen entzogen wurde *Esser*, Die Begünstigung von Mitgliedern des Betriebsrats, 2013, S. 123.

621 VG Ansbach Urteil v. 09.04.2008 – AN 11 K 06.01560, BeckRS 2008, 43702; anders aber in der Folge der VGH München Beschluss v. 17.06.2009 – 15 ZB 08.2243, BeckRS 2009, 43426.

622 BAG, Urteil v. 23.06.2004 – 7 AZR 514/03, NZA 2004, 1287; BAG, Urteil v. 11.10.2000 – 5 AZR 240/99, NZA 2001, 445; BAG, Urteil v. 27.05.1999 – 8 AZR 415/98, NJW 1999, 3507; BAG, Urteil v. 16.11.1995 – 8 AZR 240/95, NZA 1996, 415; BAG, Urteil v. 23.06.1994 – 8 AZR 537/92, NJW 1884, 1128.

Arbeitnehmer ein Dienstwagen zur privaten Nutzung zur Verfügung gestellt werde, auch dem Betriebsratsmitglied ein solcher gewährt werden müsse. Damit würde der Regelungsinhalt des § 37 Abs. 4 S. 1 BetrVG verkannt. Dieser gewährt dem Betriebsratsmitglied gerade kein Entgelt in der absolut gleichen Höhe wie es die vergleichbaren Arbeitnehmer erhalten, vielmehr ist die relative Vergütungssteigerung der vergleichbaren Arbeitnehmer mit betriebsüblicher Entwicklung auf das Betriebsratsmitglied zu übertragen.[623] Dabei ist für die Betriebsüblichkeit maßgeblich, dass die Mehrzahl der vergleichbaren Arbeitnehmer eine entsprechende berufliche Entwicklung genommen hat.[624]

Die pauschale Aussage, dem Betriebsratsmitglied sei im Rahmen des § 37 Abs. 4 S. 1 BetrVG ein Dienstwagen zu gewähren, wenn den vergleichbaren Arbeitnehmern mit betriebsüblicher Entwicklung ein solcher zu gewähren sei, greift daher zu kurz.[625] Denn diese Ansicht ist nur dann mit § 37 Abs. 4 S. 1 BetrVG vereinbar, wenn die dem Betriebsratsmitglied zum maßgeblichen Zeitpunkt[626] gewährte Vergütung der Höhe nach der Vergütung der vergleichbaren Arbeitnehmer entspricht, d.h. wenn die Vergütungssteigerungen, die durch die Einräumung der privaten Nutzungsmöglichkeit eines Dienstwagens erzielt werden, in ihrer Höhe identisch sind.

Liegt die Vergütung des Betriebsratsmitglieds zum Zeitpunkt des Antritts des Betriebsratsamts unter dem Niveau der vergleichbaren Arbeitnehmer und wird der Mehrzahl dieser nun einheitlich ein Dienstwagen (auch) zur Privatnutzung gewährt, so kann das Betriebsratsmitglied keinen Anspruch auf die Gewährung eines entsprechenden Dienstwagens zur privaten Nutzung aus § 37 Abs. 4 S. 1 BetrVG ableiten: Maßgeblich ist im Rahmen von § 37 Abs. 4 S. 1 BetrVG die prozentuale Vergütungssteigerung. Aufgrund der niedrigeren Vergütung zum Zeitpunkt des Amtsantritts würde das Betriebsratsmitglied durch die Gewährung der Privatnutzung eines entsprechenden Dienstwagens eine höhere prozentuale Steigerung als die vergleichbaren Arbeitnehmer vollziehen. Steht jedoch fest, dass das Betriebsratsmitglied ohne sein Betriebsratsamt eines Dienstwagen zur privaten Nutzung erhalten hätte, so kann ein Anspruch auf die Gewährung der Privatnutzung eines Dienstwagens unmittelbar aus § 78 S. 2 BetrVG bestehen.[627]

---

623 BAG, Urteil v. 21.02.2018 – 7 AZR 496/16, NZA 2018, 1012; BAG, Urteil v. 18.01.2017 – 7 AZR 205/15, NZA 2017, 935; BAG, Urteil v. 17.08.2005 – 7 AZR 528/04, AP BetrVG 1972 § 37 Nr. 142; BAG, Urteil v. 19.01.2005 – 7 AZR 208/04, BeckRS 2005, 30349201; BAG, Urteil v. 17.05.1977 – 1 AZR 458/74, AP BetrVG 1972 § 37 Nr. 28; Richardi/*Thüsing*, BetrVG, 16. Aufl. 2018, § 37 Rn. 70.

624 Siehe dazu bereits Gliederungspunkt II. 1. b).

625 So aber *Joussen*, NZA 2018, 139, 142; wohl auch *Bayreuther*, NZA 2013, 758, 763.

626 Siehe dazu Gliederungspunkt II. 1. a) aa).

627 Siehe ausführlich Gliederungspunkt IV. 2. c) dd).

Auf der anderen Seite würde es eine Benachteiligung aufgrund des Betriebsratsamtes darstellen, wenn das Betriebsratsmitglied zum maßgeblichen Zeitpunkt nach § 37 Abs. 4 S. 1 BetrVG eine höhere Vergütung als die Vergleichspersonen bezogen hat und sowohl dem Betriebsratsmitglied als auch der Mehrzahl der vergleichbaren Arbeitnehmer nun einheitliche Dienstwagen zur (auch) privaten Nutzung gewährt würden.

Auch berücksichtigt die pauschale Betrachtung, dem Betriebsratsmitglied sei ein Dienstwagen zur privaten Nutzung zur Verfügung zu stellen, wenn den vergleichbaren Arbeitnehmer eine solche Nutzung gewährt werde, lediglich zwei Konstellationen: (1.) Die private Nutzung eines Dienstwagens wird gewährt oder (2.) sie wird eben nicht gewährt. Wurde zum maßgeblichen Zeitpunkt jedoch bereits der Mehrzahl der vergleichbaren Arbeitnehmer die Privatnutzung eines Dienstwagens gewährt, dürfte dem Betriebsratsmitglied nach dieser Auffassung im Rahmen des § 37 Abs. 4 S. 1 BetrVG selbst dann kein Dienstwagen zur privaten Nutzung gewährt werden, wenn infolge der beruflichen Entwicklung allen vergleichbaren Arbeitnehmern die Privatnutzung eingeräumt würde. Denn in diesem Fall besteht für die Mehrzahl der vergleichbaren Arbeitnehmer gerade kein Vergütungszuwachs in Form der Privatnutzung eines Dienstwagens; vielmehr wurde ihnen ein entsprechendes Entgelt schon vorher gewährt. Letztlich könnte ein Betriebsratsmitglied in dieser Situation einen Anspruch auf die Privatnutzung eines Dienstwagens nur unmittelbar aus dem Benachteiligungsverbot des § 78 S. 2 BetrVG ableiten.

Auf der anderen Seite lässt diese Auffassung außer Betracht, dass der Wert eines Dienstwagens und damit auch der Wert privaten Nutzungsmöglichkeit je nach Modell variieren kann. Es gibt gerade nicht *den einen* Dienstwagen. Gemeint ist damit, dass die vergleichbaren Arbeitnehmer im Rahmen ihrer beruflichen Entwicklung eine Vergütungssteigerung durch den Erhalt eines höherwertigen Sachbezugs erzielen können. Dies wäre etwa der Fall, wenn einem vergleichbaren Arbeitnehmer im Rahmen seiner beruflichen Entwicklung statt eines Kleinwagens ein Dienstwagen der (gehobenen) Mittelklasse gewährt wird. Damit steigt eben auch der Wert der privaten Nutzungsmöglichkeit.

So lässt sich etwa der Fall denken, dass von drei vergleichbaren Arbeitnehmern nach der Freistellung des Betriebsratsmitglieds einem dieser Arbeitnehmer erstmalig ein Dienstwagen gewährt wird und einem zweiten ein höherwertiger Dienstwagen gewährt wird, während dem dritten auch weiterhin ein solcher nicht gewährt wird. Stellt man lediglich auf das erstmalige Gewähren eines Dienstwagens ab, dürfte dem Betriebsratsmitglied kein Dienstwagen zur privaten Nutzung gewährt werden, da nicht die Mehrzahl der vergleichbaren Arbeitnehmer eine entsprechende Entwicklung genommen hat. Dass einem dieser Arbeitnehmer ein höherwertiger Dienstwagen auch zur privaten Nutzung gewährt wurde, bliebe unberücksichtigt.

Diesen Vergütungszuwachs bei der Bemessung der Vergütung des Betriebsratsmitglieds unberücksichtigt zu lassen, ist mit der Regelung des § 37 Abs. 4 S. 1 BetrVG nicht zu vereinbaren. Denn hätte der vergleichbare Arbeitnehmer eine entsprechende Vergütungssteigerung nicht im Rahmen eines Sachbezugs erhalten, wäre dies unstrittig auch für das Betriebsratsmitglied zu berücksichtigen. Daher darf nicht nur eine rein quantitative Betrachtung (Dienstwagen oder kein Dienstwagen) erfolgen, vielmehr ist eine auch qualitative Betrachtung (Hersteller, Klasse, Modell, Ausstattung, etc.) und damit eine Berücksichtigung des Wertes der Privatnutzung geboten. § 37 Abs. 4 S. 1 BetrVG regelt die Vergütungsanpassung des Betriebsratsmitglieds. Die Vergütung erfasst dabei sämtliche Vergütungsbestandteile, die als Gegenleistung für die Arbeitsleistung gewährt werden und somit auch Sachbezüge.[628] Der Vergütungsbegriff des § 37 BetrVG legt somit die Summe aller Vergütungsbestandteile zugrunde, sodass eine Bestimmung der Gesamtvergütung zu erfolgen hat.

Der Wert des Sachbezug der privaten Nutzungsmöglichkeit eines Dienstwagens muss daher bemessen werden. Das BAG hat in gefestigter Rechtsprechung den Wert der privaten Nutzungsmöglichkeit eines Dienstwagens entsprechend der Regelung des § 6 Abs. 1 Nr. 4 S. 2 EStG bewertet.[629] Demnach ist die private Nutzung eines Kraftfahrzeugs, das zu mehr als 50 Prozent betrieblich genutzt wird, für jeden Kalendermonat mit einem Prozent des inländischen Listenpreises im Zeitpunkt der Erstzulassung zu bemessen. Damit wird auch nochmals deutlich, dass die Gewährung eines höherwertigen Dienstwagens zur privaten Nutzung zu einer Vergütungssteigerung führt.

Daraus folgt: Um die betriebsübliche Entwicklung der vergleichbaren Arbeitnehmer bestimmen zu können, ist zunächst die jeweilige Steigerung der Gesamtvergütung zu ermitteln. Dazu ist die Möglichkeit der Privatnutzung eines Dienstwagens mit einem Prozent des Listenpreises anzusetzen. Dem Betriebsratsmitglied ist diejenige Vergütungssteigerung zu gewähren, die die Mehrzahl der vergleichbaren Arbeitnehmer vollzogen hat.

---

628 BAG, Urteil v. 23.06.2004 – 7 AZR 514/03, NZA 2004, 1287.

629 BAG, Urteil v. 19.05.2010 – 5 AZR 253/09, NZA 2010, 939; BAG, Urteil v. 19.12.2006 – 9 AZR 294/06, NZA 2007, 809; BAG, Urteil v. 27.05.1999 – 8 AZR 415/98, NZA 1999, 1038; so auch Schaub/*Linck*, ArbRHdb, 18. Aufl. 2019, § 68 Rn. 14.

(2) Die Abgeltung des geldwerten Vorteils verstößt nicht gegen § 78 S. 2 BetrVG

Ungeklärt ist damit jedoch, ob dem Betriebsratsmitglied daraus auch ein Anspruch gegen den Arbeitgeber auf die Privatnutzung eines Dienstwagens erwächst oder ob dieser sich lediglich auf die Abgeltung der Vergütungssteigerung richtet.

Jedenfalls wenn die – aufgrund der Gewährung der Privatnutzung eines höherwertigen Dienstwagens – von den Vergleichspersonen erzielte relative Vergütungssteigerung so gering ist, dass selbst der Wert der Gewährung der Privatnutzung des günstigsten, noch denkbaren Dienstwagens höher anzusetzen ist, darf dem Betriebsratsmitglied kein Dienstwagen zur Privatnutzung gewährt werden, weil es ansonsten begünstigt würde. In diesem Fall ist die Vergütung im Rahmen des § 37 Abs. 4 S. 1 BetrVG entsprechend der Vergütungssteigerung der Vergleichspersonen anzupassen.

Dies lässt sich an einem Beispielsfall verdeutlichen: Die vergleichbaren Arbeitnehmer erhielten vor Amtsantritt des Betriebsratsmitglieds[630] eine monatliche Vergütung von 2.000 € zzgl. der Möglichkeit einen Dienstwagen mit Listenpreis 35.000 € auch privat zu nutzen. Das heißt ihre monatliche Vergütung ist – entsprechend § 6 Abs. 1 Nr. 4 S. 2 EStG – mit insgesamt 2.350 € zu bemessen. Das Betriebsratsmitglied erhielt zu diesem Zeitpunkt eine Vergütung von 2.100 € ohne eine entsprechende Möglichkeit zur privaten Nutzung eines Dienstwagens.
Wird den vergleichbaren Arbeitnehmern nun ein Dienstwagen mit einem Listenpreis von 40.000 € gewährt, folgt daraus, dass ihre Gesamtvergütung nun mit 2.400 € zu bemessen ist und sie somit einen Anstieg in der Vergütung um 2,13 % erfahren haben. Auch die Gesamtvergütung des Betriebsratsmitglieds ist nach § 37 Abs. 4 S. 1 BetrVG somit um 2,13 % zu erhöhen – von monatlich 2.100 € auf 2.144,73 €. Die Anpassung erfolgt daher in Höhe von 44,73 € monatlich. Um eine unzulässige Betriebsratsbegünstigung zu vermeiden, dürfte dem Betriebsratsmitglied daher – unter Beibehaltung seiner Vergütung in Höhe von 2.100 € – ein Dienstwagen zur privaten Nutzung mit einem maximalen Listenpreis von 4.473 € gewährt werden. Soweit dies nicht möglich ist, ist dem Betriebsratsmitglied eine monatliche Vergütung von 2.144,73 € auszuzahlen.

Auch wenn der Vergütungszuwachs des Betriebsratsmitglieds über dem Wert der Privatnutzung eines im Betrieb üblicherweise gewährten Dienstwagens liegt, kann eine Abgeltung der Vergütungssteigerung der vergleichbaren Arbeitnehmer durch den Sachbezug an das Betriebsratsmitglied erfolgen. Eine gegen § 78 S. 2 BetrVG verstoßende Begünstigung tritt dadurch gerade nicht ein. Vielmehr wird das Betriebsratsmitglied im Wert der Gesamtvergütung den vergleichbaren

630 Siehe für den maßgeblichen Zeitpunkt bereits Gliederungspunkt II. 1. a) aa).

Arbeitnehmern gleichgestellt. § 37 Abs. 4 S. 1 BetrVG enthält keine Regelung dahingehend, wie das Arbeitsentgelt auszuzahlen ist. Da Sachbezüge allgemein als Arbeitsentgelt anerkannt werden,[631] kann es keinen Unterschied machen, ob dem Betriebsratsmitglied seine Vergütung als Arbeitsentgelt ausgezahlt oder als Sachleistung gewährt wird.[632]

Dies ist auch konsequent: Da es im Rahmen von § 37 Abs. 4 S. 1 BetrVG nur auf die Gesamtvergütung ankommen kann, ist es unerheblich, ob die vergleichbaren Arbeitnehmer eine Vergütungssteigerung durch eine Erhöhung des Entgelts oder der Sachbezüge erzielen. Es bedarf daher auch für die Vergütungsanpassung nach § 37 Abs. 4 S. 1 BetrVG keiner Differenzierung danach, wie die Vergütungssteigerung bei den vergleichbaren Arbeitnehmern zustande gekommen ist. Maßgeblich ist allein, in welcher Relation die Gesamtvergütung der Vergleichspersonen gestiegen ist.

Dementsprechend kann der Arbeitgeber mit dem Betriebsratsmitglied auch die Privatnutzung eines Dienstwagens vereinbaren, soweit der geldwerte Vorteil dieser Nutzung mit der ausgezahlten Vergütung verrechnet wird. Für den Arbeitgeber wird dies oftmals attraktiv sein, da er in der Regel nicht den Listenpreis für den Dienstwagen zahlen wird. Solange dem Betriebsratsmitglied dadurch keine prozentuale Vergütungssteigerung gewährt wird, die die prozentuale Vergütungssteigerung der Mehrzahl der Vergleichspersonen überschreitet, tritt durch eine derartige Vereinbarung keine Begünstigung des Betriebsratsmitglieds ein.

(3) Anspruch auf Gewährung eines Dienstwagens zur privaten Nutzung

Damit ist jedoch nicht geklärt, worauf der Anspruch des Betriebsratsmitglieds aus § 37 Abs. 4 S. 1 BetrVG gegen den Arbeitgeber gerichtet ist. Richtigerweise muss dem Betriebsratsmitglied – in den Grenzen dessen, was den vergleichbaren Arbeitnehmern gewährt wird – ein Wahlrecht zustehen: Es kann vom

---

631 BAG, Urteil v. 24.03.2009 – 9 AZR 733/07, NZA 2009, 861; BAG, Urteil v. 23.06.2004 – 7 AZR 514/03, NZA 2004, 1287; BAG, Urteil v. 28.06.1995 – 7 AZR 1001/94, NZA 1996, 252; BeckOK ArbR/*Werner*, 53. Ed. 01.09.2019, § 87 BetrVG Rn. 153; ErfK/*Preis*, 19. Aufl. 2019, § 611a BGB Rn. 522; *Esser*, Die Begünstigung von Mitgliedern des Betriebsrats, 2013, S. 122; GK-BetrVG/*Weber*, 11. Aufl. 2018, § 37 Rn. 75; HWGNRH/*Glock*, BetrVG, 10. Aufl. 2018, § 37 Rn. 63; Richardi/*Thüsing*, BetrVG, 16. Aufl. 2018, § 37 Rn. 33; *Rieble*, NZA 2008, 276, 276; *Röhrborn*, ArbRAktuell 2015, 573, 573 f.; Schaub/*Linck*, ArbRHdB, 18. Aufl. 2019, § 68 Rn. 1.

632 Siehe zum Gedanken der Abgeltung des Wertes der privaten Nutzungsmöglichkeit LAG Köln, Urteil v. 04.07.2003 – 11 Sa 190/03, DB 2004, 82; Richardi/*Thüsing*, BetrVG, 16. Aufl. 2018, § 37 Rn. 33.

Arbeitgeber die Abgeltung des geldwerten Vorteils oder – soweit dies nach einer Bewertung nach der 1%-Regelung entsprechend § 6 Abs. 1 Nr. 4 S. 2 EStG einer Vergütungssteigerung im Rahmen des § 37 Abs. 4 S. 1 BetrVG entspricht – die Gewährung eines Dienstwagens mit privater Nutzungsmöglichkeit verlangen.

Dies erscheint zunächst nicht unproblematisch, da anderen Arbeitnehmern ein solches Wahlrecht regelmäßig nicht zukommt: Dieses Wahlrecht resultiert jedoch aus § 37 Abs. 4 S. 1 BetrVG und ist damit im Amt angelegt.

Grundsätzlich können Arbeitnehmer ihre Vergütung mit dem Arbeitgeber frei aushandeln. Dies gilt im Grundsatz auch für den beruflichen Aufstieg. Ein Arbeitnehmer kann dabei im Rahmen einer Gehaltsverhandlung eine höhere Vergütung oder auch die Gewährung von Sachbezügen verlangen, etwa die Privatnutzung eines Dienstwagens.

Im Gegensatz zu anderen Arbeitnehmern hat ein Betriebsratsmitglied diese Möglichkeit nicht. Es kann gerade nicht individuell im Rahmen einer Gehaltsverhandlung eine Gehaltserhöhung oder die Gewährung eines Sachbezugs einfordern. Vielmehr ist es nach § 37 Abs. 4 S. 1 BetrVG an die betriebsübliche Entwicklung der vergleichbaren Arbeitnehmer gebunden. Dies stellt eine im Amt angelegte Ungleichbehandlung zu anderen Arbeitnehmern dar. Wird den vergleichbaren Arbeitnehmern im Betrieb teilweise eine höhere Grundvergütung, teilweise Sachbezüge gewährt, so muss dies auch im Rahmen des Anspruchs nach § 37 Abs. 4 S. 1 BetrVG Berücksichtigung finden: Dem Betriebsratsmitglied ist ein Wahlrecht zuzubilligen, die Gesamtvergütung inklusive dem Wert der Sachbezüge ausbezahlt zu bekommen oder den Sachbezug in Anspruch zu nehmen.

Dennoch kann das Wahlrecht des Betriebsratsmitglieds nicht unbegrenzt ausgestaltet sein. Vielmehr muss die im Amt angelegte Ungleichbehandlung die Grenze dieses Wahlrechts darstellen: Das Betriebsratsmitglied kann sein Wahlrecht nur insoweit ausüben, wie auch die Verhandlungsmacht der vergleichbaren Arbeitnehmer reicht. Daher kommt ein Wahlrecht nur dann in Betracht, wenn die erstmalige Gewährung der Privatnutzung eines Dienstwagens im Rahmen der beruflichen Entwicklung im Betrieb auch vorkommt, d.h. wenn mindestens einem vergleichbaren Arbeitnehmer ein Dienstwagen mit privater Nutzungsmöglichkeit erstmalig gewährt wird. Ist dies nicht der Fall, kann nicht davon ausgegangen werden, dass die vergleichbaren Arbeitnehmer eine solche private Nutzungsmöglichkeit eines Dienstwagens hätten individuell aushandeln können.

Zudem kann ein Anspruch nur auf die Privatnutzung eines solchen Dienstwagens gerichtet sein, der üblicherweise auch den vergleichbaren Arbeitnehmern gewährt wird. Das Wahlrecht kann nämlich nicht über das hinausgehen, was andere Arbeitnehmer auch individuell hätten aushandeln können.

dd) Anspruch unmittelbar aus dem Benachteiligungsverbot

Ebenso kann sich unmittelbar aus dem Benachteiligungsverbot des § 78 S. 2 BetrVG ein Anspruch auf die Gewährung eines Dienstfahrzeugs auch zur privaten Nutzung ergeben. Ein Betriebsratsmitglied, das aufgrund seiner Betriebsratstätigkeit eine konkrete Position mit einer höheren Vergütung nicht erhalten hat, kann einen Anspruch auf diese höhere Vergütung unmittelbar aus § 78 S. 2 BetrVG gegen den Arbeitgeber geltend machen.[633] Was für die Vergütung im Allgemeinen gilt, gilt *in concreto* ebenso für die Privatnutzung eines Dienstwagens: Kann das Betriebsratsmitglied darlegen, dass es ohne sein Betriebsratsamt auf eine Stelle befördert worden wäre, die ihm einen Anspruch auf die auch private Nutzung eines Dienstwagens geben würde, so muss ihm auch als Betriebsratsmitglied ein entsprechender Dienstwagen zur Privatnutzung überlassen werden.

d) Zusammenfassung

Resümierend ist festzuhalten: Hinsichtlich der Nutzung eines Dienstfahrzeugs ist zwischen der dienstlichen und der privaten Nutzung zu differenzieren. Während sich die Überlassung eines Dienstwagens zur dienstlichen Nutzung als erforderliche Aufwendung im Sinne des § 40 BetrVG darstellen kann, ist ein Anspruch auf die Privatnutzung unabhängig von der Betriebsratstätigkeit. Die private Nutzung des Dienstwagens stellt einen Vergütungsbestandteil im Sinne eines Sachbezugs dar. Ein Anspruch auf eine private Nutzungsmöglichkeit steht einem Betriebsratsmitglied dementsprechend zu, wenn

- es bereits vor der Betriebsratstätigkeit einen Anspruch auf die auch private Nutzung eines Dienstfahrzeugs hatte. Nach dem Lohnausfallprinzip des § 37 Abs. 2 BetrVG muss diese somit auch nach der Wahl in den Betriebsrat weiterhin gewährt werden.
- vergleichbare Arbeitnehmer bei betriebsüblicher Entwicklung eine Vergütungssteigerung vollzogen haben, die dem Wert der privaten Nutzungsmöglichkeit entspricht; § 37 Abs. 4 S. 1 BetrVG.

633 Siehe unter Gliederungspunkt II. 2. b); BAG, Urteil v. 17.08.2005 – 7 AZR 528/04, NZA 2006, 448.

- das Betriebsratsmitglied bei hypothetischer Betrachtung auf eine Stelle befördert worden wäre, auf der die Privatnutzung eines Dienstwagens obligatorisch ist. Um eine Benachteiligung gem. § 78 S. 2 BetrVG zu vermeiden, hat das Betriebsratsmitglied somit u.a. ein Anspruch auf die auch private Nutzung eines Dienstfahrzeugs.

Die Privatnutzung eines Dienstfahrzeugs ist somit ausschließlich am Lohnausfallprinzip zu messen. Jede Regelung, die an die Betriebsratstätigkeit anknüpft, stellt einen Verstoß gegen das Begünstigungsverbot des § 78 S. 2 BetrVG dar und ist somit unzulässig.

3. Leistungsbezogene Bezahlung im Arbeitsverhältnis

Das Ehrenamtsprinzip des § 37 Abs. 1 BetrVG sowie das Lohnausfallprinzip des § 37 Abs. 2 BetrVG verfolgen den Zweck, das Betriebsratsmitglied vor finanziellen Nachteilen aufgrund seiner Betriebsratstätigkeit zu bewahren; gleichzeitig soll es jedoch auch keinerlei finanzielle Vorteile aus der Betriebsratstätigkeit erlangen.[634] Diese Grundsätze sind auch auf leistungs- sowie erfolgsbezogene Vergütungen und Vergütungsbestandteile anzuwenden. In der Praxis sind solche leistungs- und erfolgsorientierten Vergütungssysteme bei weitem keine Seltenheit[635] und oftmals machen Boni und Prämien einen Großteil der Gesamtvergütung aus. Der zukunftsbezogene Blick des Lohnausfallprinzips macht eine Ermittlung der dem Betriebsratsmitglied zu gewährenden leistungsabhängigen Vergütungsbestandteile problematisch: Es kann gerade nicht sicher festgestellt werden, welche Leistung der Arbeitnehmer ohne sein Betriebsratsamt in seiner beruflichen Tätigkeit im maßgeblichen Zeitraum hypothetisch erbracht hätte. Dabei macht es keinen Unterschied, ob ein Betriebsratsmitglied vollständig freigestellt ist oder ob es teilweise in seiner beruflichen Tätigkeit beschäftigt ist, denn es ist nicht auszuschließen, dass auch nichtfreigestellte Betriebsratsmitglieder ohne ihre Betriebsratstätigkeit eine höhere leistungsabhängige Vergütung hätten erzielen können. In der Literatur hat sich ein differenzierter Meinungsstand dazu gebildet, nach welcher Berechnungsmethode leistungsabhängige Vergütungsbestandteile Betriebsratsmitgliedern zu gewähren sind. Die höchstrichterliche Rechtsprechung äußerte sich bislang nur zurückhaltend.[636] Als einzige Vorgabe

634 *Fitting*, BetrVG, 29. Aufl. 2018, § 37 Rn. 1; siehe bereits Gliederungspunkte I. 1. und I. 2.

635 *Jacobs/Frieling*, NZA 2015, 513, 513.

636 Zuletzt BAG, Urteil v. 29.04.2015 – 7 AZR 123/13, NZA 2015, 1328.

ist jedoch die Berechnungsmethode zu wählen, „die dem Lohnausfallprinzip am besten gerecht wird“[637], wobei „die Besonderheiten des jeweiligen Vergütungsbestandteils zu berücksichtigen“ sind.[638]

a) Akkordlohn

Eine typische Form leistungsbezogener Vergütung stellt der Akkordlohn dar. Akkordarbeit kann dabei in zwei grundsätzlichen Formen vorkommen: Der *Geldakkord* ist unabhängig von der benötigten Zeit. Der geschuldete Lohn ergibt sich aus einer Multiplikation der hergestellten Menge mit dem Faktor Vergütung pro Stück. Dagegen ist der *Zeitakkord* sowohl leistungs- als auch zeitabhängig. Die Höhe des geschuldeten Lohns ergibt sich daher durch eine Multiplikation der Faktoren hergestellte Menge, der vorgegebenen Zeit pro Stück sowie einem Zeitfaktor.[639] Der Arbeitnehmer kann – sowohl beim Geld- als auch beim Zeitakkord – auf die Höhe des Lohns während eines zeitlich beschränkten Arbeitsumfangs lediglich durch einen Faktor Einfluss nehmen: Die Zeit, die er für die Herstellung eines Stücks aus einer Menge benötigt. Da menschliche Arbeitsleistung stets Leistungsschwankungen unterliegt,[640] stellt die herrschende Auffassung in der Literatur zum Ausgleich dieser Leistungsschwankungen primär auf die durchschnittliche vor der Betriebsratstätigkeit gezeigte Arbeitsleistung und – soweit diese nicht feststellbar ist – sekundär auf den Durchschnitt der an die vergleichbaren Arbeitnehmer gezahlten Akkordlöhne ab.[641] *Thüsing* sieht die *zuletzt* vor Amtsantritt gezeigte Arbeitsleistung als maßgeblich an.[642] Letztere Ansicht führt jedoch dazu, dass der nach dem Entgeltausfallprinzip geschuldete Lohn davon abhinge, ob sich der Arbeitnehmer unmittelbar vor Antritt des

---

637 BAG, Urteil v. 29.04.2015 – 7 AZR 123/13, NZA 2015, 1328; BAG, Urteil v. 22.10.1980 – 5 AZR 438/78, BB 1981, 1467.

638 BAG, Urteil v. 29.04.2015 – 7 AZR 123/13, NZA 2015, 1328; so auch jüngst zur grundsätzlichen Berechnung der hypothetischen Vergütung BAG, Urteil v. 08.11.2017 – 5 AZR 11/17, NZA 2018, 528.

639 ErfK/*Preis*, 19. Aufl. 2019, § 611a BGB Rn. 392; MünchArbRHdb/*Krause*, 4. Aufl. 2018, § 64 Rn. 21; Richardi/*Richardi*, BetrVG, 16. Aufl. 2018, § 87 Rn. 835; Schaub/*Vogelsang*, ArbRHdb, 18. Aufl. 2019, § 63 Rn. 18 f.

640 ErfK/*Reinhard*, 19. Aufl. 2019, § 4 EFZG Rn. 14; *Jacobs/Frieling*, NZA 2015, 513, 515.

641 DKKW/*Wedde*, BetrVG, 16. Aufl. 2018, § 37 Rn. 49; ErfK/*Koch*, 19. Aufl. 2019, § 37 BetrVG Rn. 6; *Fitting*, BetrVG, 29. Aufl. 2018, § 37 Rn. 65; GK-BetrVG/*Weber*, 11. Aufl. 2018, § 37 Rn. 72; HWGNRH/*Glock*, BetrVG, 10. Aufl. 2018, § 37 Rn. 57.

642 Richardi/*Thüsing*, BetrVG, 16. Aufl. 2018, § 37 Rn. 34.

Betriebsratsamts gerade in einer Phase mit hoher oder ggf. niedriger Leistungsfähigkeit befunden hat.[643]

Zur Ermittlung der Höhe des Akkordlohns, den das Betriebsratsmitglied hypothetisch erreicht hätte, muss daher eine Durchschnittsbetrachtung erfolgen. Richtig an der Auffassung *Thüsings* ist jedoch, dass der Bezugszeitraum sich nicht auf die gesamte in der Akkordarbeit erbrachte Zeitspanne beziehen kann: So müssen etwa Einarbeitungsphasen unberücksichtigt bleiben. Wird ein Arbeitnehmer, der sich in einer solchen Einarbeitungsphase befindet, in den Betriebsrat gewählt, so ist zu berücksichtigen, dass er insbesondere bis zum Abschluss dieser höchstwahrscheinlich eine stetige Leistungssteigerung und somit auch eine stetige Steigerung des Akkordlohns erzielen würde. Erst wenn sich die in einem bestimmten Zeitraum hergestellte Menge auf ein Maß „eingependelt" hat, das sich lediglich im Rahmen gewöhnlicher Leistungsschwankungen bewegt, erlaubt sich eine Berechnung anhand der durchschnittlichen Arbeitsleistung. Daher kann ein zeitlich festgelegter Bezugszeitraum – *Lipp* sieht drei Monate als angemessen an –[644] nicht pauschal gelten. Maßgeblicher Bezugszeitraum muss die unmittelbar vor der Betriebsratstätigkeit liegende Zeitspanne sein, in der der Arbeitnehmer in seiner Leistung eine Konstanz aufweist, in der sich Abweichungen lediglich im Rahmen tagesformbedingter Leistungsschwankungen bewegen. Der maßgebliche Bemessungszeitraum kann daher im Einzelfall auch kürzer als drei Monate ausfallen, wenn sich dadurch die persönliche Leistungsfähigkeit zutreffender abbilden lässt.

Soweit eine Berechnung am individuellen Maßstab der durchschnittlichen Arbeitsleistung nicht möglich ist, wird der Durchschnitt der an vergleichbare Arbeitnehmer gezahlten Akkordlöhne als maßgeblich angesehen. Normative Anknüpfung dieser Auffassung ist auch insoweit das Lohnausfallprinzip des § 37 Abs. 2 BetrVG und gerade nicht § 37 Abs. 4 S. 1 BetrVG: § 37 Abs. 4 S. 1 BetrVG schützt das Betriebsratsmitglied davor, dass es in seiner beruflichen Entwicklung aufgrund der Betriebsratstätigkeit stagniert.[645] Daher gibt § 37 Abs. 4 S. 1 BetrVG dem Betriebsratsmitglied auch einen Anspruch auf Gehaltsanpassung in Höhe der prozentualen Vergütungssteigerung der Vergleichspersonen.[646] Mit dieser Regelung lässt sich jedoch keineswegs ermitteln, welchen Akkordlohn das

643 Ebenso bereits *Lipp*, Honorierung und Tätigkeitsschutz von Betriebsratsmitgliedern, 2008, S. 113.

644 *Lipp*, Honorierung und Tätigkeitsschutz von Betriebsratsmitgliedern, 2008, S. 113.

645 Richardi/Thüsing, BetrVG, 16. Aufl. 2018, § 37 Rn. 69.

646 Siehe dazu bereits Gliederungspunkt II. 1.

Betriebsratsmitglied hypothetisch ohne sein Betriebsratsamt erzielt hätte. Das Abstellen auf vergleichbare Arbeitnehmer ermöglicht jedoch auch im Rahmen von § 37 Abs. 2 BetrVG – für den Fall, dass die individuelle Leistungsfähigkeit nicht zu ermitteln ist – einen angemessenen Ausgleich zwischen Betriebsratsbegünstigung und -benachteiligung. Vergleichbare Arbeitnehmer sind indes solche nach § 37 Abs. 4 S. 1 BetrVG.[647]

b) Keine Übertragung dieser Grundsätze auf Provisionen

Teilweise werden diese Grundsätze auch auf monatliche Provisionszahlungen übertragen:[648] Entsprechend der Rechtsprechung des BAG zur Berechnung von Provisionszahlungen im Rahmen der Entgeltfortzahlung im Krankheitsfall soll insoweit jedoch der Bemessungszeitraum auf zwölf Monate ausgedehnt werden.[649] Das BAG vermeidet jedoch auch für die Entgeltfortzahlung im Krankheitsfall eine solch pauschale Betrachtung: Zwar legte es im konkreten Fall durchaus einen Berechnungszeitraum von zwölf Monaten zugrunde, betonte jedoch zugleich, dass dieser „unter Würdigung aller Umstände" festzulegen sei. Weiter führte es aus, dass dieser Zeitraum von einem Jahr „normalerweise" geeignet sei, „der besonderen Eigenart eines Arbeitsverhältnisses gerecht zu werden und unbillige Zufallsergebnisse auszuschließen".[650]

Eine undifferenzierte Übertragung der zum Akkordlohn entwickelten Grundsätze auf Provisionszahlungen verkennt jedoch bereits die Charakteristika von Provisionszahlungen und Akkordlohn: Während beim Akkord – sowohl beim Geld- als auch beim Zeitakkord – ein unmittelbarer Zusammenhang zwischen hergestellter Stückzahl und der dafür benötigten Zeit besteht, muss ein solcher bei Provisionszahlungen nicht zwangsläufig bestehen. Ein Rückschluss darauf, dass ein Arbeitnehmer – insbesondere als nicht vollständig freigestelltes Betriebsratsmitglied – in dem Zeitraum, den er für die Betriebsratstätigkeit

---

647 Siehe zu den vergleichbaren Arbeitnehmern Gliederungspunkt II. 1. a).

648 DKKW/*Wedde*, BetrVG, 16. Aufl. 2018, § 37 Rn. 52; *Fitting*, BetrVG, § 37 Rn. 65; *Gaul*, BB 1998, 101, 101; *Lipp*, Honorierung und Tätigkeitsschutz von Betriebsratsmitgliedern, 2008, S. 114; *Natzel*, NZA 2000, 77, 79, der generell für variable Vergütungsbestandteile an die durchschnittlich vor der Betriebsratstätigkeit erbrachte Leistung anknüpfen möchte.

649 So *Lipp*, Honorierung und Tätigkeitsschutz von Betriebsratsmitgliedern, 2008, S. 114, die auf BAG, Urteil v. 05.06.1985 – 5 AZR 459/83, NZA 1986, 290, 291 abstellt; ebenfalls DKKW/*Wedde*, BetrVG, 16. Aufl. 2018, § 37 Rn. 52; *Gaul*, BB 1998, 101, 101; Schaub/*Linck*, ArbRHdb, 18. Aufl. 2019, § 98 Rn. 82.

650 BAG, Urteil v. 05.06.1985 – 5 AZR 459/83, juris Rn. 26 f.

aufwendet, einen bzw. eine bestimmbare Anzahl von provisionsauslösenden Vertragsabschlüssen erzielt hätte, lässt sich nicht mit Sicherheit treffen.[651] Und dennoch erfordert ein solcher Abschluss Vorbereitungsmaßnahmen, Kundenbesuche und -gespräche etc., sodass das BAG zu Recht davon ausgeht, dass eine Minderung der Arbeitszeit zwangsläufig zu einer geringeren Provision führt.[652]

Diese Problematik wird auch im Rahmen des Entgeltausfalls im Krankheitsfall gesehen.[653] § 4 Abs. 1 EFZG liegt ebenfalls das Lohnausfallprinzip zugrunde.[654] Für erfolgsabhängige Vergütungsbestandteile erfährt dieses in § 4 Abs. 1a S. 2 EFZG eine Modifikation. Danach ist der von dem Arbeitnehmer in der für ihn maßgebenden regelmäßigen Arbeitszeit erzielbare Durchschnittsverdienst der Berechnung zugrunde zu legen. Dieser ergibt sich aus Umlegung der in einem Referenzzeitraum tatsächlich erzielten Provision auf den Zeitraum des Arbeitsausfalls.[655] Letztlich entspricht dies im Wesentlichen der Berechnung, die der Ermittlung des hypothetisch erzielten Akkordlohns zugrunde gelegt wird. Zwar erfordert die Berechnung des „erzielbaren Durchschnittsverdienstes" eine retrospektive Betrachtung; eine Abkehr vom Lohnausfallprinzip hin zum Referenzprinzip ist damit jedoch nicht verbunden, wie sich aus dem Abstellen auf den „erzielbaren Durchschnittsverdienst" ergibt.[656]

Dennoch lässt sich diese Regelung im Rahmen von § 37 Abs. 2 BetrVG nicht entsprechend anwenden: Das EFZG gewährt dem Arbeitnehmer für krankheitsbedingten Arbeitsausfall grundsätzlich Entgeltfortzahlung bis zu einer Dauer von sechs Wochen.[657] Dieser kurzzeitige Ausfallzeitraum mag es auch rechtfertigen, den erzielbaren Durchschnittsverdienst der Berechnung zugrunde zu

---

651 Vgl. BAG, Urteil v. 05.06.1985 – 5 AZR 459/83, NZA 1986, 290; *Jacobs/Frieling*, NZA 2015, 513, 515.

652 BAG, Urteil v. 05.06.1985 – 5 AZR 459/83, NZA 1986, 290; so bereits zu § 1 FeiertLohnzG in der Fassung v. 18.12.1975 (außer Kraft seit 01.06.1994) BAG, Urteil v. 04.06.1969 – 3 AZR 243/68, BAGE 22, 45; BAG, Urteil v. 12.03.1971 – 3 AZR 224/70, BAGE 23, 248; zum Urlaubsentgelt nach dem Lohnausfallprinzip (tarifvertragliche Abweichung von § 11 BUrlG) BAG, Urteil v. 19.09.1985 – 6 AZR 460/83, BAGE 49, 370; so bereits *Jacobs/Frieling*, NZA 2015, 513, 515.

653 Ausführlich *Jacobs/Frieling*, NZA 2015, 513, 514 ff.

654 MünchKommBGB/*Müller-Glöge*, 7. Aufl. 2016, § 4 EFZG Rn. 3.

655 *Jacobs/Frieling*, NZA 2015, 513, 515.

656 BAG, Urteil v. 26.02.2003 – 5 AZR 162/02, NZA 2003, 992; ErfK/*Reinhard*, 19. Aufl. 2019, § 4 EFZG Rn. 14; MünchKommBGB/*Müller-Glöge*, 7. Aufl. 2016, § 4 EFZG Rn. 21, a.A. *Jacobs/Frieling*, NZA 2015, 513, 516.

657 Günstigere Regelungen können in einem Tarifvertrag vereinbart werden; ErfK/*Reinhard*, 19. Aufl. 2019, § 3 EFZG Rn. 34.

legen. Demgegenüber beträgt die regelmäßige Amtszeit des Betriebsrats nach § 21 S. 1 BetrVG vier Jahre, wobei eine – auch mehrmalige – Wiederwahl nicht ausgeschlossen ist. Es ist sogar nicht ungewöhnlich, dass Betriebsratsmitglieder bis zum Renteneintritt ihr Betriebsratsamt innehaben. Ein Betriebsratsmitglied erleidet somit nicht lediglich einen Arbeits- und damit einen Provisionsausfall von bis zu sechs Wochen. Legte man nun die erzielte Durchschnittsprovision in einem Referenzzeitraum vor der Betriebsratstätigkeit der Berechnung zugrunde, würden etwa konjunkturelle Schwankungen vollkommen unberücksichtigt bleiben. Die monatliche Durchschnittsprovision, die ein Arbeitnehmer in seiner beruflichen Tätigkeit erzielt hat, muss mehrere Jahre später gerade nicht mehr der für diesen Zeitraum hypothetisch erzielten Provision und damit dem Lohnausfallprinzip entsprechen. Dabei macht es keinen Unterschied, ob die Provision monatlich oder als Jahressonderzahlung erfolgt.[658]

§ 37 Abs. 2 BetrVG erfordert jedoch gerade eine strenge Anwendung des Lohnausfallprinzips. Im Gegensatz zum EFZG treten neben das Lohnausfallprinzip die Regelungen des § 78 S. 2 BetrVG: Die Berechnungsmethode zur Ermittlung der ausgefallenen Provision darf auch nicht zu einer Begünstigung bzw. Benachteiligung des Betriebsratsmitglieds führen.[659]

Dass eine auf die durchschnittliche Provisionshöhe in den letzten zwölf Monaten abstellende Berechnung schnell zu einem Verstoß gegen das Begünstigungsverbot des § 78 S. 2 BetrVG führen kann, zeigt sich anhand eines einfachen Beispiels: Im Gegensatz zur Höhe des Akkordlohns hängt die Höhe von Provisionen und sonstigen variablen Vergütungsbestandteilen nicht allein von der Leistung des Arbeitnehmers ab. Neben den Faktor der persönlichen Leistung treten weitere Faktoren, die Einfluss auf die Provisionshöhe haben – insbesondere auch solche, die außerhalb des Arbeitsverhältnisses liegen:[660] So kann etwa eine verstärkte Werbekampagne des Unternehmens dazu führen, dass ein Arbeitnehmer in einem Jahr besonders viele Vertragsabschlüsse verzeichnen kann und dadurch auch Ansprüche auf entsprechende Provisionen erwirbt.[661]

---

658 A.A. *Lipp*, Honorierung und Tätigkeitsschutz von Betriebsratsmitgliedern, 2008, S. 114, die konjunkturelle Schwankungen nur bei Jahressonderzahlungen berücksichtigen will.

659 So auch *Jacobs/Frieling*, NZA 2015, 513, 516.

660 *Lipp*, Honorierung und Tätigkeitsschutz von Betriebsratsmitgliedern, 2008, S. 114.

661 Vgl. LAG Berlin, Urteil v. 28.06.1996 – 6 Sa 37/96, NZA 1997, 224; *Fitting*, BetrVG, 29. Aufl. 2018, § 37 Rn. 64; vgl. auch *Gaul*, BB 1998, 101, 102, der schwankende Provisionszahlungen aufgrund von Marketing-Aktivitäten des Unternehmens lediglich im Rahmen von Jahressonderzahlungen thematisiert; dem folgend *Lipp*, Honorierung und Tätigkeitsschutz von Betriebsratsmitgliedern, 2008, S. 115.

Würde der durchschnittliche Provisionslohn eines solchen Jahres zum Maßstab der folgenden Jahre im Betriebsrat, so würde das Betriebsratsmitglied entgegen § 78 S. 2 BetrVG unzulässig begünstigt.

Denkbar wäre auch der umgekehrte Fall: Aufgrund schwacher Konjunktur hat ein freigestelltes Betriebsratsmitglied – ebenso wie die vergleichbaren Arbeitnehmer – nur Ansprüche auf eine niedrige monatliche Provision erzielen können. Nach dem Lohnausfallprinzip wäre nach obiger Ansicht die durchschnittliche Provisionshöhe der letzten zwölf Monate zugrunde zu legen. Fährt das Unternehmen nun, um Produktion und Verkaufszahlen zu steigern, eine umfangreiche Werbekampagne, in deren Folge die vergleichbaren Arbeitnehmer ihre Vertragsabschlüsse und somit auch ihre Ansprüche auf Provisionszahlungen steigern können, tritt dadurch auch eine Benachteiligung des Betriebsratsmitglieds ein, wenn es nicht an den Werbemaßnahmen partizipieren würde. Insbesondere kann § 37 Abs. 4 S. 1 BetrVG, der das allgemeine Benachteiligungsverbot des § 78 S. 2 BetrVG konkretisiert,[662] nicht entsprechend angewendet werden.[663]

Damit wird deutlich: Für monatliche Provisionen und sonstige variable Vergütungsbestandteile kann die für den Akkordlohn entwickelte Berechnungsmethode nicht herangezogen werden. Eine entsprechende Anwendung des § 4 Abs. 1a S. 2 EFZG sowie die Übertragung der zur Entgeltfortzahlung im Krankheitsfall ergangenen Rechtsprechung kann aufgrund des zusätzlichen im Rahmen des § 37 Abs. 2 BetrVG zu berücksichtigenden Aspekts der Betriebsratsbegünstigung nicht erfolgen. Eine Differenzierung zwischen monatlichen Provisionen und Jahressonderzahlungen überzeugt ebenfalls nicht. Da sowohl monatliche Provisionen als auch Jahressonderzahlungen konjunkturellen Schwankungen unterliegen und das Lohnausfallprinzip eine Berücksichtigung dieser erfordert, ist insoweit eine einheitliche Betrachtung anzuwenden.

c) Berechnung eines Bonusanteils nach Zielerreichungsgrad

Das BAG hatte sich im Jahr 2015 mit der Ermittlung eines Jahresbonus nach einem Zielerreichungsgrad für ein Betriebsratsmitglied auseinanderzusetzen.[664]

Im entschiedenen Fall war der Arbeitnehmer Vorsitzender des Betriebsrats und wendete ca. 25 % seiner Arbeitszeit für die Betriebsratstätigkeit auf. Dem Betriebsratsmitglied wurde ein Jahresbonus gezahlt. Diesen berechnete der Arbeitgeber wie folgt: Der Bonus setzte sich zusammen aus einem Teilbetrag für die reguläre Arbeitszeit sowie einem Teilbetrag für die Betriebsratstätigkeit. Für den Teilbetrag, der auf die reguläre

662 *Fitting*, BetrVG, 29. Aufl. 2018, § 37 Rn. 114; siehe ausführlich unter Gliederungspunkt II. 2. a).
663 BAG, Urteil v. 29.04.2015 – 7 AZR 123/13, NZA 2015, 1328, 1329.
664 BAG, Urteil v. 29.04.2015 – 7 AZR 123/13, NZA 2015, 1328.

Arbeitszeit entfiel, reduzierte er das für die Vollzeittätigkeit vereinbarte Umsatzziel um den Arbeitsausfall für die Betriebsratstätigkeit (ca. 25%) und ermittelte so einen reduzierten Zielerreichungsgrad. Der Arbeitnehmer erreichte so im maßgeblichen Zeitraum einen reduzierten Zielerreichungsgrad von ca. 180 %.

Für den Teilbetrag, der auf die Betriebsratstätigkeit entfiel, legte der Arbeitgeber den Zielerreichungsgrad der vergleichbaren Arbeitnehmer zugrunde, der mit 120 % wesentlich niedriger ausfiel.

Der klagende Arbeitnehmer begehrte nun, dass auch für den Teilbetrag, der auf die Betriebsratstätigkeit entfiel, ein Zielerreichungsgrad von 180 % angelegt werden sollte.

Das BAG entschied, dass es sich bei einem Jahresbonus um einen einheitlichen Entgeltbestandteil handele, der anhand des vom Arbeitnehmer hypothetisch erreichten Zielerreichungsgrads ermittelt werden müsse. Damit erteilte es auch der Auffassung eine Absage, dass für nichtfreigestellte Betriebsratsmitglieder eine Aufteilung des Bonus in Teilbeträge für die reguläre Arbeitszeit sowie die Betriebsratstätigkeit erfolgen könne.[665]

Dem ist zuzustimmen: Eine Reduzierung des Umsatzziels entsprechend der aufgewendeten Zeit für die Betriebsratstätigkeit würde nur dann nicht zu einer Begünstigung von Betriebsratsmitgliedern führen, wenn der an das Umsatzziel geknüpfte Bonus proportional zum Umsatz steigt. Ist die Steigerung der Bonushöhe jedoch progressiv ausgestaltet, so führt eine Reduzierung des Umsatzziels dazu, dass bei einem Betriebsratsmitglied die Progression bereits bei einem proportional niedrigeren Umsatz beginnt. Dies würde schließlich zu einer gegen § 78 S. 2 BetrVG verstoßenden Betriebsratsbegünstigung führen.[666]

Rechtsgrundlage für die Bonuszahlung ist das Lohnausfallprinzip des § 37 Abs. 2 BetrVG; insbesondere findet § 37 Abs. 4 S. 1 BetrVG keine Anwendung, da die Berechnung eines Bonus keine Anpassung der Vergütung des Betriebsratsmitglieds an die Vergütung der vergleichbaren Arbeitnehmer betrifft. Nach welcher Berechnungsmethode der hypothetische Zielerreichungsgrad jedoch zu bemessen sei, ließ das BAG offen. Die Feststellung des hypothetischen Zielerreichungsgrads könne „in der Regel nur aufgrund von Hilfstatsachen, die in Verbindung mit Erfahrungsregeln einen indiziellen Schluss auf einen bestimmten

665 Insoweit unzutreffend *Zumkeller*, Kolumne ArbR v. 14.10.2015: „Bonuszahlungen: freigestellte Betriebsräte richtig vergüten“, der die Aufteilung der Berechnungszeiträume als „interessante Facette“ in der Argumentation des BAG bezeichnet.

666 Vgl. auch *Zumkeller*, Kolumne ArbR v. 14.10.2015: „Bonuszahlungen: freigestellte Betriebsräte richtig vergüten“.

Geschehensablauf zulassen, getroffen werden".[667] Als Mindestmaß sei jedoch der vom Betriebsratsmitglied tatsächlich erreichte, anhand des nicht reduzierten Umsatzziels ermittelte Zielerreichungsgrad zugrunde zu legen. Weitere Hilfstatsachen könnten etwa solche für den Umsatz maßgebenden Umstände wie Kundenstruktur, Vertragslaufzeiten und Vertragsverhandlungen darstellen bzw. könnten sich unmittelbar aus dem Vorbringen der Parteien ergeben, etwa soweit konkret dargelegt werden kann, dass der Arbeitnehmer ohne seine Betriebsratstätigkeit im maßgeblichen Zeitraum bestimmte provisionsauslösende Abschlüsse hätte verzeichnen können. Auf der anderen Seite bleibt es dem Arbeitgeber vorbehalten darzulegen, dass aus den konkreten Gegebenheiten im Verkaufsgebiet keine weiteren Vertragsabschlüsse zu erwarten gewesen wären.[668]

Darüber hinaus könne etwa auch die Leistung des Arbeitnehmers in der Vergangenheit ein Indiz dafür sein, was der Arbeitnehmer hypothetisch verdient hätte.[669] So könne ein Vergleich des vom Betriebsratsmitglied vor der Betriebsratstätigkeit erreichten Zielerreichungsgrads mit dem durchschnittlichen Zielerreichungsgrad der vergleichbaren Arbeitnehmer als Indiz zur Ermittlung des hypothetischen Zielerreichungsgrades herangezogen werden. Ggf. sei nach § 287 Abs. 2 ZPO eine Schätzung vorzunehmen.[670]

Die vom BAG genannten Hilfstatsachen Kundenstruktur, Vertragslaufzeiten, laufende Vertragsverhandlungen etc. sind auf den Fall nicht- bzw. nur teilweise freigestellter Betriebsratsmitglieder zugeschnitten und lassen sich nicht auf vollständig freigestellte Betriebsratsmitglieder übertragen. Da vollständig freigestellte Betriebsratsmitglieder nicht in die Arbeitsorganisation eingegliedert sind, bestehen auch keine Indizien für ihre aktuelle persönliche Leistungsfähigkeit in der beruflichen Tätigkeit.[671] Soweit Betriebsratsmitglieder vollständig freigestellt sind, kann daher lediglich die Arbeitsleistung des Betriebsratsmitglieds *vor* der Betriebsratstätigkeit als Indiz für den hypothetisch erreichten Zielerreichungsgrad herangezogen werden. Die Forderung des BAG, ggf. eine Schätzung nach § 287 Abs. 2 ZPO vorzunehmen, führt hingegen nicht zu mehr Rechtssicherheit: Nicht jede Provisionszahlung erfolgt nach gerichtlicher Klärung; vielmehr

667 BAG, Urteil v. 29.04.2015 – 7 AZR 123/13, NZA 2015, 1328; vgl. BAG, Urteil v. 03.12.1997 – 7 AZR 490/93, NZA 1998, 558; so auch GK-BetrVG/*Weber*, 11. Aufl. 2018, § 37 Rn. 72.

668 BAG, Urteil v. 29.04.2015 – 7 AZR 123/13, NZA 2015, 1328.

669 So zur Überstundenvergütung BAG, Urteil v. 29.06.1988 – 7 AZR 651/87, AiB 1989, 164.

670 BAG, Urteil v. 29.04.2015 – 7 AZR 123/13, NZA 2015, 1328.

671 Vgl. *Natzel*, NZA 2000, 77, 79.

müssen Arbeitgeber und Betriebsrat auch ohne gerichtliche Schätzung wissen, in welcher Höhe leistungsabhängige Vergütungsbestandteile nach dem Lohnausfallprinzip geschuldet sind. Dennoch kann eine Schätzung unumgänglich sein: Das Lohnausfallprinzip erfordert gerade eine hypothetische Betrachtung.[672] Unwägbarkeiten sind einer solchen immanent. Dies wiederum führt jedoch dazu, dass Arbeitgeber und Arbeitnehmer in einem eng gesteckten Rahmen ein gewisser Beurteilungsspielraum verbleiben muss.[673] Die Parteien können nicht stets auf eine gerichtliche Schätzung verwiesen werden.

Bei Anwendung dieses Beurteilungsspielraums ist dennoch erforderlich, dass die Feststellung des hypothetischen Zielerreichungsgrads für die Parteien vorhersehbar und in Übereinstimmung mit den §§ 37 Abs. 1 und 2, 78 S. 2 BetrVG erfolgt. Für vollständig freigestellte Betriebsratsmitglieder lässt sich die persönliche Leistungsfähigkeit lediglich anhand der vor der Betriebsratstätigkeit gezeigten Leistung ermitteln – diese muss somit als maßgebliches Indiz angesehen werden. Aufgrund konjunktureller Schwankungen sowie möglichen Werbekampagnen des Arbeitgebers kann insoweit jedoch nicht auf die durchschnittlich vor der Betriebsratstätigkeit erworbene Provision abgestellt werden.[674]

Eine Berücksichtigung dieser Unwägbarkeiten lässt sich indes dadurch erreichen, dass die Leistung des Betriebsratsmitglieds vor seiner Betriebsratstätigkeit in Verhältnis zu der Leistung der vergleichbaren Arbeitnehmer i.S.d. § 37 Abs. 4 S. 1 BetrVG gesetzt wird.[675] Als Ausgangspunkt ist bei vollständig freigestellten Betriebsratsmitgliedern insoweit der vom Betriebsratsmitglied durchschnittlich erreichte Zielerreichungsgrad mit dem in der gleichen Zeit von den vergleichbaren Arbeitnehmern erzielten durchschnittlichen Zielerreichungsgrad ins Verhältnis zu setzen. Dies lässt sich in folgender Formel zusammenfassen:

$$\frac{\varnothing\ \textit{Zielerreichungsgrad Betriebsrat in } \Delta t1}{\varnothing\ \textit{Zielerreichungsgrad vgl. AN in } \Delta t1} = \frac{\textit{Zielerreichungsgrad Betriebsrat für } \Delta t2}{\textit{Zielerreichungsgrad vgl. AN in } \Delta t2}$$

672 *Fitting*, BetrVG, 29. Aufl. 2018, § 37 Rn. 57.

673 So auch *Bayreuther*, NZA 2014, 235, zur hypothetischen Betrachtung im Rahmen von § 78 S. 2 BetrVG.

674 Siehe bereits ausführlich unter Gliederungspunkt VI 3. b).

675 Einen Vergleich des vom Betriebsratsmitglied vor Amtsübernahme durchschnittlich erzielten Zielerreichungsgrads mit dem durchschnittlichen Zielerreichungsgrad der Vergleichspersonen will das BAG als Indiz für einen hypothetischen Zielerreichungsgrad heranziehen, BAG, Urteil v. 29.04.2015 – 7 AZR 123/13, NZA 2015, 1328, 1330.

Dabei ist $\Delta t1$ der Referenzzeitraum zur Berechnung der durchschnittlich erreichten Zielerreichungsgrade und $\Delta t2$ der Zeitraum der Betriebsratstätigkeit, für den die Provision gezahlt wird. Umgestellt ergibt sich für den maßgeblichen Zielerreichungsgrad des freigestellten Betriebsratsmitglieds damit Folgendes:

$$Zielerreichungsgrad\ Betriebsrat\ f\ddot{u}r\ \Delta t2 =$$

$$\frac{\varnothing Zielerreichungsgrad\ Betrisrat\ in\ \Delta t1 \times Zielerreichungsgrad\ vgl.\ AN\ in\ \Delta t2}{\varnothing\ Zielerreichungsgrad\ vgl.\ AN\ in\ \Delta t1}$$

Diese Berechnung kann zwar als maßgebliches Indiz, letztlich aber doch nur als Näherung begriffen werden: Für nicht vollständig freigestellte Betriebsratsmitglieder ist insoweit zu berücksichtigen, dass sie neben ihrer Betriebsratsarbeit auch ihre arbeitsvertraglich geschuldete Tätigkeit erbringen, sodass diese ebenfalls ein Indiz für ihre aktuelle Leistungsfähigkeit darstellt. Dem BAG ist daher insoweit zu folgen, dass der vom Betriebsratsmitglied tatsächlich erreichte (nicht reduzierte) Zielerreichungsgrad als Mindestmaß zur Berechnung der Provisionszahlung gelten muss.[676]

Allerdings darf die Berechnungsmethode weder zu einer Begünstigung noch zu einer Benachteiligung des Betriebsratsmitglieds führen: Daher muss es Arbeitgeber und Betriebsratsmitglied unbenommen bleiben, anhand der konkreten Umstände darzulegen, dass ein im Verhältnis zu den vergleichbaren Arbeitnehmern niedrigerer bzw. höherer hypothetische Zielerreichungsgrad erzielt worden wäre.[677]

Die Feststellung des hypothetischen Zielerreichungsgrads für nicht freigestellte Betriebsratsmitglieder erfordert die Auswertung aller Indizien. Als Leitfaden bietet sich dabei folgender Dreischritt an:

1. Ausgangspunkt ist der vom Betriebsratsmitglied vor der Betriebsratstätigkeit durchschnittlich erreichte Zielerreichungsgrad im Verhältnis zu den vergleichbaren Arbeitnehmern.
2. Untere Grenze stellt der anhand eines nicht aufgrund der Betriebsratstätigkeit reduzierten Umsatzziels tatsächlich erreichte Zielerreichungsgrad im maßgeblichen Zeitpunkt dar.
3. Ggf. sind konkrete Umstände des Einzelfalls (laufende Vertragsverhandlungen, Sättigung des Gebiets, in dem das Betriebsratsmitglied tätig ist, etc.) zu

676 BAG, Urteil v. 29.04.2015 – 7 AZR 123/13, NZA 2015, 1328, 1330.
677 Vgl. BAG, Urteil v. 29.04.2015 – 7 AZR 123/13, NZA 2015, 1328, 1330.

berücksichtigen. Insoweit ließe sich auch berücksichtigen, ob Marketingaktivitäten sich auf ein bestimmtes Gebiet begrenzen und sich somit auf den Zielerreichungsgrad des Betriebsratsmitglieds auswirken bzw. nicht auswirken können.[678]

Auf vollständig freigestellte Betriebsratsmitglieder lässt sich die zweite Stufe nicht übertragen. Insoweit ist zweistufig vorzugehen: Zunächst ist anhand der Berechnungsformel der hypothetische Zielerreichungsgrad aus dem Verhältnis des durchschnittlich vom Betriebsratsmitglied zuletzt tatsächlich erzielten Zielerreichungsgrads zu dem in diesem Zeitraum von den vergleichbaren Arbeitnehmern erreichten Zielerreichungsgrad zugrunde zu legen. Anschließend sind ggf. die konkreten Umstände des Einzelfalls als Korrektiv heranzuziehen.

d) Keine Berücksichtigung von Leistungen im Betriebsrat – auch nicht als Indiz

Anders als für nicht vollständig freigestellte Betriebsratsmitglieder lässt sich für vollständig freigestellte Betriebsratsmitgliedern mangels ihrer Eingliederung in den Arbeitsprozess ihre aktuelle Leistungsfähigkeit nicht ermitteln. Insoweit verbleibt – wie bereits angesprochen – lediglich die Möglichkeit, die vor der Betriebsratstätigkeit gezeigte Leistung als maßgeblich anzusehen. Entsprechend zur Bestimmung der vergleichbaren Arbeitnehmer[679] ließe sich jedoch auch im Rahmen von leistungsbezogenen Vergütungsbestandteilen argumentieren, dass besondere im Betriebsratsamt gezeigte Leistungen jedenfalls ein Indiz dafür sind, dass ein Betriebsratsmitglied entsprechende besondere Leistungen auch in seiner beruflichen Tätigkeit erbracht hätte und damit Ansprüche auf höhere leistungsbezogene variable Vergütungsbestandteile erworben hätte.

Die Berücksichtigung solcher individuellen im Betriebsratsamt erbrachten Leistungen im Rahmen der Berechnung des hypothetischen Zielerreichungsgrad ist dabei nicht unproblematisch: Keinesfalls darf diese dazu führen, dass quasi ein zusätzlicher Bonus für besonders gute Betriebsratstätigkeit gezahlt wird. Wollte man etwa den errechneten hypothetischen Zielerreichungsgrad um die im Betriebsrat erbrachte Leistung nach oben korrigieren, so führte dies zu einem Verstoß gegen das Ehrenamtsprinzip. Denn insoweit würde der besonderen Leistung des Betriebsratsmitglieds eine Wertigkeit zugeordnet und diese

---

678 BAG, Urteil v. 29.04.2015 – 7 AZR 123/13, NZA 2015, 1328, 1330 f.; LAG Berlin, Urteil v. 28.06.1996 – 6 Sa 37/96, NZA 1997, 224; *Gaul*, BB 1998, 101, 103.

679 Siehe bereits Gliederungspunkt II. 1. a) ff) (1).

unmittelbar vergütet. Dies ist aber gleichbedeutend damit Betriebsratstätigkeit zu bewerten und als solche auch zu vergüteten.[680]

Zwar ließe sich vorbringen, die Berücksichtigung von besonderen Leistungen im Betriebsrat als Indiz zu berücksichtigen führe nicht dazu, dass Betriebsratstätigkeit an sich vergütet werde, lediglich werde indiziell von besonderen Leistungen im Betriebsrat auf die Erbringung von besonderen Leistungen in der beruflichen Tätigkeit rückgeschlossen. Nicht von der Hand zu weisen ist dabei, dass die Berücksichtigung von Leistungen im Betriebsratsamt Missbrauchsmöglichkeiten eröffnet, dem Betriebsratsmitglied für eine dem Arbeitgeber gewogene Betriebsratstätigkeit ein zusätzliches Entgelt zukommen zu lassen. Denn anders als im Rahmen von § 37 Abs. 4 S. 1 BetrVG, in dem bestimmte Leistungspotentiale als persönliche Qualifikation berücksichtigt werden können,[681] führt die Berücksichtigung von besonderen Leistungen im Betriebsrat dazu, dass sich die Betriebsratstätigkeit unmittelbar auf die Bonuszahlung auswirkt. Dies als indizielle Berücksichtigung zu bezeichnen, ändert nichts an der Sache: Die Berücksichtigung von besonderen Leistungen im Betriebsratsamt im Rahmen der Feststellung eines hypothetischen Zielerreichungsgrads führt *de facto* zu einer unmittelbaren Berücksichtigung von Betriebsratstätigkeit und damit zu einer unmittelbaren Vergütung derselben.[682] Dies ist mit dem Ehrenamtsprinzip des § 37 Abs. 1 BetrVG sowie dem Begünstigungsverbot in § 78 S. 2 BetrVG nicht in Einklang zu bringen.[683]

e) Übertragung dieser Grundsätze auf sämtliche variablen Vergütungsbestandteile

Diese für die Bonusberechnung anhand von Zielerreichungsgraden dargelegten Grundsätze lassen sich auf sämtliche variablen Vergütungsbestandteile übertragen, die *auch* auf der persönlichen Leistung des Arbeitnehmers beruhen und

---

680 Vgl. BGH, Urteil v. 17.09.2009 – 5 StR 521/08, NJW 2010, 92; *Rüthers*, NJW 2007, 195, 196.

681 So *Byers*, NZA 2014, 65, 66; *Fitting*, BetrVG, 29. Aufl. 2018, § 37 Rn. 120; *Schweibert/Buse*, NZA 2007, 1080, 1081; mit Einschränkungen *Bayreuther*, NZA 2014, 235, 236; siehe dazu ausführlich Gliederungspunkt II. 1. a) ff) (2).

682 A.A *Happe,* Die persönliche Rechtsstellung von Betriebsräten, 2017, S. 67.

683 BAG, Urteil v. 05.05.2010 – 7 AZR 728/08, NZA 2010, 1025; ErfK/*Koch*, 19. Aufl. 2019, § 37 BetrVG Rn. 1; *Fitting*, BetrVG, 29. Aufl. 2018, § 37 Rn. 8; GK-BetrVG/*Weber*, 11. Aufl. 2018, § 37 Rn. 16; HWGNRH/*Glock*, BetrVG, 10. Aufl. 2018, § 37 Rn. 15; Richardi/*Thüsing*, BetrVG, 16. Aufl. 2018, § 37 Rn. 8; *Rüthers*, RdA 1976, 61, 63.

damit etwa auch auf Jahressonderzahlungen, Prämien, Jahresboni etc., solange diese nicht lediglich an den Unternehmensgewinn anknüpfen.

Für das maßgebliche Indiz der persönlichen Leistungsfähigkeit ist jedoch – soweit sich der leistungsbezogene variable Vergütungsbestandteil nicht auf eine Zielvereinbarung stützt – eine Modifikation der Berechnungsformel vorzunehmen. Maßgeblich ist dabei, dass dem Lohnausfallprinzip Rechnung getragen wird. Wie die Berechnung im Konkreten vorzunehmen ist, hängt von der Ausgestaltung des Bonussystems ab. Die persönliche Leistungsfähigkeit ist am Maßstab des § 37 Abs. 2 BetrVG nach den zur Provisionszahlung dargelegten Grundsätzen zu bestimmen.

Davon zu differenzieren ist die Frage, an welchem Maßstab sich die konkrete Bonushöhe bemisst: Knüpft der Bonus etwa an einen arbeitsvertraglich festgelegten Bezugswert an und ist dieser Bezugswert nicht starr, sondern entsprechend der Beschäftigung dynamisch, sodass im Rahmen einer beruflichen Entwicklung ein höherer Bezugswert erreicht werden kann, so ist dieser Bezugswert am Maßstab der vergleichbaren Arbeitnehmer nach § 37 Abs. 4 S. 1 BetrVG bzw. nach einer konkreten Beförderungsstelle nach § 78 S. 2 BetrVG entsprechend anzupassen.

f) Nachträgliche Einführung eines leistungsorientierten Vergütungssystems

Eine hypothetische Betrachtung erfordert eine Grundlage, auf die sich diese stützen lässt. Dazu sind im Rahmen von leistungsabhängigen variablen Vergütungsbestandteilen grundsätzlich die von einem Betriebsratsmitglied in seiner beruflichen Tätigkeit tatsächlich erbrachten Leistungen maßgeblich heranzuziehen.

Wird jedoch ein leistungsorientiertes Vergütungssystem im Betrieb eingeführt, *nachdem* das Betriebsratsmitglied in den Betriebsrat gewählt wurde, gibt es für die von § 37 Abs. 2 BetrVG geforderte hypothetische Betrachtung eine solche Grundlage nicht zwingend: Wurden die in der beruflichen Tätigkeit gezeigten Leistungen – etwa im Hinblick auf die Einführung eines solchen leistungsorientierten Vergütungssystems – dokumentiert, sind diese primär zur Ermittlung der leistungsabhängigen, variablen Vergütungsbestandteile heranzuziehen.[684] Fehlt jedoch eine solche Dokumentation und damit eine Grundlage für die Bemessung des hypothetisch erzielten variablen Vergütungsbestandteils,

684 *Natzel*, NZA 2000, 77, 79.

lässt sich eine individuelle Betrachtung für das Betriebsratsmitglied nicht durchführen.

Insoweit ließe sich auf vergleichbare Arbeitnehmer i.S.d. § 37 Abs. 4 S. 1 BetrVG abstellen. Eine solche Betrachtung kann jedoch nicht auf § 37 Abs. 4 S. 1 BetrVG gestützt werden: § 37 Abs. 4 S. 1 BetrVG knüpft an die betriebsübliche Entwicklung an und erfasst somit gerade eine Vergütungsanpassung. Die Frage, welche leistungsabhängigen Vergütungsbestandteile das Betriebsratsmitglied ohne sein Betriebsratsamt erhalten hätte, ist jedoch zunächst einmal eine Frage des Lohnausfallprinzips.[685] Normative Anknüpfung im Rahmen der Ermittlung der Leistungsbewertung bleibt insoweit auch § 37 Abs. 2 BetrVG.

Soweit die Höhe von variablen Vergütungsbestandteilen jedoch nicht anhand eines individuellen Maßstabs bestimmt werden kann, sind im Rahmen von § 37 Abs. 2 BetrVG die vergleichbaren Arbeitnehmer heranzuziehen. Insoweit bleibt hilfsweise keine andere Möglichkeit, als die durchschnittliche Höhe der variablen Vergütungsbestandteile der vergleichbaren Arbeitnehmer als maßgeblich anzusehen.[686] Da sich diese Betrachtung nicht auf § 37 Abs. 4 S. 1 BetrVG stützt, kommt es insbesondere nicht darauf an, ob diese Vergütungshöhe betriebsüblich ist, also die Mehrzahl der Arbeitnehmer eine solche Vergütung erzielen konnte.[687] Die Durchschnittsbetrachtung rechtfertigt sich dadurch, dass leistungsabhängige Vergütungssysteme in der Regel auf einer solchen aufbauen.[688]

Hinsichtlich des Bezugswerts der Bemessungsgrundlage kann jedoch eine Anpassung nach § 37 Abs. 4 S. 1 BetrVG bzw. unmittelbar nach § 78 S. 2 BetrVG in Betracht kommen.[689]

685 BAG, Urteil v. 29.04.2015 – 7 AZR 123/13, NZA 2015, 1328; so auch *Lipp*, Honorierung und Tätigkeitsschutz von Betriebsratsmitgliedern, 2008, S. 117.

686 *Hennecke*, RdA 1986, 241, 246; *Lipp*, Honorierung und Tätigkeitsschutz von Betriebsratsmitgliedern, 2008, S. 117; *Natzel*, NZA 2000, 77, 79.

687 BAG, Urteil v. 18.01.2017 – 7 AZR 205/15, NZA 2017, 935, 937; LAG Köln, Urteil v. 13.03.2002 – 7 (10) Sa 1061/01, AR-Blattei ES 530.8 Nr. 44.

688 *Natzel*, NZA 2000, 77, 79; so auch *Lipp*, Honorierung und Tätigkeitsschutz von Betriebsratsmitgliedern, 2008, S. 117.

689 Siehe dazu bereits Gliederungspunkt IV. 3. e).

V. Kapitel 5: Korrelation von unternehmerischer und betrieblicher Mitbestimmung – Betriebsratsmitglieder als Arbeitnehmervertreter im Aufsichtsrat

In der Praxis ist es nicht unüblich, dass Betriebsratsmitglieder ebenfalls als Arbeitnehmervertreter im Aufsichtsrat tätig sind.[690] So bekleidet der Betriebsratsvorsitzende oftmals neben seiner Betriebsratstätigkeit das Amt des stellvertretenden Aufsichtsratsvorsitzenden.[691] Zwar unterscheiden sich unternehmerische und betriebliche Mitbestimmung in ihrer Ausgestaltung und ihren Aufgaben, die Interessenvertretung der Belegschaft ist jedoch originärer Zweck beider Mitbestimmungsordnungen. Ist nun ein Arbeitnehmer sowohl als Mitglied im Betriebsrat als auch als Arbeitnehmervertreter im Aufsichtsrat tätig, stellt sich die Frage, ob Qualifikationen, die er als Aufsichtsratsmitglied erworben hat, im Rahmen der arbeitsvertraglich geschuldeten Tätigkeit sowie der Vergütung dieser berücksichtigt werden dürfen.

1. Kein Begünstigungsverbot – sondern nur Benachteiligungsverbot

Die betriebliche Mitbestimmung statuiert in § 78 S. 2 BetrVG ein umfassendes Begünstigungs- und Benachteiligungsverbot aufgrund der Betriebsratstätigkeit. Hinsichtlich der unternehmerischen Mitbestimmung entschied sich der Gesetzgeber für einen anderen Weg und normierte eine nach dem Kriterium der Unternehmensgröße differenzierende Regelung: Im Anwendungsbereich des MitbestG wurde auf die Aufnahme eines Begünstigungsverbots verzichtet. § 26 S. 2 MitbestG erfasst lediglich das Verbot der Benachteiligung von Arbeitnehmervertretern in mitbestimmten Aufsichtsräten aufgrund ihrer Aufsichtsratstätigkeit. Nach § 1 Abs. 1 MitbestG werden vom MitbestG solche Unternehmen erfasst, die in der Rechtsform der Aktiengesellschaft, der Kommanditgesellschaft

690 *Fischer*; NZA 2007, 484, 487; *Schönhöft/Oelze*, NZA 2016, 145, 147; *Uffmann*, ZfA 2018, 225, 225.

691 *Rieble*, AG 2016, 315, 315; *Rüthers*, NJW 2007, 195, 196.

auf Aktien der GmbH oder der Genossenschaft betrieben werden und in der Regel mehr als 2.000 Arbeitnehmer beschäftigen.

Unternehmen, deren Arbeitnehmerzahl diesen Schwellenwert in der Regel unterschreiten, jedoch in der Regel mehr als 500 Arbeitnehmer beschäftigen, fallen in den Anwendungsbereich des DrittelbG; § 1 Abs. 1 DrittelbG. Auch das DrittelbG sieht in § 9 DrittelbG eine Regelung zum Schutz der Arbeitnehmervertreter vor, die dem § 26 MitbestG nicht unähnlich ist. Einige Kommentierungen zu § 9 DrittelbG verweisen sogar uneingeschränkt auf § 26 MitbestG.[692] Unberücksichtigt bleibt insoweit jedoch, dass § 9 DrittelbG anders als § 26 MitbestG nicht nur ein Benachteiligungsverbot erfasst, sondern darüber hinaus auch eine Begünstigung von Arbeitnehmervertretern wegen ihrer Tätigkeit im Aufsichtsrat untersagt.

a) § 26 S. 2 MitbestG und die Gründe für einen Verzicht auf das Begünstigungsverbot

Unternehmen, die in den Anwendungsbereich des MitbestG fallen, unterliegen gem. § 26 S. 2 MitbestG lediglich einem Benachteiligungsverbot. § 26 MitbestG soll dabei eine ungestörte Amtsausübung der Aufsichtsratsmitglieder der Arbeitnehmer gewährleisten und somit die Funktionsfähigkeit des Aufsichtsrats sichern.[693] Auf ein Verbot der Begünstigung von Arbeitnehmervertretern aufgrund ihrer Aufsichtsratstätigkeit hat der Gesetzgeber verzichtet.[694] Höhergruppierungen sowie die Übertragung höherwertiger Positionen an Arbeitnehmervertreter im Aufsichtsrat sollen durch § 26 S. 2 MitbestG gerade nicht ausgeschlossen werden.[695] Anders als im Rahmen der Betriebsratstätigkeit sollen Leistungen, die ein Arbeitnehmer im Aufsichtsrat gezeigt hat sowie Kenntnisse und Fähigkeiten, die er im Zusammenhang mit der Aufsichtsratstätigkeit erlangt hat, unmittelbar berücksichtigt werden können.[696] Eine solche Besserstellung sei insbesondere durch die geringe Zahl der Arbeitnehmervertreter sowie ihre

---

692 Siehe bspw. ErfK/*Oetker*, 19. Aufl. 2019, § 9 DrittelbG Rn. 1; MünchKommAktG/*Annuß*, §5. Aufl. 2019, § 9 DrittelbG; Raiser/Veil/Jacobs/*Veil*, MitbestG/DrittelbG, 6. Aufl. 2015, § 9 DrittelbG Rn. 1.

693 WKS/*Wißmann*, MitbestR, 5. Aufl. 2017, § 26 MitbestG Rn. 1.

694 MünchKommAktG/*Annuß*, § 5. Aufl. 2019, § 26 MitbestG Rn. 2.

695 *Aszmons*, DB 2014, 895, 897; *Bittmann/Mujan*, BB 2012, 637, 639; *Schönhöft/Oelze*, NZA 2016, 145, 147.

696 *Bittmann/Mujan*, BB 2012, 637, 639; *Esser*, Die Begünstigung von Mitgliedern des Betriebsrats, 2013, S. 102; Habersack/Henssler/*Henssler*, MitbestR, 4. Aufl. 2018, § 26 MitbestG Rn. 2; WKS/*Wißmann*, MitbestR, 5. Aufl. 2017, § 26 MitbestG Rn. 2.

besondere Stellung und Verantwortung für das gesamte Unternehmen gerechtfertigt.[697]

Dies erscheint auch in seiner Konzeption richtig: Im Gegensatz zum Betriebsratsamt ist das Aufsichtsratsmandat nicht als Ehrenamt ausgestaltet. Der Arbeitnehmer darf aufgrund dieser Ausgestaltung des Betriebsratsamts als Ehrenamt aus der Betriebsratstätigkeit keinerlei Vorteile ziehen, die ihm das Gesetz nicht ausdrücklich zuspricht.[698] Die Aufsichtsratstätigkeit kann jedoch nach § 113 Abs. 1 AktG vergütet werden und wird dies im Regelfall auch.[699] In unmittelbarem Zusammenhang dazu steht, dass die Aufsichtsratstätigkeit im Gegensatz zur Betriebsratstätigkeit[700] grundsätzlich nicht während der Arbeitszeit auszuüben ist.[701] Es ist jedoch kein Grund ersichtlich, Kenntnisse und Fähigkeiten, die ein Arbeitnehmer außerhalb seiner regulären Arbeitszeit und Tätigkeit erlangt und die ihn zu höherqualifizierten Tätigkeiten befähigen, unberücksichtigt zu lassen. Dabei kann es keinen Unterschied machen, ob der Arbeitnehmer diese etwa im Rahmen einer Nebentätigkeit oder im Rahmen einer Aufsichtsratstätigkeit erwirbt.

Anders muss dies für Unternehmen gesehen werden, die in den Anwendungsbereich des Drittelbeteiligungsgesetzes fallen. § 9 DrittelbG wurde an § 78 S. 2 BetrVG orientiert.[702] Hierbei wurde explizit ein Begünstigungsverbot mitaufgenommen. Begünstigungen von Arbeitnehmervertretern von Unternehmen, die in den Anwendungsbereich des DrittelbG fallen, sind daher unzulässig.

b) Grenzen der Begünstigung

Der Verzicht auf ein Verbot der Begünstigung von Aufsichtsratsmitgliedern im MitbestG kann jedoch auch nicht zu uferlosen Möglichkeiten der Begünstigung von Betriebsratsmitgliedern führen. Eine Beschränkung des

---

697 Raiser/Veil/Jacobs/*Veil/Jacobs*, MitbestG/DrittelbG, 6. Aufl. 2015, § 26 MitbestG Rn. 13.

698 Richardi/*Thüsing*, BetrVG, 16. Aufl. 2018, § 37 Rn. 7.

699 Vgl. Hüffer/Koch, AktG, 13. Aufl. 2018, § 113 Rn. 1; MünchKommAktG/*Habersack*, 5. Aufl. 2019, § 113 Rn. 6; *Theisen/Probst*, DB 2012, 1553, 1553 ff.

700 GK-BetrVG/*Weber*, 11. Aufl. 2018, § 37 Rn. 24.

701 ErfK/*Oetker*, 19. Aufl. 2019, § 26 MitbestG Rn. 3 f; *Schönhöft/Oelze*, NZA 2016, 145, 145; Habersack/Henssler/*Henssler*, MitbestR, 4. Aufl. 2018, § 26 MitbestG Rn. 5; vgl. MünchKommAktG/*Annuß*, 5. Aufl. 2019, § 26 MitbestG Rn. 4.

702 *Lembke/Ludwig*, Recht der Unternehmensmitbestimmung, 2015, § 5 Rn. 39; MünchArbRHdb/*Uffmann*, 4. Aufl. 2018, § 381 Rn. 24; Habersack/Henssler/*Henssler*, MitbestR, 4. Aufl. 2018, § 9 DrittelbG Rn. 2.

Begünstigungsverbots wird in der Literatur in zweierlei Hinsicht gesehen: Zum einen folge aus dem arbeitsrechtlichen Gleichbehandlungsgrundsatz, dass die Arbeitnehmervertreter im Aufsichtsrat gegenüber den übrigen Arbeitnehmern nicht ohne sachlichen Grund bevorzugt werden dürfen.[703] Zum anderen sei das aus dem Aktien- und Mitbestimmungsrecht resultierende Gleichbehandlungsgebot zu beachten.[704]

Nach dem arbeitsrechtlichen Gleichbehandlungsgebot dürfen einzelne Gruppen, etwa die Arbeitnehmervertreter im Aufsichtsrat, gegenüber den übrigen Arbeitnehmern des Unternehmens nicht ohne sachlichen Grund begünstigt werden.[705] Dies ist insbesondere vor dem Hintergrund zu sehen, dass Leistungen, die lediglich den Arbeitnehmervertretern gewährt werden, das Risiko innewohnt, die Unabhängigkeit dieser gegenüber dem Vorstand bzw. der Geschäftsführung des Unternehmens zu gefährden.[706] Sachwidrige Begünstigungen begründen – überspitzt formuliert – stets die Gefahr, dass die Unternehmensleitung den Arbeitnehmervertretern im Aufsichtsrat „Schmiergelder" dafür zukommen lässt, dass diese ihre nach § 111 Abs. 1 AktG bestehende Überwachungspflicht vernachlässigen. Dies hätte zur Folge, dass die unternehmerische Mitbestimmung und somit der Einfluss der Arbeitnehmer auf unternehmerische Entscheidungen leerlaufen würde. Darüber hinaus würden die Arbeitnehmervertreter ihrer Überwachungsfunktion nicht mehr gerecht. Ebenso wie bei der betrieblichen Mitbestimmung nach dem BetrVG kann auch eine effektive unternehmerische Mitbestimmung nur durch die Wahrung der Unabhängigkeit der Arbeitnehmervertreter gewährleistet werden.[707]

Werden Arbeitnehmer aufgrund ihrer im Zusammenhang mit einer Aufsichtsratsstätigkeit erworbenen Kenntnissen und Fähigkeiten höhergruppiert oder befördert, so stellt dies zunächst eine Ungleichbehandlung von Arbeitnehmervertretern und den übrigen Arbeitnehmern des Unternehmens dar. Ungleichbehandlungen lassen sich jedoch nur durch einen sachlichen Grund

---

703 GroßKommAktG/*Oetker*, 5. Aufl. 2018, § 26 MitbestG Rn. 3; KölnerKommAktG/-*Mertens/Cahn*, 3. Aufl. 2012, Anh. § 117 B, § 26 MitbestG Rn. 11; MünchKommAktG/*Annuß*, 5. Aufl. 2019, Anh. 117 B, § 26 MitbestG Rn. 2; Raiser/Veil/Jacobs/*Veil/Jacobs*, MitbestG/DrittelbG, 6. Aufl. 2015, § 26 MitbestG Rn. 13; Habersack/Henssler/*Henssler*, MitbestR, 4. Aufl. 2018, § 26 MitbestG Rn. 2.

704 *Bittmann/Mujan*, BB 2012, 637, 639; Schmidt/Lutter/*Drygala*, AktG, 3. Aufl. 2015, § 113 Rn. 18; *Schönhöft/Oelze*, NZA 2016, 145.

705 MünchKommAktG/*Annuß*, 5. Aufl. 2019, § 26 MitbestG Rn. 2.

706 Vgl. *Reich/Lewerenz*, AuR 1976, 353, 363 f.

707 Vgl. WKS/*Wißmann*, MitbestR, 5. Aufl. 2017, § 26 MitbestG Rn. 1.

rechtfertigen, der aus der Aufsichtsratstätigkeit resultiert.[708] Ein solcher wird in der Literatur u.a. darin gesehen, dass eine Besserstellung der Arbeitnehmervertreter auf den durch die Aufsichtsratstätigkeit erlangten Kenntnisse und Fähigkeiten beruht.[709]

Zuweilen wird bezweifelt, ob das arbeitsrechtliche Gleichbehandlungsgebot ungerechtfertigte Begünstigungen verhindern kann.[710] Im Gegensatz zu einem Verbotsgesetz führt ein Verstoß nicht zur Nichtigkeit der Vereinbarung. Einer ungerechtfertigten Besserstellung von Arbeitnehmervertretern wirke es nur mittelbar entgegen, indem vergleichbaren Arbeitnehmern ggf. eine „Anpassung nach oben" gewährt werden müsse.[711] Letztlich gehen jedoch auch diese Stimmen in der Literatur davon aus, dass aufgrund einer sachlichen Rechtfertigung bereits kein Verstoß gegen das arbeitsrechtliche Gleichbehandlungsgebot vorliegt, sofern eine Besserstellung aufgrund von Kenntnissen und Fähigkeiten, die durch die Aufsichtsratstätigkeit erworben wurden, gewährt wird.[712]

Im Verhältnis zu anderen Aufsichtsratsmitgliedern ist darüber hinaus auch das gesellschaftsrechtliche Gleichbehandlungsgebot zu beachten. Daraus folgt in erster Linie, dass Aufsichtsratsmitglieder bei der ihnen für die Amtstätigkeit gewährten Vergütung gleich zu behandeln sind.[713] Unterscheidungen aus sachlichen Gründen – insbesondere eine Differenzierung aufgrund der Aufgaben und Funktion des einzelnen Aufsichtsratsmitglieds – sind dabei nicht nur zulässig, sondern auch geboten.[714] So ist etwa eine höhere Vergütung für den Vorstandsvorsitzenden funktionsbezogen und als solche nicht zu beanstanden.[715] Die Differenzierung zwischen Arbeitnehmervertretern und solchen der Anteilseigner

---

708 KölnerKommAktG/*Mertens/Cahn*, 3. Aufl. 2012, Anh. § 117 B, § 26 MitbestG Rn. 11; Raiser/Veil/Jacobs/*Veil/Jacobs*, MitbestG/DrittelbG, 6. Aufl. 2015, § 26 MitbestG Rn. 13.

709 *Bittmann/Mujan*, BB 2012, 637, 639; KölnerKommAktG/*Mertens/Cahn*, 3. Aufl. 2012, Anh. § 117 B, § 26 MitbestG Rn. 11; Raiser/Veil/Jacobs/*Veil/Jacobs*, MitbestG/DrittelbG, 5. Aufl. 2015, § 26 MitbestG Rn. 13; im Ergebnis auch WKS/*Wißmann*, MitbestR, 5. Aufl. 2017, § 26 MitbestG Rn. 2 f.

710 WKS/*Wißmann*, MitbestR, 5. Aufl. 2017, § 26 MitbestG Rn. 3.

711 ErfK/*Preis*, 19. Aufl. 2019, § 611a BGB Rn. 608; WKS/*Wißmann*, MitbestR, 5. Aufl. 2017, § 26 MitbestG Rn. 3, vgl. BAG, Urteil v. 11.09.1974 – 5 AZR 667/73, AP BGB § 242 Gleichbehandlung Nr. 39.

712 WKS/*Wißmann*, MitbestR, 5. Aufl. 2017, § 26 MitbestG Rn. 2.

713 Schmidt/Lutter/*Drygala*, AktG, 3. Aufl. 2015, § 113 Rn. 18.

714 Schmidt/Lutter/*Drygala*, AktG, 3. Aufl. 2015, § 113 Rn. 18.

715 MünchKommAktG/*Habersack*, 5. Aufl. 2019, § 113 Rn. 43; Schmidt/Lutter/*Drygala*, AktG, 3. Aufl. 2015, § 113 Rn. 18.

entbehrt hingegen eines sachlichen Grundes und ist somit nicht mit dem Gleichbehandlungsgrundsatz vereinbar.[716] Damit werden auch Besserstellungen von Arbeitnehmervertretern ausgeschlossen.

Angesprochen ist insoweit lediglich die Vergütung, die Aufsichtsratsmitglieder für ihre Amtstätigkeit erhalten. Arbeitnehmervertreter erhalten jedoch auch für ihre nach dem Arbeitsvertrag geschuldete Tätigkeit eine Vergütung. Werden Arbeitnehmervertreter nun aufgrund von Qualifikationen, die sie im Rahmen der Aufsichtsratstätigkeit erworben haben, höhergruppiert bzw. befördert, wirkt sich das ausschließlich auf die im Rahmen ihrer Arbeitnehmerstellung gewährten Vergütung – und ggf. im Gegenzug auf die vom Arbeitnehmer geschuldete Leistung – aus. Diese Begünstigung der Arbeitnehmervertreter führt jedoch nicht zu einem Verstoß gegen das gesellschaftsrechtliche Gleichbehandlungsgebot: Da die Vertreter der Anteilseigner im Regelfall nicht aus dem Kreis der Arbeitnehmer stammen, besteht bereits keine Möglichkeit Arbeitnehmervertreter und Vertreter der Anteilseigner gleich zu behandeln. Ein gänzlicher Ausschluss der beruflichen Entwicklung von Arbeitnehmervertretern verstößt unweigerlich gegen das Benachteiligungsverbot des § 26 S. 3 MitbestG. Eine Gleichbehandlung ist jedoch im Verhältnis zu den anderen Arbeitnehmervertretern zu beachten.

Ein Verstoß gegen das gesellschaftsrechtliche Gleichbehandlungsgebot wird man jedoch dann annehmen müssen, wenn eine Erhöhung der arbeitsvertraglichen Vergütung als verdeckte Gewährung einer Vergütung für die Aufsichtsratstätigkeit zu qualifizieren ist.[717] Soweit eine solche Vergütung auch nicht entsprechend der Empfehlung nach Ziff. 5.4.6 Abs. 3 DCGK im Lagebericht offengelegt wird, ist dies in der Entsprechenserklärung nach § 161 Abs. 1 AktG aufzuführen. Darüber hinaus entspricht eine verdeckte Aufsichtsratsvergütung nicht den Anforderungen des § 113 AktG: Während die Leitung des Unternehmens nach § 76 Abs. 1 AktG dem Vorstand obliegt, der im Rahmen seiner Leitungskompetenz auch für das Personalmanagement zuständig ist, wird die Vergütung von Aufsichtsratsmitgliedern gem. § 113 Abs. 1 AktG durch die Satzung festgesetzt oder von der Hauptversammlung bewilligt. § 113 AktG ist dabei zwingend.[718] Eine Vergütungsregelung, die § 113 AktG widerspricht – etwa dadurch, dass sie vom Vorstand bewillig wird –, ist nichtig.[719]

716 *Asmons*, DB 2014, 895, 897; *Bittmann/Mujan*, BB 2012, 637, 639; MünchKommAktG/*Habersack*, 5. Aufl. 2019, § 113 Rn. 42.

717 *Esser*, Die Begünstigung von Mitgliedern des Betriebsrats, 2013, S. 101 f.

718 MünchKommAktG/*Habersack*, 5. Aufl. 2019, § 113 Rn. 4.

719 ErfK/*Oetker*, 19. Aufl. 2019, § 113 AktG Rn. 6.

2. Sondersituation: Betriebsratsmitglied und Aufsichtsratsmitglied in Personalunion

Wie bereits angesprochen ist es nicht unüblich, dass Arbeitnehmer sowohl Mitglied des Betriebsrats sind, als auch ein Aufsichtsratsmandat innehaben. Dies ist auch nicht zu beanstanden; die beiden Ämter sind voneinander unabhängig.[720] Arbeitnehmern, die ein Aufsichtsrats- sowie ein Betriebsratsamt in Personalunion führen, wird zum einen eine Vergütung für die Aufsichtsratstätigkeit gewährt, zum anderen erhalten sie nach dem Lohnausfallprinzip des § 37 Abs. 2 BetrVG die Vergütung, die sie erhalten hätten, wenn sie das Betriebsratsamt nicht übernommen hätten.

Auswirkungen kann eine Aufsichtsratstätigkeit jedoch auf die berufliche Entwicklung dieser Arbeitnehmer entfalten: Leistungen, die ein Arbeitnehmer im Betriebsrat erbracht hat, dürfen nach der Rechtsprechung und der herrschenden Meinung in der Literatur im Rahmen der Gehaltsentwicklung nicht,[721] allenfalls als Indiz berücksichtigt werden.[722] Ähnlich problematisch gestaltet sich die Berücksichtigung von Qualifikationen, die durch die Betriebsratstätigkeit erworben wurden. Solche können richtigerweise nur dann berücksichtigt werden, wenn ein Zusammenhang zu der ausgeübten Arbeitstätigkeit besteht – und auch in diesem Fall lediglich als Indiz für eine besondere, bislang unberücksichtigte Leistungsfähigkeit des Betriebsratsmitglieds.[723] Dieser strenge Maßstab rechtfertigt sich durch die Ausgestaltung des Betriebsratsamt als unentgeltliches Ehrenamt,[724] aus welchem ein Betriebsratsmitglied keine vom Gesetz nicht ausdrücklich zugewiesenen Vorteile ziehen soll.[725]

Für Leistungen, die ein Betriebsratsmitglied im Rahmen der Aufsichtsratstätigkeit gezeigt bzw. für Kenntnisse und Fähigkeiten, die es in diesem Rahmen erworben hat, gilt dieser strenge Maßstab nicht: Aufgrund solcher im Aufsichtsrat gezeigten besonderen Leistungen sowie solcher erworbenen Qualifikationen

720 *Esser*, Die Begünstigung von Mitgliedern des Betriebsrats, 2013, S. 101.

721 BGH, Urteil v. 17.09.2009 – 5 StR 521/08, NJW 2010, 92; *Bittmann/Mujan*, BB 2012, 637, 638; *Dzida/Mehrens*, NZA 2013, 753, 755; *Esser*, Die Begünstigung von Mitgliedern des Betriebsrates, 2013, S. 38; *Frahm/Koch*, ArbRAktuell 2010, 468, 468; *Jacobs/Frieling*, ZfA 2015, 241, 253; *Lipp*, Honorierung und Tätigkeitsschutz von Betriebsratsmitgliedern, 2008, S. 43; *Rieble*, NZA 2008, 276, 277; *Rüthers*, RdA 1976, 61, 63.

722 *Bayreuther*, NZA 2014, 235, 236; *Fitting*, BetrVG, 29. Aufl. 2018, 37 Rn. 120; *Schweibert/Buse*, NZA 2007, 1080, 1081.

723 Siehe dazu bereits Gliederungspunkt II. 1. a) ff) (2).

724 *Lipp*, Honorierung und Tätigkeitsschutz von Betriebsratsmitgliedern, 2008, S. 61.

725 Richardi/*Thüsing*, BetrVG, 16. Aufl. 2018, § 37 Rn. 7.

darf einem Betriebsratsmitglied – im Rahmen der dargestellten Grenzen – eine Begünstigung gewährt werden. So müssen erworbene Qualifikationen etwa im Rahmen der beruflichen Entwicklung berücksichtigt werden dürfen, sodass das Betriebsratsmitglied einen schnelleren beruflichen Aufstieg als betriebsüblich erzielen kann. Dem steht auch § 78 S. 2 BetrVG nicht entgegen – im Gegenteil: Dürften im Aufsichtsrat gezeigte Leistungen sowie erworbene Qualifikationen bei Betriebsratsmitgliedern nicht berücksichtigt werden, so würden Arbeitnehmer mit Betriebsratsamt gegenüber solchen Arbeitnehmervertretern ohne Betriebsratsamt entgegen § 78 S. 2 BetrVG benachteiligt.

Dabei kann es keinen Unterschied machen, ob das Betriebsratsmitglied freigestellt ist oder weiterhin die arbeitsvertraglich geschuldete Tätigkeit ausübt. Das Gesetz differenziert insoweit nicht zwischen freigestellten und nicht freigestellten Betriebsratsmitgliedern. Maßgeblich ist allein, dass die Begünstigung aus der Aufsichtsratstätigkeit resultiert. Begünstigungen, die aufgrund der Betriebsrats-, nicht aufgrund der Aufsichtsratstätigkeit gewährt werden, verstoßen hingegen gegen das Begünstigungsverbot des § 78 S. 2 BetrVG.[726]

3. Höhergruppierungen wegen der Aufsichtsratstätigkeit: Fallgruppen und Indizien

Im Einzelfall ist daher eine genaue Prüfung erforderlich, ob eine in Rede stehende Beförderung oder Höhergruppierung an die Betriebsratstätigkeit anknüpft und somit wegen Verstoßes gegen das Begünstigungsverbot des § 78 S. 2 unzulässig ist oder aus der Aufsichtsratstätigkeit resultiert und eine nach § 26 MitbestG zulässige Begünstigung darstellt. Es lassen sich jedoch Fallgruppen und Indizien benennen, aus denen auf eine zulässige Begünstigung aufgrund der Aufsichtsratstätigkeit geschlossen werden kann.

Ein solches ist etwa anzunehmen, wenn die Höhergruppierung bzw. die Beförderung unter Bezugnahme auf spezifische Fortbildungen und Leistungen erfolgt, die ein Betriebsratsmitglied im Rahmen seines Aufsichtsratsmandats erbracht hat. Durch den Bezug auf diese aufsichtsratsspezifischen Fortbildungen und Leistungen wird gewährleistet, dass eine berufliche Entwicklung gerade nicht aufgrund der Betriebsratsstätigkeit erfolgt. Soweit eine Ungleichbehandlung zu anderen Arbeitnehmern vorliegt, ist diese jedenfalls gerechtfertigt.[727]

726 *Esser*, Die Begünstigung von Mitgliedern des Betriebsrats, 2013, S. 102; *Fitting*, BetrVG, 29. Aufl. 2018, § 78 Rn. 22; Richardi/*Thüsing*, BetrVG, 16. Aufl. 2018, § 78 Rn. 21.

727 Siehe bereits Gliederungspunkt V. 1. b).

Eine objektive Überprüfbarkeit ergibt sich jedoch lediglich dann, wenn die aufgrund der Aufsichtsratstätigkeit erworbenen Qualifikationen sowie Leistungen im Aufsichtsrat dokumentiert werden. Für Fortbildungen ist dieser Anforderung unproblematisch durch Zeugnisse und Leistungsnachweise zu entsprechen. Die Qualität einer erbrachten Leistung erfordert jedoch eine Bewertung und unterliegt somit auch wertenden Gesichtspunkten. Lässt man jedoch mit den überwiegenden Stimmen in der Literatur[728] zu, dass Leistungen, die ein Arbeitnehmer im Aufsichtsrat gezeigt hat, im Rahmen des beruflichen Aufstiegs berücksichtigt werden können, setzt dies konsequenterweise die Bewertung der Leistungen durch den Arbeitgeber bzw. durch die Unternehmensleitung voraus. Nichtsdestotrotz lässt sich eine größtmögliche Objektivität des Verfahrens dadurch erreichen, dass die Kriterien, die einer solchen Bewertung zugrunde liegen, ebenfalls in der Dokumentation festgehalten werden.

Dass ein beruflicher Aufstieg auf der Aufsichtsratstätigkeit beruht, wird man auch dann annehmen müssen, wenn dieser unter Bezugnahme auf die Vergütung anderer Arbeitnehmervertreter im Aufsichtsrat erfolgt, etwa indem die Vergütung eines Arbeitnehmers an die anderer Arbeitnehmervertreter angepasst wird oder eine generelle Höhergruppierung der Arbeitnehmervertreter erfolgt. Letztlich ist eine solche Vergütungsanpassung Ausdruck des gesellschaftsrechtlichen Gleichbehandlungsgebots. Daher müssen auch Unterscheidungen, die an die Funktion des Aufsichtsratsmitglieds anknüpfen, zulässig sein: So muss etwa dem stellvertretenden Aufsichtsratsvorsitzenden auch ein Aufstieg in eine höher berufliche Position gewährt werden dürfen als etwa einem einfachen Aufsichtsratsmitglied.

Ein starkes Indiz dafür, dass eine Begünstigung in Form eines beruflichen Aufstiegs nicht aufgrund der Betriebsratstätigkeit erfolgt, ist in einem zeitlicher Zusammenhang zwischen der „Karriere“ im Aufsichtsrat und der Gewährung der Begünstigung zu sehen. Erfolgt eine Beförderung eines Arbeitnehmervertreters etwa unmittelbar nach der erstmaligen Wahl in den Aufsichtsrat oder nach der Wahl zum stellvertretenden Aufsichtsratsvorsitzenden, spricht dies indiziell dafür, dass diese Beförderung in unmittelbarem Zusammenhang mit dem Aufsichtsratsmandat steht.

Insoweit muss jedoch gewährleistet sein, dass mit der Beförderung nicht eine zusätzliche Vergütung für die Aufsichtsratstätigkeit an sich gewährt wird.[729] Geht

728 So *Bittmann/Mujan*, BB 2012, 637, 639; *Esser*, Die Begünstigung von Mitgliedern des Betriebsrats, 2013, S. 102; Habersack/Henssler/*Henssler*, MitbestR, 4. Aufl. 2018, § 26 MitbestG Rn. 2; WKS/*Wißmann*, MitbestR, 5. Aufl. 2017, § 26 MitbestG Rn. 2.

729 Siehe bereits Gliederungspunkt V. 1. b).

mit einer Beförderung eine Änderung der Arbeitsbedingungen einher, d.h. übt ein Arbeitnehmer infolge der Beförderung auch eine höherwertige Tätigkeit aus, wird man jedoch kaum annehmen können, dass die höhere Vergütung u.a. für die Aufsichtsratstätigkeit gewährt wird.

4. Zusammenfassung

Im Gegensatz zu § 78 S. 2 BetrVG und § 9 S. 2 DrittelbG enthält § 26 MitbestG kein Begünstigungsverbot. Höhergruppierungen sowie die Übertragung höherwertiger Positionen an Arbeitnehmervertreter im Aufsichtsrat sollen durch § 26 S. 2 MitbestG gerade nicht ausgeschlossen werden. Dazu können Leistungen, die ein Arbeitnehmer im Aufsichtsrat gezeigt hat sowie Kenntnisse und Fähigkeiten, die er im Zusammenhang mit der Aufsichtsratstätigkeit erlangt hat, unmittelbar berücksichtigt werden.[730] Dies gilt auch für Betriebsratsmitglieder, die in Personalunion ein Aufsichtsratsamt bekleiden. Ansonsten würden sie entgegen § 78 S. 2 BetrVG aufgrund ihrer Betriebsratstätigkeit benachteiligt. Erforderlich ist insoweit, dass die Begünstigung aufgrund der Aufsichtsrats- und nicht aufgrund der Betriebsratstätigkeit gewährt wird, weil ansonsten eine unzulässige Begünstigung nach § 78 S. 2 BetrVG vorliegen würde. Indizien dafür, dass eine Begünstigung aufgrund der Aufsichtsratstätigkeit erfolgt, sind etwa darin zu sehen, dass:

- die Begünstigung an spezifische Leistungen und Fähigkeiten, die das Betriebsratsmitglied im Aufsichtsrat erbracht bzw. erworben hat, anknüpft.
- die Begünstigung unter Bezugnahme auf die Vergütung anderer Arbeitnehmervertreter im Aufsichtsrat erfolgt.
- ein zeitlicher Zusammenhang zwischen der Übernahme von Aufgaben und Funktionen im Aufsichtsrat und einer Begünstigung besteht.

---

730 Weiter *Joussen*, RdA 2018, 193, 199, der *de lege ferenda* für „Doppelmandatsträger" eine vom Ehrenamtsprinzip abweichende Lösung fordert.

VI. Kapitel 6: Zivilrechtliche Rechtsfolgen Folgen bei benachteiligender oder begünstigender Betriebsratsvergütung

Eine nicht mit den Bestimmungen des BetrVG übereinstimmende Vergütung von Betriebsratsmitgliedern kann sowohl Rechtsfolgen in zivil- und strafrechtlicher Hinsicht auslösen als auch zu betriebsverfassungsrechtlichen Sanktionsmaßnahmen führen. Die strafrechtlichen Folgen einer nicht mit den Regelungen des BetrVG zu vereinbarenden Betriebsratsvergütung sind in Literatur und Rechtsprechung hinreichend ausgeleuchtet worden.[731] Gleiches gilt für die betriebsverfassungsrechtlichen Sanktionsmaßnahmen.[732] Die folgenden Ausführungen beschränken sich daher auf die zivilrechtlichen Rechtsfolgen der Gewährung nicht rechtskonformer Leistungen an Betriebsratsmitglieder.

1. Rechtsfolgen bei benachteiligender Betriebsratsvergütung

Benachteiligt ein Arbeitgeber ein Betriebsratsmitglied in der Vergütung, d.h. gewährt er weniger als das, wozu er nach den §§ 37, 78 S. 2 BetrVG verpflichtet ist, besteht hinsichtlich der Differenz zwischen geschuldeter und gewährter Vergütung ein Nachzahlungsanspruch des Arbeitnehmers. Insoweit hat der Arbeitgeber seine Verpflichtung aus dem Arbeitsvertrag noch nicht erfüllt.

---

731 BGH, Urteil v. 17.09.2009 – 5 StR 521/08, NJW 2010, 92; insbesondere *Behrendt/Lilienthal*, KSzW 2014, 277, 281 f.; *Byers*, NZA 2014, 65, 68 ff.; *Dzida/Mehrens*, NZA 2013, 753, 756 f.; *Esser*, Die Begünstigung von Mitgliedern des Betriebsrats, 2013, S. 163 ff.; *Graf/Link*, NJW 2009, 409; *Jacobs/Frieling*, ZfA 2015, 241, 260 f.; *Moll/Roebers*, NZA 2012, 57, 61 f.; *Oltmanns/Fuhlrott*, DB 2018, 1086, 1090 f.; *Rieble*, BB 2009, 1016, 1021; *ders.* NZA 2008, 276, 278 ff.; *Rieble/Klebeck*, NZA 2006, 758; *Röhrborn*, ArbRAktuell 2015, 573, 574; *Schweibert/Buse*, NZA 2007, 1080, 1085 f.; *Strauß*, NZA 2018, 1372, 1374 ff.; *ders.* JuS 2018, 1143, 1144 ff.

732 Siehe dazu ausführlich *Esser*, Die Begünstigung von Mitgliedern des Betriebsrats, 2013, S. 154 ff.

a) Ausschluss des Vergütungsanspruchs aufgrund von Ausschlussfristen

Ausschlussfristen sind im Arbeitsrecht nicht wegzudenken. Ihre Einbeziehung gründet auf dem Bedürfnis, Rechtssicherheit und Rechtsklarheit zu schaffen.[733] Dem würden – so stellte das BAG unlängst fest – die gesetzlichen Verjährungsvorschriften nicht gerecht: Sie seien zu lang und damit geeignet, den Betriebsfrieden zu stören.[734] Es ist somit nicht verwunderlich, dass in weitgehend jeden Tarifvertrag solche Ausschlussfristen aufgenommen werden.[735]

Auch auf das Arbeitsverhältnis von Betriebsratsmitgliedern finden solche Ausschlussfristen grundsätzlich Anwendung.[736] Dabei führt die Vereinbarung einer Ausschlussklausel nicht dazu, dass ein Betriebsratsmitglied entgegen § 78 S. 2 BetrVG begünstigt oder benachteiligt wird, denn insoweit besteht bereits keine Differenzierung zu anderen Arbeitnehmern:[737] Das Betriebsratsmitglied wird durch diese Klausel gerade nicht begünstigt oder benachteiligt, es erfolgt eine schlichte Gleichbehandlung.

Je nach den Umständen des Einzelfalls kann die Geltendmachung einer Ausschlussfrist jedoch treuwidrig sein; der Vergütungsanspruch würde damit trotz Verstreichens der Ausschlussfrist fortbestehen. Dass der Ablauf einer Ausschlussfrist im Einzelfall unbeachtlich sein kann, hat die Rechtsprechung mehrfach bestätigt.[738] Dabei ist jedoch ein strenger Maßstab anzulegen,[739] weil ansonsten wiederum der Zweck der Ausschlussfrist, Rechtssicherheit für die Beteiligten herbeizuführen, verkannt würde. Die Ausschlussfrist soll gerade dazu führen, dass sich der Schuldner nach deren Ablauf gewiss sein kann, nicht mehr

733 ErfK/*Preis*, 19. Aufl. 2019, § 218 BGB Rn. 32.

734 BAG, Urteil v. 10.08.1967 – 3 AZR 221/66, BAGE 20, 30; *Krause*, RdA 2004, 36, 36.

735 *Preis*, Der Arbeitsvertrag, 5. Aufl. 2015, II A 150 Rn. 3, S. 575.

736 BAG, Urteil v. 08.09.2010 – 7 AZR 513/09, NZA 2011, 159, 160; BAG, Urteil v. 19.01.2005 – 7 AZR 208/04, BeckRS 2005, 30349201; *Fitting*, BetrVG, 29. Aufl. 2018, § 37 Rn. 58; GK-BetrVG/*Weber*, 11. Aufl. 2018, § 37 Rn. 66.

737 So wohl auch *Purschwitz*, Das betriebsverfassungsrechtliche Benachteiligungs- und Begünstigungsverbot nach § 78 Satz 2 BetrVG, 2015, S. 98, die den Kondiktionsanspruch nach Ablauf der Ausschlussfrist für erloschen hält.

738 BAG v. 18.06.1980 – 4 AZR 463/78, AP Nr. 68 zu § 4 TVG Ausschlussfristen; BAG, Urteil v. 28.01.1970 – 4 AZR 153/69, DB 1970, 688; BAG, Urteil v. 19.12.1958 – 2 AZR 141/58, BAGE 7, 160; zur dogmatischen Einordnung siehe auch *Krause*, RdA 2004, 106, 118.

739 BAG, Urteil v. 19.12.1958 – 2 AZR 141/58, BAGE 7, 160; so auch *Krause*, RdA 2004, 106, 118.

in Anspruch genommen zu werden. Hat jedoch der Anspruchsgegner durch sein Verhalten die Ursache dafür gesetzt, dass der Gläubiger einen Anspruch nicht vor Ablauf der Ausschlussfrist geltend gemacht hat, muss die Ausschlussfrist nach den Grundsätzen von Treu und Glauben unangewendet bleiben.[740] Dies wird man jedenfalls annehmen müssen, wenn der Arbeitgeber dem Betriebsratsmitglied vorsätzlich eine Vergütung zahlt, die eine Vergütungsentwicklung am Median der vergleichbaren Arbeitnehmer nach § 37 Abs. 4 S. 1 BetrVG ganz oder teilweise unberücksichtigt lässt und dabei den Eindruck erweckt, die gezahlte Vergütung entspreche der geschuldeten Vergütung.[741] Der Arbeitgeber verstößt somit bewusst gegen das Benachteiligungsverbot des § 78 S. 2 BetrVG. In diesem Fall ist dem Arbeitgeber ein Berufen auf die Ausschlussfrist aufgrund von Arglist zu versagen. Dem Betriebsratsmitglied muss dabei die Höhe der geschuldeten Vergütung sowie die Umstände, nach denen sich diese bemisst, nicht zwangsläufig bekannt sein. So wird es regelmäßig nicht wissen, welche Arbeitnehmer im Rahmen des § 37 Abs. 4 S. 1 BetrVG herangezogen werden und welche Vergütungssteigerung diese Arbeitnehmer erfahren haben.[742]

Dies lässt sich jedoch nicht auf den Fall übertragen, dass der Arbeitgeber die geschuldete Vergütung nicht vorsätzlich, sondern nur fahrlässig rechtsfehlerhaft zu niedrig bemisst. Dies kann etwa der Fall sein, wenn der Arbeitgeber die Vergleichspersonen nach § 37 Abs. 4 S. 1 BetrVG fehlerhaft ermittelt hat. In diesem Fall wollte sich der Arbeitgeber rechtskonform verhalten. Es gilt nichts anderes, als wenn dem Arbeitgeber bei der Vergütung eines Arbeitnehmers ohne Betriebsratsmandat ein Fehler in der Abrechnung unterläuft. Wollte man dies anders sehen, griffen Ausschlussfristen gar nicht zu Lasten des Betriebsratsmitglieds. Dies wiederum würde eine unzulässige Begünstigung von Betriebsratsmitgliedern darstellen.

b) Verjährung

Der Entgeltanspruch des Betriebsratsmitglieds unterliegt der regelmäßigen Verjährung der §§ 195, 199 BGB.[743] Demnach beginnt die regelmäßige Verjährungsfrist mit Schluss des Jahres zu laufen, in dem der Anspruch entstanden ist und der Gläubiger von den anspruchsbegründenden Umständen Kenntnis erlangt oder ohne grobe Fahrlässigkeit erlangen musste. Der Anspruch entsteht mit

740 BAG, Urteil v. 27.03.1964 – 4 AZR 72/62, BB 1963, 687.
741 Vgl. BeckOK ArbR/*Giesen*, 53. Ed. 01.09.2019, § 4 TVG Rn. 56.
742 Zum Auskunftsanspruch des Betriebsratsmitglieds siehe Gliederungspunkt II. 3.
743 BAG, Urteil v. 21.02.2018 – 7 AZR 496/16, NZA 2018, 1012, 1016.

dessen Fälligkeit.[744] Der Fälligkeitszeitpunkt ist regelmäßig im Arbeitsvertrag, durch Tarifvertrag oder Betriebsvereinbarung festgelegt.[745] Soweit eine solche Regelung nicht besteht, ist die Vergütung nach § 614 S. 2 BGB nach Ablauf von einzelnen Zeitabschnitten zu entrichten. Üblicherweise tritt damit Fälligkeit mit Ablauf des jeweiligen Monats ein.[746]

Es stellt sich damit jedoch die Frage, zu welchem Zeitpunkt das Betriebsratsmitglied von den anspruchsbegründenden Umständen Kenntnis erlangt oder hätte erlangen müssen. Dies erscheint insbesondere im Hinblick auf die Entgeltanpassung nach § 37 Abs. 4 S. 1 BetrVG problematisch: Der Beginn der Verjährung setzt gerade voraus, dass das Betriebsratsmitglied Kenntnis über die Vergleichspersonen sowie deren Vergütungssteigerung hat oder diese aufgrund grob fahrlässiger Unkenntnis nicht aufweist. Dabei ist zu beachten, dass das Betriebsratsmitglied seine Unkenntnis durch Geltendmachung eines Auskunftsanspruchs beseitigen kann. Fehlt ihm die Kenntnis von den anspruchsbegründenden Umständen, kommt es darauf an, ab welchem Zeitpunkt das Unterlassen der Geltendmachung des Auskunftsanspruchs als grob fahrlässig zu werten ist. Nach der Rechtsprechung beruht eine Unkenntnis auf grober Fahrlässigkeit, wenn es „die im Verkehr erforderliche Sorgfalt in ungewöhnlich grobem Maße verletzt und auch ganz nahe liegende Überlegungen nicht angestellt oder das nicht beachtet hat, was jedem hätte einleuchten müssen".[747] Grobe Fahrlässigkeit wird man demnach dann annehmen können, wenn das Betriebsratsmitglied einen Auskunftsanspruch unproblematisch hätte geltend machen können, d.h. wenn es schlüssig Referenzen hätte darlegen können, aus denen sich auf eine betriebsübliche Entwicklung rückschließen ließe,[748] dies jedoch unterlässt.

Ggf. kann der Vergütungsanspruch somit erst zehn Jahre nach seiner Entstehung verjährt sein (§ 199 Abs. 4 BGB).

744 BGH, Urteil v. 03.08.2017 – VII ZR 32/17, NJOZ 2018, 496; BeckOK BGB/*Henrich*, 51. Ed. 01.08.2019, § 199 Rn. 4.

745 ErfK/*Preis*, 19. Auf. 2019, § 614 BGB Rn. 1; Palandt/*Weidenkaff*, BGB, 78. Aufl. 2019, § 614 Rn. 1.

746 ErfK/*Preis*, 19. Auf. 2019, § 614 BGB Rn. 5.

747 BGH, Urteil v. 23.09.2008 – XI ZR 253/07, NJW-RR 2009, 544, 546; so auch BGH, Urteil v. 17.02.2009 – VI ZR 86/08, NJW-RR 2009, 812, 813; BGH, Urteil v. 13.12.2004 – II ZR 17/03, NJW 2005, 981, 982; BGH, Urteil v. 11.05.1953 – IV ZR 170/52, NJW 1953, 1139.

748 Siehe zu den Voraussetzungen des Auskunftsanspruchs bereits Gliederungspunkt II. 3.

2. Rechtsfolgen bei begünstigender Betriebsratsvergütung

Auf der anderen Seite kann eine Vergütung so ausgestaltet sein, dass ein Betriebsratsmitglied dadurch eine Begünstigung erfährt.

a) Nichtigkeit gem. § 134 BGB – § 78 S. 2 BetrVG als Verbotsgesetz

§ 78 S. 2 BetrVG wird von Rechtsprechung und Literatur einstimmig als Verbotsgesetz angesehen.[749] Soweit eine Vereinbarung gegen das Begünstigungs- bzw. Benachteiligungsverbot des § 78 S. 2 BetrVG verstößt, sei sie individualvertraglich oder in einer Betriebsvereinbarung bzw. einem Tarifvertrag geregelt, ist sie gem. § 134 BGB nichtig – ohne dass es darauf ankommt, dass sich der Begünstigte oder der Begünstigende des Verstoßes bewusst ist. Eine subjektive Komponente ist gerade nicht erforderlich.[750] Konkret heißt das: Haben die Parteien die Vergütung zu hoch angesetzt, führt dies keineswegs dazu, dass der Arbeitsvertrag in Gänze nichtig ist. Zwar mag sich die Nichtigkeitsfolge nach § 134 BGB im Regelfall auf das Rechtsgeschäft im Ganzen beziehen,[751] im Falle einer begünstigenden Vergütung kann sich die Nichtigkeitsfolge jedoch lediglich auf die Überbezahlung erstrecken,[752] denn allein in der zu viel gezahlten Vergütung liegt die

749 BAG, Urteil v. 29.08.2019, 7 AZR 206/17, NZA 2019, 253; BAG, Urteil v. 08.11.2017 – 5 AZR 11/17, NZA 2018, 528, BAG, Urteil v. 18.01.2017 – 7 AZR 205/15, NZA 2017, 935; BAG, Urteil v. 20.01.2010 – 7 ABR 68/08, NZA 2010, 777; LAG Hamm, Urteil v. 22.04.2005 – 10 Sa 2183/04, AuA 2005, 678; *Bittmann/Mujan*, BB 2012, 637, 637; DKKW/*Buschmann*, BetrVG, 16. Aufl. 2018, § 78 Rn. 36; ErfK/*Kania*, 19. Aufl. 2019, § 78 BetrVG Rn. 8; *Esser*, Die Begünstigung von Mitgliedern des Betriebsrats, 2013, S. 143 f.; *Fitting*, BetrVG, 29. Aufl. 2018, § 78 Rn. 21; GK-BetrVG/*Kreutz*, 11. Aufl. 2018, § 78 Rn. 25 und Rn. 103; HWGNRH/*Worzalla*, BetrVG, 10. Aufl. 2018, § 78 Rn. 4; HWK/*Sittard*, 8. Aufl. 2018, § 78 Rn. 17; *Lipp*, Honorierung und Tätigkeitsschutz von Betriebsratsmitgliedern, 2008, S. 185; Richardi/*Thüsing*, BetrVG, 16. Aufl. 2018, § 78 Rn. 37; Schaub/*Koch*, ArbRHdb, 18. Aufl. 2019, § 221 Rn. 5; *Schweibert/Buse*, NZA 2007, 1080, 1086; so auch zum Begünstigungsverbot nach § 8 BPersVG BAG, Urteil v. 16.02.2005 – 7 AZR 95/04, NZA-RR 2005, 556.

750 BAG, Urteil v. 18.05.2016 – 7 AZR 401/14, NZA 2016, 1212; BAG, Urteil v. 10.11.2015 – 3 AZR 574/14, NZA 2016, 576; BAG, Beschluss v. 20.01.2010 – 7 ABR 68/08, NZA 2010, 777; BAG, Urteil v. 05.12.2012 – 7 AZR 698/11, NZA 2013, 515; DKKW/*Buschmann*, BetrVG, 16. Aufl. 2018, § 78 Rn. 23; ErfK/*Kania*, 19. Aufl. 2019, § 78 BetrVG Rn. 6; *Fitting*, BetrVG, 29. Aufl. 2018, § 78 Rn. 17; GK-BetrVG/*Kreutz*, 11. Aufl. 2018, § 78 Rn. 61; HWGNRH/*Worzalla*, BetrVG, 10. Aufl. 2018, § 78 Rn. 15; Richardi/*Thüsing*, BetrVG, 16. Aufl. 2018, § 78 Rn. 21; a.A. *Oetker*, RdA 1990, 343, 352.

751 Palandt/*Ellenberger*, BGB, 78. Aufl. 2019, § 134 Rn. 6.

752 So auch *Esser*, Die Begünstigung von Mitgliedern des Betriebsrats, 2013, S. 145.

Begünstigung. Dies entspricht auch dem Schutzzweck des § 78 S. 2 BetrVG, der ja gerade eine Begünstigung verhindern, nicht jedoch dem Betriebsratsmitglied durch die Nichtigkeitsfolge den Rechtsboden seiner Beschäftigung entziehen will. Es kann keinen Unterschied machen, ob der Arbeitgeber dem Betriebsratsmitglied ein begünstigendes, nicht rechtskonformes Entgelt gewährt oder ob er dem Betriebsratsmitglied eine entsprechende Zahlung im Rahmen einer Schenkung zubilligt. Im letzteren Fall wäre unstreitig nur die Schenkung wegen Verstoßes gegen das Begünstigungsverbot des § 78 S. 2 BetrVG nach § 134 BGB nichtig; der Arbeitsvertrag bliebe davon unberührt. Damit kommt der Nichtigkeitsfolge nach § 134 BGB i.V.m. § 78 S. 2 BetrVG im Falle einer begünstigenden Zahlung die Wirkung einer geltungserhaltenden Reduktion zu.[753]

Die Nichtigkeitsfolge erstreckt sich dabei nicht nur auf das schuldrechtliche Rechtsgeschäft. So ist nicht nur das *Versprechen* einer zu hohen Vergütung nach § 78 S. 2 BetrVG unzulässig, sondern auch das *Gewähren* einer solchen.[754] § 78 S. 2 BetrVG führt damit zur umfänglichen Nichtigkeit sowohl auf schuldrechtlicher als auch auf dinglicher Ebene.

b) Rückforderungen nach den Grundsätzen des Bereicherungsrechts

aa) Condictio indebiti; § 812 Abs. 1 S. 1, 1. Alt. BGB

Ist das einer Zahlung zugrunde liegende Verpflichtungsgeschäft nichtig, so entfällt der Rechtsgrund für diese Leistung. Rechtsgrundlos zugewendete Leistungen können vom Leistenden gem. § 812 Abs. 1 S. 1 BGB (*condictio indebiti*) grundsätzlich zurückgefordert werden. Dementsprechend ist die Kondiktion des § 812 Abs. 1 S. 1, 1. Alt. BGB einschlägig, wenn der Arbeitgeber dem Betriebsratsmitglied eine § 78 S. 2 BetrVG zuwiderlaufende Vergütung zuwendet.

bb) Condictio ob turpem vel iniustam causam; § 817 S. 1 BGB

Ob daneben auch der Tatbestand der Kondiktion des § 817 S. 1 BGB (*condictio ob turpem vel iniustam causam*) erfüllt ist, war lange Zeit nicht abschließend entschieden. Die Kondiktion nach § 817 S. 1 BGB setzt voraus, dass das

---

753 So bereits *Esser*, Die Begünstigung von Mitgliedern des Betriebsrats, 2013, S. 145.

754 So auch das Schrifttum, welches auf die Nichtigkeit *rechtsgeschäftlicher Handlungen* bzw. von *Rechtsgeschäften* abstellt, DKKW/*Buschmann*, BetrVG, 16. Aufl. 2018, § 78 Rn. 36; ErfK/*Kania*, 19. Aufl. 2019, § 78 BetrVG Rn. 8; *Fitting*, BetrVG, 29. Aufl. 2018, § 78 Rn. 21; GK-BetrVG/*Kreutz*, 11. Aufl. 2018, § 78 Rn. 25 und Rn. 103; Richardi/*Thüsing*, BetrVG, 16. Aufl. 2018, § 78 Rn. 37; *Schweibert*/*Buse*, NZA 2007, 1080, 1086.

Betriebsratsmitglied durch die Annahme einer begünstigenden Vergütung gegen das gesetzliche Verbot des § 78 S. 2 BetrVG verstoßen hat. Jedenfalls dann, wenn das Betriebsratsmitglied eine begünstigende Zahlung aktiv einfordert, werde man davon ausgehen müssen, dass es gegen das Begünstigungsverbot des § 78 S. 2 BetrVG verstoße.[755] Ob bereits die bloße Annahme einer solchen Zahlung einen Verstoß gegen § 78 S. 2 BetrVG begründet, war bis zur höchstrichterlichen Entscheidung im Jahr 2017 ungeklärt. Stimmen in der Literatur gingen davon aus, dass dies nicht genügen soll: Das Betriebsratsmitglied sei gerade nicht Adressat des Begünstigungsverbotes des § 78 S. 2 BetrVG, diese Stellung komme lediglich dem Arbeitgeber zu.[756] Deutlich werde dies daran, dass der Wortlaut des § 78 S. 2 BetrVG die begünstigende Handlung („dürfen nicht begünstigt werden") untersagt, jedoch nicht davon spricht, dass sich Betriebsratsmitglieder „nicht begünstigen lassen dürfen" oder die Begünstigung schlicht „unzulässig" sei.[757] Auch die amtliche Überschrift „Schutzbestimmungen" weise daraufhin, dass die Handlungsfähigkeit der dort genannten Gremien und deren Mitglieder geschützt werden solle. Da Schutzbestimmungen in der Regel einseitig seien, könnten von ihnen nicht die Betriebsratsmitglieder als Geschützte selbst erfasst werden.[758]

Diese Argumentation ist jedoch keineswegs zwingend: Zwar ist *Esser* zuzustimmen, dass der Wortlaut es nahelegt, einzig die aktive begünstigende Handlung zu verbieten. Diese Auslegung ist jedoch nicht obligatorisch; der Wortlaut lässt sich vielmehr auch weiter verstehen: Durch die passive Formulierung „dürfen nicht benachteiligt oder begünstigt werden" wird der Fokus nicht auf das Begünstigungssubjekt gerichtet, sondern vielmehr auf die Tätigkeit des Begünstigens. Daraus folgt aber nicht zwangsläufig, dass nur die aktive begünstigende Handlung von § 78 S. 2 BetrVG erfasst sein soll. Dem Wortlaut lässt sich ebenso gut entnehmen, dass dadurch lediglich eine Benennung des Adressatenkreises vermieden werden sollte. Eine numerische Aufzählung der Normadressaten wird durch die passive Formulierung obsolet; das Verbotsgesetz erstreckt sich vielmehr auf *jedermann*.[759]

---

755 *Esser*, Die Begünstigung von Mitgliedern des Betriebsrats, 2013, S. 150.

756 *Rieble*, NZA 2008, 276, 277; *Esser*, Die Begünstigung von Mitgliedern des Betriebsrats, 2013, S. 21 f.

757 *Esser*, Die Begünstigung von Mitgliedern des Betriebsrats, 2013, S. 21 f.

758 *Esser*, Die Begünstigung von Mitgliedern des Betriebsrats, 2013, S. 21 f.

759 BAG, Beschluss v. 15.10.2014 – 7 ABR 74/12, NZA 2015, 560; *Fitting*, BetrVG, 29. Aufl. 2018, § 78 Rn. 7; HWGNRH/*Worzalla*, BetrVG, 10. Aufl. 2018, § 78 Rn. 3 und Rn. 14; Richardi/*Thüsing*, BetrVG, 16. Aufl. 2018, § 78 Rn. 12.

Auf der anderen Seite erfordert eine vollendete Begünstigung nicht nur eine konkrete aktiv begünstigende Handlung des Begünstigenden, sondern auch die notwendige Mitwirkung des Betriebsratsmitglieds. Auch wenn man nach dem Wortlaut die Tätigkeit des Begünstigens für maßgeblich ansieht, so kann eine solche schon gar nicht allein durch die aktiv begünstigende Handlung eintreten, sondern erfordert stets ein Zusammenspiel von Anbieten der Begünstigung und Annahme derselben. Andernfalls bliebe es lediglich beim Versuch der Begünstigung des Betriebsrats. Eine Begünstigung kann damit nur als ein zusammenwirkendes Tätigwerden von zwei Personen gesehen werden. Ist nun aber nach § 78 S. 2 BetrVG die begünstigende Handlung verboten, so muss konsequenterweise jeder unter den Adressatenkreis fallen, der an diesem Gewähren unmittelbar beteiligt ist. Das ist sowohl der Gewährende selbst als auch derjenige, der die Gewährung der Begünstigung „lediglich" annimmt. Damit ist auch die „Annahme der Begünstigung" als notwendiges Erfordernis des Begünstigungshandelns vom Wortlaut des § 78 S. 2 BetrVG umfasst.

Hätte der Gesetzgeber gewollt, dass die Annahme von Begünstigungen nicht unter die Norm fällt, wäre es ihm ebenso möglich gewesen, den Wortlaut des § 78 S. 2 BetrVG eindeutig zu fassen. Eine eindeutige Formulierung hat der Gesetzgeber auch in den §§ 333, 334 StGB verwendet: Wegen Vorteilsgewährung bzw. Bestechung macht sich demnach strafbar, wer einen Vorteil „anbietet, verspricht oder gewährt". Die Annahme des Vorteils wird im Pendant dieser Normen, der Vorteilsannahme nach § 331 StGB bzw. der Bestechlichkeit nach § 332 StGB, geregelt. Zum anderen wäre es dem Gesetzgeber möglich gewesen, eine aktive Konstruktion zu wählen, ohne den Adressatenkreis zwangsläufig beschränken zu müssen, etwa indem er ein Indefinitpronomen wie *jemand* oder *niemand* verwendet.

Eine entsprechende aktive Formulierung enthielt bereits das BRG von 1920. Nach dessen § 95 war „Den Arbeitgebern und ihren Vertretern [...] untersagt, ihre Arbeitnehmer in der Ausübung des Wahlrechts zu den Betriebsvertretungen oder in der Übernahme und Ausübung der gesetzlichen Betriebsvertretung zu beschränken oder sie deswegen zu benachteiligen." Eine Angleichung an den heutigen § 78 S. 2 BetrVG erfolgte durch das BetrVG 1952. Dort hieß es in § 53 Abs. 2: „Die Mitglieder des Betriebsrats [...] dürfen um ihrer Tätigkeit willen nicht benachteiligt oder begünstigt werden."

Auch nach einer systematischen Argumentation vermag die Annahme einer Begünstigung nicht aus dem Anwendungsbereich des § 78 S. 2 BetrVG zu fallen: Die Überschrift „Schutzgesetz" impliziert nicht, dass Mitglieder des Betriebsrates als Adressaten des Begünstigungsverbotes ausscheiden. Durch das Benachteiligungs- und Begünstigungsverbot des § 78 S. 2 BetrVG soll nicht nur das einzelne Betriebsratsmitglied geschützt werden, vielmehr dient die Norm auch dem Schutz des öffentlichen Interesses an der Funktionsfähigkeit des Betriebsrats.[760] Auch der Betriebsrat als Institution fällt damit unter den Schutz des § 78 S. 2 BetrVG.[761]

Dies wird im Schrifttum zuweilen anders gesehen: Während § 78 S. 1 BetrVG auch dem Schutz des Betriebsrats als Organ diene,[762] bezwecke § 78 S. 2 BetrVG lediglich den persönlichen Schutz von Betriebsratsmitgliedern; der Betriebsrat als Organ sei von diesem Schutz nicht mitumfasst.[763] Wenn *Esser* den Wortlaut sowie die fehlenden Rechts- und die beschränkte Vermögensfähigkeit des Betriebsrats heranzieht,[764] bezieht sich diese Argumentation auf die Adressatenstellung des Betriebsrats, nicht aber auf die Schutzrichtung der Norm.[765] Daraus, dass sich der Betriebsrat als Organ nicht benachteiligen oder begünstigen lässt, folgt jedoch nicht, dass dessen Schutz deshalb nicht von der Norm bezweckt wird. Die Unabhängigkeit und Funktionsfähigkeit des Betriebsrats entsteht gerade erst dadurch, dass dessen Mitglieder frei und unabhängig von Arbeitgeberinteressen agieren. Insbesondere aus dem Begünstigungsverbot des § 78 S. 2 BetrVG folgt, dass auch der Schutz des Betriebsrats als Organ und dessen Funktionsfähigkeit geschützt sein müssen. Ansonsten wäre die Qualifizierung des Begünstigungsverbots als Schutzbestimmung inkonsequent: Zu argumentieren, das Begünstigungsverbot diene dem Schutz des Betriebsratsmitglieds, verkennt das Bedürfnis der Schutzbestimmung. Denn insoweit schließt sich die Frage an: Wovor soll das Betriebsratsmitglied geschützt werden?

Das Begünstigungsverbot kann bereits keine Schutzbestimmung zugunsten des Betriebsratsmitglieds sein, denn dieses bedarf insoweit eines solchen Schutzes gar nicht; seine Rechtsposition wird durch eine Begünstigung nicht verschlechtert. Als Adressat des Begünstigungsverbotes als Schutzbestimmung verbleibt damit allein der Betriebsrat als Institution. Dessen Funktionsfähigkeit wird jedoch gerade dadurch gefährdet, dass die Unabhängigkeit der Betriebsratsmitglieder durch die Annahme begünstigender Zahlungen beeinflusst wird. Damit gefährden Betriebsratsmitglieder, die eine Begünstigung lediglich annehmen, in gleichem Maße die Unabhängigkeit des Betriebsrats wie derjenige, der die Begünstigung aktiv gewährt. Somit können auch Betriebsratsmitglieder Adressat der Schutzbestimmung sein.

---

760 Siehe dazu bereits Gliederungspunkt I.3.

761 BAG, Urteil v. 25.06.2014 – 7 AZR 847/12, NJW 2014, 3677.

762 So auch BAG, Beschluss v. 12.11.1997 – 7 ABR 14/97, NZA 1998, 559.

763 GK-BetrVG/*Kreutz*, 11. Aufl. 2018, § 78 Rn. 22.

764 *Esser*, Die Begünstigung von Mitgliedern des Betriebsrats, 2013, S. 10.

765 So aber wohl GK-BetrVG/*Kreutz*, 11. Aufl. 2018, § 78 Rn. 22, der insoweit *Esser* zitiert.

Damit zeigt sich auch: Der Normzweck, die Unabhängigkeit des Betriebsrats zu gewährleisten, gebietet die Einbeziehung auch des einzelnen Betriebsratsmitglieds in den Adressatenkreis des § 78 S. 2 BetrVG.

Auch das LAG München hat bereits 1977 ohne nähere Begründung einen Verstoß gegen das Begünstigungsverbot des § 78 S. 2 BetrVG durch die bloße Annahme einer begünstigenden Leistung angenommen.[766] In einer neueren Entscheidung geht das LAG München ohne Weiteres davon aus, dass ein Betriebsratsmitglied durch die Annahme einer Begünstigung seine gesetzlichen Pflichten grob verletzt.[767] Eine grobe Pflichtverletzung bedeutet zwar nicht zwangsläufig auch einen Verstoß gegen ein Verbotsgesetz. Ist das Betriebsratsmitglied jedoch nicht Adressat des Verbotes aus § 78 S. 2 BetrVG, kann ein Verstoß gegen dieses bereits keine Pflichtverletzung darstellen.

In einer jüngeren Entscheidung hat sich das BAG dem angeschlossen. Dabei solle § 78 S. 2 BetrVG nicht nur die Gewährung einer begünstigenden Leistung unterbinden, sondern ebenso deren Entgegennahme.[768] So führte das Gericht aus: „Der Kläger hätte mit der Annahme von Ausgleichszahlungen, soweit sie entgegen § 78 Satz 2 BetrVG erbracht wurden, gegen ein gesetzliches Verbot verstoßen. Er wäre deshalb nach § 817 Satz 1 BGB zur Herausgabe verpflichtet."[769]

Ob § 817 S. 1 BGB als subjektive Tatbestandvoraussetzung eine positive Kenntnis des Empfängers vom Gesetzesverstoß voraussetzt, wird unterschiedlich bewertet.[770] Richtigerweise kann dem im Rahmen von § 817 S. 1 BGB keine Relevanz zukommen. Durch die bereicherungsrechtliche Rückabwicklung nach § 817 S. 1 BGB soll die materiell richtige Güterzuordnung wiederhergestellt werden.[771] Entscheidend ist daher, ob bereits das Verbotsgesetz eine subjektive Komponente voraussetzt.[772] Da nach § 78 S. 2 BetrVG bereits der objektive Verstoß gegen das Begünstigungsverbot genügt, kann es auch im Rahmen der

---

766 LAG München, Beschluss v. 15.11.1977 – 5 TaBV 34/77, BeckRS 2012, 66167.

767 LAG München, Beschluss v. 05.02.2009 – 3 TaBV 107/08, juris Rn. 37.

768 BAG, Urteil v. 08.11.2018 – 5 AZR 11/17, NZA 2018, 528, 532.

769 BAG, Urteil v. 08.11.2018 – 5 AZR 11/17, NZA 2018, 528, 532.

770 Für eine Kenntnis vom Gesetzesverstoß Erman/Buck-Heeb, BGB, Bd. II, 15. Aufl. 2017, § 817 Rn. 8; Jauernig/*Stadler*, BGB, 17. Aufl. 2018, § 817 Rn. 6; Palandt/*Sprau*, BGB, 78. Aufl. 2019, § 817 Rn. 8.

771 BeckOK BGB/*Wendehorst*, 51. Ed. 01.05.2019, § 817 Rn. 9; *Koppensteiner/Kramer*, Ungerechtfertigte Bereicherung, 2. Aufl. 1988, § 7 IV 1, S. 60; MünchKommBGB/*Schwab*, 7. Aufl. 2017, § 817 Rn. 82; PWW/*Prütting*, BGB, 14. Aufl. 2019, § 817 Rn. 6; *Reeb*, Grundprobleme des Bereicherungsrechts, 1975; S. 65; *Wieling*, Bereicherungsrecht, 4. Aufl. 2006, § 3 III 5 b, S. 37.

772 MünchKommBGB/*Schwab*, 7. Aufl. 2017, § 817 Rn. 82.

Rückabwicklung nicht maßgeblich sein, ob das Betriebsratsmitglied Kenntnis davon hat, dass es durch eine gewährte Zahlung begünstigt wird.

Freilich wird dieser Streit in vielen Fällen von untergeordneter Relevanz bleiben: Denn auch soweit eine positive Kenntnis vom Gesetzesverstoß gefordert wird, genügt zwar die fahrlässige Unkenntnis von dem Verstoß gegen ein gesetzliches Verbot nicht, ausreichend ist jedoch auch demnach, dass sich der Empfänger „der Einsicht in den Gesetzesverstoß leichtfertig verschließt“[773].

cc) Zusammenfassung

Soweit (arbeits-)vertraglich eine Überbezahlung vorgesehen ist, ist diese Regelung wegen Verstoßes gegen das Begünstigungsverbot des § 78 S. 2 BetrVG nach § 134 BGB nichtig. Wirksam vereinbart ist – entsprechend einer geltungserhaltenden Reduktion – die rechtskonforme Vergütung. Für Zahlungen, die darüber hinausgehen, besteht kein Rechtsgrund, sodass das Betriebsratsmitglied grundsätzlich zur Rückzahlung nach § 812 Abs. 1 S. 1, 1. Alt BGB verpflichtet ist.

Daneben ist das Betriebsratsmitglied aufgrund eines Verstoßes gegen das Begünstigungsverbot ebenfalls einem Kondiktionsanspruch gem. § 817 S. 1 BGB ausgesetzt. Relevanz käme diesem Anspruch insbesondere dann zu, wenn die *condictio indebiti* nach § 814 BGB wegen Kenntnis der Nichtschuld ausgeschlossen wäre. Ob im Falle der Gewährung begünstigender Zahlungen an ein Betriebsratsmitglied die Rückforderung grundsätzlich an § 814 BGB scheitern kann, hat das BAG jüngst offengelassen.[774]

c) Ausschluss der Rückforderung – Ausschlusstatbestände

Betriebsratsmitgliedern, denen in der Vergangenheit finanzielle Begünstigungen gewährt worden sind, können in Gefahr geraten, Rückforderungsansprüchen nach Bereicherungsrecht ausgesetzt zu sein. Insbesondere, wenn ihnen über einen längeren Zeitraum eine Überzahlung gewährt wurde, vermögen solche Rückforderungsansprüche sie hart zu treffen, etwa weil sie bereits den Lebensstandard an die höhere (rechtswidrige) Vergütung angepasst oder Dispositionen getroffen haben, die sie bei geringerer (rechtmäßiger) Vergütung so nicht getroffen hätten. Insoweit soll im Folgenden untersucht werden, ob sich das Betriebsratsmitglied ggf. durch die bereicherungsrechtlichen Ausschlusstatbestände,

773 BGH, Urteil v. 15.06.1989 – III ZR 9/88, NJW 1989, 3217, 3218; so auch Palandt/*Sprau*, BGB, 78. Aufl. 2019, § 817 Rn. 8.

774 BAG, Urteil v. 08.11.2018 – 5 AZR 11/17, NZA 2018, 528.

den Entreicherungseinwand, Ausschlussfristen oder die Verjährung einer Inanspruchnahme entziehen kann.

Damit steht die Frage im Raum, ob die Rückforderung einer überhöhten Vergütung an einem Ausschlusstatbestand scheitert. Dies mag sowohl für Arbeitgeber als auch für Arbeitnehmer von Interesse sein, denn jedenfalls soweit sich der Arbeitgeber bewusst über das Begünstigungsverbot des § 78 S. 2 BetrVG hinwegsetzt, hat er damit deutlich gemacht, dass er dem Betriebsratsmitglied eine entsprechende Vergütung zubilligen möchte. Dementsprechend besteht insoweit ein Gleichlauf der Interessen: Arbeitgeber und begünstigtes Betriebsratsmitglied werden in diesem Fall einen Ausschluss der Kondiktion regelmäßig für wünschenswert erachten.

aa) Ausschlusstatbestand des § 817 S. 2 BGB

Die Rückforderung überhöhter Vergütungsbestandteile wäre nach dem Wortlaut des § 817 S. 2 BGB ausgeschlossen, wenn der Zweck einer Leistung in der Art bestimmt war, dass der leistende Arbeitgeber durch die Gewährung der erhöhten Vergütung ebenfalls gegen das Begünstigungsverbot des § 78 S. 2 BetrVG verstoßen würde. Dabei ist dieser Ausschlusstatbestand keineswegs ausschließlich auf die Kondiktion des § 817 S. 1 BGB anwendbar, sondern vielmehr auf alle Leistungskondiktionen und somit auch auf die *condictio indebiti* des § 812 Abs. 1 S. 1, 1. Alt BGB.[775] Das heißt: Soweit § 817 S. 2 BGB Anwendung findet, wäre jegliche bereicherungsrechtliche Rückforderung ausgeschlossen.

Der Wortlaut des § 817 S. 2 BGB ist eindeutig: Auch der Arbeitgeber hat durch die Gewährung einer begünstigenden Leistung an das Betriebsratsmitglied gegen das Begünstigungsverbot des § 78 S. 2 BetrVG verstoßen. Die Rückforderung wäre damit ausgeschlossen. Zuweilen wird in der Literatur kritisiert, § 817 S. 2 BGB sei gesetzespolitisch verfehlt,[776] der Ausschluss der Rückforderung führe letztlich zu einer Perpetuierung der vom Gesetz zu verhindern gewollten Vermögensverschiebung. Diese Kritik findet – wenn auch in abgeschwächter Form – in der Rechtsprechung des BGH Anklang, der § 817 S. 2 BGB regelmäßig

---

775 MünchKommBGB/*Schwab*, 7. Aufl. 2017, § 817 Rn. 11; Palandt/*Sprau*, BGB, 78. Aufl. 2019, § 817 Rn. 12.

776 Palandt/*Sprau*, BGB, 78. Aufl. 2019, § 817 Rn. 11; a.A. *Canaris*, in: FS Steindorff, 1990, S. 519, 524 f.; *Schmidt-Recla*, JZ 2008, 60, 67.

als eine „rechtspolitisch problematische[n] und in ihrem Anwendungsbereich umstrittene[n] Vorschrift“ bezeichnet.[777]

Der Zweck des Kondiktionsausschlusses wird heute überwiegend darin gesehen, dem Leistenden staatlichen Rechtsschutz zu verweigern, wenn er sich selber durch seine Leistung außerhalb der Rechtsordnung positioniert.[778] Andere Stimmen in der Literatur betonen den Strafcharakter der Norm: § 817 S. 2 BGB komme vielmehr generalpräventive Wirkung zu.[779]

Die Rechtsprechung ließ in diversen Fällen § 817 S. 2 BGB unangewendet.[780] Bereicherungsrecht sei insbesondere Billigkeitsrecht, sodass es „in besonderem Maße“ den Grundsätzen von Treu und Glauben unterliege.[781] Dabei prüfte der BGH im Schwarzarbeiterfall jüngst die Anwendbarkeit des § 817 S. 2 BGB anhand zweier Aspekte: Demnach sei der Kondiktionsanspruch nach § 817 S. 2 BGB ausgeschlossen, wenn (1.) Sinn und Zweck des § 817 S. 2 BGB eine Nichtanwendung erforderten, wobei es maßgeblich darauf ankomme, ob die Anwendung des Kondiktionsausschlusses zu einem Zustand führt, der mit dem Verbotsgesetz nicht zu vereinbaren sei,[782] sowie (2.) die Grundsätze von Treu und Glauben der Anwendung des § 817 S. 2 BGB entgegenstünden, wobei der BGH in letzterem Fall die Prüfung insbesondere anhand ordnungspolitischen Gesichtspunkten vollzog.[783]

Rechtsmethodisch ist eine Nichtanwendung des § 817 S. 2 BGB nicht durch bloße Auslegung der Norm zu begründen. Äußerste Grenze der Auslegung ist stets der Wortlaut,[784]

---

777 BGH, Urteil v. 05.05.1992 – X ZR 134/90, NJW 1992, 2557, 2560; BGH, Urteil v. 31.05.1990 – VII ZR 336/89, NJW 1990, 2542, 2543; BGH, Urteil v. 20.05.1964 – VIII ZR 56/63, NJW 1964, 1791, 1792.

778 *Koppensteiner/Kramer*, Ungerechtfertigte Bereicherung, 2. Aufl. 1988, § 7 IV 2, S. 63.

779 *Armgardt*, NJW 2006, 2070, 2073; BeckOK BGB/*Wendehorst*, 51. Ed. 01.05.2019, § 817 Rn. 2; *Siber*, Schuldrecht, 1931, S. 429; *Weyer*, WM 2002, 627, 629 f.; differenzierend *Canaris*, in: FS Steindorff, 1990, S. 519, 523 f., der einen Strafcharakter der Norm ablehnend auf Generalprävention abstellt.

780 So etwa BGH, Urteil v. 10.04.2014 – VII ZR 241/13, NZA 2014, 784.

781 BGH, Urteil v. 31.05.1990 – VII ZR 336/89, NJW 1990, 2542; BGH, Urteil v. 21.12.1961 – III ZR 130/60, NJW 1962, 580; Palandt/*Sprau*, BGB, 78. Aufl. 2019, § 817 Rn. 18.

782 BGH, Urteil v. 13.03.2008 – III ZR 282/07, NJW 2008, 1942; BGH, Urteil v. 31.05.1990 – VII ZR 336/89, NJW 1990, 2542; BGH, Urteil v. 20.05.1964 – VIII ZR 56/63, NJW 1964, 1791.

783 BGH, Urteil v. 10.04.2014 – VII ZR 241/13, NZA 2014, 784; Palandt/*Sprau*, BGB, 78. Aufl. 2019, § 817 Rn. 18.

784 BVerfG, Urteil v. 11.11.1986 – 1 BvR 713/83, NJW 1987, 43, 44; *Herzberg*, JuS 2005, 1, 2.

der im Falle des Kondiktionsausschlusses des § 817 S. 2 BGB jedoch eindeutig ist. Möglich bliebe damit lediglich eine teleologische Reduktion des § 817 S. 2 BGB. Das heißt: § 817 S. 2 BGB bliebe unangewendet, weil eine Anwendung mit dessen Sinn und Zweck nicht zu vereinbaren ist.[785]
Die Rechtsprechung knüpft hinsichtlich teleologischer Erwägungen maßgeblich an Sinn und Zweck der *Verbotsnorm* an. Denn der Sinn und Zweck des § 817 S. 2 BGB wird in der Verweigerung staatlichen Rechtsschutz bzw. in der Generalprävention gesehen, nicht jedoch darin dem Verbotsgesetz zu größtmöglicher Wirksamkeit zu verhelfen.
Es kann zweifelsohne nicht richtig sein, Sinn und Zweck des Verbotsgesetzes bei der Frage nach der Anwendbarkeit des § 817 S. 2 BGB außenvorzulassen, denn der Normverstoß ist als prägendes Tatbestandsmerkmal des § 817 BGB sowohl anspruchsbegründend (§ 817 S. 1 BGB), als auch anspruchsausschließend (§ 817 S. 2 BGB). Der Normzweck des Verbotsgesetzes muss sich somit auch auf § 817 S. 2 BGB auswirken. Bildlich könnte man davon sprechen, dass § 817 S. 2 BGB für die Schutzzwecke des Verbotsgesetzes insoweit permeabel erscheint.

Ob der Ausschluss des Kondiktionsanspruchs nach § 817 S. 2 BGB bei Verstoß gegen das Begünstigungsverbot insoweit teleologisch zu reduzieren ist, war lange Zeit umstritten. Die Rechtsprechung äußerte sich nur zurückhaltend: So ließ etwa das LAG Düsseldorf ausdrücklich offen, ob eine Rückforderung am Ausschlusstatbestand des § 817 S. 2 BGB scheitere.[786]

In Teilen der Literatur wird eine Anwendung des § 817 S. 2 BGB präferiert.[787] Dies deckt sich mit früheren Kommentierungen: Bereits zum Betriebsrätegesetz (BRG) von 1920, das in § 35 BRG ebenfalls eine Ausgestaltung des Betriebsratsamts als Ehrenamt vorsah, wurde vertreten, dass die Rückforderung von zu viel gezahlten und somit gegen das Ehrenamtsprinzip verstoßenden Vergütungsbestandteilen nach § 817 S. 2 BGB ausgeschlossen sei.[788]

Diese Auffassung stützt sich auf eine wortlautgetreue Anwendung des § 817 S. 2 BGB, denn auch der Arbeitgeber hat durch die Gewährung der Begünstigung gegen das gesetzliche Verbot des § 78 S. 2 BetrVG verstoßen.

---

785 Siehe dazu BVerfG, Beschluss v. 07.04.1997 – 1 BvL 11/96, NZA 1997, 1167, das ausdrücklich davon spricht, dass *ihr* [Anm.: die zu reduzierenden Norm] Sinn und Zweck, *ihre* Entstehungsgeschichte sowie der Gesamtzusammenhang der *einschlägigen Regelungen* gegen eine uneingeschränkte Anwendung sprechen.

786 LAG Düsseldorf, Urteil v. 13.09.2001 – 11 (4) Sa 906/01, LAGE § 78 BetrVG 2001 Nr 1.

787 DKKW/*Buschmann*, BetrVG, 16. Aufl. 2018, § 78 Rn. 36; *Fitting*, BetrVG, 29. Aufl. 2018, § 78 Rn. 23; *Henssler*, BB 2002, 307, 308; *Wichert*, AuA 2013, 281, 283; *Wiebauer*, BB 2011, 2104, 2107.

788 *Flatow*, BRG, 1922, § 35 Anm. 3; *Mansfeld*, BRG, 2. Aufl. 1930, § 35 Anm. 2.

Der Auffassung, dass Sinn und Zweck des Begünstigungsverbots eine Reduktion des § 817 S. 2 BGB erforderten, wird entgegengetreten: Sei die Rückforderung nicht ausgeschlossen, so führe dies dazu, dass das Betriebsratsmitglied durch die Geltendmachung von Rückforderungsansprüchen erst recht in seiner Unabhängigkeit und Unparteilichkeit beeinflusst werden könne.[789] Dies folge aus dem Gedanken, dass ein Betriebsratsmitglied erpressbar wäre, wären Rückforderungen nicht ausgeschlossen.

Eine solche Argumentation kann jedoch nicht überzeugen, denn erpressbar wäre das Betriebsratsmitglied lediglich in der Höhe der rechtswidrig zu viel gezahlten Vergütung. Das Betriebsratsmitglied stünde damit nach der Rückforderung wiederum so, wie es von Gesetzes wegen zu stellen ist. Die Möglichkeit das Betriebsratsmitglied zu erpressen besteht jedoch nur dann, wenn es in der Hand des Arbeitgebers liegt einen Rückforderungsanspruch geltend zu machen oder auf diesen zu verzichten. Doch kann es keinen Unterschied machen, ob der Arbeitgeber auf die Geltendmachung von Rückforderungsansprüchen verzichtet oder dem Betriebsratsmitglied eine weitere Begünstigung zuwendet: Beides würde das Betriebsratsmitglied unzulässig begünstigen.

Esser schlägt eine vermittelnde Lösung vor, differenzierend nach dem Beteiligungsgrad des Leistungsempfängers. Jedenfalls, wenn Betriebsratsmitglied und Arbeitgeber kollusiv zusammenwirken, sei eine teleologische Reduktion des § 817 S. 2 BGB vorzunehmen. In diesem Fall hätten die Beteiligten ansonsten ihr Ziel erreicht, indem sie sich über die gesetzlichen Vorschriften hinweggesetzt hätten. Anders sei der Fall jedoch zu bewerten, wenn sich die Handlung des Betriebsratsmitglieds lediglich auf die Annahme des Vorteils beschränke. In dieser Konstellation sei es nicht geboten, das Betriebsratsmitglied einer Kondiktion auszusetzen.[790] Diese Auffassung basiert im Wesentlichen auf der Annahme, dass in der bloßen Annahme der Begünstigung kein Verstoß gegen das Begünstigungsverbot des § 78 S. 2 BetrVG liegt. Richtigerweise hat auch das Betriebsratsmitglied – wie auch die jüngste Rechtsprechung annimmt – bereits durch die bloße Annahme einer Begünstigung ebenfalls gegen das Verbotsgesetz des § 78 S. 2 BetrVG verstoßen.[791] Eine Differenzierung nach dem Beteiligungsgrad erübrigt sich somit.

---

789 DKKW/*Buschmann*, BetrVG, 16. Aufl. 2018, § 78 Rn. 36 (siehe dort Fn. 194).

790 *Esser*, Die Begünstigung von Mitgliedern des Betriebsrats, 2013, S. 153.

791 Siehe bereits ausführlich Gliederungspunkt VI. 2. b) bb).

Die jüngere Literatur bevorzugt vornehmlich, § 817 S. 2 BGB im Wege einer restriktiven Auslegung unangewendet zu lassen.[792] Die Anwendung des Ausschlusstatbestands des § 817 S. 2 BGB führe zu einer Perpetuierung der von § 78 S. 2 BetrVG nicht gewollten Vermögenslage. § 78 S. 2 BetrVG bezwecke, jegliche Begünstigung von Mitgliedern des Betriebsrates zu verhindern. Ließe man Rückforderungen an § 817 S. 2 BGB scheitern, würde dieser Zweck konterkariert. Eine Rückforderung von begünstigenden Zahlungen müsse daher möglich sein.

Teilweise wird diese Auffassung auch auf generalpräventive Zwecke gestützt: Wäre die Rückforderung von begünstigenden Zahlungen ausgeschlossen, könne das Begünstigungsverbot des § 78 S. 2 BetrVG seine abschreckende Wirkung nicht entfalten. Verbleibende Strafbarkeitsrisiken nach § 119 Abs. 1 Nr. 3 BetrVG, die wohlgemerkt lediglich den Begünstigenden betreffen, scheiterten wohl bereits am Strafantragserfordernis nach § 119 Abs. 2 BetrVG, nach dem lediglich der Betriebsrat, der Gesamtbetriebsrat, der Konzernbetriebsrat oder eine im Betrieb vertretene Gewerkschaft antragsberechtigt sind – und somit nur solche Antragsberechtigte, die in der Regel kein Interesse an einer Strafverfolgung haben dürften.[793] Für das jeweilige Betriebsratsmitglied bestünde somit kein Grund, eine Begünstigung zu verweigern und es könnte den Vorteil mangels rechtlicher Konsequenzen bedenkenlos annehmen. Dies schade jedoch der Unabhängigkeit und Unparteilichkeit der Betriebsratsmitglieder. Die Gewährleistung dieser könne auch nur dann erreicht werden, wenn Betriebsratsmitglieder die ihnen gewährten Vorteile rückgewähren müssten.[794]

Dem hat sich das BAG jüngst angeschlossen. § 78 S. 2 BetrVG wolle verhindern, dass Betriebsratsmitglieder in der Wahrnehmung ihrer Betriebsratstätigkeit

---

792 *Bittmann/Mujan*, BB 2012, 1604, 1606; Düwell/*Lorenz*, BetrVG, 5. Aufl. 2018, § 78 Rn. 24; *Dzida/Mehrens*, NZA 2013, 753, 757; *Fischer*, BB 2007, 997, 998; *Franzen*, ZAAR 2008, 47, 50; GK-BetrVG/*Kreutz*, 11. Aufl. 2018, § 78 Rn. 103; GK-BetrVG/*Weber*, 11. Aufl. 2018, § 37 Rn. 22; *Jacobs/Frieling*, ZfA 2015, 241, 259; *Lipp*, Honorierung und Tätigkeitsschutz von Betriebsratsmitgliedern, 2008, S. 186 ff.; *Moll/Roebers*, NZA 2012, 57, 61; MünchArbRHdb/*Krois*, 4. Aufl. 2019, § 295 Rn. 177 u. Rn. 4; Richardi/*Thüsing*, BetrVG, 16. Aufl. 2018, § 37 Rn. 10 und § 78 Rn. 35; *Rieble*, NZA 2008, 276, 278; *Schweibert/Buse*, NZA 2007, 1080, 1086; WPK/*Preis*, BetrVG, 4. Aufl. 2009, § 78 Rn. 18; differenzierend: HWGNRH/*Worzalla*, BetrVG, 10. Aufl. 2018, § 78 Rn. 5, nach dem die Rückforderung nicht generell an § 817 S. 2 BGB scheitern soll, anders aber HWGNRH/*Glock*, BetrVG, 10. Aufl. 2018, § 37 Rn. 20, der sich gegen eine Anwendung des § 817 S. 2 BGB ausspricht.

793 *Bittmann/Mujan*, BB 2012, 1604, 1606.

794 *Lipp*, Honorierung und Tätigkeitsschutz von Betriebsratsmitgliedern, 2008, S. 189.

durch die Gewährung bzw. den Entzug von materiellen Vorteilen beeinflusst werden. Es wäre sinnwidrig, wenn sie ihnen einmal zugeflossene Vermögensvorteile behalten dürften.[795]

Dieser Auffassung ist zuzustimmen: Müssen Betriebsratsmitglieder befürchten, jederzeitigen Kondiktionsansprüchen ausgesetzt zu sein, verlieren sie auch ein Stück weit das Interesse, solche Leistungen anzunehmen, denn der Vorteil ist allenfalls ein temporärer.[796] Das Begünstigungsverbot kann somit auch generalpräventive Zwecke erfüllen. Dass § 817 S. 2 BGB teleologisch zu reduzieren ist, lässt sich auch anhand der Rechtsfolgen deutlich machen. Die wortlautgetreue Anwendung des § 817 S. 2 BGB führte zu einer Privilegierung des die Begünstigung erkennenden und somit bösgläubigen Betriebsratsmitglieds: Nur wenn die Rückforderung möglich bleibt, kann es über diesen zusätzlichen Vermögensvorteil nicht frei verfügen. Vielmehr hat es dann in gleicher Höhe Rückstellungen zu bilden, um den Kondiktionsanspruch des Arbeitgebers erfüllen zu können. Auf Entreicherung kann es sich aufgrund seiner Kenntnis um die Begünstigung und der damit einhergehenden verschärften Haftung nicht berufen. Geht das Betriebsratsmitglied hingegen gutgläubig davon aus, ihm stehe die gewährte begünstigende Leistung zu, steht ihm immer noch die Entreicherungseinrede offen.[797] Damit wird deutlich: Den Schutz des Kondiktionsausschlusses des § 817 S. 2 BGB benötigt lediglich das bösgläubige Betriebsratsmitglied, das um seine Begünstigung weiß. Auch aus dem Aspekt der fehlenden Schutzwürdigkeit ist eine restriktive Anwendung des § 817 S. 2 BGB geboten.

Zudem kann auch nur so das Vertrauen der Belegschaft in eine interessengerechte Wahrnehmung der Mitbestimmungsrechte aufrechterhalten werden. Insbesondere dann, wenn das Betriebsratsmitglied befürchten muss Kondiktionsansprüchen und ggf. auch deren gerichtlicher Geltendmachung ausgesetzt zu sein, wird ein Anreiz gesetzt, die Begünstigung nicht anzunehmen. Wird das Bestehen eines solchen Rückforderungsanspruchs nämlich öffentlich, besteht ein Rechtfertigungsdruck vor der übrigen Belegschaft. Diese kann in einem solchen Falle einen Ausschluss des Betriebsratsmitglieds nach § 23 Abs. 1 BetrVG veranlassen[798] oder dieses schlicht in der nächsten Betriebsratswahl übergehen.

---

795 BAG, Urteil v. 08.11.2017 – 5 AZR 11/17, NZA 2018, 528; a.A. LAG Düsseldorf, Urteil v. 17.04.2019 – 7 Sa 1065/18, Pressemitteilung 12/19.

796 So bereits *Purschwitz*, Das betriebsverfassungsrechtliche Benachteiligungs- und Begünstigungsverbot nach § 78 Satz 2 BetrVG, 2015, S. 94.

797 Zur Einrede der Entreicherung näher unter Gliederungspunkt VI. 2. d).

798 Dazu auch LAG München, Beschluss v. 05.02.2009 – 3 TaBV 107/08, juris Rn. 37; so auch HWGNRH/*Huke*, BetrVG, 10. Aufl. 2018, § 23 Rn. 30.

Richtigerweise ist daher § 817 S. 2 BGB bei Verstoß gegen das Begünstigungsverbot entsprechend dem Telos des § 78 S. 2 BetrVG unangewendet zu lassen. Ein Kondiktionsanspruch des Arbeitgebers gegen das Betriebsratsmitglied aus § 812 Abs. 1 S. 1, 1. Alt BGB bzw. aus § 817 S. 1 BGB wird in der Folge nicht durch § 817 S. 2 BGB ausgeschlossen.

bb) Ausschlusstatbestand des § 814 BGB

Darüber hinaus stellt sich die Frage, ob der Kondiktionsausschluss des § 814 BGB einschlägig ist. Danach kann das zum Zwecke der Erfüllung einer Verbindlichkeit Geleistete nicht zurückgefordert werden, wenn der Leistende gewusst hat, dass er zur Leistung nicht verpflichtet war, oder wenn die Leistung einer sittlichen Pflicht oder einer auf den Anstand zu nehmenden Rücksicht entsprach.

Freilich ist die Relevanz dieser Einwendung im Falle der Gewährung begünstigender Leistungen an ein Betriebsratsmitglied gering: Zwar kann § 814 BGB den Anspruch aus § 812 Abs. 1 S. 1, 1. Alt BGB durchaus ausschließen, auf die Kondiktion nach § 817 S. 1 BGB ist die Norm jedoch nicht anwendbar.[799] Der Ausschluss der *condictio indebiti* vermag damit nichts an dem Ergebnis zu ändern: Das Betriebsratsmitglied bleibt – wenn auch nicht nach § 812 Abs. 1 S. 1, 1. Alt. BGB – jedenfalls nach § 817 S. 1 BGB zur Rückzahlung der begünstigenden Leistung verpflichtet.[800]

Relevanz hinsichtlich der Frage, ob die Leistungskondiktion des § 812 Abs. 1 S. 1, 1. Alt. BGB ausgeschlossen ist, erlangt dabei nur die erste Alternative des § 814 BGB. Maßgeblich ist dabei, ob der leistende Arbeitgeber positive Kenntnis[801] davon hatte, dass er zur Leistung nicht verpflichtet war.[802] Dies wird man jedenfalls dann annehmen müssen, wenn der Arbeitgeber ein bestimmtes Handeln des Betriebsratsmitglieds veranlassen und deshalb gezielt durch die Gewährung einer Begünstigung auf das Betriebsratsmitglied Einfluss nehmen wollte. Zwingend ist eine positive Kenntnis des Arbeitgebers indes nicht. Denkbar ist etwa auch die Konstellation, in der ein Arbeitgeber lediglich fahrlässig die vergleichbaren Arbeitnehmer nach § 37 Abs. 4 S. 1 BetrVG rechtsfehlerhaft festlegt

---

799 BGH, Urteil v. 14.12.2000 – I ZR 213/98, NJW-RR 2001, 1044; MünchKommBGB/*Schwab*, 7. Aufl. 2017, § 817 Rn. 9; Palandt/*Sprau*, BGB, 78. Aufl. 2019, § 814 Rn. 2.

800 Siehe dazu bereits Gliederungspunkt VI. 2. b) bb).

801 BGH, Urteil v. 07.05.1997 – IV ZR 35/96, NJW 1997, 2381; Palandt/*Sprau*, BGB, 78. Aufl. 2019, § 814 Rn. 4.

802 So auch *Rieble*, NZA 2008, 276, 278.

oder die betriebsübliche Entwicklung falsch ermittelt und dem Betriebsratsmitglied dadurch ein erhöhtes Entgelt zukommen lässt.

Dennoch findet § 814 BGB keine Anwendung, wenn das Betriebsratsmitglieds Kenntnis vom fehlenden Rechtsgrund besitzt. Die Norm basiert auf dem Grundsatz des *venire contra factum proprium.*[803] So darf der Empfänger grundsätzlich darauf vertrauen, dass er die Leistung behalten darf. Anders liegt der Fall jedoch, wenn der Empfänger Kenntnis davon hatte, dass ein Rechtsgrund für die Leistung nicht besteht. In diesem Fall ist § 814 BGB nicht anwendbar,[804] da der Empfänger nicht schutzwürdig ist.

Diese auf den Grundsätzen von Treu und Glauben beruhenden Erwägungen werden auch auf die Konstellation übertragen, dass die Begünstigung durch einen Vertreter gewährt wird – etwa bereits, weil der Arbeitgeber eine juristische Person ist.[805] Insoweit wird nicht erst die Anwendbarkeit von § 814 BGB bestritten, vielmehr wird bereits die grundsätzlich nach § 166 Abs. 2 BGB erfolgende Wissenszurechnung abgelehnt. Danach kommt es grundsätzlich auf die Kenntnis des Vertreters an.[806] Die Wissenszurechnung erfolge grundsätzlich, um „die Folgen einer arbeitsteiligen Unternehmensstruktur im Rechtsverkehr angemessen zu berücksichtigen und widerzuspiegeln",[807] und diene damit insbesondere dem Schutz des Leistungsempfängers. Eine Wissenszurechnung habe allerdings dann zu unterbleiben, wenn Vertreter und Betriebsratsmitglied kollusiv zulasten des Arbeitgebers zusammenwirken bzw. jedenfalls bereits dann, wenn das Betriebsratsmitglied den Verstoß gegen das Begünstigungsverbot erkannt hat.[808] In diesem Fall sei das Betriebsratsmitglied schon nicht schutzwürdig.

Damit wird deutlich: § 814 BGB findet nur dann Anwendung, wenn das Betriebsratsmitglied gutgläubig hinsichtlich dessen war, dass die gewährte Leistung keine gegen § 78 S. 2 BetrVG verstoßende Begünstigung war, während der Arbeitgeber positive Kenntnis vom Gesetzesverstoß haben muss. Insoweit wird die Kondiktion des § 812 Abs. 1, S. 1, 1. Alt. BGB ausgeschlossen.

803 BGH, Urteil v. 07.05.1997 – IV ZR 35/96, NJW 1997, 2381; Palandt/*Sprau*, BGB, 78. Aufl. 2019, § 814 Rn. 3.

804 BGH, Urteil v. 18.01.1979 – VII ZR 165/78, NJW 1979, 763.

805 *Bittmann/Mujan*, BB 2012, 1604, 1607; *Purschwitz*, Das betriebsverfassungsrechtliche Benachteiligungs- und Begünstigungsverbot nach § 78 Satz 2 BetrVG, 2015, S. 96.

806 BGH, Urteil v. 05.03.2015 – IX ZR 133/14, NJW 2015, 1672; BGH, Urteil v. 10.12.1998 – III ZR 208/97, NJW 1999, 1024; Palandt/*Sprau*, BGB, 78. Aufl. 2019, § 814 Rn. 7.

807 *Purschwitz*, Das betriebsverfassungsrechtliche Benachteiligungs- und Begünstigungsverbot nach § 78 Satz 2 BetrVG, 2015, S. 96.

808 BGH, Urteil v. 27.02.2008 – IV ZR 270/06, NJW-RR 2008, 977; BGH, Urteil v. 07.03.2001 – IV ZR 254/00, NJW-RR 2001, 889.

d) Entreicherung des Betriebsratsmitglieds (§ 818 Abs. 3 BGB) und verschärfte Haftung (§§ 818 Abs. 4, 819 BGB)

Die Verpflichtung zur Herausgabe der erlangten Bereicherung bzw. zum Wertersatz derselben ist gem. § 818 Abs. 3 BGB ausgeschlossen, soweit das Betriebsratsmitglied als Empfänger geltend macht, es sei nicht mehr bereichert.

Diese rechtsvernichtende Einwendung[809] ist jedoch nach den §§ 818 Abs. 4, 819 Abs. 1 BGB ab dem Zeitpunkt ausgeschlossen, in dem das Betriebsratsmitglied vom Mangel des rechtlichen Grundes Kenntnis erlangt. Kenntnis meint dabei nicht nur Kenntnis hinsichtlich der Tatsachen, aus denen sich der fehlende Rechtsgrund ergibt, vielmehr muss sich die Kenntnis auch auf die normative Bewertung erstrecken. Das Betriebsratsmitglied muss also Kenntnis davon haben, dass es die gewährte Begünstigung nicht behalten darf.[810] Dabei soll allerdings nach der Rechtsprechung des BGH genügen, dass sich der Empfänger „der Einsicht in die Nichtigkeit des Verpflichtungsgeschäfts bewußt verschließt."[811]

Im Schrifttum wird zuweilen die These aufgestellt, dass einem Betriebsratsmitglied durch die Teilnahme an einer grundlegenden Schulung zum Betriebsverfassungsgesetz, jedenfalls hinsichtlich eindeutiger Begünstigungen, diese Kenntnis unterstellt werden könne.[812] Ein solches Urteil erfolgt jedoch zu pauschal und ohne Blick auf den konkreten Sachverhalt. Denn ein Arbeitnehmer ist grundsätzlich nicht verpflichtet, die Vergütungsabrechnung seines Arbeitgebers zu überprüfen. Erst wenn der Arbeitnehmer eine erhebliche Überzahlung erhält, die er sich nicht erklären kann, hat er dies dem Arbeitgeber mitzuteilen.[813]

Besteht jedoch nicht zwangsläufig eine Prüfungspflicht, kann auch eine Kenntnis hinsichtlich der Nichtigkeit nicht ohne Weiteres unterstellt werden. Richtig ist allerdings: Erhält das Betriebsratsmitglied eine „erhebliche Überzahlung" oder auch eine höhere Einmalzahlung, die sich nicht anders erklären lässt, wird sich die Kenntnis des fehlenden Rechtsgrundes wohl kaum abstreiten lassen.

---

809 BGH, Urteil v. 17.06.1992 – XII ZR 119/91, NJW 1992, 2415; OLG Düsseldorf, Urteil v. 22.05.2013 – I-15 U 78/12, BeckRS 2014, 12832; MünchKommBGB/*Schwab*, 7. Aufl. 2017, § 818 Rn. 130.

810 MünchKommBGB/*Schwab*, 7. Aufl. 2017, § 819 Rn. 2.

811 BGH, Urteil v. 12.07.1996 – V ZR 117/95, NJW 1996, 2652; so auch BGH, Urteil v. 09.05.2014 – V ZR 305/12, NJW 2014, 2790, 2793.

812 *Purschwitz*, Das betriebsverfassungsrechtliche Benachteiligungs- und Begünstigungsverbot nach § 78 Satz 2 BetrVG, 2015, S. 96; abgeschwächt *Bittmann/Mujan*, BB 2012, 1604, 1606.

813 BAG, Urteil v. 10.03.2005 – 6 AZR 217/04, NZA 2005, 812.

Darauf kommt es jedoch gar nicht an: Das Betriebsratsmitglied hat bereits durch die bloße Annahme des rechtswidrigen Vorteils gegen das Begünstigungsverbot des § 78 S. 2 BetrVG verstoßen, sodass es auch nach der Kondiktion des § 817 S. 1 BGB zur Herausgabe verpflichtet ist.[814] Anknüpfend an den Kondiktionsanspruch des § 817 S. 1 BGB ordnet § 819 Abs. 2 BGB die verschärfte Haftung nach § 818 Abs. 4 BGB an, wenn der Empfänger durch die Annahme der Leistung gegen ein gesetzliches Verbot verstoßen hat.

Stimmen in der Literatur folgern aus dem Wortlaut des § 819 Abs. 2 BGB, dass dieser lediglich den einseitigen Verstoß durch den Empfänger erfasst.[815] Bei beiderseitigem Verstoß bedarf es im Regelfall einer verschärften Haftung schon gar nicht, da der Kondiktionsanspruch bereits nach § 817 S. 2 BGB ausgeschlossen sei.[816] Bleibt § 817 S. 2 BGB jedoch – etwa aufgrund einer teleologischen Reduktion – unangewendet, gibt es keinen Grund, den Empfänger von der verschärften Haftung nach §§ 818 Abs. 4, 819 Abs. 2 BGB freizusprechen; § 819 Abs. 2 BGB ist damit in diesen Fällen entsprechend anwendbar.[817]

Damit haftet auch das Betriebsratsmitglied, welches den begünstigenden Vermögensvorteil lediglich annimmt, verschärft nach §§ 818 Abs. 4, 819 Abs. 2 BGB und kann sich nicht auf eine etwaige Entreicherung berufen. Da der Verstoß gegen das Begünstigungsverbot des § 78 S. 2 BetrVG keine subjektive Komponente voraussetzt,[818] führt diese Betrachtung jedoch dazu, dass sich ein Betriebsratsmitglied auch dann nicht auf Entreicherung berufen könnte, wenn ihm überhaupt nicht bewusst war, gegen ein Verbotsgesetz zu verstoßen.

Die Rechtsprechung sowie die herrschende Auffassung in der Literatur fordern daher zumindest das Bewusstsein des Gesetzesverstoßes.[819] Der Begriff

814 Siehe dazu bereits Gliederungspunkt VI. 2. b) bb).

815 MünchKommBGB/Schwab, 7. Aufl. 2017, § 819 Rn. 25; Staudinger/*Lorenz*, BGB, 2007, § 819 Rn. 12.

816 So auch MünchKommBGB/*Schwab*, 7. Aufl. 2017, § 819 Rn. 25.

817 So auch BGH, Urteil v. 19.03.1958 – V ZR 62/57, NJW 1958, 1725; OLG München, Urteil v. 05.05.2000 – 23 U 6086/99, NJW 2000, 2592; MünchKommBGB/Schwab, 7. Aufl. 2017, § 819 Rn. 25; Palandt/*Sprau*, BGB, 78. Aufl. 2019, § 819 Rn. 7; PWW/*Prütting*, BGB, 14. Aufl. 2019, § 819 Rn. 8.

818 Siehe dazu bereits Gliederungspunkt II. 2. b) bb).

819 BGH, Urteil v. 06.11.2008 – III ZR 120/08, NJW-RR 2009, 345; OVG Berlin/Brandenburg, Beschluss v. 28.11.2013 – OVG 5 N 21.13, BeckRS 2014, 46002; BeckOK BGB/*Wendehorst*, 51. Ed. 01.05.2019, § 819 Rn. 10; HK-BGB/*Wiese/Schulze*, 10. Aufl. 2019, § 819 Rn. 4; Jauernig/*Stadler*, BGB, 17. Aufl. 2018, § 819 Rn. 6; *Larenz/Canaris*, Schuldrecht BT II/2, 13. Aufl. 1994, § 73 II 1b, S. 310; MünchKommBGB/*Schwab*, 7. Aufl. 2017, § 819 Rn. 26; *Röthel*, Jura 2016, 260, 262; Staudinger/*Lorenz*, BGB, 2007,

Bewusstseins ist dabei ebenso zu verstehen wie im Rahmen des § 819 Abs. 1 BGB. Der Empfänger muss sich der Erkenntnis des Gesetzesverstoßes in einer derartigen Weise verschließen, die es „ihm nach Treu und Glauben verwehrt, sich nunmehr auf ein fehlendes Bewusstsein zu berufen“[820]. Begründet wird dies zuweilen aus dem Normzusammenhang mit § 819 Abs. 1 BGB. Danach ist das Vertrauen des Empfängers, die rechtsgrundlose Leistung behalten zu dürfen, gerade nicht schutzwürdig, wenn er um deren Rechtsgrundlosigkeit weiß. Gleiches müsse auch im Rahmen von § 819 Abs. 2 BGB gelten, denn die Anordnung der verschärften Haftung sei nur dann gerechtfertigt, wenn der Empfänger zumindest ein Bewusstsein für den Gesetzesverstoß hatte.[821]

Zwingend ist eine solche Auslegung keineswegs. So enthält der Wortlaut des § 819 Abs. 2 BGB keinen Verweis auf ein kognitives Element, und auch die amtliche Überschrift differenziert klar zwischen § 819 Abs. 1 BGB („Haftung bei Kenntnis…“) und § 819 Abs. 2 BGB („… und bei Gesetzes- oder Sittenverstoß“).

Dennoch kann die verschärfte Haftung nach § 819 Abs. 2 BGB richtigerweise nur dann eintreten, wenn dem Empfänger der Gesetzesverstoß zumindest bewusst war. Das Bereicherungsrecht unterliegt in besonderem Maße den Grundsätzen von Treu und Glauben.[822] Zwar setzt der Kondiktionsanspruch des § 817 S. 1 BGB kein subjektives Element voraus,[823] dies lässt sich indes nicht auf § 819 Abs. 2 BGB übertragen. Denn die Anordnung der verschärften Haftung träfe den gutgläubigen Empfänger, der keine Kenntnis vom Gesetzesverstoß hatte, ungleich härter als einen bösgläubigen Empfänger. Die Einrede der Entreicherung dient jedoch gerade dem Schutz des gutgläubigen Bereicherungsschuldners:[824] Solange sich der Vermögensvorteil noch im Vermögen des Schuldners befindet, führt der Kondiktionsanspruch lediglich dazu, die ursprüngliche,

---

§ 819 Rn. 13; Palandt/*Sprau*, BGB, 78. Aufl. 2019, § 819 Rn. 7, der sogar Kenntnis vom Gesetzesverstoß fordert; skeptisch *Medicus/Petersen*, BürgerlR, 27. Aufl. 2019, Rn. 530 a.E., die den Verzicht auf ein subjektives Element befürworten; weiter Erman/*Buck-Heeb*, BGB, Bd. II, 15. Aufl. 2017, § 819 Rn. 7, der grobe Fahrlässigkeit als ausreichend ansieht.

820 BGH, Urteil v. 06.11.2008 – III ZR 120/08, NJW-RR 2009, 345.

821 MünchKommBGB/*Schwab*, 7. Aufl. 2017, § 819 Rn. 26.

822 BGH, Urteil v. 31.05.1990 – VII ZR 336/89, NJW 1990, 2542; BGH, Urteil v. 21.12.1961 – III ZR 130/60, NJW 1962, 580; Palandt/*Sprau*, BGB, 78. Aufl. 2019, § 817 Rn. 18.

823 Siehe dazu bereits Gliederungspunkt VI. 2. b) bb).

824 MünchKommBGB/*Schwab*, 7. Aufl. 2017, § 818 Rn. 150; Palandt/*Sprau*, BGB, 78. Aufl. 2019, § 818 Rn. 26.

rechtmäßige Vermögenslage wiederherzustellen. Ist der Empfänger jedoch entreichert, befindet sich der Vermögensvorteil nicht mehr ungeschmälert in seinem Vermögen. Haftet der Empfänger nun verschärft, muss er zur Erfüllung des Kondiktionsanspruchs auf sein weiteres Vermögen zurückgreifen.

Demgegenüber könnte sich der bösgläubige Empfänger, der vom Gesetzesverstoß Kenntnis hat, darauf einstellen, die Leistung wieder zurückgewähren zu müssen. Verfügt er trotz seiner Kenntnis über den Vermögensvorteil, besteht aus Wertungsgesichtspunkten kein Anlass, ihn in den Genuss der Entreicherungseinrede kommen zu lassen. Die Entreicherungseinrede setzt letztlich die Schutzwürdigkeit des bereits ausgeübten Vertrauens voraus. Schutzwürdig ist das Vertrauen jedoch dann nicht, wenn dem Empfänger bewusst ist, dass ihm der Vermögensvorteil nicht zusteht.

Hat der Empfänger jedoch ein solches Bewusstsein nicht, lässt sich nach den Grundsätzen von Treu und Glauben nicht rechtfertigen, den Empfänger verschärft haften zu lassen.

Betriebsratsmitgliedern muss dabei nicht zwingend bewusst sein, dass ein Vergütungsbestandteil eine gegen § 78 S. 2 BetrVG verstoßende Begünstigung darstellen muss. Zwar wird man dies bei Einmalzahlungen oder einer höheren monatlichen Überzahlung annehmen müssen, handelt es sich jedoch um eine monatliche Überzahlung, die sich das Betriebsratsmitglied durch eine mögliche berufliche Entwicklung der vergleichbaren Arbeitnehmer erklären kann, muss ein Bewusstsein für den Gesetzesverstoß negiert werden.

Freilich muss eine Entreicherung im konkreten Fall auch eingetreten sein. Für kleinere und mittlere Einkommen sowie eine gleichbleibend geringfügige Überbezahlung des laufenden Arbeitsentgelts (Nettoüberzahlung von unter 10 % des Nettozahlbetrags[825]) besteht grundsätzlich eine Vermutung dahingehend, dass der Empfänger diese für den laufenden Lebensunterhalt verwendet hat und somit entreichert ist.[826] Darüber hinaus obliegt dem Betriebsratsmitglied als Bereicherungsschuldner die Darlegungs- und Beweislast.[827]

---

825 BAG, Urteil v. 25.04.2001 – 5 AZR 497/99, BB 2001, 2007, 2008.

826 BAG, Urteil v. 26.05.2009 – 3 AZR 797/07, NZA 2009, 1279; BAG, Urteil v. 06.06.2007 – 4 AZR 573/06, NJOZ 2007, 4084; BAG, Urteil v. 09.02.2005 – 5 AZR 175/04, NZA 2005, 814; BAG, Urteil v. 25.04.2001 – 5 AZR 497/99, NZA 2001, 966; BAG, Urteil v. 18.01.1995 – 5 AZR 817/93, NZA 1996, 27; *Bittmann/Mujan*, BB 2012, 1604, 1606; Schaub/*Linck*, ArbRHdb, 18. Aufl. 2019, § 74 Rn. 13.

827 BAG, Urteil v. 26.05.2009 – 3 AZR 797/07, NZA 2009, 1279; BGH, Urteil v. 10.02.1999 – VIII ZR 314/97, NJW 1999, 1181; BGH, Urteil v. 17.06.1992 – XII ZR 119/91, NJW 1992, 2415; OLG Koblenz, Urteil v. 21.02.2005 – 12 U 1347/03, NJW-RR 2005, 1491; OLG Köln, Urteil v. 27.03.1998 – 4 UF 164/97, NJW-RR 1998, 1701;

e) Auswirkung von Ausschlussfristen

Kondiktionsansprüche wären jedoch ausgeschlossen, wenn eine Ausschlussfrist zugunsten des Arbeitnehmers greifen würde. Damit wären Rückforderungsansprüche nach Ablauf der Ausschlussfrist erloschen.[828] Erforderlich ist dazu, dass die Vereinbarung einer Ausschlussfrist nicht gegen § 78 S. 2 BetrVG verstößt und auch eine Anwendung im Einzelfall nicht zu einem Verstoß gegen das Begünstigungs- und Benachteiligungsverbot des § 78 S. 2 BetrVG führt.

Wie bereits dargestellt, finden Ausschlussfristen auch auf das Arbeitsverhältnis des Betriebsratsmitglieds Anwendung. Eine Begünstigung oder Benachteiligung von Betriebsratsmitgliedern scheidet aus, da insoweit bereits keine Ungleichbehandlung zu anderen Arbeitnehmern besteht.[829] Richtigerweise wird man dabei die konkrete Ausgestaltung der Ausschlussklausel zu beachten haben: Jedenfalls wenn diese Klausel allgemein sämtliche Ansprüche des Arbeitgebers wegen Entgeltüberzahlung erfasst, verstößt sie nicht gegen § 78 S. 2 BetrVG.[830] Die Ausschlussfrist kann den Kondiktionsanspruch des Arbeitgebers gegen das Betriebsratsmitglied nach deren Ablauf allerdings nur dann ausschließen, wenn diese als beidseitige Klausel ausgestaltet ist, sich somit sowohl auf Ansprüche des Arbeitnehmers gegen den Arbeitgeber als auch auf Ansprüche des Arbeitgebers gegen den Arbeitnehmer bezieht.

Daran anschließend stellt sich die Frage, ob eine Ausschlussfrist nicht dann unangewendet bleiben muss, wenn deren Ablauf dazu führt, dass der auf einem Verstoß gegen § 78 S. 2 BetrVG basierende Kondiktionsanspruch des Arbeitgebers ausgeschlossen wird. Dahinter steht folgende Überlegung: Durch das Ablaufen der Ausschlussfrist könnte die von der Rechtsordnung missbilligte – von den Parteien jedoch gewollte – Vermögenslage aufrechterhalten werden. Dies konterkariert die Rechtsprechung des BAG zur Nichtanwendung des

---

BeckOK BGB/*Wendehorst*, 51. Ed. 01.05.2019, § 818 Rn. 161; jurisPK-BGB/*Martinek*, 8. Aufl. 2017, § 818 Rn. 88; MünchKommBGB/*Schwab*, 7. Aufl. 2017, § 818 Rn. 183; PWW/*Prütting*, BGB, 14. Aufl. 2019, § 818 Rn. 40.

828 BAG, Urteil v. 28.09.2005 – 5 AZR 52/05, NZA 2006, 149; BAG, Urteil v. 11.07.1990 – 5 AZR 609/89, NZA 1991, 70; BAG, Urteil v. 26.08.1960 – 1 AZR 425/58, BAGE 10, 1; BAG, Vorlagebeschluss v. 30.03.1973 – 4 AZR 259/72, AP BGB § 390 Nr. 4; *Busse*, Die Ausschlußfrist im Geflecht arbeitsrechtlicher Gestaltungsfaktoren, 1991, S. 3; ErfK/*Preis*, 19. Aufl. 2019, § 218 BGB Rn. 33; anders aber noch BGH, Urteil v. 30.01.1958 – VII ZR 33/57, NJW 1958, 543 zu § 390 S. 2 BGB a.F.

829 Siehe dazu bereits Gliederungspunkt VI. 1. a).

830 So auch *Rieble*, NZA 2008, 276, 278.

Kondiktionsausschlusses nach § 817 S. 2 BGB[831] und die verschärfte Haftung des Betriebsratsmitglieds bei Bewusstsein des Gesetzesverstoßes nach § 819 Abs. 2 BGB und ggf. nach § 819 Abs. 1 BGB.[832] Die gesetzlichen Wertungen würden damit ins Leere laufen. Soweit Arbeitgeber und Betriebsratsmitglied Kenntnis von dem Verstoß gegen § 78 S. BetrVG haben, wird daher der Ablauf der Ausschlussfrist wegen Verstoßes gegen Treu und Glauben nach § 242 BGB für den Kondiktionsanspruch unbeachtlich sein müssen. Der Rückforderungsanspruch des Arbeitgebers bleibt damit bestehen.

Zwar ist zuzugeben, dass ein Arbeitgeber wohl kaum eine Begünstigung gewähren würde, wenn er diese zeitnah zurückfordern wollte. Dennoch mag es Konstellationen geben, in denen ein Kondiktionsanspruch auch nach Ablauf der Ausschlussfrist geltend gemacht wird, etwa wenn die Begünstigung durch den Personalvorstand einer AG gewährt worden ist und dieser nun selbst in Haftung genommen wird oder der Personalvorstand nach Ablauf der Ausschlussfrist wechselt und der neue Personalvorstand nun die Rückforderung betreibt.

Ist dem Betriebsratsmitglied der Verstoß gegen das Begünstigungsverbot des § 78 S. 2 BetrVG bewusst, handelt es treuwidrig, wenn es sich auf die Ausschlussfrist beruft. So sind Vereinbarungen über die Vergütung von Betriebsratsmitgliedern der Disposition der Parteien entzogen; die §§ 37, 78 S. 2 BetrVG sind zwingend.[833] Der Ablauf der Ausschlussfrist führt jedoch dazu, dass aufgrund einer solchen nicht rechtskonformen Regelung erfolgte Vermögensverschiebungen kondiktionsfest sind. Zwar könnte der Arbeitgeber auch auf die Geltendmachung des Kondiktionsanspruchs verzichten, bis sich das Betriebsratsmitglied auf Verjährung berufen kann. Würde die Ausschlussfrist jedoch auch auf solche Kondiktionsansprüche Anwendung finden, wäre die Zeitspanne, in der das Betriebsratsmitglied mit einer Rückforderung rechnen müsste, wesentlich verkürzt. Dies steht jedoch in krassem Widerspruch zur Rechtsprechung des BAG zur Anwendung des § 817 S. 2 BGB. Dessen Nichtanwendbarkeit begründete das Gericht mit der ansonsten eintretenden Perpetuierung der rechtswidrigen Vermögenslage sowie mit generalpräventiven Zwecken.[834] Es wäre treuwidrig, wenn die Parteien es in der Hand hätten, durch den Ablauf der Ausschlussfrist diese Rechtsprechung zu umgehen.

---

831 BAG, Urteil v. 08.11.2017 – 5 AZR 11/17, NZA 2018, 528; siehe dazu bereits Gliederungspunkt VI. 2. c) aa).

832 Siehe dazu bereits Gliederungspunkt VI. 2. d).

833 Siehe dazu bereits Gliederungspunkt VI. 2. a).

834 BAG, Urteil v. 08.11.2017 – 5 AZR 11/17, NZA 2018, 528; siehe dazu bereits Gliederungspunkt VI. 2. c) aa).

Die Ausschlussfrist kann daher jedenfalls dann nicht greifen, wenn Arbeitgeber und Arbeitnehmer der Verstoß gegen das Begünstigungsverbot bewusst ist, das heißt, sie durch die Ausschlussfrist eine Umgehung des Begünstigungsverbots des § 78 S. 2 BetrVG bezwecken. Denn der Schutzzweck des § 78 S. 2 BetrVG beschränkt sich nicht lediglich auf das Verhältnis Arbeitgeber zu Arbeitnehmer, sondern erfasst auch die innere und äußere Unabhängigkeit des Betriebsrats.[835] § 78 S. 2 BetrVG schützt damit insbesondere auch die Interessen der Belegschaft. Eine Ausschlussfrist kann daher keine Anwendung finden, wenn ansonsten diese Interessen gefährdet werden könnten.

Dem gleichzustellen ist jedoch die Konstellation, dass nur das Betriebsratsmitglied Kenntnis vom Gesetzesverstoß hat. Denn die Ausschlussfrist kommt insoweit auch nur dem Betriebsratsmitglied zugute. Es kann daher keinen Unterschied machen, ob Arbeitgeber und Betriebsratsmitglied zusammenwirken oder nur das Betriebsratsmitglied die Begünstigung erkennt. Maßgeblich ist daher, ob das Betriebsratsmitglied Kenntnis vom Verstoß gegen § 78 S. 2 BetrVG hat. Treuwidrig ist das Verhalten nur dann, wenn das Betriebsratsmitglied weiß, dass es den Vermögensvorteil nicht behalten darf. Daher ist diesem das Berufen auf die Ausschlussfrist bei Kenntnis vom Gesetzesverstoß zu versagen.

Auch das BAG misst der Kenntnis des Empfängers maßgebliche Bedeutung zu: Der Arbeitnehmer könne sich nicht auf eine Ausschlussfrist berufen, wenn er eine Überzahlung des Arbeitgebers erkannt, aber pflichtwidrig unterlassen hat, den Arbeitgeber auf die Umstände aufmerksam zu machen, sodass dieser den Rückforderungsanspruch innerhalb der Ausschlussfrist nicht geltend gemacht hat. Dabei stellte das BAG fest, dass ein pflichtwidriges Unterlassen dann vorliege, wenn der Arbeitnehmer eine irrtümliche erhebliche Überzahlung des Arbeitgebers festgestellt hat, die Überzahlung diesem jedoch nicht angezeigt hat.[836]

In einer anderen Entscheidung geht das BAG noch einen Schritt weiter: Zwar bestehe keine Pflicht des Arbeitnehmers, die Abrechnung des Arbeitgebers auf ihre Richtigkeit zu überprüfen; stelle er jedoch eine erheblich Mehrzahlung fest, habe er die Pflicht zu prüfen, ob es sich dabei um eine Überzahlung handele und diese ggf. dem Arbeitgeber anzuzeigen. Hätte er eine Überzahlung feststellen müssen, sei der Rückforderungsanspruch wegen Verstoßes gegen § 242 BGB nicht verfallen.[837]

---

835 *Fitting*, BetrVG, 29. Aufl. 2018, § 78 Rn. 14.

836 BAG, Urteil v. 23.05.2001 – 5 AZR 374/99, BAGE 98, 25; a.A. Löwisch/Rieble/*Löwisch/Rieble*, TVG, 4. Aufl. 2017, § 1 Rn. 2025, die durch die Ausschlussfrist eine Verschärfung des Überzahlungs- und Rückforderungsrisikos des Arbeitgebers sehen.

837 BAG, Urteil v. 01.06.1995 – 6 AZR 912/94, NZA 1996, 135.

Auch aus dem teleologischen Aspekt, Rechtssicherheit und Rechtsklarheit zu schaffen, besteht kein Anlass dies anders zu sehen: Denn soweit dem Betriebsratsmitglied der Gesetzesverstoß bewusst ist, bestehen bereits keine rechtlichen Unsicherheiten: Das Betriebsratsmitglied ist dem Kondiktionsanspruch ausgesetzt.

Anders liegt der Fall bei einem gutgläubigen Betriebsratsmitglied, welches sich des Verstoßes gegen das Begünstigungsverbot nicht bewusst ist. Insoweit bleibt das Bedürfnis nach Rechtsklarheit und Rechtssicherheit bestehen. Zudem besteht schon gar nicht die Gefahr, dass die Unabhängigkeit und Unparteilichkeit des Betriebsrats und dessen Mitglieder gefährdet ist: Denn soweit ein Betriebsratsmitglied gar nicht weiß, dass es begünstigt worden ist, hat es keinen Grund, im Sinne des Arbeitgebers zu handeln.

Wie das BAG jüngst feststellte, gebiete die gesetzliche Wertung die Durchsetzbarkeit der Forderung.[838] Nichts anderes kann für deren Verfall aufgrund des Ablaufs einer Ausschlussfrist gelten. Daraus folgt: Ist einem Betriebsratsmitglied der Verstoß gegen das Begünstigungsverbot bewusst, so haftet es verschärft nach §§ 818 Abs. 4, 819 Abs. 2 BGB. In diesem Fall greift auch keine Ausschlussfrist. Der Arbeitgeber kann den Kondiktionsanspruch damit auch noch nach Ablauf einer Ausschlussfrist geltend machen.

f) Verjährung

Kondiktionsansprüche sind jedoch ausgeschlossen, soweit das Betriebsratsmitglied die Einrede der Verjährung erhebt; § 214 BGB. Für Rückforderungsansprüche aus Bereicherungsrecht gilt dabei die regelmäßige Verjährung nach §§ 195, 199 BGB.[839] Diese Ansprüche verjähren in drei Jahren ab Schluss des Jahres, in dem der Anspruch entstanden ist und der Arbeitgeber von den den Anspruch begründenden Umständen Kenntnis erlangt oder ohne grobe Fahrlässigkeit erlangen musste. Der Anspruch entsteht im Zeitpunkt seiner Fälligkeit.[840] Für den Kondiktionsanspruch ist dies der Zeitpunkt der Gewährung der Begünstigung.[841] Daneben kommt es auf die Tatsachenkenntnis des Arbeitgebers an. Unerheblich ist, ob der Arbeitgeber zu diesem Zeitpunkt tatsächliche Kenntnis

---

838 BAG, Urteil v. 08.11.2017 – 5 AZR 11/17, NZA 2018, 528.

839 BGH, Beschluss v. 19.03.2008 – III ZR 220/07, NJW-RR 2008, 1237; Palandt/*Sprau*, BGB, 78. Aufl. 2019, § 812 Rn. 69.

840 BGH, Urteil v. 03.08.2017 – VII ZR 32/17, NJOZ 2018, 496; BeckOK BGB/*Henrich*, 51. Ed 01.08.2019, § 199 Rn. 4.

841 So zur Überzahlung BAG, Urteil v. 01.06.1995 – 6 AZR 912/94, NZA 1996, 135.

von dem Bestehen des Rückzahlungsanspruchs hatte.[842] Es genügt, dass er die anspruchsbegründenden Umstände kannte oder hätte kennen müssen.[843] Dass er auf dieser Grundlage die rechtliche Wertung nicht richtig erfasst, ist nicht von Relevanz. Letztlich ist eine Überzahlung der Risikosphäre des Arbeitgebers zuzurechnen.[844] Für den Kondiktionsanspruch ist daher die Kenntnis oder grob fahrlässige Unkenntnis der Betriebsratseigenschaft sowie die Kenntnis der Zahlung ausreichend. Dies wird regelmäßig mit dem Zeitpunkt der Gewährung der Begünstigung zusammenfallen.

Wird die Begünstigung nicht unmittelbar durch den Arbeitgeber gewährt, kommt eine Zurechnung der Kenntnis des Leistenden nach § 166 BGB in Betracht. In Rechtsprechung und Literatur wird richtigerweise angemerkt, dass eine Wissenszurechnung ausscheiden muss, wenn sich aufgrund des mit der Begünstigung in Zusammenhang stehenden Handlungsgeschehens Ansprüche auch gegen den gewährenden Dritten richten.[845] Dies rechtfertigt sich dadurch, dass ansonsten von dem Dritten erwartet würde, gegen sich selbst vorzugehen.[846] Gewährt etwa der zuständige Mitarbeiter in der Personalabteilung einem Betriebsratsmitglied eine Begünstigung, können gegen diesen etwa auch Regressansprüchen des Arbeitgebers entstehen.[847] Eine Kenntniszurechnung dieses wissenden Dritten scheidet somit aus.

---

842 BGH, Urteil v. 17.10.1995 – VI ZR 246/94, NJW 1996, 117; BAG, Urteil v. 01.06.1995 – 6 AZR 912/94, NZA 1996, 135; BGH, Urteil v. 22.06.1993 – VI ZR 190/92, NJW 1993, 2614; BGH, Urteil v. 19.03.1991 – VI ZR 248/90, NJW 1991, 2351; BGH, Urteil v. 20.09.1983 – VI ZR 35/82, NJW 1984, 661; MünchKommBGB/*Grothe*, 8. Aufl. 2018, § 199 Rn. 29; Palandt/*Ellenberger*, BGB, 78. Aufl. 2019, § 199 Rn. 27.

843 BGH, Urteil v. 29.01.2008 – XI ZR 160/07, NJW 2008, 1729; BAG, Urteil v. 01.06.1995 – 6 AZR 912/94, NZA 1996, 135; Palandt/*Ellenberger*, BGB, 78. Aufl. 2019, § 199 Rn. 27; Staudinger/*Peters/Jacoby*, BGB, 2014, § 199 Rn. 62.

844 BAG, Urteil v. 01.06.1995 – 6 AZR 912/94, NZA 1996, 135; BAG, Urteil v. 16.11.1989 – 6 AZR 114/88, DB 1990, 1194.

845 BGH, Urteil v. 23.01.2014 – III ZR 436/12, NJW 2014, 1294; BGH, Urteil v. 15.03.2011 – II ZR 301/09, NJW-RR 2011, 832; BGH, Urteil v. 09.02.2009 – II ZR 292/07, NJW 2009, 2127, 2130; BGH, Urteil v. 12.06.1989 – II ZR 334/87, NJW-RR 1989, 1255; so bereits RG, Urteil v. 03.07.1936 – II 47/36, JW 1936, 3111; Jauernig/*Mansel*, BGB, 17. Aufl. 2018, § 166 Rn. 3; *Purschwitz*, Das betriebsverfassungsrechtliche Benachteiligungs- und Begünstigungsverbot nach § 78 Satz 2 BetrVG, 2015, S. 97; Staudinger/*Peters/Jacoby*, BGB, 2014, § 199 Rn. 61; kritisch BeckOK BGB/*Spindler*, 51. Ed. 01.08.2019, § 199 Rn. 43.

846 Staudinger/*Peters/Jacoby*, BGB, 2014, § 199 Rn. 61.

847 So auch *Bittmann/Mujan*, BB 2012, 1604, 1607.

Gleiches gilt auch dann, wenn der Dritte und das Betriebsratsmitglied kollusiv zusammenwirken oder der Dritte für das Betriebsratsmitglied evident gegen die Interessen des Arbeitgebers handelt.[848] In diesen Fällen des Missbrauchs der Vertretungsmacht ist das Betriebsratsmitglied als Vertragspartner nicht schutzwürdig.[849]

Dies führt dazu, dass dem Arbeitgeber ggf. keinerlei Kenntnis zugerechnet werden kann. Die Verjährung beginnt damit im Einzelfall nicht mit der Gewährung der Begünstigung zu laufen, sondern erst dann, wenn der Arbeitgeber oder ein Dritter, dessen Kenntnis dem Arbeitgeber auch zuzurechnen ist, tatsächliche Kenntnis von den den Anspruch begründenden Umständen erlangt hat oder aufgrund grob fahrlässiger Unkenntnis nicht erlangt hat. Ggf. kann sich das Betriebsratsmitglied somit erst zehn Jahre nach Gewährung einer Begünstigung (§ 199 Abs. 4 BGB) auf Verjährung berufen.

g) Zusammenfassung

Das aufgrund eines Verstoßes gegen das Begünstigungsverbot des § 78 S. 2 BetrVG Geleistete kann vom Arbeitgeber nach § 812 Abs. 1 S. 1, 1. Alt. BGB sowie nach § 817 S. 1 BGB zurückgefordert werden. Dabei umfasst der Rückzahlungsanspruch auch die Arbeitnehmeranteile zur Sozialversicherung. Der Arbeitgeber hat insoweit gegen den Arbeitnehmer einen Anspruch auf Abtretung der nach § 26 Abs. 2, 3 SGB IV gegen den Sozialversicherungsträger bestehenden Erstattungsansprüche.[850]

Ob ein Betriebsratsmitglied zur Rückzahlung verpflichtet ist, hängt dabei maßgeblich davon ab, ob ihm der Gesetzesverstoß bewusst war. Grundsätzlich steht dem Betriebsratsmitglied die Entreicherungseinrede offen. Hat das Betriebsratsmitglied jedoch Kenntnis von dem Gesetzesverstoß, haftet es verschärft. In der Folge kann es sich auch nicht auf eine Ausschlussfrist berufen. Hat

---

848 BAG, Urteil v. 29.01.1997 – 2 AZR 472/96, BAGE 85, 131; BGH, Urteil v. 27.03.1985 – VIII ZR 5/84, NJW 1985, 2409; BGH, Urteil v. 19.05.1980 – II ZR 241/79, WM 1980, 953, 954; BAG, Urteil v. 09.03.1978 – 3 AZR 577/76, AP HGB § 126 Nr. 1; Baumbach/Hopt/*Roth*, HGB, 38. Aufl. 2018, § 126 Rn. 11; *Bittmann/Mujan*, BB 2012, 1604, 1607; Soergel/*Leptien*, BGB, 13. Aufl. 1999, § 177 Rn. 18 f., der grobe Fahrlässigkeit Evidenz gleichsetzt.

849 Vgl. BGH, Urteil v. 29.01.1997 – 2 AZR 472/96, BB 1997, 843; BGH, Urteil v. 27.03.1985 – VIII ZR 5/84, BGHZ 94, 132; BGH, Urteil v. 19.05.1980 – II ZR 241/79, WM 1980, 953; siehe bereits Gliederungspunkt IV. 2. c) bb).

850 BAG, Urteil v. 08.11.2017 – 5 AZR 11/17, NZA 2018, 528; BAG, Urteil v. 09.04.2008 – 4 AZR 164/07, NJOZ 2008, 5178.

ein Vertreter des Arbeitgebers die Begünstigung gewährt, kann das Betriebsratsmitglied dem Kondiktionsanspruch des Arbeitgebers ggf. nicht einmal die Einrede der Verjährung entgegenhalten.

Fehlt dem Betriebsratsmitglied hingegen die Kenntnis vom Gesetzesverstoß, verbleibt ihm der Entreicherungseinwand. Es muss aber zu einer tatsächlichen Entreicherung gekommen sein. Mit Ablauf einer Ausschlussfrist verfallen die Ansprüche des Arbeitgebers. Zudem bleibt dem Betriebsratsmitglied auch die Möglichkeit der Verjährungseinrede erhalten.

3. Auswirkungen auf Anwartschaften aus betrieblicher Altersversorgung

Eine gegen § 78 S. 2 BetrVG verstoßende Begünstigung kann unterschiedlich ausgestaltet sein. Der Arbeitgeber kann ein Betriebsratsmitglied etwa durch gelegentliche Sach- oder Geldleistungen begünstigen, gleichwohl kann eine Begünstigung auch durch wiederkehrende Leistungen, etwa durch die Gewährung einer erhöhten Vergütung, erfolgen. Dabei ist zu beachten, dass der Entgeltanspruch des Betriebsratsmitglieds gegen den Arbeitgeber auch Leistungen aus der betrieblichen Altersversorgung mitumfasst.[851]

Soweit der Arbeitgeber den Arbeitnehmern Versorgungsleistungen aus der betrieblichen Altersversorgung zusagt, stellt sich die Frage, wie sich eine monatliche Überzahlung auswirkt. Die inhaltliche Ausgestaltung der Versorgungszusage obliegt dabei den Parteien; lediglich hinsichtlich der Unverfallbarkeit von Rentenanwartschaften bildet § 2 BetrAVG einen Mindeststandard.[852]

Bei dem am häufigsten verwendeten Versorgungstyp, der beitragsorientierten Versorgung, ist die Zusage des Arbeitgebers darauf gerichtet, einen bestimmten Beitrag für den Arbeitnehmer zu investieren, der sich dann in die konkrete Versorgungsleistung umrechnen lässt. Die Finanzierung der betrieblichen Altersversorgung kann dabei durch (regelmäßige) Fixbeiträge oder durch einen prozentualen Beitrag abhängig von der dem Arbeitnehmer gewährten Vergütung erfolgen.[853] Letzteres ließe sich etwa dadurch realisieren, dass sich die Höhe der Beiträge bzw. Rückstellungen aus einer Multiplikation der Bemessungsgrundlage mit einem Bemessungssatz ergeben. Insbesondere wenn die Bemessungsgrundlage der betrieblichen Altersversorgung an das (Brutto-)Jahresgehalt anknüpft,

---

851 BAG, Urteil v. 10.11.2015 – 3 AZR 574/14, NZA 2016, 576; ErfK/*Koch*, 19. Aufl. 2019, § 37 BetrVG Rn. 10; *Fitting*, BetrVG, 29. Aufl. 2018, § 37 Rn. 127.

852 *Reichel/Heger*, Betriebliche Altersversorgung, 2003, Rn. 240 f.

853 *Schipp*, NZA 2011, 445, 446.

kann dies für die Frage nach der rechtmäßigen Vergütung von Betriebsräten Relevanz entfalten. Ist die Höhe der Beiträge prozentual abhängig von der Vergütungsabrede zwischen Arbeitgeber und Arbeitnehmer, führt dies dazu, dass die monatlichen Beiträge bzw. Rückstellungen zur betrieblichen Altersversorgung umso höher ausfallen, je höher die vereinbarte Vergütung ist.

Die Finanzierung der betrieblichen Altersversorgung kann auf zwei Durchführungswegen erfolgen, als interner Durchführungsweg oder als externer Durchführungsweg.[854] Der interne Durchführungsweg erfolgt mittels einer Direktzusage. Der Arbeitgeber verpflichtet sich, die Versorgungsleistungen selbst zu erbringen.[855] Es bleibt bei einem Zweipersonenverhältnis. Der Arbeitgeber nimmt dabei eine Doppelfunktion ein: Er ist Versprechender und Versorgungsträger zugleich.[856] Die Finanzierung erfolgt dabei meist durch Pensionsrückstellungen des Arbeitgebers.[857] Es ergibt sich damit folgende Darstellung:

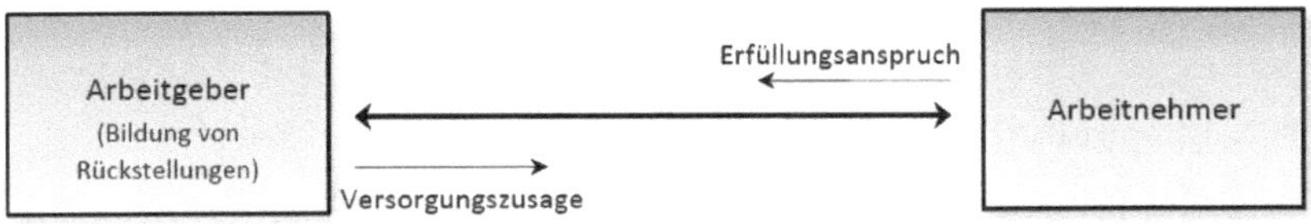

Abb. 1: Interner Durchführungsweg

§ 1 Abs. 2 BetrAVG enthält eine abschließende Aufzählung[858] der für einen externen Durchführungsweg zulässigen Versorgungsträger. Bei einem externen Durchführungsweg zahlt der Arbeitgeber Beiträge an einen externen Versorgungsträger. Mit dem Versorgungsfall entsteht ein Anspruch des Arbeitnehmers bzw., je nach Ausgestaltung der Versorgungszusage, ein Bezugsrecht der Hinterbliebenen gegen den externen Versorgungsträger.[859] Fällt der externe Versorgungsträger mit seinen Leistungen aus, so trifft den Arbeitgeber die Einstandspflicht nach § 1 Abs. 1 S. 3 BetrAVG.[860] Damit ergibt sich folgendes Dreiecksverhältnis:

854 Auch als unmittelbar und mittelbar durchgeführte Versorgungszusagen bezeichnet, dazu KKBHB/*Kister-Kölkes,* BetrAVG, 8. Aufl. 2018, § 1 Rn. 77.

855 *Reichel/Heger*, Betriebliche Altersversorgung, 2003, Rn. 155.

856 Blomeyer/Rolfs/Otto/*Rolfs*, BetrAVG, 7. Aufl. 2018, § 1 Rn. 245; KKBHB/*Kister-Kölkes,* BetrAVG, 8. Aufl. 2018, § 1 Rn. 80.

857 BeckOK ArbR/*Clemens*, 53. Ed. 01.09.2019, § 1 BetrAVG Rn. 33.

858 KKBHB/*Kister-Kölkes,* BetrAVG, 8. Aufl. 2018, § 1 Rn. 81.

859 KKBHB/*Kister-Kölkes,* BetrAVG, 8. Aufl. 2018, § 1 Rn. 81.

860 Dies gilt explizit nicht im Falle des § 1 Abs. 2 Nr. 2a BetrAVG, siehe dazu Blomeyer/Rolfs/Otto/*Rolfs*, BetrAVG, 7. Aufl. 2018, § 319 ff.

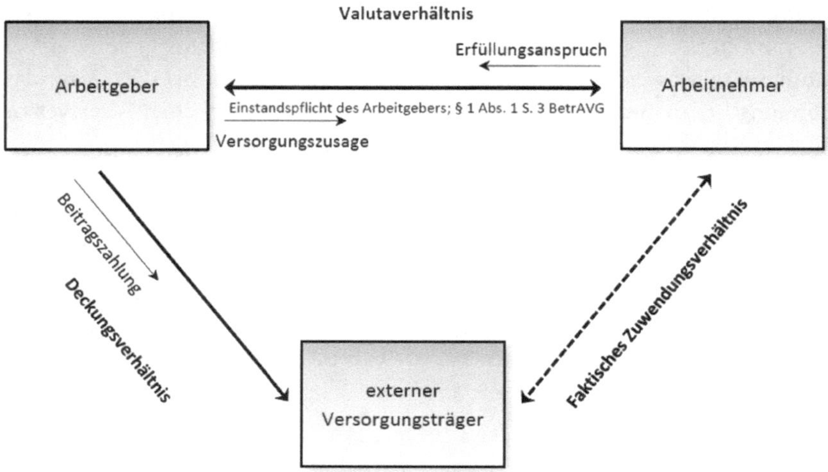

Abb. 2: Externer Durchführungsweg[861]

a) Betriebsrenten als Entgeltbestandteil

Leistungen zur betrieblichen Altersversorgung durch den Arbeitgeber haben nach ständiger Rechtsprechung nicht nur Versorgungs-, sondern auch Entgeltcharakter. So formulierte das BAG: „Betriebliche Altersversorgung ist auch Entgelt des Arbeitnehmers, das dieser als Gegenleistung für die im Arbeitsverhältnis erbrachte Betriebszugehörigkeit erhält."[862] Die Gewährung einer Betriebsrente ist somit auch Teil des Entgelts, welches bei Betriebsratsmitgliedern am Maßstab der §§ 37 Abs. 2, Abs. 4 S. 1, 78 S. 2 BetrVG zu messen ist. Für die betriebliche Altersversorgung gilt daher nichts anderes als auch für das übrige Entgelt: Nicht nur das *Gewähren*, sondern bereits das *Versprechen* einer unberechtigten Leistung an das Betriebsratsmitglied ist unzulässig. Eine solche zwischen den

861 Vgl. die Abbildungen in KKBHB/*Kister-Kölkes*, BetrAVG, 8. Aufl. 2018, § 1 Rn. 98, 107, 116, 126 und 130.

862 BAG, Urteil v. 21.02.2017 – 3 AZR 297/15, NJW 2017, 1628, 1630; so ebenfalls BAG, Urteil v. 04.08.2015 – 3 AZR 137/13, NZA 2015, 1447, 1454; BAG, Urteil v. 12.11.2013 – 3 AZR 274/12, NZA 2014, 780, 782; BAG, Urteil v. 13.11.2012 – 3 AZR 444/10, NZA 2013, 1279, 1282; BVerfG, Beschluss v. 16.07.2012 – 1 BvR 2983/10, NVwZ 2012, 1535, 1538; BVerfG, Beschluss v. 07.07.2009 – 1 BvR 1164/07, NJW 2010, 1439, 1442; BVerfG, Beschluss v. 28.06.2000 – 1 BvR 387/00, NZA 2000, 999, 1001.

Arbeitsvertragsparteien vereinbarte Vergütungsabrede ist nach § 134 BGB nichtig, soweit sie gegen das Begünstigungsverbot des § 78 S. 2 BetrVG verstößt. An ihre Stelle tritt die rechtskonform geschuldete Vergütung.[863] Allein diese tatsächlich geschuldete Vergütung ist maßgeblich für die vom Arbeitgeber auf der Grundlage der Versorgungszusage geschuldete Betriebsrente.

b) Erlangtes Etwas bei Betriebsrenten – Ausgangslage

Ob Kondiktionsansprüche des Arbeitgebers auch die geleisteten Beiträge bzw. Rückstellungen zur betrieblichen Altersversorgung mitumfassen, hängt davon ab, ob das Betriebsratsmitglied bereits mit Verbeitragung bzw. Rückstellung etwas im Sinne des Bereicherungsrechts erlangt hat. Dies hätte auch Auswirkungen darauf, ob das Betriebsratsmitglied einem ggf. bestehenden Kondiktionsanspruch des Arbeitgebers die Einrede der Verjährung entgegenhalten kann oder der Anspruch sogar aufgrund einer ggf. bestehenden Ausschlussfrist verfallen ist. Während die Verjährung mit Schluss des Jahres beginnt, in dem der Anspruch entstanden ist und der Arbeitgeber von den Anspruch begründenden Umstände Kenntnis erlangt oder ohne grobe Fahrlässigkeit hätte erlangen müssen (§ 199 Abs. 1 BGB), knüpfen Ausschlussfristen ihren Beginn regelmäßig an die Fälligkeit des Anspruchs. Der Kondiktionsanspruch des Arbeitgebers entsteht im Zeitpunkt der rechtsgrundlosen Zuwendung,[864] das heißt in dem Zeitpunkt, in dem der Arbeitnehmer die überobligatorische Versorgungsleistung erhält. Maßgeblich ist damit, wann das Betriebsratsmitglied *etwas* im Sinne des Bereicherungsrecht erlangt hat. Ist ein solcher Kondiktionsanspruch noch nicht entstanden, kann er auch noch nicht fällig werden.

Daraus folgt: Nur wenn der Arbeitnehmer bereits *etwas* im Sinne des Bereicherungsrechts erlangt hat, kann ein Kondiktionsanspruch des Arbeitgebers bestehen – und auch nur dann könnten diesem Anspruch Ausschlussfristen und die Einrede der Verjährung entgegenstehen. Hat das Betriebsratsmitglied jedoch noch nichts erlangt, bedarf es eines Kondiktionsanspruchs bereits gar nicht.

Insoweit ist danach zu differenzieren, ob der Versorgungsfall bereits eingetreten ist. Der Versorgungsfall tritt in dem Zeitpunkt ein, in dem der Arbeitnehmer sämtliche Anspruchsvoraussetzungen der Versorgungszusage für den Bezug von betrieblichen Versorgungsleistungen erfüllt,[865] das heißt regelmäßig mit

863 Siehe dazu bereits Gliederungspunkt VI. 2. a).

864 BGH, Urteil v. 13.01.2015 – XI ZR 303/12, NJW 2015, 1948, 1948; BGH, Urteil v. 18.12.2008 – III ZR 132/08, NJW 2009, 984, 984.

865 KKBHB/*Kister-Kölkes*, BetrAVG, 8. Aufl. 2018, § 2 Rn. 24.

Erreichen der Altersgrenze, ggf. mit Eintritt von Invalidität oder – im Fall einer Hinterbliebenenversorgung – mit Eintritt des Todes des Arbeitnehmers (§ 1 Abs. 1 BetrAVG). Leistungen, die nach dem Versorgungsfall erfolgen, können als laufende Leistungen im Sinne von periodischen Leistungen oder als einmalige Kapitalleistungen[866] ausgestaltet sein.[867] Mit Eintritt des Versorgungsfalles entsteht der Anspruch des Arbeitnehmers auf die Versorgungsleistung.[868] Hinsichtlich der künftigen Leistungen besteht damit vor dem Versorgungsfall lediglich ein aufschiebend bedingter Anspruch des Arbeitnehmers auf die Versorgungsleistungen, der unter der Bedingung des Eintritts des Versorgungsfalles[869] sowie ggf. unter weiteren, in der Versorgungszusage getroffenen Bedingungen – zeitlich etwa dem Bestehen einer gewissen Betriebszugehörigkeit (Wartezeit)[870] – steht.

c) Erlangtes Etwas vor dem Versorgungsfall

Mit der Versorgungszusage und der Invollzugsetzung des Arbeitsverhältnisses[871] entsteht eine Anwartschaft des Arbeitnehmers auf die künftigen Versorgungsleistungen.[872] Dass die Versorgungszusage ggf. eine bestimmte Betriebszugehörigkeit voraussetzt, ist für das Entstehen der Anwartschaft nach der Rechtsprechung des BAG unschädlich. Denn insoweit hänge das Erstarken zum Vollrecht lediglich von einer zeitlichen Komponente ab.[873] Grundvoraussetzung für das Entstehen einer Anwartschaft ist dabei die Wirksamkeit des Verpflichtungstatbestands.[874] Daneben kann eine Anwartschaft auch nur dann entstehen, wenn der Arbeitnehmer die Bedingungen, die an die Leistungen aus der betrieblichen Altersversorgung geknüpft sind, zu erfüllen vermag. Dies ist

866 BAG, Urteil v. 25.06.2013 – 3 AZR 219/11, NZA 2013, 1421; BAG, Urteil v. 30.09.1986 – 3 AZR 22/85, NZA 1987, 456; Blomeyer/Rolfs/Otto/*Rolfs*, BetrAVG, 7. Aufl. 2018, § 1b Rn. 11.

867 Blomeyer/Rolfs/Otto/*Rolfs*, BetrAVG, 7. Aufl. 2018, § 1b Rn. 11.

868 BAG, Urteil v. 31.05.2011 – 3 AZR 406/09, NZA-RR 2012, 205, 210; BAG, Urteil v. 21.01.1997 – 3 AZR 90/96, BeckRS 1997, 30368255; BAG, Urteil v. 07.03.1995 – 3 AZR 282/94, BAGE 79, 236.

869 Vgl. *Hilger*, Das betriebliche Ruhegeld, 1959, S. 106, 107, die von einer „Erlebensbedingung" spricht; ebenfalls *Stumpf*, in: FS Herschel, 1982, S. 409, 410.

870 Dazu BAG, Urteil v. 07.07.1977 – 3 AZR 570/76, DB 1977, 1608; Blomeyer/Rolfs/Otto/*Rolfs*, BetrAVG, 7. Aufl. 2018, § 1b Rn. 141.

871 BAG, Urteil v. 21.01.2003 – 3 AZR 121/02, NZI 2004, 51.

872 Blomeyer/Rolfs/Otto/*Rolfs*, BetrAVG, 7. Aufl. 2018, § 1b Rn. 16.

873 BAG, Urteil v. 07.07.1977 – 3 AZR 572/76, BAGE 29, 234; *Hanau*, ZfA 1976, 485, 486 f.

874 Blomeyer/Rolfs/Otto/*Rolfs*, BetrAVG, 7. Aufl. 2018, § 1b Rn. 11.

etwa dann ausgeschlossen, wenn die Versorgungszusage eine Betriebszugehörigkeit vorsieht, die der Arbeitnehmer vor Eintritt des Versorgungsfalls nicht mehr erreichen könnte.[875]

Nach Ansicht der Rechtsprechung und Stimmen in der Literatur begründet die Anwartschaft als „Stufe zum Vollrecht" bereits eine „rechtlich geschützte Position".[876] Der Begriff der Anwartschaft entspreche dabei weitestgehend der Begriffsdefinition des allgemeinen juristischen Sprachgebrauchs.[877] Ein Unterschied zum dinglichen Anwartschaftsrecht bestünde etwa insbesondere darin, dass der versorgungsrechtlichen Anwartschaft kein Verkehrswert beizumessen sei; aufgrund der Zweckbindung bestehe keine Verfügungsbefugnis.[878] Die Ziehung einer Parallele zum *dinglichen* Anwartschaftsrecht ist jedoch nur bedingt hilfreich: Zunächst meint der Begriff der Anwartschaft die Position des Berechtigten im Schwebezeitraum von Vertragsschluss bis zum Bedingungseintritt.[879] Nach ständiger Rechtsprechung entsteht ein Anwartschaftsrecht dann, wenn von einem „mehraktigen Entstehungstatbestand eines Rechts schon so viele Erfordernisse erfüllt sind, daß von einer gesicherten Rechtsposition des Erwerbers gesprochen werden kann, die der andere an der Entstehung des Rechts Beteiligte nicht mehr durch eine einseitige Erklärung zu zerstören vermag".[880] Dabei führt der Bedingungseintritt dazu, dass das Anwartschaftsrecht unmittelbar zum Vollrecht erstarkt. Das Vollrecht muss dabei nicht zwingend dinglicher, sondern kann auch schuldrechtlicher Natur sein.[881]

---

875 BAG, Urteil v. 07.07.1977 – 3 AZR 570/76, DB 1977, 1608.

876 BAG, Urteil v. 10.03.1972 – 3 AZR 278/71, BAGE 24, 177; *Hilger*, Das betriebliche Ruhegeld, 1959, S. 106, 112.

877 BAG, Urteil v. 10.03.1972 – 3 AZR 278/71, BAGE 24, 177; Blomeyer/Rolfs/Otto/*Rolfs*, BetrAVG, 7. Aufl. 2018, § 1b Rn. 10; ErfK/*Steinmeyer*, 19. Aufl. 2019, § 1b BetrAVG Rn. 5; kritisch dazu *Blomeyer*, in: FS Hilger/Stumpf, 1983, S. 41, 45, der in der aufgrund der Unverfallbarkeit der Anwartschaft erforderlichen Bestimmung des Teilwerts einen wesentlichen Unterschied zum dinglichen Anwartschaftsrecht sieht.

878 BAG, Urteil v. 10.03.1972 – 3 AZR 278/71, BAGE 24, 177; weitere Besonderheiten können sich etwa aus dem Widerrufsrecht des Arbeitgebers ergeben, siehe dazu Blomeyer/Rolfs/Otto/*Rolfs*, BetrAVG, 7. Aufl. 2018, § 1b Rn. 10 und Anh. § 1 Rn. 486 ff.

879 MünchKommBGB/*Westermann*, 8. Aufl. 2018, § 161 Rn. 2.

880 BGH, Beschluss v. 18.12.1967 – V ZB 6/67, NJW 1968, 493; BGH, Urteil v. 25.02.1966 – V ZR 129/63, NJW 1966, 1019; BGH, Urteil v. 04.07.1962 – V ZR 14/61, NJW 1962, 1910; BGH, Urteil v. 30.05.1958 – V ZR 295/56, NJW 1958, 1286.

881 Palandt/*Ellenberger*, BGB, 78. Aufl. 2019, Einf. v. § 158 Rn. 9.

Das dingliche Anwartschaftsrecht entsteht mit der bedingten Übereignung.[882] Das heißt: Der übrige Tatbestand der Übereignung muss gegeben sein. Der Inhaber des Anwartschaftsrechts hat damit bereits eine dingliche Rechtsposition inne. Dies unterscheidet es auch von einer versorgungsrechtlichen Anwartschaft. Diese kann lediglich schuldrechtlich wirken: Mit Eintritt des Versorgungsfalls wandelt sich die Anwartschaft in einen schuldrechtlichen Anspruch des Arbeitnehmers auf Gewährung der Versorgungsleistungen.

Dabei ist für das Entstehen einer versorgungsrechtlichen Anwartschaft keine Beitragszahlung durch den Arbeitgeber erforderlich. Im Rahmen einer Direktzusage (interner Durchführungsweg) bedarf es bereits nicht zwingend der Schaffung einer originären Finanzierung, etwa in Form des Aufbaus eines Versorgungsvermögens.[883] Auch im Rahmen eines externen Durchführungswegs, etwa im Rahmen einer Direktversicherung, besteht zwar ein Anspruch des Arbeitnehmers gegen den Arbeitgeber auf Leistung der Beiträge,[884] der Arbeitgeber hat jedoch nach § 1 Abs. 1 S. 3 BetrAVG für die Erfüllung der von ihm zugesagten Versorgungsleistungen auch dann einzustehen, wenn ein externer Durchführungsweg gewählt wurde. Der Arbeitgeber haftet, soweit der externe Versorgungsträger die geschuldete Versorgungsleistung nicht erbringt. Dies gilt insbesondere auch dann, wenn eine nicht hinreichende Dotierung des externen Versorgungsträgers durch den Arbeitgeber verschuldet wurde.[885] Selbst wenn der Arbeitgeber keine Beiträge an den externen Versorgungsträger leistet oder auf die Schaffung eines Versorgungsvermögens verzichtet, besteht mit Eintritt des Versorgungsfalls ein Anspruch des Arbeitnehmers auf Leistungen aus der betrieblichen Altersversorgung. Beitragszahlung sowie die Bildung eines Versorgungsvermögens haben somit auf die Entstehung der versorgungsrechtlichen Anwartschaft keinen Einfluss.

Die Entstehung einer Anwartschaft hängt somit maßgeblich von der Versorgungszusage ab. Die Höhe der nach dem Versorgungsfall zu erbringenden Leistungen aus der betrieblichen Altersversorgung knüpft dabei nur mittelbar an die Versorgungszusage an und ist regelmäßig im Wesentlichen von der Höhe der

882 Palandt/*Herrler*, BGB, 78. Aufl. 2019, § 929 Rn. 38.

883 *Reichel/Heger*, Betriebliche Altersversorgung, 2003, Rn. 156.

884 BAG, Urteil v. 12.06.2007 – 3 AZR 186/06, NZA-RR 2008, 537.

885 BAG, Urteil v. 22.12.2009 – 3 AZR 136/08, NZA-RR 2010, 541; BAG, Urteil v. 13.11.2007 – 3 AZR 191/06, DB 2008, 1506; BAG, Urteil v. 25.01.2000 – 3 AZR 908/98, BeckRS 2000, 30782687; KKBHB/*Kister-Kölkes*, BetrAVG, 8. Aufl. 2018, § 1 Rn. 77; *Langohr-Plato*, Anm. zu BAG, Urteil v. 19.06.2012 – 3 AZR 408/10, AP BetrAVG § 1 Pensionskasse Nr. 9.

Vergütung des Arbeitnehmers abhängig. Soweit die Versorgungszusage auf die (Jahres-)Vergütung als Bemessungsgrundlage abstellt, kann sich dies nur auf die geschuldete – im Sinne von *rechtmäßig geschuldete* – Vergütung beziehen. Leistungen, die einem ehemaligen Betriebsratsmitglied nach dem Versorgungsfall gewährt werden, müssen sich im Rahmen des nach den §§ 37 Abs. 2 und 4, 78 S. 2 BetrVG Rechtmäßigen bewegen. Soweit eine Vergütung nicht geschuldet ist und dahingehende Vereinbarungen sogar nach § 134 BGB wegen Verstoß gegen ein Verbotsgesetz nichtig wären, können diese auch nicht als Bemessungsgrundlage für die Beiträge des Arbeitgebers zur betrieblichen Altersversorgung herangezogen werden. Insoweit bestand nie die Aussicht, solche überobligatorischen Leistungen zu erhalten. Anwartschaften auf überobligatorische Versorgungsleistungen entstehen damit erst gar nicht.

Dabei ist es unerheblich, ob der Arbeitgeber überobligatorische Beiträge an einen externen Versorgungsträger leistet oder Rückstellungen bildet, die überobligatorische Leistungen aus der betrieblichen Altersversorgung decken würden. Das Bilden eines Versorgungsvermögens hat gerade keine Auswirkungen auf das Entstehen von versorgungsrechtlichen Anwartschaften.

Auch Ansprüche auf Leistungen aus der betrieblichen Altersversorgung hat der Arbeitnehmer vor Eintritt des Versorgungsfalls nicht erlangt. Zwar können Forderungen grundsätzlich Gegenstand eines Kondiktionsanspruchs sein,[886] der Anspruch auf die Versorgungsleistung ist jedoch aufschiebend bedingt und entsteht erst mit Eintritt des Versorgungsfalls. Dabei ist es unerheblich, ob zur Durchführung der betrieblichen Altersversorgung ein interner oder externer Durchführungsweg gewählt wird. Die Wahl des Durchführungswegs hat keinen Einfluss auf die Entstehung des Anspruchs.

d) Erlangtes Etwas nach dem Versorgungsfall

Soweit überobligatorische Leistungen aus der betrieblichen Altersversorgung nach dem Versorgungsfall bereits an das Betriebsratsmitglied geleistet wurden, gilt das zur Rückforderung von begünstigenden Leistungen Gesagte entsprechen.[887] Bereits gewährte, laufende Leistungen können daher nach den Grundsätzen des Bereicherungsrechts zurückgefordert werden. Freilich können einem solchem Anspruch

886 MünchKommBGB/*Schwab*, 8. Aufl. 2018, § 812 Rn. 8; Palandt/*Sprau*, BGB, 78. Aufl. 2019, § 812 Rn. 9.

887 Siehe dazu bereits Gliederungspunkt VI. 2.

durch die Entreicherungseinrede, ggf. anwendbare Ausschlussfristen sowie die Einrede der Verjährung Grenzen gesetzt sein.

Auf noch nicht gewährte, laufende Leistungen besteht ein Anspruch des Betriebsratsmitglieds – jedoch nur, soweit dieser mit § 78 S. 2 BetrVG in Einklang steht. Leistungen, die darüber hinausgehen, verstoßen gegen das Begünstigungsverbot des § 78 S. 2 BetrVG. Dabei ist es unerheblich, ob die Leistung durch einen externen Versorgungsträger oder durch den Arbeitgeber erbracht wurde. § 78 S. 2 BetrVG beschränkt sich nicht auf das Verhältnis Arbeitgeber zu Arbeitnehmer, sondern erfasst auch Begünstigung, die von Dritten gewährt werden.[888]

e) Zusammenfassung

Der Arbeitgeber kann die versorgungsrechtliche Anwartschaft eines Betriebsratsmitglieds nicht kondizieren. Eine Anwartschaft besteht nur, soweit sich diese auf Leistungen aus der betrieblichen Altersversorgung bezieht, die auf Grundlage einer rechtmäßigen Vergütung gebildet werden. Insoweit stellt die Versorgungszusage für diese auch den Rechtsgrund dar. Anwartschaften auf überobligatorische Leistungen bestehen bereits nicht – müssen und können daher auch nicht kondiziert werden. Dementsprechend besteht auch kein Kondiktionsanspruch des Arbeitgebers gegen das Betriebsratsmitglied, dem Ausschlussfristen, die Entreicherungs- oder Verjährungseinrede entgegengehalten werden können. Soweit der Arbeitgeber überobligatorische Beiträge an einen externen Versorgungsträger erbracht hat, hat eine Rückabwicklung im Verhältnis Arbeitgeber – externer Versorgungsträger zu erfolgen.

Nach dem Versorgungsfall erbrachte überobligatorische Leistungen stellen eine gewährte Begünstigung dar und sind dementsprechend auch wie eine solche zu behandeln.

4. Haftungsrisiken

Neben einer Rückforderung von begünstigenden Leistungen an ein Betriebsratsmitglied stellt sich ebenso die Frage, wer für einen etwaigen Schaden der Gesellschaft haftet. Dies erlangt insbesondere dann Bedeutung, wenn der Kondiktionsanspruch gegen das Betriebsratsmitglied ins Leere geht, etwa weil sich dieses erfolgreich auf Entreicherung oder Verjährung beruft, Ausschlussfristen greifen oder eine Geltendmachung des Anspruchs mangels Solvenz des

---

888 *Fitting*, BetrVG, 29. Aufl. 2018, § 78 Rn. 14.

Betriebsratsmitglieds nicht erfolgsversprechend wäre. Im Folgenden soll die in Betracht kommende Organhaftung von Vorstandsmitgliedern einer Aktiengesellschaft, Geschäftsführern einer GmbH sowie von Aufsichtsratsmitgliedern untersucht werden.

a) Haftung des Vorstands einer Aktiengesellschaft gem. § 93 Abs. 2 S. 1 AktG

Nach § 93 Abs. 2 S. 1 AktG sind Vorstandsmitglieder, die ihre Pflichten verletzen, der Gesellschaft zum Ersatz des daraus entstehenden Schadens verpflichtet. Für die Wahrnehmung der Pflichten gilt als Maßstab ein ordentlicher und gewissenhafter Geschäftsleiter; § 93 Abs. 1 S. 1 AktG. Den Vorstand trifft dabei eine erhöhte Sorgfaltspflicht, er hat treuhänderisch fremde Vermögensinteressen wahrzunehmen.[889]

aa) Pflichtverletzung durch Gewährung begünstigender Vergütung

Die Gewährung einer begünstigenden Vergütung an Betriebsratsmitglieder ist als Pflichtverletzung zu qualifizieren, denn insoweit erfolgt die Gewährung unter Verstoß gegen das Verbotsgesetz des § 78 S. 2 BetrVG. Der Vorstand gewährt mehr als er hätte gewähren dürfen. Vorstandsmitglieder trifft nach einhelliger Auffassung eine Legalitätspflicht wie sie Ziffer 4.1.3 S. 1 des Deutschen Corporate Governance Kodex umschreibt:[890] „Der Vorstand hat für die Einhaltung der gesetzlichen Bestimmungen und der unternehmensinternen Richtlinien zu sorgen und wirkt auf deren Beachtung durch die Konzernunternehmen hin (Compliance).“

---

889 OLG Düsseldorf, Urteil v. 28.11.1996 – 6 U 11/95, BeckRS 1997, 00514; OLG Koblenz Urteil v. 10.06.1991 – 6 U 1650/89, BeckRS 1991, 31002941; *Böttcher*, NZG 2009, 1047, 1049; Henssler/Strohn/*Dauner-Lieb*, GesellschaftsR, 4. Aufl. 2019, § 93 AktG Rn. 7; Hüffer/Koch, AktG, 13. Aufl. 2018, § 93 Rn. 6; *Krause*, BB 2009, 1370, 1371; MünchKommAktG/*Spindler*, 5. Aufl. 2019, § 93 Rn. 25; für einen GmbH-Geschäftsführer BGH, Urteil v. 20.02.1995 – II ZR 132/93, NJW 1995, 1290, 1291.

890 BGH, Urteil v. 10.07.2012 – VI ZR 341/10, NJW 2012, 3439, 3441; BGH, Beschluss v. 13.09.2010 – 1 StR 220/09, NJW 2011, 88, 92; BGH, Urteil v. 27.08.2010 – 2 StR 111/09, NJW 2010, 3458, 3460; *Fleischer*, ZIP 2005, 141, 141; *Goette*, in: FS 50 Jahre BGH, 2000, S. 123, 125; GroßkommAktG/*Hopt/Roth*, 5. Aufl. 2015, § 93 Rn. 74; *Habersack*, in: FS Schneider, 2011, 429, 431 ff.; Hüffer/Koch, AktG, 13. Aufl. 2018, § 93 Rn. 6; MünchKommAktG/*Spindler*, 5. Aufl. 2019, § 93 Rn. 86 f.; *Raiser/Veil*, Recht der Kapitalgesellschaften, 6. Aufl. 2015, § 14 Rn. 69 und Rn. 81.

bb) Anwendung der Business Judgement Rule

Nichts anderes ergibt sich unter dem Gesichtspunkt der Business Judgement Rule des § 93 Abs. 1 S. 2 AktG: Unternehmerische Entscheidungen sind typischerweise mit einem gewissen Unsicherheitsfaktor verbunden. Aus einer *ex ante*-Perspektive lässt sich oftmals nicht ausmachen, ob eine Entscheidung zum Unternehmenserfolg beitragen kann oder zu Verlusten für die Gesellschaft führt. Ein Vorstand soll jedoch nicht risikoavers handeln und auch risikobehaftete Geschäftschancen wahrnehmen können.[891] Um eine – aus Angst vor haftungsrechtlichen Risiken resultierende – Lähmung des Vorstandshandelns zu vermeiden, hat der Gesetzgeber nach US-amerikanischem Vorbild[892] durch Kodifizierung der Business Judgement Rule in § 93 Abs. 1 S. 2 AktG reagiert:[893] Demnach liegt eine Pflichtverletzung nicht vor, wenn das Vorstandsmitglied bei einer unternehmerischen Entscheidung vernünftigerweise annehmen durfte, auf der Grundlage angemessener Informationen zum Wohle der Gesellschaft zu handeln. Die Business Judgement Rule will gerade verhindern, dass unternehmerische Entscheidungen aus einer *ex post*-Perspektive betrachtet werden und aufgrund von nachträglich gewonnenem Wissen Risiken anders eingeschätzt werden als sie sich dem Vorstand in einer *ex ante*-Sicht darstellten (*hindsight bias*).[894] Dem Vorstand wird somit ein weiter unternehmerischer Ermessenspielraum zugebilligt.[895]

Grundvoraussetzung für die Anwendung der Business Judgement Rule ist dabei das Vorliegen einer unternehmerischen Entscheidung. Diese kennzeichnet regelmäßig ein gewisses Maß an Unsicherheit.[896] Es müssen mindestens zwei

---

891 BGH, Beschluss v. 24.02.1997 – II ZB 11/96, NJW 1997, 1923, 1925; *v. Falkenhausen,* NZG 2012, 644, 646; *Fleischer*, in: FS Wiedemann, 2002, S. 827, 830; Spindler/Stilz/*Fleischer,* AktG, 4. Aufl. 2019, § 93 Rn. 60.

892 BT-Drucks 15/5092, S. 11; Hölters/*Hölters*, AktG, 3. Aufl. 2017, § 93 Rn. 29; *Kebekus/Zenker,* in: FS Maier-Reimer, 2010, S. 319, 320 ff.; KölnerKommAktG/*Mertens/Cahn,* 3. Aufl. 2009, § 93 Rn. 14; *Merkt,* US-amerikanisches Gesellschaftsrecht, 3. Aufl. 2013, Rn. 932 ff.; *Paefgen,* AG 2004, 245, 246.

893 MünchKommAktG/*Spindler*, 5. Aufl. 2019, § 93 Rn. 43.

894 *Fleischer*, in: FS Wiedemann, 2002, S. 827, 832; *Koch*, NZG 2014, 934, 938; *Schneider*, DB 2005, 707, 708; Spindler/Stilz/*Fleischer,* AktG, 4. Aufl. 2019, § 93 Rn. 60.

895 So bereits in ARAG/Garmenbeck BGH, Urteil v. 21.04.1997 – II ZR 175/95, NJW 1997, 1926, 1928.

896 *Baums,* ZGR 2011, 218, 223 und 234; *Fleischer,* NZG 2011, 521, 522; *Fleischer* NZG 2008, 371, 371; Hüffer/Koch, AktG, 13. Aufl. 2018, § 93 Rn. 16; MünchKommAktG/*Spindler*, 5. Aufl. 2019, § 93 Rn. 43.

Handlungsalternativen bestehen, von denen mindestens zwei rechtlich zulässig sind.[897] Der Vorstand muss bewerten, welche Option die (wirtschaftlich) beste für die Gesellschaft darstellt. Unsicherheiten, die einer unternehmerischen Entscheidung immanent sind, bestehen jedoch gerade nicht, wenn allein eine Option mit dem Gesetz in Einklang zu bringen ist. Bei einer solchen gebundenen Entscheidung soll nach überwiegender Auffassung die Business Judgement Rule nicht anwendbar sein.[898] Es bestehe insoweit eine volle gerichtliche Kontrolle.[899] Die Business Judgement Rule findet daher erst recht keine Anwendung, wenn eine Entscheidung den gesetzlichen Rahmen überschreitet – selbst dann, wenn die Gesetzesverletzung für die Gesellschaft vorteilhaft wäre.[900] In der Rechtsprechung wird der Bindung an die gesetzlichen Vorgaben der Vorrang eingeräumt.[901] Dies entspricht auch der Gesetzesbegründung zu § 93 Abs. 1 S. 2 AktG: Illegales Verhalten soll danach ausdrücklich nicht in den Anwendungsbereich der Business Judgement Rule fallen; im Einzelfall könne eine Haftung jedoch am fehlenden Verschulden scheitern.[902] Die Festsetzung einer begünstigenden Vergütung für Betriebsratsmitglieder kann bereits schon deshalb nicht in den Anwendungsbereich der Business Judgement Rule fallen, da sie gegen § 78 S. 2 BetrVG verstößt.[903]

cc) Anwendung einer Legal Judgement Rule

Eine rechtlich gebundene Entscheidungen aus dem Anwendungsbereich der Business Judgement Rule auszunehmen, wird zuweilen in der Literatur kritisiert: Auf Fälle, in denen aufgrund gesetzlicher Regelungen eine gebundene Entscheidung bestehen müsste, soll demnach die Business Judgement Rule entsprechend angewandt werden, wenn selbst für einen sorgfältig handelnden

---

897 Heidel/*U.Schmidt*, AktienR, 4. Aufl. 2014, § 93 AktG Rn. 83; *Schneider*, DB 2005, 707, 709 unter Verweis auf BGH, Urteil v. 21.04.1997 – II ZR 175/95, NJW 1997, 1926, 1928.

898 BT-Drucks 15/5092, S. 11; *Binder*, AG 2008, 274, 278 f.; *Thole*, ZHR 173 (2009), 504, 521 f.; unter Berufung auf die Gesetzesbegründung *Bürkle/Fecker*, NZA 2007, 589, 590; *Koch*, AG 2009, 93, 94; *Schneider*, DB 2005, 707, 710.

899 *Schneider*, DB 2005, 707, 710.

900 BGH, Beschluss v. 13.09.2010 – 1 StR 220/09, NJW 2011, 88, 92; Schmidt/Lutter/*Krieger/Sailer*, AktG, 3. Aufl. 2015, § 93 Rn. 12.

901 BGH, Beschluss v. 13.09.2010 – 1 StR 220/09, NJW 2011, 88, 92; BGH, Urteil v. 27.08.2010 – 2 StR 111/09, NJW 2010, 3458, 3460.

902 BT-Drucks 15/5092, S. 11.

903 So auch *Frahm/Koch*, ArbRAktuell 2010, 468, 470.

Vorstand unter Heranziehung qualifizierter Rechtsberater die Rechtslage nicht eindeutig sei (Legal Judgement Rule).[904] Dies müsse etwa für Fälle gelten, in denen eine unklare Gesetzesformulierung besteht oder sich widersprechende Urteile vorliegen. Denn auch in diesen Fällen müsste der Vorstand seine Entscheidung auf einer unsicheren Grundlage treffen. Die Business Judgement Rule soll den Vorstand aber gerade vor solchen Unsicherheiten bewahren, die sich aus *ex ante*-Perspektive nicht vermeiden lassen.[905] Damit würde nicht nur hinsichtlich tatsächlicher Unsicherheiten, sondern auch hinsichtlich rechtlicher Unsicherheiten dem Vorstand ein Ermessenspielraum eingeräumt, sodass bei Einhaltung dieses Ermessensspielraums bereits das Vorliegen einer Pflichtverletzung abzulehnen ist.

Rechtsprechung und weite Teile des Schrifttums lehnen eine analoge Anwendung des § 93 Abs. 1 S. 1 AktG auf rechtliche Unsicherheiten in Form einer Legal Judgement Rule ab; rechtliche Unsicherheiten seien vielmehr auf der Schuldebene zu berücksichtigen.[906] Dies steht in Übereinstimmung mit der Gesetzesbegründung zu § 91 Abs. 1 S. 1 AktG[907] und erscheint auch überzeugend, denn mit der Einräumung eines Essenspielraums würde insoweit nicht nur eine Pflichtverletzung des Vorstands ausgeschlossen, sondern auch eine Beschränkung der gerichtlichen Kontrolle begründet.[908]

Doch selbst wenn man die Business Judgement Rule in Form einer Legal Judgement Rule entsprechend auf rechtliche Unsicherheiten ausdehnen wollte, kann diese nicht die Konstellation erfassen, dass der (Personal-)Vorstand eine gegen § 78 S. 2 BetrVG verstoßende Betriebsratsvergütung gewährt: Maßgeblich wäre dabei, dass aus *ex ante*-Sicht zum Zeitpunkt der Entscheidung rechtliche Unsicherheiten bestehen. Für die Vergütungsentwicklung nach § 37 Abs. 4 S. 1 BetrVG bestehen solche bereits nicht. Hinsichtlich der Bestimmung der vergleichbaren Arbeitnehmer sowie der Betriebsüblichkeit der beruflichen

---

904 Spindler/Stilz/*Fleischer*, AktG, 4. Aufl. 2019, § 93 Rn. 30.

905 *Fleischer*, ZIP 2005, 141, 149; *Kocher*, CCZ 2009, 215, 217; KölnerKommAktG/*Mertens/Cahn*, 3. Aufl. 2009, § 93 Rn. 19.

906 BGH, Urteil v. 28.04.2015 – II ZR 63/14, NZG 2015, 792, 794; BGH, Urteil v. 20.09.2011 – II ZR 234/09, NZG 2011, 1271, 1272 f.; *Buck-Heeb*, BB 2013, 2247, 2254; *Hauger/Palzer*, ZGR 2015, 33, 46 ff.; *Holle*, Legalitätskontrolle, 2014, S. 75 ff. und S. 82 f.; Hüffer/Koch, AktG, 13. Aufl. 2018, § 93 Rn. 19; *Koch*, NZG 2014, 934, 938 f.; *Langenbucher*, in: FS Lwowski, 2014, S. 333, 340 f.; *Verse*, ZGR 2017, 174, 192.

907 BT-Drucks 15/5092, S. 11.

908 So auch Hüffer/Koch, AktG, 13. Aufl. 2018, § 93 Rn. 13; *Koch*, NZG 2014, 934, 938 f.; *ders.* AG 2009, 93, 98.

Entwicklung kann auf eine gefestigte Rechtsprechung zurückgegriffen werden.[909] Kritik in der Literatur führt nicht dazu, dass von einer unklaren Rechtslage gesprochen werden kann.

Auch die Frage, ob einem Betriebsratsmitglied freiwillig eine fiktive Beförderung gewährt werden darf,[910] stellt keinen Anwendungsfall der Business Judgement Rule bzw. der Legal Judgement Rule dar: Insoweit bestehen aus *ex ante*-Perspektive ebenfalls weder tatsächliche noch rechtliche Unsicherheiten. Richtigerweise darf eine fiktive Beförderung erfolgen, wenn das Betriebsratsmitglied ohne sein Betriebsratsamt mit überwiegender Wahrscheinlichkeit befördert worden wäre.[911] Diese Frage lässt sich im Zeitpunkt der Entscheidungsfindung jedoch ohne jegliche Unsicherheit beantworten.

Unsicherheiten ergeben sich erst dann, wenn aus einer *ex post*-Perspektive gefragt wird, ob eine in der Vergangenheit bereits gewährte Vergütung rechtmäßig ist.[912] Diese Unsicherheiten resultieren jedoch nicht aus einer unklaren Rechtslage, sondern allenfalls daraus, dass ein Arbeitgeber nicht darlegen kann, dass eine bereits gewährte Beförderung keine Begünstigung darstellt. Dass die nachträgliche Darlegung mit Schwierigkeiten behaftet ist, fällt jedoch nicht in den Anwendungsbereich der Business Judgement Rule.

dd) Verschulden

Dem Vorstand verbleibt jedoch die Möglichkeit darzulegen, dass er die Sorgfalt eines ordentlichen und gewissenhaften Geschäftsleiters angewandt hat (§ 93 Abs. 2 S. 2 AktG). Eine Exkulpationsmöglichkeit wird insbesondere in den Fällen gesehen, in denen ein sofortiges Handeln erforderlich und die Einholung von sachkundigem Rat aufgrund dessen nicht mehr möglich ist.[913] Hinsichtlich Vergütungsfragen für Betriebsratsmitglieder wird dieser Konstellation kaum Bedeutung zukommen. Vielmehr entspricht die Festsetzung einer nicht mit den Vorgaben des BetrVG zu vereinbarenden Vergütung regelmäßig nicht der Sorgfalt eines ordentlichen und gewissenhaften Geschäftsleiters.[914]

---

909 So auch *Benkert*, NJW-Spezial 2018, 50, 51; siehe zur Rechtsprechung bereits die Gliederungspunkte II. 1. a) und II. 1. b).

910 Siehe zu dieser Fragestellung bereits Gliederungspunkt II. 2. c).

911 Siehe bereits Gliederungspunkt II. 2. c).

912 Zu einer *ex post*-Betrachtung *Annuß*, NZA 2018, 134, 138, siehe dazu bereits Gliederungspunkt II. 2. c) cc).

913 MünchKommAktG/*Spindler*, 5. Aufl. 2019, § 93 Rn. 198.

914 So auch *Frahm/Koch*, ArbRAktuell 2010, 468, 470.

Regelmäßig wird somit auch ein schuldhaftes Handeln des Vorstands vorliegen. Jedoch sind durchaus Fällen denkbar, in denen ein Verschulden des Vorstandsmitglieds abzulehnen ist: Auf der einen Seite kann sich die Bestimmung der richtigen Vergleichsgruppe im Rahmen des § 37 Abs. 4 S. 1 BetrVG als schwierig gestalten. *Joussen* hält „die Bestimmung der Vergleichsgruppe im Einzelfall [für] eine Herausforderung, die kaum zu bewältigen ist".[915] Dem kann jedoch nicht in dieser Pauschalität gefolgt werden. Vielmehr kommt dem Vorstand die Aufgabe zu, Unsicherheiten durch die Einholung von juristisch sachkundigem Rat zu beseitigen. Im Falle einer rechtsfehlerhaften Beratung – und einer darauf basierenden fehlerhaften Bildung der Vergleichsgruppe – wird ein Verschulden des Vorstands jedoch regelmäßig abzulehnen sein.

Auf der anderen Seite ist die Konstellation denkbar, dass ein neu bestelltes Vorstandsmitglied die Geschäftsführung seines Vorgängers übernimmt und nun aus einer *ex post*-Betrachtung bewerten muss, ob die den Mitgliedern des Betriebsrats gewährte Vergütung mit den Regelungen des BetrVG übereinstimmt. Insoweit können sich – insbesondere wenn eine Dokumentation fehlt und somit auch Beförderungsentscheidungen aufgrund fehlender Begründung nicht nachvollzogen werden können – durchaus Unsicherheiten hinsichtlich einer rechtskonformen Vergütung stellen. In der Fortgewährung einer begünstigenden Vergütung an Betriebsratsmitglieder ist objektiv eine Pflichtverletzung zu sehen. Dennoch widerspricht die bloße Fortgewährung einer Vergütung, wie sie bereits vor Übernahme der Geschäftsführung durch den neuen Vorstand gewährt wurde, in der Regel nicht der Sorgfalt eines ordentlichen und gewissenhaften Geschäftsleiters. Eine generelle Überprüfung durch einen sachkundigen Dritten kann nicht gefordert werden. Ansonsten wäre der Amtsvorgänger dem Generalverdacht ausgesetzt eine rechtswidrige Betriebsratsvergütung gewährt zu haben. Bestehen allerdings Anhaltspunkte dafür, dass Betriebsratsmitgliedern eine Vergütung gewährt wird, die den Regelungen des BetrVG widerspricht, hat der Vorstand diese unter Heranziehung von sachkundigem Rat zu prüfen und gegebenenfalls anzupassen. Tut er dies nicht, ist er insoweit einem Verschuldensvorwurf ausgesetzt.

ee) Schaden aufgrund begünstigender Vergütung

Es wird damit deutlich: Eine Haftung des Vorstands besteht dem Grunde nach. Unbestritten entsteht der Gesellschaft durch eine rechtswidrig überhöhte Vergütung ein Vermögensnachteil in Höhe der Differenz zwischen überhöhter und

915 So *Joussen*, RdA 2018, 193, 195.

rechtmäßiger Vergütung. Dass daraus jedoch unmittelbar ein Schaden folgt, lässt sich nur dann bejahen, wenn man ggf. dadurch eintretende Vermögensvorteile ausblendet. Anders gefragt: Kann sich der (Personal-)Vorstand mit dem Argument verteidigen, dass eine ordnungsmäße Betriebsratsarbeit die Gesellschaft teurer zu stehen käme als den Mitgliedern des Betriebsrats Vergütungen zu gewähren, auf die sie keinen Anspruch haben? Damit würde jedoch gleichzeitig unterstellt, dass eine solche begünstigende Vergütung die Unabhängigkeit der Amtsführung nicht bloß gefährdet, sondern als Gegenleistung für eine arbeitgeberfreundliche Betriebsratstätigkeit gezahlt wird. *Rieble* spricht insoweit von einer „'geräuschlos-effektive[n]' Mitbestimmung".[916]

Das LG Braunschweig hat in dem Verfahren gegen den ehemaligen Personalvorstand der Volkswagen AG, *Klaus-Joachim Gebauer*, wegen Untreue ein solches Vorbringen verneint: Die Betriebsräte hätten keine Gegenleistungen zugesagt bzw. erbracht, die zu einem Vermögensvorteil hätten führen können.[917] Dies wurde in der Revision bestätigt. Der BGH führte dazu aus, dass ein „Verrat" an Arbeitnehmerinteressen als „sittenwidriges, zudem nicht unmittelbar mit Vermögenszuflüssen für das Unternehmen verbundenes Ziel den Vermögensnachteil nicht hätte beseitigen können."[918] Strafrechtlich ist dem zuzustimmen: Unmittelbar mit der Gewährung einer begünstigenden Leistung erlangt die Gesellschaft keine Kompensation.[919] Zwar kann auch eine vermögenswerte Gewinnerwartung einen Vermögensnachteil kompensieren,[920] dazu muss der Gewinnerwartung nach der Verkehrsauffassung jedoch ein wirtschaftlicher Wert zugemessen werden können.[921] Bloße Hoffnungen und Chancen auf einen Vermögenszufluss genügen hingegen nicht.[922] Selbst wenn einer begünstigenden Zahlung eine vertragliche Abrede zugrunde liegen sollte, ist diese jedenfalls wegen Verstoßes gegen das Begünstigungsverbot des

916 *Rieble*, Anm. zu LG Braunschweig, Urteil v. 25.01.2007 – 6 KLs 48/06, CCZ 2008, 32, 35.

917 LG Braunschweig, Urteil v. 22.02.2008 – 6 KLs 20/07, BeckRS 2009, 29834.

918 BGH, Urteil v. 17.09.2009 – 5 StR 521/08, NJW 2010, 92, 94.

919 Zum Unmittelbarkeitserfordernis BGH, Urteil v. 09.02.2006 – 5 StR 423/05, NStZ-RR 2006, 175, der insoweit den Begriff „zugleich" verwendet; *Fischer*, StGB, 66. Aufl. 2019, § 266 Rn. 115a.

920 BGH, Beschluss v. 17.08.2006 – 4 StR 117/06, NStZ-RR 2006, 378; BGH, Beschluss v. 29.11.1995 – 5 StR 495/95, NStZ 1996, 191.

921 BGH, Urteil v. 20.02.1962 – 1 StR 496/61, NJW 1962, 973; *Fischer*, StGB, 66. Aufl. 2019, § 266 Rn. 111.

922 BGH, Urteil v. 29.08.2008 – 2 StR 587/07, NJW 2009, 89, 92; BGH, Beschluss v. 09.06.2004 – 5 StR 136/04, NJW 2004, 2603, 2604; BGH, Urteil v. 28.01.1983 – 1 StR 820/81, NJW 1983, 1807, 1808; BGH, Urteil v. 19.01.1965 – 1 StR 497/64, NJW 1965, 770, 771; OLG Stuttgart, Urteil v. 18.09.1998 – 2 Ss 400/98, NJW 1999, 1564; *Fischer*, StGB, 66. Aufl. 2019, § 266 Rn. 111.

§ 78 S. 2 BetrVG nichtig. Der Betriebsrat bleibt völlig frei in seiner Handlungsposition. Ein wirtschaftlicher Wert kann einer Gewinnerwartung – soweit sie denn überhaupt besteht – jedenfalls nicht beigemessen werden.

Im Rahmen der zivilrechtlichen Haftung nach § 93 Abs. 2 S. 1 AktG sind nach der Rechtsprechung die Grundsätze der Vorteilsausgleichung zu beachten.[923] Dies gelte auch für Gewinne aus unzulässigen Geschäften. Diese seien grundsätzlich mit den Verlusten zu verrechnen.[924] Eine Vorteilsausgleichung kann dann erfolgen, wenn der Vermögensvorteil adäquat kausal auf dem haftungsbegründenden Ereignis beruht und die Anrechnung „nach Sinn und Zweck der Schadensersatzpflicht entspricht, d.h. den Geschädigten nicht unzumutbar belastet und den Schädiger nicht unbillig begünstigt".[925] Die Darlegungs- und Beweislast obliegt insoweit grundsätzlich dem Vorstand.[926]

(1) Vorliegen eines Vermögensvorteils

In Rechtsprechung und Literatur wird vorgebracht, dass eine Vorteilsanrechnung bereits dann ausscheiden müsse, wenn mit der der Zahlung eine Handlung begehrt werde, auf die die Gesellschaft bereits einen Anspruch habe.[927] Ein solcher könne sich etwa aus dem Grundsatz der vertrauensvollen Zusammenarbeit nach § 2 Abs. 1 BetrVG ergeben und sich im Zweifel über die Einigungsstelle durchsetzen lassen.[928] Bezwecke eine Zahlung eine solche Handlung, so entstehe der Gesellschaft bereits kein Vermögensvorteil, der angerechnet werden könnte. Erst wenn die vom Betriebsratsmitglied begehrte Handlung über das hinausgeht,

---

923 BGH, Urteil v. 20.09.2011 – II ZR 234/09, NJW-RR 2011, 1670, 1673; OLG Hamburg, Urteil v. 18.09.2009 – 11 U 183/07, NZG 2010, 309.

924 BGH, Urteil v. 15.01.2013 – II ZR 90/11, NJW 2013, 1958, 1961; BGH, Urteil v. 20.09.2011 – II ZR 234/09, NJW-RR 2011, 1670, 1673; MünchKommAktG/*Spindler*, 5. Aufl. 2019, § 93 Rn. 192; Spindler/Stilz/*Fleischer*, AktG, 4. Aufl. 2019, § 93 Rn. 38.

925 BGH, Urteil v. 15.01.2013 – II ZR 90/11, NJW 2013, 1958, 1961; so auch BGH, Urteil v. 12.03.2009 – VII ZR 26/06, NJW 2009, 1870, 1871; BGH, Urteil v. 19.06.2008 – VII ZR 215/06, NJW 2008, 2773, 2774; BGH, Urteil v. 28.06.2007 – VII ZR 81/06, NJW 2007, 2695, 2696; BGH, Urteil v. 17.10.2003 – V ZR 84/02, NJW-RR 2004, 79, 80; BGH, Urteil v. 25.02.1988 – VII ZR 152/87, NJW-RR 1988, 788, 789.

926 BGH, Urteil v. 28.06.2011 – KZR 75/10, NJW 2012, 928; BGH, Urteil v. 18.01.2007 – IX ZR 122/04, NJW-RR 2007, 742, 744; BGH, Urteil v. 04.12.2003 – III ZR 30/02, NVwZ 2005, 484, 486; BGH, Urteil v. 18.11.1999 – IX ZR 153/98, NJW 2000, 734, 736; BGH, Urteil v. 24.04.1985 – VIII ZR 95/84, NJW 1985, 1539, 1544.

927 *Frahm/Koch*, ArbRAktuell 2010, 468, 470.

928 BGH, Urteil v. 17.09.2009 – 5 StR 521/08, NJW 2010, 92, 94; *Rieble*, NZA 2008, 276, 280.

wozu es bereits per Gesetz verpflichtet ist, kann mit dieser Handlung ein Vermögensvorteil einhergehen.[929] Der Grundsatz der vertrauensvollen Zusammenarbeit kann jedoch nicht über die Interessensgegensätze zwischen Arbeitgeber und Betriebsrat hinwegtäuschen; die Wahrnehmung gegensätzlicher Interessen soll gerade nicht ausgeschlossen werden.[930] Werden Meinungsverschiedenheiten zwischen Arbeitgeber und Betriebsrat nicht einvernehmlich beigelegt, kann zwar eine Einigungsstelle gebildet werden, dieses Verfahren kann jedoch langwierig und kostenintensiv ausfallen. Vermögensvorteile für die Gesellschaft können auch bereits dann eintreten, wenn Meinungsverschiedenheiten zwischen Arbeitgeber und Betriebsrats gar nicht erst ans Tageslicht treten, etwa weil der Betriebsrat formale Rechte nicht ausübt und damit bereits die Einberufung einer Einigungsstelle nicht erforderlich wird.[931]

> Insoweit führt *Däubler* exemplarisch an, dass eine monatlich gewährte Begünstigung ein rational handelndes Betriebsratsmitglied dazu veranlasse, auf eine Konfrontation mit dem Arbeitgeber zu verzichten, um sein „Privileg“ nicht zu verlieren. Gewähre der Arbeitgeber sämtlichen Betriebsratsmitgliedern unrechtmäßige Sonderzahlungen, würde die betriebliche Mitbestimmung ausgehebelt. In der Praxis würde der Betriebsrat – um Argwohn in der Belegschaft zu vermeiden – in zweitrangigen Fragen noch „Erfolge“ vermelden können, bei kostenträchtigen Entscheidungen aber zugunsten des Arbeitnehmers nachgeben – und dies in der Belegschaft als in Anbetracht der wirtschaftlichen Lage des Unternehmens bestmögliches Ergebnis verkaufen.[932]

Gleichfalls – darauf wurde bereits in der Rechtsprechung hingewiesen – könne ein Vermögensvorteil nur dann eintreten, wenn der Arbeitgeber mindestens die Mehrheit der Betriebsratsmitglieder zu seinen Gunsten beeinflusse. Der Betriebsrat entscheide durch Gremien, ein arbeitgeberfreundliches Verhalten einzelner Betriebsratsmitglieder werde in der Regel nicht ausreichend sein, um auf die Entscheidung Einfluss zu nehmen.[933] Diese Auffassung ist jedoch zu pauschal: Der Vorstand wird regelmäßig wissen, welchen Einfluss die jeweiligen Betriebsratsmitglieder haben und ob es genügt sich das Wohlwollen einzelner

---

929 *Esser*, Die Begünstigung von Mitgliedern des Betriebsrats, 2013, S. 184; so bereits BGH, Urteil v. 17.09.2009 – 5 StR 521/08, NJW 2010, 92, 94.

930 *Fitting*, BetrVG, 29. Aufl. 2018, § 2 Rn. 21; GK-BetrVG/*Franzen*, 11. Aufl. 2018, § 2 Rn. 12.

931 *Zwiehoff*, Anm. zu LG Braunschweig, Urteil v. 22.02.2008 – 6 KLs 20/07, jurisPR-ArbR 2/2009, Anm. 6.

932 *Däubler*, SR 2017, 85, 108.

933 LG Braunschweig, Urteil v. 22.02.2008 – 6 KLs 20/07, BeckRS 2009, 29834; so auch *Esser*, Die Begünstigung von Mitgliedern des Betriebsrats, 2013, S. 184; *Rieble*, NZA 2008, 276, 280.

Betriebsratsmitglieder zu verschaffen oder ob die Mehrzahl erforderlich ist, um eine Einflussnahme in seinem Sinne durchzusetzen. Entscheidende Bedeutung kommt der tatsächlichen Durchsetzungsfähigkeit des einzelnen Betriebsratsmitglieds zu.[934] Dabei darf nicht verkannt werden, dass ein wirtschaftlich handelnder Vorstand begünstigende Zahlungen an Betriebsratsmitglieder nicht grundlos gewährt. Ein Vermögensvorteil kann daher nicht bereits mit dem Argument abgelehnt werden, begünstigende Zahlungen seien nicht der Mehrheit der Betriebsratsmitglieder gewährt worden.

Andererseits liegt ein Vermögensvorteil der Gesellschaft jedenfalls dann nicht vor, wenn der Wert des Vermögensvorteil durch Einziehung nach §§ 73 Abs. 1, 73b Abs. 1 S. 1, Nr. 1, 73c StGB abgeschöpft wird.[935] *Esser* führt an, dass diese Anordnung durch das Gericht möglich ist, da der Vermögensvorteil durch eine rechtswidrige Tat nach § 119 Abs. 1 Nr. 3 BetrVG erlangt wurde.[936] Voraussetzung für eine Einziehung des Vermögensvorteils ist jedoch, dass die Tat von einer Anklage umfasst und vom Tatrichter festgestellt ist.[937] Soweit ein Vermögensvorteil tatsächlich eingezogen worden ist, muss bereits aus diesem Grund eine Vorteilsanrechnung ausscheiden.[938]

(2) Normative Gesichtspunkte einer Vorteilsanrechnung

Doch unabhängig von dem Vorliegen eines Vermögensvorteils kann der (Personal-)Vorstand eine Vorteilsanrechnung nicht geltend machen: Ob dem Vorstandsmitglied eine Vorteilsanrechnung zugutekommt, ist letztlich eine normative Frage. Diese wird in der Literatur unter dem Begriff der „nützlichen" Pflichtverletzung diskutiert: Durch die Pflichtverletzung entsteht der Gesellschaft zwar ein wirtschaftlicher Vorteil, gleichfalls ist die Pflichtverletzung nicht mit dem öffentlichen Interesse in Einklang zu bringen.[939] Teile der Literatur lehnen eine Vorteilsanrechnung bei „nützlichen" Pflichtverletzungen von vornherein ab.[940]

934 *Graf/Link*, NJW 2009, 409, 411.

935 *Corsten*, HRRS 2011, 247, 252; *Rieble*, Anm. zu LG Braunschweig, Urteil v. 25.01.2007 – 6 KLs 48/06, CCZ 2008, 32, 36.

936 *Esser*, Die Begünstigung von Mitgliedern des Betriebsrats, 2013, S. 185.

937 BGH, Beschluss v. 28.03.1979 – 2 StR 700/78, NJW 1979, 1942; BeckOK StGB/*Heuchemer*, 43. Ed. 01.08.2019, § 73 Rn. 7; *Fischer*, StGB, 66. Aufl. 2019, § 73 Rn. 9.

938 Vgl. auch LG Darmstadt, Urteil v. 14.05.2007 – 712 Js 5213/04 - 9 KLs, juris.

939 Hölters/*Hölters*, AktG, 3. Aufl. 2017, § 93 Rn. 257.

940 *Fleischer*, DStR 2009, 1204, 1210 mit Ausnahme für Kartellrechtsverstöße; KölnerKommAktG/*Mertens/Cahn*, 3. Aufl. 2009, § 93 Rn. 63; *Lohse*, in: FS Hüffer, 2010, 581, 597 ff.; MünchKommAktG/*Spindler*, 5. Aufl. 2019, § 93 Rn. 107.

Entsprechendes müsste dann auch für begünstigende Zahlungen an Betriebsratsmitglieder gelten. Andere Stimmen in der Literatur wollen eine Vorteilsanrechnung auch bei „nützlichen“ Pflichtverletzungen anwenden und verweisen dazu auf die Differenzhypothese. Dem Schädiger eine Vorteilsanrechnung bei Verstoß gegen öffentliche Interessen zu versagen, käme einem Strafschadensersatz gleich, der dem deutschen Recht fremd ist.[941]

Bei strenger Anwendung der Kriterien der Rechtsprechung müsste eine Vorteilsanrechnung vorgenommen werden: Ein adäquat kausaler Zusammenhang liegt bei einer Betriebsratsbegünstigung und einer darauf beruhenden besonders arbeitgeberfreundlichen Betriebsratsarbeit zweifelsohne vor. Nach der Rechtsprechung ist in normativer Hinsicht erforderlich, dass eine Anrechnung Sinn und Zweck der Schadensersatzpflicht entspreche, „mithin den Geschädigten nicht unzumutbar belasten und den Schädiger nicht unbillig begünstigen darf.“[942] Dabei ließe sich durchaus bejahen, dass der Vorstand der Gesellschaft gegenüber nicht unbillig entlastet würde. Betroffener eines solchen Vorstandshandelns ist jedoch gerade nicht die Gesellschaft; Betroffene sind vielmehr die Arbeitnehmer, deren betriebliche Mitbestimmung in ihrer Unabhängigkeit gestört wird. Eine Vorteilsanrechnung am Zumutbarkeitskriterium festzumachen, griffe daher zu kurz. Übergeordnet muss die Vorteilsanrechnung dem Zweck des Schadensersatzes entsprechen. Daher wird man nach dem Zweck der verletzten Pflicht differenzieren müssen: Soll die Pflicht einzig dem Vermögensschutz dienen, so kommt eine Vorteilsanrechnung in Betracht.[943] Anders liegt der Fall jedoch, wenn die Pflicht über den reinen Vermögensschutz hinausgehende Zwecke verfolgt. Dies wird man für die Sorgfaltspflicht des Vorstands jedenfalls annehmen müssen. Die daraus resultierende Legalitätspflicht hat nicht nur vermögensschützenden Charakter, sondern zielt auch darauf ab, dass sich die Gesellschaft gesetzestreu verhält.[944] Die Vorstandshaftung dient damit nicht der bloßen

---

941 Hölters/*Hölters*, AktG, 3. Aufl. 2017, § 93 Rn. 258.

942 BGH, Urteil v. 17.10.2003 – V ZR 84/02, NJW-RR 2004, 79, 80; so auch BGH, Versäumnisurteil v. 12.03.2007 – II ZR 315/05, NJW 2007, 3130, 3132; BGH, Urteil v. 25.10.2001 – I ZR 187/99, NJW-RR 2002, 905, 906; BGH, Urteil v. 06.06.1997 – V ZR 115/96, NJW 1997, 2378, 2378; BGH, Urteil v. 16.01.1990 – VI ZR 170/89, NJW 1990, 1360, 1360; BGH, Urteil v. 17.05.1984 – VII ZR 169/82, NJW 1984, 2457, 2458; Palandt/*Grüneberg*, BGB, 78. Aufl. 2019, Vorb. v. § 249 Rn. 68; zur Kritik am geforderten Kriterium der Zumutbarkeit Staudinger/*Schiermann*, BGB, 2017, § 249 Rn. 140; *Thüsing*, Wertende Schadensberechnung, 2001, S. 45.

943 *Cantzler*, AcP 156 (1957), 29, 52 f.

944 Ausführlich zum Zweck der Legalitätspflicht *Lohse*, in: FS Hüffer, 2010, S. 581, 597.

Schadenskompensation, sondern stützt sich gleichfalls auch auf Präventionsgedanken.[945] Letzterer Aspekt bliebe unberücksichtigt, denn die mit einer Haftung intendierte Verhaltenssteuerung bliebe aus, wenn dem Vorstand eine Vorteilsanrechnung zugutekäme. Er würde vielmehr gerade dazu angehalten, den Gewinn der Gesellschaft auch durch eine Verletzung der Legalitätspflicht – im Konkreten: durch Beeinflussung der betrieblichen Mitbestimmung – zu maximieren. Dies erscheint auch aufgrund persönlicher Interessen rational, denn oftmals ist der persönliche Bonus vom Unternehmenserfolg abhängig.

Darüber hinaus wäre auch die Erreichung des Schutzzwecks des § 78 S. 2 BetrVG gefährdet, die Unabhängigkeit der Amtsführung zu gewährleisten.[946] Resultiert ein Vermögensvorteil gerade aus der Verletzung einer Norm, mit der der Gesetzgeber ein besonders Präventionsinteresse verfolgt, muss eine Vorteilsanrechnung ausscheiden.[947] Gerade dies ist in § 78 S. 2 BetrVG mit dem Schutz der Interessen der Belegschaft an einer interessengerechten Wahrnehmung der betrieblichen Mitbestimmung der Fall. Nur eine persönliche Haftung verschärft die Abschreckungswirkung eines Verstoßes gegen § 78 S. 2 BetrVG[948] und kann damit auch verhaltenssteuernd wirken. Die Anrechnung ggf. eintretender Vorteile aufgrund einer arbeitgeberfreundlichen Betriebsratstätigkeit muss daher aus normativen Gesichtspunkten ausscheiden.

ff) Zusammenfassung

Der Vorstand verstößt durch die Gewährung begünstigender Vergütungsbestandteile an Betriebsratsmitglieder gegen seine Legalitätspflicht. Die Business Judgement Rule findet keine Anwendung – auch nicht entsprechend in Form einer Legal Judgement Rule. Auf die Grundsätze der Vorteilsanrechnung kann sich ein Vorstand ebenfalls nicht berufen. Er haftet somit persönlich nach § 93 Abs. 2 S. 1 AktG soweit er die Gewährung einer begünstigenden Vergütung zu vertreten hat.

---

945 *Thole*, ZHR 173 (2009), 504, 527; *Thüsing*, Wertende Schadensberechnung, 2001, S. 422.

946 Siehe dazu bereits Gliederungspunkt I.3.

947 *Thole*, ZHR 173 (2009), 504, 530.

948 Kritisch *Fleischer*, ZIP 2005, 141, 152.

b) Haftung des Geschäftsführers einer GmbH gem. § 43 Abs. 2 GmbHG

Nach § 43 Abs. 2 GmbHG haften Geschäftsführer, die ihre Obliegenheiten verletzen, der Gesellschaft solidarisch für den entstandenen Schaden. Dabei haben die Geschäftsführer in den Angelegenheiten der Gesellschaft die Sorgfalt eines ordentlichen Geschäftsmannes anzuwenden; § 43 Abs. 1 GmbHG. Diese Norm wird als Parallelregelung zu § 93 AktG angesehen.[949] Auch die Business Judgement Rule findet – obwohl im Gegensatz zu § 93 Abs. 1 S. 2 AktG nicht kodifiziert – nach der Rechtsprechung und herrschender Ansicht in der Literatur auch im Rahmen der Geschäftsführerhaftung des § 43 Abs. 2 GmbHG grundsätzlich entsprechende Anwendung.[950] Dies entspricht auch der Regierungsbegründung zu § 93 Abs. 1 S. 2 AktG.[951]

Entsprechend der Haftung des Vorstands einer Aktiengesellschaft haftet auch der Geschäftsführer einer GmbH für die Gewährung einer begünstigenden Betriebsratsvergütung. Insoweit gelten die Ausführungen zur Haftung von Vorstandsmitgliedern entsprechend: Die Gewährung von begünstigenden Leistungen an Betriebsratsmitglieder stellt ebenfalls eine Verletzung der Legalitätspflicht[952] und damit eine Verletzung der Geschäftsführerpflichten dar. Der Gesellschaft entsteht durch die Gewährung begünstigender Leistungen an Betriebsratsmitglieder ein Schaden; auf die Grundsätze der Vorteilsanrechnung kann sich ein Geschäftsführer nicht berufen.[953] Einzig der Nachweis, die Pflichtverletzung nicht vertreten zu haben, kann einen Geschäftsführer aus der

949 MünchKommGmbHG/*Fleischer*, 3. Aufl. 2019, § 43 Rn. 5.

950 OLG München, Urteil v. 08.07.2015 – 7 U 3130/14, BeckRS 2015, 16492; OLG München, Schlussurteil v. 30.07.2014 – 7 U 3260/13, BeckRS 2014, 23757; OLG Frankfurt, Urteil v. 25.10.2011 – 5 U 27/10, BeckRS 2011, 27373; Baumbach/Hueck/*Zöllner/Noack*, GmbHG, 22. Aufl. 2019, § 43 Rn. 33 f.; BeckOK GmbHG/*Ziemons/Pöschke*, 40. Ed. 01.08.2019, § 43 Rn. 105; *Fleischer*, NZG 2011, 521, 527; MünchKommGmbHG/*Fleischer*, 3. Aufl. 2019, § 43 Rn. 6; GroßkommGmbHG/*Paefgen*, 2. Aufl. 2014, § 43 Rn. 111.

951 BT-Drucks. 15/5092, S. 12.

952 Zur Legalitätspflicht von Geschäftsführern einer GmbH siehe BGH, Urteil v. 15.10.1996 – VI ZR 319/95, NJW 1997, 130, 131; BGH, Urteil v. 10.07.2012 – VI ZR 341/10, NJW 2012, 3439, 3441; MünchKommGmbHG/*Fleischer*, 3. Aufl. 2019, § 43 Rn. 21.

953 MünchKommGmbHG/*Fleischer*, 3. Aufl. 2019, § 43 Rn. 43; so bereits entsprechend für die Aktiengesellschaft unter Gliederungspunkt VI. 4. a) ee).

Haftung entlassen. Dabei trifft den Geschäftsführer entsprechend § 93 Abs. 2 S. 2 AktG die Beweislast.[954]

c) Deliktische Haftung des Vorstands bzw. Geschäftsführers einer GmbH gegenüber der Gesellschaft bei begünstigender Betriebsratsvergütung nach § 823 Abs. 2 BGB

Eine deliktische Haftung des Leistenden gegenüber der Gesellschaft aufgrund der Gewährung einer begünstigenden Vergütung für einzelne Betriebsratsmitglieder aus § 823 Abs. 2 BGB i.V.m. § 78 S. 2 BetrVG besteht nicht: In der Gewährung einer solchen Vergütung liegt zwar ein Verstoß gegen das Begünstigungsverbot des § 78 S. 2 BetrVG. Ob das Begünstigungsverbot ein Schutzgesetz darstellt, wird in der Literatur unterschiedlich bewertet.[955] In der neueren Rechtsprechung erfolgte eine Klarstellung dahingehend, dass jedenfalls das Benachteiligungsverbot als Schutzgesetz im Sinne des § 823 Abs. 2 BGB anzusehen ist.[956] Ob hingegen auch das Begünstigungsverbot des § 78 S. 2 BetrVG als Schutzgesetz zu werten ist, ist für die Frage der deliktischen Haftung des Leistenden gegenüber der Gesellschaft unerheblich. Denn in keinem Fall schützt § 78 S. 2 BetrVG die Gesellschaft als Arbeitgeber, auch wenn dies vereinzelt in der Literatur so gesehen wird: *Frahm/Koch* führen insoweit aus, dass gerade in Fällen, in denen Vorstandsmitglieder, für den übrigen Vorstand nicht erkennbar, Betriebsräte begünstigen, § 78 S. 2 BetrVG als Schutzgesetz zugunsten der

---

954 BGH, Urteil v. 04.11.2002 – II ZR 224/00, NJW 2003, 358; Baumbach/Hueck/*Zöllner/Noack*, GmbHG, 22. Aufl. 2019, § 43 Rn. 81; Henssler/Strohn/*Oetker*, GesellschaftsR, 4. Aufl. 2019, § 43 GmbHG Rn. 56; MHLS/Ziemons, GmbHG, 3. Aufl. 2017, § 43 Rn. 248; MünchKommGmbHG/*Fleischer*, 3. Aufl. 2019, § 43 Rn. 270; Roth/Altmeppen/*Altmeppen;* GmbHG, 9. Aufl. 2019, § 43 Rn. 112; Rowedder/Schmidt-Leithoff/*Schnorbus*, GmbHG, 6. Aufl. 2017, § 43 Rn. 86.

955 Gegen die Annahme eines Schutzgesetzes: GK-BetrVG/*Kreutz*, 11. Aufl. 2018, § 78 Rn. 28; HWGNRH/*Worzalla*, BetrVG, 10. Aufl. 2018, § 78 Rn. 5; MünchArbRHdb/*Krois*, 4. Aufl. 2019, § 295 Rn. 171; Richardi/*Thüsing*, BetrVG, 16. Aufl. 2018, § 78 Rn. 36; insoweit nicht zwischen Begünstigungs- und Benachteiligungsverbot differenzierend: BAG, Urteil v. 12.02.1975 – 5 AZR 79/74, AP BetrVG 1972 § 78 Nr. 1; DKKW/*Buschmann*, BetrVG, 16. Aufl. 2018, § 78 Rn. 14; Düwell/*Lorenz*, BetrVG, 5. Aufl. 2018, § 78 Rn. 19; *Fitting*, BetrVG, 29. Aufl. 2018, § 78 Rn. 4a; Schaub/*Koch*, ArbRHdb, 18. Aufl. 2019, § 230 Rn. 27; Stege/Weinspach/Schiefer, BetrVG, 9. Aufl. 2002, § 78 Rn. 7; WPK/*Preis*, BetrVG, 4. Aufl. 2009, §78 Rn. 19; zur Parallelnorm im Personalvertretungsrecht BAG, Urteil v. 09.06.1982 – 4 AZR 766/79, AP BPersVG § 107 Nr. 1.

956 BAG, Urteil v. 25.06.2014 – 7 AZR 847/12, NZA 2014, 1209, 1211.

Gesellschaft fungieren müsse.[957] Dies wirkt jedoch arg konstruiert. Ein Schutzgesetz ist dadurch gekennzeichnet, dass dieses nach Inhalt und Zweck zumindest auch den Schutz der betroffenen Person vor der konkreten Rechtsgutsverletzung intendiert.[958] Um dies zu bejahen, müsste dem Begünstigungsverbot eine vermögensschützende Wirkung zugunsten der Gesellschaft zugesprochen werden. Dies ist § 78 S. 2 BetrVG jedoch keineswegs zu entnehmen. Vielmehr liegt der Zweck der Norm in der Gewährleistung der unparteiischen Amtsführung der Mitglieder des Betriebsrats.[959]

Eine derartige Konstruktion ist auch gar nicht erforderlich: Nach ständiger Rechtsprechung stellt der Untreuetatbestand des § 266 Abs. 1 StGB ein Schutzgesetz im Sinne des § 823 Abs. 2 BGB dar.[960] Der BGH wertet die Gewährung von Sonderboni für Betriebsräte als strafrechtlich relevante Untreue.[961] Auch nach der Entscheidung des BVerfG, in dem dieses die Verfassungsmäßigkeit des Untreuetatbestands ausdrücklich feststellt, gleichzeitig jedoch eine restriktive und präzisierende Auslegung desselben forderte,[962] sieht die jüngere Literatur überwiegend auch weiterhin eine Strafbarkeit des Vorstands bzw. des Geschäftsführers einer GmbH wegen Untreue bei einer Gewährung begünstigender Leistungen an Betriebsratsmitglieder als gegeben an.[963] Damit korreliert auch eine

---

957 *Frahm/Koch*, ArbRAktuell 2010, 468, 471.

958 Palandt/*Sprau*, BGB, 78. Aufl. 2019, § 823 Rn. 58.

959 Siehe dazu bereits Gliederungspunkt I. 3.

960 BGH, Urteil v. 24.04.2018 – VI ZR 250/17, NJW 2018, 3093; BGH, Urteil v. 10.07.2012 – VI ZR 341/10, NJW 2012, 3439, 3440; BGH, Urteil v. 25.05.2010 – VI ZR 205/09, NJW 2010, 2948; BGH, Urteil v. 17.03.1987 – VI ZR 282/85, NJW 1987, 2008; BGH, Urteil v. 04.12.1962 – VI ZR 28/62, NJW 1963, 486; BGH, Urteil v. 14.01.1953 – VI ZR 8/52, NJW 1953, 457; so bereits RG, Urteil v. 10.10.1927 – VI 45/27, RGZ 118, 312, 315.

961 BGH, Urteil v. 17.09.2009 – 5 StR 521/08, NJW 2010, 92; so auch das in der Vorinstanz mit dem Fall befasste LG Braunschweig, Urteil v. 22.02.2008 – 6 KLs 20/07, BeckRS 2009, 29834.

962 BVerfG, Beschluss v. 23.06.2010 – 2 BvR 2559/08, 2 BvR 105/09, 2 BvR 491/09, NJW 2010, 3209.

963 *Corsten*, HRRS 2011, 247; *Esser*, Die Begünstigung von Mitgliedern des Betriebsrats, 2013, 178 ff.; *Frahm/Koch*, ArbRAktuell 2010, 468, 469 f.; *Hunold*, SPA 2012, 27, 28; *Jacobs/Frieling*, ZfA 2015, 241, 261; *Joussen*, RdA 2018, 193, 194; *Moll/Roebers*, NZA 2012, 57, 62; *Röhrborn*, ArbRAktuell 2015, 573, 574; *Strauß*, JuS 2018, 1143; 1145 ff., *Wichert*, AuA 2013, 281, 283; a.A.: (wohl) *Bittmann/Mujan*, BB, 2012, 637, 640; *Dzida/Mehrens*, NZA 2013, 753, 757; nur eine Prognose hinsichtlich der Rechtsprechung abgebend *Byers*, NZA 2014, 65, 69, der eine wirkungsvolle Sanktionierung von begünstigender Betriebsratsvergütung gefährdet sieht, offenlassend *Behrendt/Lilienthal*, KSzW 2014, 277, 282.

Haftung des Vorstands bzw. des Geschäftsführers gegenüber der Gesellschaft, denn der Untreuetatbestand schützt gerade das Vermögen der Gesellschaft als Treugeber vor Schädigungen von innen heraus.[964] Hinsichtlich des Vorliegens eines Schadens gilt das zur Haftung nach § 93 Abs. 2 S. 1 AktG Gesagte entsprechend.[965]

d) Haftung von Aufsichtsratsmitgliedern gem. §§ 116 S. 1, 93 Abs. 2 AktG

Ebenfalls ist eine Haftung von Mitgliedern des Aufsichtsrats wegen Verletzung ihrer Amtspflichten nach § 116 S. 1, 93 Abs. 2 AktG im Falle der Gewährung begünstigender Leistungen an Betriebsratsmitglieder in Betracht zu ziehen. Eine der Hauptaufgaben des Aufsichtsrats ist die Überwachung der Geschäftsführung des Vorstands; § 111 Abs. 1 AktG. Stellt der Aufsichtsrat eine Verletzung der Geschäftsführerpflichten durch den Vorstand fest, so ist es seine Pflicht den Vorstand zu ordnungsgemäßem Verhalten zu veranlassen.[966] Konkret bedeutet dies, dass der Aufsichtsrat den Vorstand auf eine begünstigende Vergütungspraxis hinweisen und ggf. anhalten muss, diese mit Wirkung für die Zukunft zu beenden. Hinsichtlich bereits gewährter begünstigender Leistungen hat er auf den Vorstand einzuwirken, diese im Rahmen der rechtlichen Möglichkeiten[967] zurückzufordern und ggf. – soweit den Vorstand hinsichtlich der Gewährung einer Begünstigung ein Verschulden trifft – einen Schadensersatzanspruch der Gesellschaft gegenüber dem Vorstand nach § 112 S. 1 AktG geltend zu machen. Dabei hat der Aufsichtsrat nach den von der Rechtsprechung in *ARAG/Garmenbeck* aufgestellten Maßgaben zunächst zu prüfen, ob ein Schadensersatzanspruch der Gesellschaft gegen den Vorstand besteht und im Rahmen einer Risikoanalyse die Durchsetzbarkeit dieses Anspruchs abzuschätzen. Besteht demnach ein durchsetzbarer Schadensersatzanspruch, so besteht eine grundsätzliche Pflicht diesen auch geltend zu machen, soweit nicht „gewichtige Gründe des Gesellschaftswohls dagegen sprechen und diese Umstände die Gründe, die für eine

---

964 BVerfG, Beschluss v. 23.06.2010 – 2 BvR 2559/08, 2 BvR 105/09, 2 BvR 491/09, NJW 2010, 3209, 3212; MünchKommStGB/*Dierlamm*, 3. Aufl. 2019, § 266 Rn. 2; *Schünemann*, NStZ 2005, 473, 474.

965 Siehe dazu bereits Gliederungspunkt VI. 4. a) ee).

966 BGH, Urteil v. 20.09.2011 – II ZR 234/09, NZG 2011, 1271, 1274; BGH, Urteil v. 16.03.2009 – II ZR 280/07, NZG 2009, 550; BGH, Urteil v. 01.12.2008 – II ZR 102/07, NZG 2009, 107; OLG Karlsruhe, Urteil v. 04.09.2008 – 4 U 26/06, AG 2008, 900.

967 Siehe zur Möglichkeit der Rückforderung bereits Gliederungspunkt VI. 2.

Rechtsverfolgung sprechen, überwiegen oder ihnen zumindest gleichwertig sind".[968] Maßgeblich ist dabei eine Orientierung am Unternehmensinteresse.[969] Exemplarisch führte der BGH „negative Auswirkungen auf die Geschäftstätigkeit", das „Ansehen der Gesellschaft in der Öffentlichkeit", eine „Behinderung der Vorstandsarbeit" sowie eine „Beeinträchtigung des Betriebsklimas" an.[970]

aa) Regelmäßig kein Ausschluss der Verfolgungspflicht aufgrund eines drohenden Reputationsschadens

Insbesondere ein möglicher Reputationsschaden ließe sich im Falle begünstigender Betriebsratsvergütung als Ausnahme von der Verfolgungspflicht in Betracht ziehen. Dabei genügt nach Ansicht des Schrifttums ein allgemeiner Hinweis auf einen Verlust des Ansehens in der öffentlichen Wahrnehmung nicht.[971] Im Falle der Gewährung von begünstigenden Leistungen an Betriebsräte wird ein Reputationsschaden regelmäßig nicht als Ausnahme von der Verfolgungspflicht herangezogen werden können:

Ein Imageschaden tritt in der Regel gerade nicht aufgrund einer Inanspruchnahme des Vorstands ein, als vielmehr bereits dadurch, dass eine Unternehmenspolitik in der Betriebsratsmitgliedern begünstigende Leistungen zugeschoben werden, an die Öffentlichkeit gelangt. Dazu bedarf es einer Inanspruchnahme des Vorstands nicht zwingend. Bereits im Vorfeld kann eine staatsanwaltschaftliche Ermittlung einen entsprechenden Verdacht in die Öffentlichkeit tragen.[972] Schließt sich die Inanspruchnahme des Vorstands an eine strafrechtliche Verurteilung an, fehlt es bereits an einer Kausalität zwischen der Inanspruchnahme des Vorstands und einem Reputationsschadens.

Zudem gilt zu beachten, dass die Anerkennung eines Reputationsschadens als Ausnahme von der Verfolgungspflicht die Gefahr begründet, das Regel-Ausnahme-Verhältnis der haftungsrechtlichen Inanspruchnahme umzukehren, denn ein Haftungsprozess birgt stets die Gefahr eines Imageverlusts der Gesellschaft.[973]

---

968 BGH, Urteil v. 21.04.1997 – II ZR 175/95, NJW 1997, 1926; bestätigt durch BGH, Urteil v. 08.07.2014 – II ZR 174/13, NZG 2014, 1058, 1059; BGH, Urteil v. 16.03.2009 – II ZR 280/07, NZG 2009, 550; BGH, Urteil v. 16.02.2009 – II ZR 185/07, NZG 2009, 342, 345.

969 MünchKommAktG/*Habersack*, 5. Aufl. 2019, § 111 Rn. 41.

970 BGH, Urteil v. 21.04.1997 – II ZR 175/95, NJW 1997, 1926, 1928.

971 *Casper*, ZHR 176 (2012), 617, 633; *Klöhn/Schmolke*, NZG 2015, 689, 694; Spindler/Stilz/*Spindler*, AktG, 4. Aufl. 2019, § 116 Rn. 60.

972 MünchKommAktG/*Habersack*, 5. Aufl. 2019, § 111 Rn. 43.

973 *Casper*, ZHR 176 (2012), 617, 633.

Eine Ausnahme von der Verfolgungspflicht lässt sich daher nur begründen, soweit die konkrete Darlegung des drohenden Reputationsschadens möglich ist. Ein etwa „beschädigtes" Ansehen muss sich in einem konkreten wirtschaftlichen Schaden niederschlagen. Konkret gefragt: Würden sich Wirtschaftsteilnehmer von einem Unternehmen distanzieren, wenn öffentlich würde, dass Mitgliedern des Betriebsrats zu hohe Vergütungsbestandteile gewährt würden? Ein Reputationsschaden tritt nur insoweit ein, als das Verhalten des Unternehmens für andere Wirtschaftsteilnehmer relevant ist, d.h. deren eigene Wohlfahrt betrifft.[974] Die Gewährung begünstigender Leistungen an Betriebsratsmitglieder hat für Kunden, Lieferanten oder Kreditgeber keinerlei Auswirkungen und ist im Hinblick auf deren Wohlfahrt somit unerheblich. Ein Reputationsschaden ließe sich allenfalls im Hinblick auf Aktionäre und die Belegschaft sehen. Die Darlegung, dass Aktionäre von einer Beteiligung an der Gesellschaft Abstand nehmen, weil diese begünstigende Leistungen an Betriebsräte gewährt, gestaltet sich jedoch schwierig. Gleiches gilt für die Auswirkungen auf die Belegschaft: Zwar soll das Ehrenamtsprinzip gerade das Vertrauen in eine unabhängige Mitbestimmung gewährleisten.[975] Die Darlegung, dass die Gewährung der begünstigenden Leistungen tatsächlich zu einem Vertrauensverlust kommen würde, der sich in einem Reputationsschaden niederzuschlagen droht, stellt jedoch hohe Hürden für die Begründung einer Ausnahme von der Verfolgungspflicht auf. Dabei hat der Aufsichtsrat – so wird in der Literatur angemerkt – in die Abwägung miteinzustellen, dass das Verschleiern eines Skandals bei dessen späterer Aufdeckung, den Reputationsschaden noch vergrößern kann.[976]

Ein Reputationsschaden wird daher nur in Ausnahmefällen unmittelbar *durch die Inanspruchnahme* des Vorstands eintreten. *Casper* merkt an, dass ein solcher Fall etwa dann vorliegen könne, wenn die Gesellschaft aufgrund *der Inanspruchnahme* keine geeigneten Bewerber für eine Neubesetzung der Position des Vorstands mehr finden könne. Dies ist jedoch nur in Konstellationen denkbar, in denen der Kreis möglicher Kandidaten aufgrund einer geforderten besonderen Spezialisierung bereits ohnehin klein ist.[977]

---

974 Zu den ökonomischen Aspekten *Klöhn/Schmolke*, NZG 2015, 689, 690 f.

975 Siehe dazu bereits Gliederungspunkt I. 1.

976 Spindler/Stilz/*Spindler*, AktG, 4. Aufl. 2019, § 116 Rn. 60.

977 *Casper*, ZHR 176 (2012), 617, 633.

bb) *Grundsätze der Haftung: Pflicht des einzelnen Aufsichtsratsmitglieds*

Jedes Aufsichtsratsmitglied hat die für die Ausübung des Aufsichtsratsmandats notwendigen Kenntnisse, Fähigkeiten und fachliche Erfahrungen aufzuweisen.[978] Dies gilt nach der Rechtsprechung und der herrschenden Ansicht in der Literatur uneingeschränkt sowohl für Aufsichtsratsmitglieder der Anteilseigner als auch für Arbeitnehmervertreter; insbesondere kann sich ein Aufsichtsratsmitglied nicht auf ein Fehlen der individuellen Fähigkeiten berufen.[979]

Zwar ist die Überwachungspflicht kollektive Pflicht des Aufsichtsrats, das einzelne Aufsichtsratsmitglied ist jedoch kraft seiner Mitarbeit dazu verpflichtet, an der Überwachung des Vorstandshandelns mitzuwirken. Im Rahmen der Haftung ist dies der Anknüpfungspunkt für die individuelle Pflichtverletzung.[980] Das einzelne Aufsichtsratsmitglied hat alles ihm Mögliche zu tun, um die Gesellschaft vor Schäden zu bewahren.[981] Erkennt ein Aufsichtsratsmitglied eine Pflichtverletzung, ist es Teil seiner Überwachungspflicht dafür Sorge zu tragen, dass sich der Aufsichtsrat mit der Angelegenheit befasst[982] und rechtswidrige Beschlüsse des Aufsichtsrats zu verhindern.[983]

Eine Verletzung der Überwachungspflicht kann sich im Hinblick auf eine begünstigende Betriebsratsvergütung somit in zwei Konstellationen darstellen:

---

978 BGH, Urteil v. 15.11.1982 – II ZR 27/82, NJW 1983, 991; Schmidt/Lutter/*Drygala*, AktG, 3. Aufl. 2015, § 100 Rn. 30.

979 BGH, Urteil v. 15.11.1982 – II ZR 27/82, NJW 1983, 991; *Edenfeld/Neufang*, AG 1999, 49, 50 und 52; Habersack/Henssler/*Habersack*, MitbestR, 4. Aufl. 2018, § 25 MitbestG Rn. 118b; Hüffer/Koch, AktG, 13. Aufl. 2018, § 116 Rn. 3; Spindler/Stilz/*Spindler*, AktG, 4. Aufl. 2019, § 116 Rn. 9.

980 *Lutter/Krieger/Verse*, Rechte und Pflichten des Aufsichtsrats, 6. Aufl. 2014, Rn. 997; Schmidt/Lutter/*Drygala*, AktG, 3. Aufl. 2015, § 116 Rn. 3.

981 LG Düsseldorf, Urteil v. 22.07.2004 – XIV 5/03, NJW 2004, 3275, 3275 f.; Hölters/*Hambloch-Gesinn/Gesinn*, AktG, 3. Aufl. 2017, § 116 Rn. 22; KölnerKommAktG/*Mertens/Cahn*, 3. Aufl. 2012, § 116 Rn. 64; *Lutter/Krieger*, Rechte und Pflichten des Aufsichtsrats, 6. Aufl. 2014, Rn. 997; MünchKommAktG/*Habersack*, 5. Aufl. 2019, § 116 Rn. 38; Spindler/Stilz/*Spindler*, AktG, 4. Aufl. 2019, § 116 Rn. 51; *Vetter* DB 2004, 2623; WKS/*Schubert*, MitbestR, 5. Aufl. 2017, § 25 MitbestG Rn. 308.

982 OLG Hamm, Urteil v. 20.03.2006 – 8 U 208/01, BeckRS 2009, 87201; Hüffer/Koch, AktG, 13. Aufl. 2018, § 116 Rn. 15; KölnerKommAktG/*Mertens/Cahn*, 3. Aufl. 2012, § 116 Rn. 16; MünchKommAktG/*Habersack*, 5. Aufl. 2019, § 116 Rn. 33.

983 Spindler/Stilz/*Spindler*, AktG, 4. Aufl. 2019, § 116 Rn. 51.

(1.) Begünstigende Leistungen an Betriebsräte bleiben sorgfaltspflichtwidrig unbemerkt, ein Eingreifen durch den Aufsichtsrat unterbleibt in der Konsequenz. Dies kann etwa dadurch geschehen, dass ein Aufsichtsratsmitglied zwar von der Gewährung begünstigender Leistungen an Betriebsratsmitglieder Kenntnis erlangt, jedoch nicht den Aufsichtsrat einberuft oder den Aufsichtsratsvorsitzenden informiert. Es ist Pflicht des Aufsichtsratsmitglieds seine Kenntnis über rechtswidriges Handeln des Vorstands mit dem gesamten Aufsichtsrat zu teilen.[984] Tut es dies nicht, handelt das schweigende Aufsichtsratsmitglied sorgfaltswidrig.
Problematisch ist dabei, dass der Aufsichtsrat nicht jedes Rechtsgeschäft der Gesellschaft auf dessen Rechtmäßigkeit hin prüfen kann. Eine solche verdachtslose Kontrolle von Einzelgeschäften kann nicht gefordert werden. Ergibt sich jedoch ein Verdacht, ist der Aufsichtsrat auch dazu verpflichtet diesem nachzugehen und bei Bedarf einzugreifen.[985]

(2.) In der zweiten Konstellation erlangt der Aufsichtsrat zwar von begünstigenden Leistungen an Betriebsräte Kenntnis, unterlässt jedoch eine Beanstandung oder macht einen Schadensersatzanspruch trotz bestehender Pflicht nicht geltend. In dieser Konstellation entgeht das jeweilige Aufsichtsratsmitglied nur dann einer Haftung, wenn es alles ihm Mögliche getan hat, um einen derartigen Aufsichtsratsbeschluss zu verhindern.[986]

cc) Haftung von Arbeitnehmervertretern, die zugleich ein Betriebsratsamt innehaben

Problematisch gestaltet sich dies in Gesellschaften, die dem Anwendungsbereich des DrittelbG bzw. des MitbestG unterfallen. Finden die Normen der unternehmerischen Mitbestimmung Anwendung, setzt sich der Aufsichtsrat aus Aufsichtsratsmitgliedern der Kapitalseite sowie aus Arbeitnehmervertretern zusammen. Es ist keine Seltenheit, dass eine personelle Korrelation zwischen unternehmerischer und betrieblicher Mitbestimmung besteht. So üben Betriebsratsmitglieder in Personalunion oftmals ein Aufsichtsratsmandat aus.

---

984 *Lutter/Krieger*, Rechte und Pflichten des Aufsichtsrats, 6. Aufl. 2014, Rn. 997.

985 OLG Stuttgart, Beschluss v. 19.06.2012 – 20 W 1/12, juris; Schmidt/Lutter/*Drygala*, AktG, 3. Aufl. 2015, § 116 Rn. 23.

986 Vgl. OLG Hamm, Urteil v. 20.03.2006 – 8 U 208/01, juris; LG Düsseldorf, Urteil v. 22.07.2004 – XIV 5/03, NJW 2004, 3275, 3275 f.; MünchKommAktG/*Habersack*, 5. Aufl. 2019, § 116 Rn. 38; Spindler/Stilz/*Spindler*, AktG, 4. Aufl. 2019, § 116 Rn. 51.

Der Betriebsratsvorsitzende fungiert dabei sogar regelmäßig als stellvertretender Aufsichtsratsvorsitzender.[987]

Aus solchen Doppelmandaten kann sich eine kuriose Konstellation ergeben: Diese personelle Korrelation führt nun dazu, dass u.a. Arbeitnehmervertreter im Aufsichtsrat, die zugleich Betriebsratsmitglieder sind, in ihrer Funktion als Mitglied des Aufsichtsrats ihre eigene Vergütung kontrollieren, die ihnen als Betriebsratsmitglied gewährt wird.[988] Ebenfalls ist der Aufsichtsrat gem. § 84 AktG für die Bestellung des Vorstands zuständig. Das jeweilige Vorstandsmitglied bedarf daher zur Wiederbestellung grundsätzlich auch der Zustimmung der Arbeitnehmervertreter.[989] Und auch die Festlegung der Vorstandsvergütung obliegt gem. § 87 Abs. 1 AktG dem Aufsichtsrat. *Peltzer* sieht darin die Gefahr, dass sich Vorstand und Arbeitnehmervertreter gegenseitig Vorteile gewähren können – zu Lasten der Gesellschaft.[990] Diese Befürchtung ist nicht unbegründet: In der Tat besteht die Gefahr, dass Arbeitnehmervertreter, die gleichzeitig ein Betriebsratsamt innehaben, Interessenkonflikten bei der Überwachung des Vorstandshandelns unterliegen.

Aufgrund dieser Doppelfunktion als Mitglied des Betriebsrats sowie als Arbeitnehmervertreter im Aufsichtsrat stellt sich die Frage, ob ein Arbeitnehmervertreter eine Untersuchung der ihm als Betriebsratsmitglied gewährten Vergütung veranlassen muss, sobald es Anhaltspunkte für den Verdacht hat, die eigene Vergütung verstoße gegen das Begünstigungsverbot des § 78 S. 2 BetrVG. Dabei ist der in diesem Fall drohende Interessenkonflikt zwischen dem privaten Interesse, eine Begünstigung behalten zu wollen, und der Verpflichtung, als Aufsichtsratsmitglied dem Unternehmensinteresse zu dienen, zu beachten. Auch in Rechtsprechung und Literatur wurde hinlänglich darauf hingewiesen, dass die unternehmerische Mitbestimmung für Interessenkonflikte besonders anfällig sei.[991]

Dies zeigt auch eine Parallele zum Strafrecht: Nach allgemeiner Auffassung trifft das einzelne Aufsichtsratsmitglied im Rahmen seiner Überwachungspflicht eine Vermögensbetreuungspflicht.[992] Zwar sieht die Rechtsprechung eine Ausnahme in den Fällen,

987 Siehe dazu bereits Gliederungspunkt V.

988 So auch *Rieble,* AG 2016, 315, 317.

989 *Rieble,* AG 2016, 315, 317; die Bestellung des Vorstands setzt nach § 31 Abs. 1 MitbestG im ersten Wahlgang eine ⅔- Mehrheit voraus.

990 *Peltzer*, in: FS Schwark, 2009, S. 707, 710; *ders.*, in: FS K.Schmidt, 2009, S. 1243, 1250; so auch *Rieble,* AG 2016, 315, 317.

991 BVerfG, Urteil v. 01.03.1979 – 1 BvR 532, 533/77, 419/78, 1 BvL 21/78, NJW 1979, 699, 710; vgl. BGH, Urteil v. 21.12.1979 – II ZR 244/78, NJW 1980, 1629, 1630; Hüffer/Koch, AktG, 13. Aufl. 2018, § 108 Rn. 10.

992 BGH, Urteil v. 21.12.2005 – 3 StR 470/04, NJW 2006, 522; BGH, Urteil v. 06.12.2001 – 1 StR 215/01, NJW 2002, 1585, 1588; *Fischer*, StGB, 66. Aufl. 2019, § 266 Rn. 105; MünchKommStGB/*Dierlamm*, 3. Aufl. 2019, § 266 Rn. 79.

in denen die eigenen Vergütungsangelegenheiten des Aufsichtsratsmitglieds betroffen sind.[993] Ebenso wie den Vorstand aufgrund des Interessenkonflikts keine Vermögensbetreuungspflicht in eigenen Vergütungsangelegenheiten treffe, gelte dies auch für das Aufsichtsratsmitglied, wenn dieses „eine überhöhte Vergütung aushandelt".[994] Dies soll nach ausdrücklicher Rechtsprechung des BGH auch für Arbeitnehmervertreter gelten, die zugleich ein Betriebsratsamt innehaben.[995] Dieses Rechtsprechung mag grundsätzlich für Arbeitnehmervertreter überzeugen, jedoch nicht für solche, die zugleich Betriebsratsmitglied sind: Anders als die Vorstandsvergütung steht die Vergütung eines Betriebsratsmitglieds gerade nicht zur Disposition der Parteien, sie ergibt sich vielmehr aus den gesetzlichen Regelungen der §§ 37, 78 S. 2 BetrVG. Eine dieses Maß übersteigende Vergütung darf dem Betriebsratsmitglied nicht gezahlt werden. Daher kann auch für Arbeitnehmervertreter, die zugleich ein Betriebsratsamt innehaben, für ihre Vergütungsangelegenheiten keine Ausnahme von der Vermögensbetreuungspflicht begründet werden, wenn sie dadurch stets die Gesellschaft zu rechtswidrigem Handeln veranlassen.

Der Deutsche Corporate Governance Kodex löst diesen Konflikt zugunsten des Unternehmenswohls: Nach Ziffer 5.5.1. DCGK ist jedes Mitglied des Aufsichtsrats dem Unternehmensinteresse verpflichtet; insbesondere persönliche Interessen haben dahinter zurückzustehen. Dabei statuiert der DCGK in seiner Präambel das Leitbild des Ehrbaren Kaufmanns: Ein Handeln im Unternehmensinteresse setzt demnach sowohl dessen Legalität als auch ein ethisch fundiertes, eigenverantwortliches Verhalten voraus. Daher ist geboten, dass ein Aufsichtsratsmitglied, das zugleich ein Betriebsratsamt innehat, auch dann gegen rechtswidriges Handeln des Vorstands vorgeht, wenn dadurch persönliche Interessen beeinträchtigt werden. Durch die unternehmerische Mitbestimmung sollen Interessen der Arbeitnehmer Eingang in den Aufsichtsrat finden;[996] daraus folgt jedoch nicht, dass Arbeitnehmervertreter von ihrer Überwachungspflicht befreit werden müssen, soweit die eigene Vergütung Anlass zur Kontrolle liefert.[997] Dies ist zwingende Konsequenz der Doppelfunktion: Wird ein Betriebsratsmitglied in den Aufsichtsrat gewählt, so hat es in seiner Funktion als Aufsichtsratsmitglied auch die eigene, als Betriebsratsmitglied erhaltene Vergütung bei Anlass der Kontrolle zu unterziehen. Insoweit bedarf es einer funktionellen Trennung zwischen Aufsichtsratsmandat und Betriebsratsamt. Es kann keinen Unterschied

993 BGH, Urteil v. 17.09.2009 – 5 StR 521/08, NJW 2010, 92; OLG Braunschweig, Urteil v. 14.06.2012 – Ws 44/12, juris.

994 OLG Braunschweig, Urteil v. 14.06.2012 – Ws 44/12, juris.

995 BGH, Urteil v. 17.09.2009 – 5 StR 521/08, NJW 2010, 92.

996 MünchKommAktG/*Habersack*, 5. Aufl. 2019, Vorb. zu § 95 Rn. 13.

997 So bereits BGH, Urteil v. 17.09.2009 – 5 StR 521/08, NJW 2010, 92.

machen, ob ein Aufsichtsratsmitglied Kenntnis von rechtsgrundlosen Zahlungen der Gesellschaft an Dritte erhält oder ob es selber Begünstigter dieser Zahlungen ist. Nur weil eine Personalunion zulässig ist, folgt daraus nicht, dass der Pflichtenkanon als Aufsichtsrat verwässert wird.

Wollte man dies anders sehen, ergäbe sich eine weitere Kuriosität: Es entfiele eine Haftung hinsichtlich der eigenen Vergütung. Hinsichtlich der Vergütung, die anderen Arbeitnehmervertretern, die ebenfalls Mitglied des Betriebsrats sind, gewährt wird, würde bei Verstoß gegen die Aufsichtspflicht durchaus eine Haftung bestehen.

Angesprochen ist insoweit jedoch nur, ob ein Arbeitnehmervertreter grundsätzlich auch Informationen über rechtswidrige Vergütungszahlungen, die es in seiner Funktion als Aufsichtsratsmitglied erhalten hat, in den Aufsichtsrat einbringen muss. Dies umfasst jedoch noch nicht die Frage, ob ein Arbeitnehmervertreter auch gegen außerhalb vom Aufsichtsratsamt wahrgenommene Rechtsverstöße durch den Vorstand vorgehen muss. Eine solche Kenntniserlangung wird im Fall begünstigender Betriebsratsvergütung der Regelfall sein: Eine verdachtslose Kontrolle von Einzelfallgeschäften kann nicht vom Aufsichtsrat verlangt werde,[998] sodass eine Kenntniserlangung im Rahmen der Aufsichtsratstätigkeit regelmäßig ausscheidet. Jedoch erhalten Arbeitnehmervertreter in jedem Fall Kenntnis über ihre individuelle Vergütungshöhe – spätestens durch den Eingang der Zahlung auf ihrem Konto. Trifft das einzelne Aufsichtsratsmitglied jedoch auch hinsichtlich der eigenen Vergütung eine Vermögensbetreuungspflicht, so gründet daraus auch eine Verpflichtung die Gesellschaft vor einer rechtsgrundlosen Weggabe von Gesellschaftsvermögen zu bewahren. Es kann dabei keinen Unterschied machen, ob das Aufsichtsratsmitglied Anhaltspunkte für eine solche im Rahmen des Aufsichtsratsamt oder außerhalb dieses erfährt. Ebenso kann es keinen Unterschied machen, ob es eine rechtswidrige Vergütung aushandelt oder ihm diese ohne Verhandlung gewährt wird. Erkennt ein Aufsichtsratsmitglied, welches zugleich ein Betriebsratsamt innehat, dass es eine begünstigende Zahlung erhalten hat, muss es dem in seiner Funktion als Aufsichtsratsmitglied nachgehen. Gleichzeitig kann eine solche Zahlung den Verdacht begründen, dass auch anderen Betriebsratsmitgliedern begünstigende Zahlungen gewährt werden. Dem hat es in seiner Funktion als Aufsichtsratsmitglied ebenfalls nachzugehen, will es einer Haftung entgehen. Unterlässt es dies, kann es für alle Schäden, die es bei Einhaltung der Sorgfalt eines ordentlichen und gewissenhaften Aufsichtsratsmitglieds hätte verhindern können, in Haftung genommen werden. Dies umfasst nicht nur die Rückzahlung der eigenen

998 Siehe dazu bereits Gliederungspunkt VI. 4. d) bb).

Begünstigung, sondern kann auch eine Haftung hinsichtlich des Schadens, der aus der Gewährung begünstigender Leistungen an andere Betriebsratsmitglieder resultiert, mitumfassen.

Daran schließt sich die Frage an, ob ein Aufsichtsratsmitglied, das gleichzeitig ein Betriebsratsamt innehat, erkennen muss, dass eine Vergütung eine Begünstigung darstellt. Dies ist insoweit problematisch, als die Vergütung nicht statisch ist, sondern entsprechend den §§ 37 Abs. 4 S. 1, 78 S. 2 BetrVG angepasst werden muss. Nach der Rechtsprechung des BAG und allgemeiner Auffassung in der Literatur hat ein Aufsichtsratsmitglied, das über beruflich erworbene Spezialkenntnisse verfügt, diese in seine Aufsichtsratstätigkeit einzubringen und unterliegt – soweit diese Spezialkenntnisse betroffen sind – insoweit einem erhöhten Sorgfaltsmaßstab.[999] Wird ein Betriebsratsmitglied in den Aufsichtsrat gewählt, kann daher auch davon ausgegangen werden, dass es die Grundzüge kennt, nach denen sich seine Vergütung als Betriebsratsmitglied bemisst. Dennoch kann nicht erwartet werden, dass es jeder Entgeltveränderung nachgeht – zumal dem Betriebsratsmitglied die Vergütungsentwicklung der vergleichbaren Arbeitnehmer nicht zwangsläufig bekannt sein muss. Begünstigungen in geringerer Höhe können daher noch nicht die Annahme begründen, das Betriebsratsmitglied hätte diese als Begünstigung erkennen müssen und habe daher gegen seine Sorgfaltspflicht verstoßen. Jedenfalls entsprechend der Rechtsprechung des BAG zur Einrede der Entreicherung bei Überzahlung von Arbeitsentgelt verstößt ein Betriebsratsmitglied nicht gegen seine Sorgfaltspflichten, wenn es eine Begünstigung in Höhe von 10% über dem nach §§ 37, 78 S. 2 BetrVG tatsächlich geschuldeten Nettozahlbetrag nicht als solche erkennt. Dies kann jedoch nur unterste Grenze sein. Es muss berücksichtigt werden, dass bei langjähriger Amtszeit eine gewisse Unschärfe hinsichtlich der eigenen Vergütung eintritt, das Betriebsratsmitglied somit ggf. nicht wissen kann, ob seine Vergütung den Maßgaben der §§ 37, 78 S. 2 BetrVG entspricht. Bei Begünstigungen die über 10% des Nettozahlbetrags hinausgehen sind daher stets die Umstände des Einzelfalls zu berücksichtigen. Jedenfalls dann, wenn sich einem objektiven Dritten

---

999 BGH, Urteil v. 20.09.2011 – II ZR 234/09, NZG 2011, 1271; so auch *Dreher*, in: FS Boujong, 1996, S. 71, 80; Heidel/*Breuer/Fraune*, AktienR, 4. Aufl. 2014, § 116 AktG Rn. 3; Hölters/*Hambloch-Gesinn/Gesinn*, AktG, 3. Aufl. 2016, § 116 Rn. 10; Hüffer/Koch, AktG, 13. Aufl. 2018, § 116 Rn. 4; KölnerKommAktG/*Mertens/Cahn*, 3. Aufl. 2012, § 116 Rn. 63; MünchKommAktG/*Habersack*, 5. Aufl. 2019, § 116 Rn. 28; Schmidt/-Lutter/*Drygalla*, AktG, 3. Aufl. 2015, § 116 Rn. 44; *Semler*, in: FS K.Schmidt, 2009, S. 1489, 1505; Spindler/Stilz/*Spindler*, AktG, 4. Aufl. 2019, § 116 Rn. 18; WKS/*Schubert,* MitbestR, 5. Aufl. 2017, § 25 Rn. 298.

aufdrängen müsste, dass die Vergütung des Betriebsratsmitglieds außer Verhältnis zu der zuletzt ausgeübten beruflichen Tätigkeit steht und sich das Betriebsratsmitglied subjektiv die Vergütungshöhe nicht erklären kann, ohne dabei die Augen vor der Rechtslage zu verschließen, wird man einen Verstoß gegen die Sorgfaltspflichten annehmen müssen.

dd) Zusammenfassung

Aufsichtsratsmitglieder können für die Gewährung von begünstigenden Leistungen an Betriebsratsmitglieder nach §§ 116 S. 1, 93 Abs. 2 S. 1 AktG in Haftung genommen werden, soweit sie ihre Aufsichtspflicht verletzen. Bei Verdacht einer Betriebsratsbegünstigung haben sie diesem nachzugehen. Ggf. haben sie den Vorstand anzuweisen Begünstigungen für die Zukunft zu unterlassen, bereits gewährte Begünstigungen im Rahmen der rechtlichen Möglichkeiten zurückzufordern und Schadensersatzansprüche gegen den Vorstand geltend zu machen. Ein Reputationsschaden kann dabei nach *ARAG/Garmenbeck* eine Ausnahme von der Pflicht darstellen, Schadensersatzansprüche der Gesellschaft gegen den Vorstand zu verfolgen. Im Fall der Inanspruchnahme des Vorstands aufgrund der Gewährung begünstigender Leistungen an Betriebsratsmitglieder wird jedoch regelmäßig kein Reputationsschaden vorliegen.

Für Betriebsratsmitglieder, die ein Aufsichtsratsmandat innehaben, bestehen in ihrer Funktion als Arbeitnehmervertreter ebenfalls Haftungsrisiken nach den §§ 116 S. 1, 93 Abs. 2 S. 1 AktG. Dies gilt insbesondere auch in den Fällen, in denen die eigene, als Betriebsratsmitglied erhaltene Vergütung nicht den Maßgaben des BetrVG entspricht und sie dies unter Verletzung ihrer Sorgfaltspflicht nicht im Aufsichtsrat beanstanden.

e) Verhältnis der Haftung

Abschließend stellt sich somit die Frage, in welchem Verhältnis der Rückzahlungsanspruch gegen ein Betriebsratsmitglied, der Schadensersatzanspruch gegen ein Vorstandsmitglied bzw. einen Geschäftsführer und der Schadensersatzanspruch gegen ein Aufsichtsratsmitglied stehen.

In der Literatur wird vertreten, dass ein bereicherungsrechtlicher Anspruch gegen das Betriebsratsmitglied und ein Schadensersatzanspruch des Leistenden in einem Gesamtschuldverhältnis stehen, insbesondere bestehe zwischen den Ansprüchen kein Stufenverhältnis.[1000]

1000 *Dzida/Mehrens*, NZA 2013, 753, 757 f.

Letztlich folgte daraus, dass das Betriebsratsmitglied nach Rückzahlung einer Begünstigung nach § 426 Abs. 1 BGB das Vorstandmitglied bzw. den Geschäftsführer sowie das Aufsichtsratsmitglied in Regress nehmen könnte. Dies widerspräche jedoch den betriebsverfassungsrechtlichen Vorgaben, denn durch einen Regress würde die Begünstigung zum Teil aufrechterhalten werden. Letztverpflichteter muss daher das begünstigte Betriebsratsmitglied sein. Befriedigt etwa der Vorstand die Gesellschaft, muss er den Bereicherungsanspruch der Gesellschaft auch vollständig gegen das Betriebsratsmitglied geltend machen können. Damit fehlt es jedoch nicht zwingend an der von der Rechtsprechung geforderten Gleichstufigkeit.[1001] Zwar tritt in dem Beispiel der Vorstand gegenüber dem Betriebsratsmitglied lediglich in Vorlage, was für ein Stufenverhältnis spricht.[1002] Dieses Stufenverhältnis dürfte sich jedoch nicht lediglich auf das Innenverhältnis beschränken, sondern müsste sich auch im Außenverhältnis ergeben.[1003] Daran fehlt es jedoch vorliegend. Ein Stufenverhältnis zwischen den Ansprüchen besteht somit nicht. Die Konstellation stellt sich gerade nicht so dar, dass die Haftung des Vorstands bzw. des Geschäftsführers sowie des Aufsichtsrats nur subsidiär oder nachrangig zum Bereicherungsanspruch gegen das Betriebsratsmitglied ist. Wer Letztverpflichteter sein soll, ist vielmehr eine Frage des Innenverhältnisses zwischen den Gesamtschuldnern.

Gegen die Annahme einer Gesamtschuld kann auch nicht die Regelung des § 423 BGB angeführt werden: Danach kann ein zwischen Gläubiger und Gesamtschuldner vereinbarter Schulderlass auch Wirkung für die übrigen Gesamtschuldner haben, wenn dies von den Vertragsschließenden gewollt ist. Dass einer solchen Vereinbarung eine Gesamtwirkung zukommt und somit auch zugunsten des begünstigten Betriebsratsmitglieds wirkt, ist bereits wegen Verstoßes gegen § 78 S. 2 BetrVG – und der daraus resultierenden Nichtigkeit einer solchen Vereinbarung – ausgeschlossen. Damit kann es auch nach § 423 BGB nicht dazu kommen, dass das Betriebsratsmitglied von seiner Haftung befreit wird.

1001 BGH, Urteil v. 15.06.2004 – VI ZR 60/03, NJW 2004, 2892, 2893; BGH, Urteil v. 26.06.2003 – VII ZR 126/02, NJW 2003, 2980; BGH, Urteil v. 26.01.1989 – III ZR 192/87, NJW 1989, 2127, 2128.

1002 BGH, Urteil v. 28.11.2006 – VI ZR 136/05, NJW 2007, 1208, 2010; vgl. MünchKommBGB/*Heinemeyer*, 8. Aufl. 2019, § 421 Rn. 60.

1003 BGH, Urteil v. 28.11.2006 – VI ZR 136/05, NJW 2007, 1208, 2010; Palandt/*Grüneberg*, BGB, 78. Aufl. 2019, § 421 Rn. 7.

Zwischen Vorstandsmitglied bzw. Geschäftsführer und Aufsichtsratsmitglied ist ebenfalls Gesamtschuldnerschaft anzunehmen.[1004] Dabei richtet sich der Regress entsprechend § 254 Abs. 1 BGB nach den Umständen des Einzelfalls, insbesondere nach dem Verschuldensgrad und dem Maß der Verursachung.[1005]

1004 Hüffner/Koch, AktG, 13. Aufl. 2018, § 93 Rn. 57; MünchKommAktG/*Habersack*, 5. Aufl. 2019, § 116 Rn. 78.

1005 BGH, Urteil v. 10.07.2014 – III ZR 441/13, NJW 2014, 2730; BGH, Urteil v. 19.12.1968 – VII ZR 23/66, NJW 1969, 653; BGH, Urteil v. 13.05.1955 – I ZR 137/53, NJW 1955, 1314; MünchKommAktG/*Habersack*, 5. Aufl. 2019, § 116 Rn. 78; MünchKommAktG/*Spindler*, 5. Aufl. 2019, § 93 Rn. 163; Paland/*Grüneberg*, BGB, 78. Aufl. 2019, § 426 Rn. 14.

Zusammenfassung der Thesen

1. Das Betriebsratsamt ist ein unentgeltliches Ehrenamt. An die Unentgeltlichkeit ist ein strenger Maßstab anzulegen. Das Begünstigungs- und Benachteiligungsverbot des § 78 S. 2 BetrVG gibt den Rahmen vor, in dem sich eine rechtskonforme Vergütung der Mitglieder des Betriebsrats bewegt.
   § 37 Abs. 4 BetrVG konkretisiert das Benachteiligungsverbot des § 78 S. 2 und begründet damit – entgegen der Auffassung in der Rechtsprechung[1006] – einen Mindeststandard des Entgeltschutzes.
2. § 38 Abs. 1 BetrVG normiert lediglich Mindestzahlen der Freistellung. Ein Anspruch auf zusätzliche Freistellungen ist am Erforderlichkeitsmaßstab des § 37 Abs. 2 BetrVG zu messen. Darüber hinaus *darf* der Arbeitgeber weitere Betriebsratsmitglieder freistellen, solange die zusätzliche Freistellung dem Betriebsrat als Gremium zu Gute kommt und diese somit die betriebliche Mitbestimmung fördert. Dies bedarf einer Prognose sowie einer regelmäßigen Überprüfung und ggf. einer Anpassung der Freistellungszahlen. Freistellungen, die einem Betriebsratsmitglied Arbeitszeit einräumen, in der dieses sich betriebsratsfremden Tätigkeiten widmen kann, sind nicht mit dem Begünstigungsverbot zu vereinbaren und somit unzulässig.
   Eine Freistellungsvereinbarung, die diesen Maßgaben nicht entspricht, wirkt sich nicht auf die Vergütungsansprüche der jeweiligen Betriebsratsmitglieder aus. Deren Vergütung wird jedenfalls nach § 615 S. 1 BGB aufrechterhalten.
3. Der besondere Kündigungsschutz der § 15 Abs. 1 KSchG und § 103 BetrVG führt in der Verhandlung eines Aufhebungsvertrags zu einer stärkeren Verhandlungsposition des Betriebsratsmitglieds. Besonders günstige Bedingungen in einem Aufhebungsvertrag verstoßen nicht gegen § 78 S. 2 BetrVG, soweit diese Ausdruck dieser Verhandlungsposition sind. Die gerichtliche Prüfung ist auf eine Missbrauchskontrolle beschränkt.
4. Maßgeblicher Zeitpunkt für die Bestimmung der Vergleichspersonen im Rahmen des § 37 Abs. 4 S. 1 BetrVG ist der Zeitpunkt, an dem das Betriebsratsmitglied nicht mehr wie andere Arbeitnehmer an der betriebsüblichen Entwicklung teilnimmt. Da § 78 S. 2 BetrVG keine Vorwirkung zu entnehmen ist, kann auch § 37 Abs. 4 S. 1 BetrVG als Konkretisierung des Benachteiligungsverbots nicht an eine Zeitspanne vor Amtsantritt anknüpfen. Für

1006 BAG, Urteil v. 18.01.2017 – 7 AZR 205/15, NZA 2017, 935, 937.

vollständig freigestellte Betriebsratsmitglieder ist somit der Zeitpunkt des Amtsantritts maßgeblich. Für nicht vollständig freigestellte Betriebsratsmitglieder sind die Vergleichspersonen zu Beginn der jeweiligen Amtszeit zu überprüfen und ggf. neu festzulegen. Dabei müssen Leistungen, die das Betriebsratsmitglied in seiner beruflichen Tätigkeit erbracht hat sowie Qualifikationen, die es unabhängig vom Betriebsratsamt erworben hat, unmittelbar berücksichtigt werden.

5. Die Rechtsprechung stützt die Vergleichbarkeit im Rahmen des § 37 Abs. 4 S. 1 BetrVG maßgeblich auf einen Tätigkeitsbezug. Qualifikationen sind daher nur insoweit berücksichtigungsfähig, wie sie für die konkrete Tätigkeit eine Relevanz aufweisen.
   Im Betriebsratsamt gezeigte Leistungen sowie erworbene Fähigkeiten und Qualifikationen können nicht unmittelbar bei der Bildung der Vergleichsgruppe berücksichtigt werden. Sie können jedoch ein Indiz für eine besondere persönliche Qualifikation darstellen, die bislang unberücksichtigt geblieben ist und das Betriebsratsmitglied von den bislang herangezogenen Vergleichspersonen unterscheidet. Aufgrund des Tätigkeitsbezugs müssen diese Leistungen und Qualifikationen auf Fähigkeiten zurückzuführen sein, die im Rahmen der ausgeübten beruflichen Tätigkeit zu einer weitergehenden Eignung geführt hätten.
   Die Betriebsüblichkeit der beruflichen Entwicklung setzt voraus, dass mindestens der Schwerpunkt der vergleichbaren Arbeitnehmer eine entsprechende Entwicklung genommen hat. Ist im Betrieb nur ein vergleichbarer Arbeitnehmer vorhanden, so ist dessen berufliche Entwicklung maßgeblich.
6. Ein Betriebsratsmitglied hat nach § 78 S. 2 BetrVG einen Anspruch auf eine Vergütung entsprechend einer beruflichen Entwicklung, die nur aufgrund seines Betriebsratsamtes unterblieben ist. Nachweis dafür kann ein unternehmensinternes, ernsthaftes, konkretes Angebot auf eine Beförderungsstelle darstellen – auch dann, wenn das Betriebsratsmitglied dieses Angebot selbst aufgrund seines Betriebsratsamtes ablehnt.
7. Auch freiwillige Beförderungen sind am Maßstab des § 78 S. 2 BetrVG zu messen. Es muss sich darlegen lassen, dass das Betriebsratsmitglied eine Beförderungsstelle mit überwiegender Wahrscheinlichkeit ohne sein Betriebsratsamt bekommen hätte. Erforderlich ist dabei stets das Vorliegen einer konkreten Beförderungsstelle, für die das Betriebsratsmitglied objektiv geeignet ist. Dabei müssen Fähigkeiten und Qualifikationen, die ein Betriebsratsmitglied im Rahmen seiner Amtsführung erworben hat, unberücksichtigt bleiben. Berücksichtigung finden können jedoch solche Fähigkeiten und Qualifikationen, die unabhängig von der Betriebsratstätigkeit erworben wurden.

8. § 26 MitbestG enthält kein Begünstigungsverbot. Höhergruppierungen sowie die Übertragung höherwertiger Positionen an Arbeitnehmervertreter werden somit gerade nicht ausgeschlossen. Dies gilt gleichfalls auch für Betriebsratsmitglieder, die zugleich als Arbeitnehmervertreter ein Aufsichtsratsmandat innehaben. Leistungen und Qualifikationen, die im Rahmen des Aufsichtsratsmandats erworben wurden, dürfen daher im Rahmen einer freiwilligen Beförderung unmittelbar berücksichtigt werden.
9. Es ist möglich, in einer Betriebsvereinbarung sowie in einer Regelungsvereinbarung betriebliche Vereinbarungen zur Anwendung des § 37 Abs. 4 S. 1 BetrVG zu treffen. Eine solche Regelung kann zu einer Reduzierung der Anzahl der vergleichbaren Arbeitnehmer auf die benannten Arbeitnehmer der Vergleichsgruppe führen. Die Regelungen dürfen § 37 Abs. 4 S. 1 BetrVG jedoch lediglich konkretisieren; die §§ 37, 78 S. 2 BetrVG sind zwingendes Recht und stehen nicht zur Disposition der Parteien.
10. Hinsichtlich der Gewährung eines Dienstwagens ist zwischen der dienstlichen und der (auch) privaten Nutzung zu unterscheiden. Die Überlassung eines Dienstwagens zur dienstlichen Nutzung kann eine erforderliche Aufwendung i.S.d. § 40 BetrVG darstellen.
    Darüber hinaus darf der Arbeitgeber den Betriebsrat auch überobligatorisch mit Dienstwagen ausstatten, solange diese überobligatorische Ausstattung nicht in eine Begünstigung einzelner Betriebsratsmitglieder umschlägt. Ein lediglich über den Mobilitätsbedarf hinausgehendes quantitatives Mehr an Ausstattung mit Sachmitteln ist daher regelmäßig unschädlich. In qualitativer Hinsicht (Fahrzeugkategorie, Marke, etc.) ist der Arbeitgeber an den Standard gebunden, den er üblicherweise anderen Arbeitnehmern im Betrieb gewährt. Die Privatnutzung stellt einen Sachbezug und somit einen Vergütungsbestandteil dar. Ob ein Betriebsratsmitglied einen Anspruch auf die Privatnutzung hat, richtet sich nach den §§ 37, 78 S. 2 BetrVG.
    Die Anwendung des § 37 Abs. 4 S. 1 BetrVG erfordert die monetäre Bewertung des Sachbezugs „Dienstwagen". Dazu ist § 6 Abs. 1 Nr. 4 S. 2 EStG entsprechend anzuwenden, wonach der geldwerte Vorteil der Privatnutzung mit monatlich einem Prozent des inländischen Listenpreises im Zeitpunkt der Erstzulassung zu bemessen ist. Entscheidend ist eine Gesamtbetrachtung: Die Steigerung der Gesamtvergütung der Vergleichspersonen muss in Relation zur Steigerung der Gesamtvergütung des Betriebsratsmitglieds stehen. Soweit die vergleichbaren Arbeitnehmer eine Vergütungssteigerung

zum Teil durch die Gewährung eines (höherwertigen) Dienstwagens, zum Teil durch eine Steigerung der monatlich ausgezahlten Vergütung erzielen, ist dem Betriebsratsmitglied insoweit ein Wahlrecht einzuräumen: Es kann vom Arbeitgeber Abgeltung des geldwerten Vorteils oder – soweit die Vergütungssteigerung wertmäßig der privaten Nutzungsmöglichkeit entspricht – die Gewährung eines Dienstwagens mit privater Nutzungsmöglichkeit verlangen.

11. Die Höhe von geschuldeten leistungsbezogenen Vergütungsbestandteilen muss ggf. mittels gerichtlicher Schätzung gem. § 287 Abs. 2 ZPO ermittelt werden. Doch auch ohne gerichtliche Klärung müssen die Parteien die geschuldete Vergütung ermitteln können. Um die hypothetisch erreichten Vergütungsbestandteile möglichst genau abzubilden, ist die festgestellte Leistungsbewertung des Betriebsratsmitglieds vor Antritt des Betriebsratsamts in Relation zu der Leistungsbewertung der Vergleichspersonen im selben Zeitraum zu setzen und auf den Zeitraum der Betriebsratstätigkeit umzulegen. Konkrete Umstände des Einzelfalls sind ggf. als Korrektiv heranzuziehen. Für lediglich anlassbezogen freigestellte Betriebsratsmitglieder ist auch die tatsächlich in der beruflichen Tätigkeit gezeigte Leistungsfähigkeit erheblich. Leistungen, die im Betriebsratsamt erbracht wurden, können nicht – auch nicht als Indiz – berücksichtigt werden.
12. Liegt die dem Betriebsratsmitglied ausgezahlte Vergütung unter der nach den §§ 37, 78 S. 2 BetrVG geschuldeten Vergütung, bestehen Nachzahlungsansprüche des Betriebsratsmitglieds. Diese können durch den Ablauf von Ausschlussfristen ausgeschlossen sein. Der Ablauf einer Ausschlussfrist ist für den Anspruch des Betriebsratsmitglieds jedoch unschädlich, wenn der Arbeitgeber bewusst eine geringere Vergütung zahlt, als er nach den §§ 37, 78 S. 2 BetrVG schuldet.
13. Hat ein Betriebsratsmitglied eine begünstigende Vergütung erhalten, ist es hinsichtlich des nichtgeschuldeten Teils zur Rückzahlung sowohl nach § 812 Abs. 1 S. 1, 1. Alt. BGB als auch nach § 817 S. 1 BGB verpflichtet. Der Konditionsanspruch des Arbeitgebers wird nicht nach § 817 S. 2 BGB ausgeschlossen. Die Entreicherungseinrede ist ausgeschlossen, soweit das Betriebsratsmitglied das Bewusstsein hatte, ein Vergütungsbestandteil verstoße gegen § 78 S. 2 BetrVG; das Betriebsratsmitglied haftet verschärft nach §§ 818 Abs. 4, 819 Abs. 2 BGB. In diesem Fall hat auch der Ablauf einer Ausschlussfrist keine Auswirkungen auf den Konditionsanspruch des Arbeitgebers.
14. Leistungen zur betrieblichen Altersversorgung haben ebenfalls Entgeltcharakter; nach dem Lohnausfallprinzip können damit auch Leistungen aus einer betrieblichen Altersversorgung geschuldet sein.

Die versorgungsrechtliche Anwartschaft hängt maßgeblich von der Versorgungszusage ab. Soweit diese auf die (Jahres-)Vergütung als Bemessungsgrundlage abstellt, ist damit die im Rahmen der §§ 37, 78 S. 2 BetrVG geschuldete Vergütung erfasst. Anwartschaften auf überobligatorische Leistungen entstehen nicht – unabhängig davon, ob der Arbeitgeber überobligatorische Beiträge an einen externen Versorgungsträger leistet oder überobligatorische Rückstellungen bildet.

Nach dem Versorgungsfall erbrachte, überobligatorische Leistungen stellen eine gewährte Begünstigung dar. Es gelten die für die Rückforderung einer Begünstigung dargelegten Grundsätze.

15. Gewährt ein Vorstandsmitglied einem Betriebsratsmitglied vorsätzlich oder fahrlässig eine Begünstigung, begründet dies eine Haftung nach § 93 Abs. 1 S. 2 AktG. Mit der Gewährung einer Begünstigung verstößt es gegen seine Legalitätspflicht, die Business Judgement Rule findet keine Anwendung. Auch auf die Grundsätze der Vorteilsanrechnung kann sich ein Vorstandsmitglied nicht berufen; der Schaden besteht in Höhe der gewährten Begünstigung.

    Entsprechendes gilt für die Haftung eines Geschäftsführers nach § 43 S. 2 GmbHG

16. Auch für Aufsichtsratsmitglieder können nach §§ 116 S. 1, 93 Abs. 2 AktG Haftungsrisiken bestehen, soweit diese ihre Überwachungspflicht verletzen. Besteht der Verdacht einer Begünstigung von Betriebsratsmitgliedern, haben sie diesem nachzugehen.

    Für Arbeitnehmervertreter, die zugleich ein Betriebsratsamt innehaben, erstreckt sich ihre Überwachungspflicht auch auf die eigene Vergütung. Jedenfalls wenn sich einem objektiven Dritten aufdrängen müsste, dass die Vergütung des Betriebsratsmitglieds außer Verhältnis zu der vor Antritt des Betriebsratsamts ausgeübten Tätigkeit steht, und sich das Betriebsratsmitglied die Vergütungshöhe auch nicht aus anderen Gründen erklären kann, ohne dabei die Augen vor der Rechtslage zu verschließen, ist ein Verstoß gegen seine Sorgfaltspflichten als Aufsichtsratsmitglied anzunehmen.

17. Im Rahmen der Haftung besteht zwischen Betriebsratsmitglied, Vorstandsmitglied. Geschäftsführer und Aufsichtsratsmitglied ein Gesamtschuldverhältnis. Letztverpflichteter ist das begünstigte Betriebsratsmitglied. Zwischen Vorstandsmitglied bzw. Geschäftsführer und Aufsichtsratsmitglied richtetet sich der Regress nach den Umständen des Einzelfalls (§ 254 Abs. 1 BGB).

Literaturverzeichnis

Aden, Menno, Lohnzuschläge für hypothetische Arbeit des freigestellten Betriebsratsmitglieds, RdA 1980, S. 256

Annuß, Georg, Das System der Betriebsratsvergütung, NZA 2018, S. 134

Annuß, Georg, Der Durchschnitt für den Betriebsrat, NZA 2018, S. 976

Armgardt, Matthias, Der Kondiktionsausschluss des § 817 S. 2 BGB im Licht der neuesten Rechtsprechung des BGH, NJW 2006, S. 2070

Ascheid, Reiner/Preis, Ulrich/Schmidt, Ingrid (Hrsg.), Kündigungsrecht, Großkommentar zum gesamten Recht der Beendigung von Arbeitsverhältnissen, 5. Aufl. 2017, München (zit.: APS/*Bearbeiter*)

Aszmons, Mattis, Betriebsratsmitglieder im Aufsichtsrat – Spannungsfeld zwischen Vergütungspflicht und Begünstigungsgefahr, DB 2014, S. 895

Bamberger, Heinz Georg u.a. (Hrsg.), Beck'scher Online-Kommentar zum BGB, 51. Ed. 01.08.2019, München (zit.: BeckOK BGB/*Bearbeiter*)

Bauer, Jobst-Hubertus, BAG: Keine Begünstigung eines Betriebsratsmitglieds durch einen Aufhebungsvertrag, Anmerkung zu BAG, Urteil vom 21.03.2018 – 7 AZR 590/16, FD-ArbR 2018, 404864

Baumbach, Adolf (Begr.)/*Hopt, Klaus* (Hrsg.), Handelsgesetzbuch mit GmbH & Co., Handelsklauseln, Bank- und Kapitalmarktrecht, Transportrecht (ohne Seerecht), Kommentar, 38. Aufl. 2018, München (zit.: Baumbach/Hopt/*Bearbeiter*)

Baumbach, Adolf (Begr.)/*Hueck, Alfred* (Hrsg.), Gesetz betreffend die Gesellschaften mit beschränkter Haftung, Kommentar, 22. Aufl. 2019, München (zit.: Baumbach/Hueck/*Bearbeiter*)

Baums, Theodor, Risiko und Risikosteuerung im Aktienrecht, ZGR 2011, S. 218

Bayreuther, Frank, Die „betriebsübliche" Beförderung des freigestellten Betriebsratsmitglieds, NZA 2014, S. 235

Bayreuther, Frank, Kollektivabreden über die weitere Freistellung und Vergütung von Betriebsratsmitgliedern, NZA 2019, S. 430.

Bayreuther, Frank, Sach- und Personalausstattung des Betriebsrats – eine Betrachtung vor dem Hintergrund des betriebsverfassungsrechtlichen Begünstigungsverbots, NZA 2013, S. 758

Beden, Yannik, Arbeitsrechtliche Prognoseentscheidungen – Zu bereichsspezifischen und allgemeinen Bewertungsmaßstäben zukunftsbezogener Wahrscheinlichkeitsannahmen, 2020, Frankfurt am Main.

Behrendt, Markulf/Lilienthal, Nadine, Unzulässige Begünstigung von Betriebsratsmitgliedern im unternehmerischen Alltag – wo sind die Grenzen?, KSzW 2014, S. 277

Benkert, Daniel, Vergütung von Betriebsräten, NJW-Spezial 2018, S. 50

Binder, Jens-Hinrich, Geschäftsleiterhaftung und fachkundiger Rat, AG 2008, S. 274

Bittmann, Barbara/Mujan, Susanne, Compliance – Brennpunkt "Betriebsratsvergütung" (Teil 1), BB 2012, S. 637

Bittmann, Barbara/Mujan, Susanne, Compliance – Brennpunkt „Betriebsratsvergütung“ (Teil 2): Nur Einstellung oder auch Rückforderung unzulässiger Begünstigungen?, BB 2012, S. 1604

Blattner, Jessica, Die Vergütung von Betriebsratsmitgliedern vor und nach der Betriebsratswahl, NZA 2018, S. 129

Blomeyer, Wolfgang, Das Übermaßverbot im Betriebsverfassungsrecht, in: *Gamillscheg Franz/Hueck, Götz/Wiedemann, Herbert* (Hrsg.), 25 Jahre Bundesarbeitsgericht, 1979, München, S. 17 (zit.: *Blomeyer*, in: 25 Jahre BAG)

Blomeyer, Wolfgang, Der Bestandsschutz der Ruhegeldanwartschaften bei einer Einschränkung der betrieblichen Altersversorgung, in: *Dieterich, Thomas/Gamillscheg, Franz/Wiedemann, Herbert* (Hrsg.), Festschrift für Marie Luise Hilger und Hermann Stumpf zum 70. Geburtstag, 1983, München, S. 41 (zit.: *Blomeyer*, in: FS Hilger/Stumpf)

Blomeyer, Wolfgang (Begr.)/*Rolfs, Christian* (Hrsg.)/*Otto, Klaus* (Begr./Hrsg.), Betriebsrentengesetz: Arbeits-, Zivil- und Steuerrecht, Kommentar, 7. Aufl. 2018, München (zit.: Blomeyer/Rolfs/Otto/*Bearbeiter*)

Boemke,Burkhard/Lembke, Mark (Hrsg.), Arbeitnehmerüberlassungsgesetz, Kommentar, 3. Aufl. 2013, Frankfurt am Main (zit.: Boemke/Lembke/*Bearbeiter*)

Boigs, Joachim, Arbeitsentgelt von Betriebsratsmitgliedern, Anmerkung zu LArbG Mainz, Urteil v. 28.10.2013 – 5 Sa 218/13, jurisPR-ArbR 10/2014 Anm. 3

Böttcher, Lars, Bankvorstandshaftung im Rahmen der Sub-Prime Krise, NZG 2009, S. 1047

Buck-Heeb, Petra, Die Haftung von Mitgliedern des Leitungsorgans bei unklarer Rechtslage, BB 2013, S. 2247

Bürkle, Jürgen/Fecker, Jörg, Business Judgement Rule: Unternehmerischer Haftungsfreiraum für leitende Angestellte, NZA 2007, S. 589

Busse, Reinhard, Die Ausschlußfrist im Geflecht arbeitsrechtlicher Gestaltungsfaktoren, 1991, Frankfurt am Main u.a.

Byers, Philipp, Die Höhe der Betriebsratsvergütung – Eine kritische Auseinandersetzung mit der Rechtslage, NZA 2014, S. 65

Canaris, Claus-Wilhelm, Gesamtunwirksamkeit und Teilgültigkeit rechtsgeschäftlicher Regelungen, in: *Baur, Jürgen F./Hopt, Klaus J./Mailänder, K. Peter*, Festschrift für Ernst Steindorff zum 70. Geburtstag, 1990, Berlin, S. 519 (zit.: *Canaris*, in: FS Steindorff)

Cantzler, Klaus, Die Vorteilsausgleichung beim Schadensersatzanspruch, AcP 156 (1957), S. 29

Casper, Matthias, Hat die grundsätzliche Verfolgungspflicht des Aufsichtsrats im Sinne des ARAG/Garmenbeck-Urteils ausgedient?, ZHR 176 (2012), S. 617

Chen, Ming-Huei, Zum Schutz der Repräsentanten der Arbeitnehmer im Recht der Betriebsverfassung und der Unternehmensmitbestimmung, 1995, München

Corsten, Johannes, Erfüllt die Zahlung von Bestechungsgeldern den Tatbestand der Untreue?, HRRS 2011, S. 247

Cox, Peter-Martin, Sich als Betriebsrat nicht vergessen, AiB 2010, S. 452

Däubler, Wolfgang, Unabhängigkeit des Betriebsrats trotz Gegnerfinanzierung? – Probleme der Vergütung von Betriebsratsmitgliedern, SR 2017, S. 85

Däubler, Wolfgang/Knitter, Michael/Klebe, Thomas/Wedde, Peter (Hrsg.), Betriebsverfassungsgesetz, Kommentar, 16. Aufl. 2018, Frankfurt am Main (zit.: DKKW/*Bearbeiter*)

Denecke, Frauke, Freigestellte Betriebsratsmitglieder – Das Problem der angemessenen Vergütung, AuA 2006, S. 24

Dietze, Birgit, Betriebsratsbegünstigung und Amtskompetenz, in: *Deinert, Olaf u.a.* (Hrsg.), Demokratisierung der Wirtschaft durch Arbeitsrecht, Festschrift für Thomas Klebe zum 70. Geburtstag, 2018, Frankfurt am Main, S. 95 (zit.: *Dietze*, in: FS Klebe)

Dreher, Meinrad, Die Qualifikation der Aufsichtsratsmitglieder: rechtliche Anforderungen und Folgerungen unter besonderer Berücksichtigung der Aufsichtsratsausschüsse bei der Aktiengesellschaft, in: *Ebenroth, Carsten Thomas/Hesselberger, Dieter/Rinne, Manfred Eberhard* (Hrsg.), Verantwortung und Gestaltung: Festschrift für Karlheinz Boujong zum 65. Geburtstag, 1996, München, S. 71 (zit.: *Dreher*, in: FS Boujong)

Düwell, Franz Josef (Hrsg.), Betriebsverfassungsgesetz, Handkommentar, 5. Aufl. 2018, Baden-Baden (zit. Düwell/*Bearbeiter*)

Dzida, Boris/Mehrens, Christian, Straf- und haftungsrechtliche Risiken im Umgang mit dem Betriebsrat, NZA 2013, S. 753

Edenfeld, Stefan/Neufang, Sebastian, Die Haftung der Arbeitnehmervertreter im Aufsichtsrat, AG 1999, S. 49

Ehrich, Christian/Hoß, Axel, Die Kosten des Betriebsrats – Umfang und Grenzen der Kostentragungspflicht des Arbeitgebers, NZA 1996, S. 1075

Engels, Gerd, Fortentwicklung des Betriebsverfassungsrechts außerhalb des Betriebsverfassungsgesetzes, Teil I, AuR 2009, S. 10

Engels, Gerd, Fortentwicklung des Betriebsverfassungsrechts außerhalb des Betriebsverfassungsgesetzes, Teil II, AuR 2009, S. 65

Erman, Walter (Begr.), BGB, Kommentar, Band II, 15. Aufl. 2017, Köln (zit.: Erman/*Bearbeiter*)

Esser, Patrick, Die Begünstigung von Mitgliedern des Betriebsrats, 2013, Frankfurt am Main

Eylert, Mario/Sänger, Niki, Der Sonderkündigungsschutz im 21. Jahrhundert – Zur Entwicklung der Rechtsprechung des Bundesarbeitsgerichts zum Sonderkündigungsschutz, RdA 2010, S. 24

Falkenhausen, Joachim Freiherr von, Die Haftung außerhalb der Business Judgement Rule – Ist die Business Judgment Rule ein Haftungsprivileg für Vorstände?, NZG 2012, S. 644

Farthmann, Friedhelm, Der gerechte Betriebsratslohn: Funktionswandel in der Betriebsratsarbeit und Entgeltgerechtigkeit, in: *Farthmann, Friedhelm u.a.* (Hrsg.), Arbeitsgesetzgebung und Arbeitsrechtsprechung, Festschrift zum 70. Geburtstag von Eugen Stahlhacke, 1995, Neuwied u.a., S. 115 (zit.: *Farthmann*, in: FS Stahlhacke)

Fischer, Thomas, Strafgesetzbuch mit Nebengesetzen, Kommentar, 66. Aufl. 2019, München

Fischer, Ulrich, Das Ehrenamtsprinzip der Betriebsverfassung „post Hartzem" – antiquiert oder Systemerfordernis?, NZA 2007, S. 484

Fischer, Ulrich, Das Ehrenamtsprinzip der Betriebsverfassung „post Hartzem" – revisited, NZA 2014, S. 71

Fischer, Ulrich, Korruptionsbekämpfung in der Betriebsverfassung, BB 2007, S. 997

Fitting, Karl u.a. (Hrsg.), Betriebsverfassungsgesetz mit Wahlordnung, Handkommentar, 29. Aufl., 2018, München

Flatow, Georg, Betriebsrätegesetz vom 4. Februar 1920, Kommentar, 1922, Berlin (zit.: *Flatow*, BRG)

Fleischer, Holger, Aktienrechtliche Legalitätspflicht und „nützliche" Pflichtverletzungen von Vorstandsmitgliedern, ZIP 2005, S. 141

Fleischer, Holger, Das unternehmerische Ermessen des GmbH-Geschäftsführers und seine GmbH-spezifischen Grenzen, NZG 2011, S. 521

Fleischer, Holger, Die „Business Judgement Rule" im Spiegel von Rechtsvergleichung und Rechtsökonomie, in: *Wank, Rolf u.a.* (Hrsg.), Festschrift für Herbert Wiedemann zum 70. Geburtstag, 2002, München, S. 827 (zit.: *Fleischer*, in: FS Wiedemann)

Fleischer, Holger, Haftung des herrschenden Unternehmens im faktischen Konzern und unternehmerisches Ermessen (§§ 317 II, 93 I AktG) – Das UMTS-Urteil des BGH, NZG 2008, S. 371

Fleischer, Holger, Kompetenzüberschreitungen von Geschäftsleitern im Personen- und Kapitalgesellschaftsrecht. Schaden – rechtmäßiges Alternativverhalten – Vorteilsausgleichung, DStR 2009, S. 1204

Fleischer, Holger/Goette, Wulf (Hrsg.), Münchener Kommentar zum GmbHG, Band 2, 3. Aufl. 2019, München (zit.: MünchKommGmbHG/*Bearbeiter*)

Frahm, Sebastian/Koch, Jochen, Risiken überhöhter Betriebsratsvergütung, ArbRAktuell 2010, S. 468

Franzen, Martin, Betriebsratskosten und Umlageverbot, in: *Hanau, Peter/Thau, Jens/Westermann, Harm Peter* (Hrsg.), Gegen den Strich: Festschrift für Klaus Adomeit, 2008, Köln, S. 173 (zit.: *Franzen*, in: FS Adomeit)

Franzen, Martin, Professionalisierung der Betriebsratsarbeit – Abschied vom Ehrenamt?, ZAAR 2008, S. 47

Franzen, Martin, Zwingende Wirkung der Betriebsverfassung, NZA 2008, S. 250

Frieling, Tino, Berechnung der Betriebsratsvergütung bei kleiner Vergleichsgruppe, Anmerkung zu BAG, Urteil v. 21.02.2018 – 7 AZR 496/16, jurisPR-ArbR 34/2018 Anm. 5

Gaul, Björn, Berechnung leistungs- oder erfolgsbezogener Jahressonderzahlungen bei Betriebsratsmitgliedern, BB 1998, S. 101

Gillen, Christoph/Vahle, Oliver, Umfang und Grenzen pauschaler Freistellungsansprüche des Betriebsrats, BB 2006, S. 2749

Gola, Peter (Hrsg.), Datenschutz-Grundverordnung, Kommentar, 2. Aufl. 2018, München (zit.: Gola/*Bearbeiter*)

Goette, Wulf, Leitung, Aufsicht, Haftung – zur Rolle der Rechtsprechung bei der Sicherung einer modernen Unternehmensführung, in: *Geiß, Karlmann u.a.* (Hrsg.), Festschrift aus Anlaß des fünfzigjährigen Bestehens von Bundesgerichtshof, Bundesanwaltschaft und Rechtsanwaltschaft beim Bundesgerichtshof, 2000, Köln u.a., S. 123 (zit.: *Goette*, in: FS 50 Jahre BGH)

Goette, Wulf/Habersack, Mathias/Kalss, Susanne (Hrsg.), Münchener Kommentar zum Aktiengesetz, Band 2, 5. Aufl. 2019, München (zit.: MünchKommAktG/*Bearbeiter*)

Graf, Walther/Link, Holger, Überhöhte Betriebsratsvergütung – kein neues Betätigungsfeld für Steuerfahnder, NJW 2009, S. 409

Gutzeit, Martin, Das arbeitsrechtliche System der Lohnfortzahlung. Unter besonderer Berücksichtigung des Kausalitäts- und Zurechnungserfordernisses, 2000, Berlin (zit.: *Gutzeit*, System der Lohnfortzahlung)

Habersack, Mathias, Die Legalitätspflicht des Vorstands der AG, in: *Burghard, Ulrich/ Hadding, Walther/Mülbert, Peter O./Nietsch, Michael/Welter, Reinhard* (Hrsg.), Festschrift für Uwe H. Schneider zum 70. Geburtstag, 2011, Köln, S. 429 (zit.: *Habersack*, in: FS Schneider)

Habersack, Mathias/Henssler, Martin (Hrsg.), Mitbestimmungsrecht, Kommentierung des MitbestG, des DrittmittelbG, des SEGB und des MgVg, 4. Aufl. 2018, München (zit.: Habersack/Henssler/*Bearbeiter*, MitbestR)

Happe, Nico, Die persönliche Rechtsstellung von Betriebsräten, 2017, Berlin

Hauger, Nilfs F. W./Palzer, Christoph, Kartellbußen und gesellschaftsrechtlicher Innenregress, ZGR 2015, S. 33

Heidel, Thomas (Hrsg.), Aktienrecht und Kapitalmarktrecht, 4. Aufl. 2014, Baden-Baden (zit.: Heidel/*Bearbeiter*, AktienR)

Heintschel-Heinegg, Bernd von (Hrsg.), Beck'scher Online-Kommentar zum StGB, 43. Ed., 01.08.2019, München (zit.: BeckOK StGB/*Bearbeiter*)

Hennecke, Rudolf, Bemessung von Arbeitsentgelt und allgemeinen Zuwendungen für freigestellte Betriebsräte, BB 1986, S. 936

Hennecke, Rudolf, Die Bemessung von Arbeitsentgelt und allgemeinen Zuwendungen freigestellter Betriebsräte, RdA 1986, S. 241

Henssler, Martin, Gleichbehandlung der übrigen Arbeitnehmer mit Betriebsratsmitglied bei Abfindung, Anmerkung zu LArbG Düsseldorf, Urteil v. 13.09.2011, 11 (4) Sa 906/01, BB 2002, S. 307

Henssler, Martin/Strohn, Lutz (Hrsg.), Gesellschaftsrecht. BGB, HGB, PartGG, AktG, GenG, UmwG, InsO, AnfG, IntGesR, Kommentar, 4. Aufl. 2019, München (zit.: Henssler/Strohn/*Bearbeiter*, GesellschaftsR)

Henssler, Martin/Willemsen, Heinz Josef/Kalb, Heinz-Jürgen (Hrsg.), Arbeitsrecht, Kommentar, 8. Aufl. 2018, Köln (zit.: HWK/*Bearbeiter*)

Herberger, Maximilian/Martinek, Michael/Rüßmann, Helmut/Weth, Stephan/ Würdinger, Markus (Hrsg.), juris Praxiskommentar BGB, Band 2 – Schuldrecht, 8. Aufl. 2017 (zit.: jurisPK-BGB/*Bearbeiter*)

Herzberg, Rolf, Die ratio legis als Schlüssel zum Gesetzesverständnis? – Eine Skizze und Kritik der überkommenen Auslegungsmethodik, JuS 2005, S. 1

Hess, Harald/Worzalla, Michael/Glock, Dirk/Nicolai, Andrea/Rose, Franz-Josef/Huke, Kristina, (Hrsg.), Kommentar zum Betriebsverfassungsgesetz, 10. Aufl. 2018, Köln (zit.: HWGNRH/*Bearbeiter*)

Hilger, Marie, Das betriebliche Ruhegeld, 1959, Heidelberg

Hirte, Heribert/Mülbert, Peter O./Roth, Markus (Hrsg.), Aktiengesetz, Großkommentar,

- Band 4/2, §§ 92 – 94, 5. Aufl. 2015, Berlin,
- Band 6, § 117, Unternehmensmitbestimmung: Vorbemerkungen, MitbestG, DrittelbG, Montan-MitbestG, MitbetErgG, Nachtrag § 76 Abs. 4, 5. Aufl. 2018, Berlin (zit.: GroßkommAktG/*Bearbeiter*)

Holle, Philipp Maximilian, Legalitätskontrolle im Kapitalgesellschafts- und Konzernrecht, 2014, Tübingen (zit.: *Holle*, Legalitätskontrolle)

Hölters, Wolfgang (Hrsg.), Aktiengesetz, Kommentar, 3. Aufl. 2017, München (zit.: Hölters/*Bearbeiter*)

Hüffer, Uwe (Begr.)/*Koch, Jens* (Bearb.), Aktiengesetz, Kommentar, 13. Aufl. 2018, München (zit.: Hüffer/Koch)

Hunold, Wolf, Zur Strafbarkeit der Begünstigung von Betriebsratsmitgliedern, SPA 2012, S. 27

Jacobs, Matthias/Frieling, Tino, Betriebsratsvergütung bei arbeitszeitunabhängiger Provision, NZA 2015, S. 513

Jacobs, Matthias/Frieling, Tino, Betriebsratsvergütung – Grundlagen und Grenzen der Bezahlung freigestellter Betriebsratsmitglieder, ZfA 2015, S. 241

Jacobs, Matthias/Frieling, Tino, Die Betriebsratsvergütung nach § 78 Satz 2 BetrVG im arbeits- und strafgerichtlichen Verfahren, in: *Deinert, Olaf u.a.* (Hrsg.), Demokratisierung der Wirtschaft durch Arbeitswelt. Festschrift für Thomas Klebe zum 70. Geburtstag, 2018, Frankfurt am Main, S. 190 (zit.: *Jacobs/Frieling*, in: FS Klebe)

Jauernig, Othmar (Begr.), *Stürner, Rolf* (Hrsg.), Bürgerliches Gesetzbuch mit Rom-I-, Rom-II-VO, EuUnthVO/HUntProt und und EuErbVO, Kommentar, 17. Aufl. 2018, München (zit.: Jauernig/*Bearbeiter*)

Joecks, Wolfgang/Miebach, Klaus (Hrsg.), Münchener Kommentar zum StGB, Band 5, 3. Aufl. 2019, München (zit.: MünchKommStGB/*Bearbeiter*)

Joussen, Jacob, Der Betriebsrat und die Privatnutzung eines Dienstwagens, NZA 2018, S. 139

Joussen, Jacob, Die Vergütung freigestellter Betriebsratsmitglieder, RdA 2018, S. 193

Jülicher, Friedrich, Der Anspruch des Betriebsrats auf Freistellung weiterer Betriebsratsmitglieder beim Fehlen einer Gesamtvereinbarung, AuR 1973, S. 161

Kania, Thomas/Schulte-Wissermann, Lisa, Mitbestimmung des Betriebsrats über seine Vergütung?, NZA 2019, S. 78

Kebekus, Frank/Zenker, Wolfgang, Business Judgement Rule und Geschäftsleiterermessen – auch in Krise und Insolvenz?, in: *Grunewald, Barbara/Westermann, Harm Peter*, Festschrift für Georg Maier-Reimer zum 70. Geburtstag, 2010, München, S. 319 (zit.: *Kebekus/Zenker*, in: FS Maier-Reimer)

Kehrmann, Karl, Pauschalierung von Vergütungs- und Kostenerstattungsansprüchen der Betriebsratsmitglieder, in: *Anzinger* (Hrsg.), Entwicklungen im Arbeitsrecht und Arbeitsschutzrecht: Festschrift für Otfried Wlotzke zum 70. Geburtstag, 1996, München, S. 357 (zit.: *Kehrmann*, in: FS Wlotzke)

Keilich, Jochen, Die Bemessung der Betriebsratsvergütung – Gut gemeint ist das Gegenteil von gut, BB 2014, S. 2229

Keilich, Jochen, Die richtige (und wichtige) Gestaltung der Betriebsratsvergütung, SPA 2018, S. 150

Kemper, Kurt/Kister-Kölkes, Margret/Berenz, Claus/Huber, Brigitte/Betz-Rehm, Christian (Hrsg.), Kommentar zum Betriebsrentengesetz mit Insolvenzsicherung, 8. Aufl. 2018, Köln (zit.: KKBHB/*Bearbeiter*)

Kiel, Heinrich/Lunk, Stefan/Oetker, Hartmut (Hrsg.), Münchener Handbuch zum Arbeitsrecht,

- Band 1: Individualarbeitsrecht I, 4. Aufl. 2018,
- Band 3: Kollektives Arbeitsrecht I, 4. Aufl. 2019,
- Band 4: Kollektives Arbeitsrecht II, 4. Aufl. 2018, München (zit.: Münch ArbRHdb/*Bearbeiter*)

Kielkowski, Jacek/Schmalz, Gerhard, Zulässigkeit von Sonderkonditionen in Aufhebungsverträgen mit Betriebsratsmitgliedern, Anmerkung zu BAG, Urteil v. 21.03.2018 – 7 AZR 590/16, jurisPR-Compl 5/2018 Anm. 3

Klebe, Thomas/Wedde, Peter, Vom PC zum Internet: IT-Nutzung auch für Betriebsräte, DB 1999, S. 1954

Klenter, Peter, Mehrarbeitspauschale und Pauschalaufwendungsersatz für Betriebsräte, Anmerkung zu ArbG Stuttgart, Urteil v. 13.12.2012 – 24 Ca 5430/12, jurisPR-ArbR 8/2013, Anm. 1

Kliemt, Michael/Seeger, Kerstin, Vorsicht bei der Vergütung freigestellter Betriebsratsmitglieder!, DB 2017, S. 1783

Klöhn, Lars/Schmolke, Klaus Ulrich, Unternehmensreputation (Corporate Reputation). Ökonomische Erkenntnisse und ihre Bedeutung im Gesellschafts- und Kapitalmarktrecht, NZG 2015, S. 689

Knipper, Claudia, Das Arbeitsverhältnis des freigestellten Betriebsratsmitglieds, 1992, Baden-Baden

Koch, Jens, Die schleichende Erosion der Verfolgungspflicht nach ARAG/ Garmenbeck, NZG 2014, S. 934

Koch, Jens, Keine Ermessensspielräume bei der Entscheidung über die Inanspruchnahme von Vorstandsmitgliedern, AG 2009, S. 93

Kocher, Dirk, Zur Reichweite der Business Judgement Rule, CCZ 2009, S. 215

Koppensteiner, Hans-Georg/Kramer, Ernst A., Ungerechtfertigte Bereicherung, 2. Aufl. 1988, Berlin

Krause, Nils, Managerhaftung und Strategien zur Haftungsvermeidung, BB 2009, S. 1370

Krause, Rüdiger, Vereinbarte Ausschlussfristen (Teil 1), RdA 2004, S. 36

Krause, Rüdiger, Vereinbarte Ausschlussfristen (Teil 2), RdA 2004, S. 106

Krichel, Ulrich, Arbeitsentlastung wegen Betriebsratstätigkeit, Anmerkung zu BAG, Beschluss v. 27.06.1990 - 7 ABR 43/89, SAE 1992, S. 65

Kühling, Jürgen/Buchner, Benedikt (Hrsg.), Datenschutz-Grundverordnung, Bundesdatenschutzgesetz, Kommentar, 2. Aufl. 2018, München (zit.: Kühling/ Buchner/*Bearbeiter*)

Langenbucher, Katja, Rechtsermittlungspflichten und Rechtsbefolgungspflichten des Vorstands - Ein Beitrag zur aktienrechtlichen Legalitätspflicht, in: *Bitter, Georg/Ott, Klaus/Schmimansky, Herbert* (Hrsg.), Bankgeschäfte zwischen Markt, Regulierung und Insolvenz: Festschrift für Hans-Jürgen Lwowski zum 75. Geburtstag, 2014, München, S. 333 (zit.: *Langenbucher*, in: FS Lwowski)

Langohr-Plato, Uwe, Anm. zu BAG, Urteil v. 19.06.2012 - 3 AZR 408/10, AP BetrAVG § 1 Pensionskasse Nr. 9

Larenz, Karl/Canaris, Claus-Wilhelm, Lehrbuch des Schuldrechts, Zweiter Band: Besonderer Teil, 2. Halbband, 13. Aufl. 1994, München (zit.: *Larenz/ Canaris*, Schuldrecht BT II/2)

Lembke, Mark/Ludwig, Pascal, Das Recht der Unternehmensmitbestimmung, 2015, Frankfurt am Main

Lipp, Heidrun, Honorierung und Tätigkeitsschutz von Betriebsratsmitgliedern, 2008, Aachen

Lipinski, Wolfgang/Domni, Katharina, Gehaltsanpassungen bei freigestellten Betriebsratsmitgliedern - Anforderungen an die Darlegung des Anspruchs, DB 2016, S. 1137

Lohse, *Andrea*, Schmiergelder als Schaden?. Zur Vorteilsausgleichung im Gesellschaftsrecht, in: *Kindler*, *Peter u.a.* (Hrsg.), Festschrift für Uwe Huffer zum 70. Geburtstag, 2010, München, S. 581 (zit.: *Lohse*, in: FS Huffer)

Löwisch, *Manfred/Rieble*, *Volker*, Tarifvertragsgesetz, Kommentar, 4. Aufl. 2017, München (zit.: Löwisch/Rieble/*Bearbeiter*)

Löwisch, *Manfred/Rügenhagen*, *Jens*, Angemessene arbeitsvertragliche Vergütung von Betriebsratsmitgliedern mit Führungsfunktionen, DB 2008, S. 466

Lutter, *Marcus/Krieger*, *Gerd/Verse*, *Dirk*, Rechte und Pflichten des Aufsichtsrats, 6. Aufl. 2014, Köln

Mansfeld, *Werner*, Betriebsrätegesetz vom 4. Februar 1920, Kommentar, 2. Aufl. 1930, Mannheim (zit.: *Mansfeld*, BRG)

Maschmann, *Frank*, Die mangelhafte Arbeitsleistung, NZA-Beilage 1/2006, S. 13

Medicus, *Dieter/Petersen*, *Jens*, Bürgerliches Recht – Eine nach Anspruchsgrundlagen geordnete Darstellung zur Examensvorbereitung, 27. Aufl. 2019, München (zit.: *Medicus/Petersen*, BürgerlR)

Meisel, *Peter*, Anmerkung zu BAG, Urteil v. 08.10.1981 – 6 AZR 81/79, AP BAT § 49 Nr. 2

Merkt, *Hanno*, US-amerikanisches Gesellschaftsrecht, 3. Aufl. 2013, Frankfurt am Main

Michalski, *Lutz* (Begr.)/*Heidinger*, *Andreas*, *Leible*, *Stefan/Schmidt*, *Jessica* (Hrsg.), Kommentar zum Gesetz betreffend die Gesellschaften mit beschränkter Haftung (GmbHG), Band II, 3. Aufl. 2017, München (zit.: MHLS/*Bearbeiter*)

Moll, *Wilhelm/Roebers*, *Dorothea*, Pauschale Zahlungen an Betriebsräte?, NZA 2012, S. 57

Müller-Glöge, *Rudi/Preis*, *Ulrich/Schmidt*, *Ingrid* (Hrsg.), Erfurter Kommentar zum Arbeitsrecht, 19. Aufl. 2019, München (zit.: ErfK/*Bearbeiter*)

Natzel, *Ivo*, Rechtsstellung des freigestellten Betriebsratsmitglieds, NZA 2000, S. 77

Nebeling, *Martin/Hey*, *Thomas*, Risk Management: Vergütung freigestellter Betriebsratsmitglieder, BB Die erste Seite 2018, Nr. 9

Neef, *Klaus*, Vergütung und berufliche Entwicklung freigestellter Betriebsratsmitglieder, in: *Schubert*, *Jens M.* (Hrsg.), Sozialer Dialog in der Krise – Social dialogue in crisis?, Liber amicorum Ulrike Wendeling-Schröder, 2009, Baden-Baden, S. 97 (zit.: *Neef*, in: Sozialer Dialog in der Krise)

Oetker, *Hartmut*, Die Reichweite des Amtsschutzes betriebsverfassungsrechtlicher Organmitglieder – am Beispiel der Versetzung von Betriebsratsmitgliedern, RdA 1990, S. 343

Oltmanns, Sönke/Fuhlrott, Michael, Betriebsratsvergütung und Bevorzugung von Betriebsratsmitgliedern – Wann ist die Grenze der unzulässigen Begünstigung nach § 78 Satz 2 BetrVG überschritten?, DB 2018, S. 1086

Paal, Boris/Pauly, Daniel (Hrsg.), Datenschutzgrundverordnung, Bundesdatenschutzgesetz, Kommentar, 2. Aufl. 2018, München (zit.: Paal/Pauly/*Bearbeiter*)

Paefgen, Walter G., Dogmatische Grundlagen, Anwendungsbereich und Formulierung einer Business Judgement Rule im künftigen UMAG, AG 2004, S. 245

Palandt, Otto (Begr.), Bürgerliches Gesetzbuch, Kommentar, 78. Aufl. 2019, München (zit.: Palandt/*Bearbeiter*)

Peltzer, Martin, Die Unvereinbarkeit des Mitbestimmungsgesetzes 76 mit guter Corporate Governance und darauf zielende Verbesserungsvorschläge, in: *Grundmann, Stefan* (Hrsg.), Unternehmensrecht zu Beginn des 21. Jahrhunderts: Festschrift für Eberhard Schwark zum 70. Geburtstag, 2009, München, S. 707 (zit.: *Peltzer*, in: FS Schwark)

Peltzer, Martin, Unternehmerische Mitbestimmung und gute Corporate Governance. Führt die Unvereinbarkeit zur Nachbesserungspflicht des Gesetzgebers?, in: *Bitter, Georg u.a.* (Hrsg.), Festschrift für Karsten Schmidt zum 70. Geburtstag, 2009, Köln, S. 1243 (zit.: *Peltzer*, in: FS K.Schmidt)

Peter, Gabriele, Freistellung für Betriebsratsarbeit nach § 37 Abs. 2 BetrVG, AiB 2002, S. 203

Pflüger, Norbert, Vorschläge für ein Vergütungsmodell für Betriebsräte – Abschied vom Ehrenamt?, BB Die erste Seite 2007, Nr. 41

Plath, Kai-Uwe (Hrsg.), Kommentar zu DSGVO, BDSG und den Datenschutzbestimmungen des TMG und TKG, 3. Aufl. 2018, Köln (zit.: Plath/*Bearbeiter*)

Preis, Ulrich (Hrsg.), Der Arbeitsvertrag – Handbuch der Vertragsgestaltung, 5. Aufl. 2015, Köln (zit.: *Preis*, Der Arbeitsvertrag)

Prütting, Hanns/Wegen, Gerhard/Weinreich, Gerd (Hrsg.), Bürgerliches Gesetzbuch, Kommentar, 14. Aufl. 2019, Köln (zit.: PWW/*Bearbeiter*)

Pulte, Peter, Beteiligungsrechte des Betriebsrats außerhalb der Betriebsverfassung, NZA 2000, S. 234

Purschwitz, Laura, Das betriebsverfassungsrechtliche Benachteiligung- und Begünstigungsverbot nach § 78 Satz 2 BetrVG, 2015, Baden-Baden

Raiser, Thomas/Veil, Rüdiger, Recht der Kapitalgesellschaften, 6. Aufl. 2015, München

Raiser, Thomas/Veil, Rüdiger/Jacobs, Matthias (Hrsg.), Mitbestimmungsgesetz und Drittelbeteiligungsgesetz, Kommentar, 6. Aufl. 2015, München (zit.: Raiser/Veil/Jacobs/*Bearbeiter*, MitbestG/DrittelbG)

Rauscher, Thomas/Krüger, Wolfgang (Hrsg.), Münchener Kommentar zur Zivilprozessordnung mit Gerichtsverfassungsgesetz und Nebengesetzen, Band 1, 5. Aufl. 2016, München (zit.: MünchKommZPO/*Bearbeiter*)

Reeb, Hartmut, Grundprobleme des Bereicherungsrechts, 1975, München

Reich, Norbert/Lewerenz, Karl-Jochen, Das neue Mitbestimmungsgesetz – Zur Stellung der Arbeitnehmervertreter im Aufsichtsrat und des Arbeitsdirektors, AuA 1976, S. 353

Reichel, Christian/Heger, Heinz-Josef, Betriebliche Altersversorgung – Ein Grundriss, 2003, München

Richardi, Reinhard (Hrsg.), Betriebsverfassungsgesetz mit Wahlordnung, Kommentar, 16. Aufl. 2018, München (zit.: Richardi/*Bearbeiter*)

Rieble, Volker, Die Betriebsratsvergütung, NZA 2008, S. 276

Rieble, Volker, Gewerkschaftsnützige Leistungen an Betriebsräte, BB 2009, S. 1016

Rieble, Volker, Sonderbezahlung von Arbeitnehmervertretern im Aufsichtsrat, AG 2016, S. 315

Rieble, Volker, Untreue durch Zahlung einer gesetzlich nicht vorgesehenen Vergütung an Betriebsratsmitglieder, Anmerkung zu LG Braunschweig, Urteil v. 25.01.2007 – 6 KLs 48/06, CCZ 2008, S. 32

Rieble, Volker/Klebeck, Ulf, Strafrechtliche Risiken der Betriebsratsarbeit, NZA 2006, S. 758

Röhrborn, Stefan, Betriebsratsvergütung und Lohnausfallprinzip – Heiligenschein oder scheinheilig?, ArbRAktuell 2015, S. 573

Rolfs, Christian/Kreikebohm, Ralf/Giesen, Richard/Udsching, Peter (Hrsg.), Beck'scher Online-Kommentar Arbeitsrecht, 53. Ed. 01.09.2019, München (zit.: BeckOK ArbR/*Bearbeiter*)

Roth, Günter/Altmeppen, Holger (Hrsg.), Gesetz betreffend die Gesellschaften mit beschränkter Haftung, Kommentar, 9. Aufl. 2019, München

Röthel, Anne, Die „verschärfte" Haftung des Bereicherungsschuldners, Jura 2016, S. 260

Rowedder, Heinz (Begr.)/*Schmidt-Leithoff, Christian* (Hrsg.), Gesetz betreffend die Gesellschaften mit beschränkter Haftung, Kommentar, 6. Aufl. 2017, München (zit.: Rowedder/Schmidt-Leithoff/*Bearbeiter*)

Rudolph, Wolf-Dieter, Freigestellte Betriebsratsmitglieder – Auf die Beibehaltung der Qualifizierung achten!, AiB 2010, S. 734

Rüthers, Bernd, VW: Gemeinsamer Verrat an der Mitbestimmung?, NJW 2007, S. 195

Rüthers, Bernd, Zum Arbeitsentgelt des Betriebsrats, RdA 1976, S. 61

Säcker u.a. (Hrsg.), Münchener Kommentar zum Bürgerlichen Gesetzbuch
- Band 1: Allgemeiner Teil §§ 1 – 240, AllgPersönlR, ProstG, AGG, 8. Aufl. 2018,
- Band 2: Schuldrecht Allgemeiner Teil 1, §§ 241 – 432, 8. Aufl. 2019,
- Band 4: Schuldrecht, Besonderer Teil II, §§ 535 – 630h, HeizkostenV, BetrKV, WärmeLV, EFZG, TzBfG, KschG, MiLoG, 7. Aufl. 2016,
- Band 6: Schuldrecht Besonderer Teil IV, §§ 705 – 853, Partnerschaftsgesellschaftsgesetz, Produkthaftungsgesetz, 7. Aufl. 2017, München (zit.: MünchKommBGB/*Bearbeiter*)

Schaub, Günter (Begr.), Arbeitsrechts-Handbuch, 18. Aufl. 2019, München (zit.: Schaub/*Bearbeiter*, ArbRHdb)

Schiefer, Bernd/Borchard, Axel, Kosten des Betriebsrats gem. § 40 BetrVG, DB 2016, S. 770

Schipp, Johannes, Zusagen auf betriebliches Ruhegeld nach dem System des BetrAVG, NZA 2011, S. 445

Schmidt, Karsten/Lutter, Marcus (Hrsg.), Aktiengesetz, Kommentar, Band I, §§ 1 – 149, 3. Aufl. 2015, Köln (zit.: Schmidt/Lutter/*Bearbeiter*)

Schmidt-Recla, Adrian, Von Schneebällen und Drehkrankheiten – Vergleichende Überlegungen zur Restitutionssperre des § 817 S. 2 BGB, JZ 2008, S. 60

Schneider, Sven, Unternehmerische Entscheidungen als Anwendungsvoraussetzung für die Business Judgement Rule, DB 2005, S. 707

Schneider, Wolfgang, Arbeitsentgelt/ und Berufsschutz freigestellter Betriebsratsmitglieder, NZA 1984, S. 21

Schönhöft, Andreas/Oelze, Nabil, Arbeitnehmervertreter im Aufsichtsrat, NZA 2016, S. 145

Schulze, Marc-Oliver/Ratzesberger, Eva, Vergütung Freigestellter, AiB 2016, Nr. 6, S. 22

Schulze, Reiner (Hrsg.), Bürgerliches Gesetzbuch, Handkommentar, 10. Aufl. 2019, Baden-Baden (zit.: HK-BGB/*Bearbeiter*)

Schünemann, Bernd, Die „gravierende Pflichtverletzung" bei der Untreue: dogmatischer Zauberhut oder taube Nuss?, NStZ 2005, S. 473

Schwartmann, Rolf/Jaspers, Andreas/Thüsing, Gregor/Kugelmann, Dieter (Hrsg.), Heidelberger Kommentar zur Datenschutzgrundverordnung mit Bundesdatenschutzgesetz, 2018, Heidelberg (zit.: Heidelberger Kommentar DS-GVO/BDSG/*Bearbeiter*)

Schweibert, Ulrike/Buse, Sandra, Rechtliche Grenzen der Begünstigung von Betriebsratsmitgliedern – Schattenbosse zwischen „Macht und Ohnmacht", NZA 2007, S. 1080

Semler, Johannes, Anforderungen an die Befähigung eines Aufsichtsratsmitglieds, in: *Bitter, Georg u.a.* (Hrsg.), Festschrift für Karsten Schmidt zum 70. Geburtstag, 2009, Köln, S. 1489 (zit.: *Semler*, in: FS K.Schmidt)

Siber, Heinrich, Schuldrecht, 1931, Leipzig

Spindler, Gerald/Stilz, Eberhard (Hrsg.), Kommentar zum Aktiengesetz, Band 1, 4. Aufl. 2019, München (zit.: Spindler/Stilz/*Bearbeiter*)

Soergel, Hans-Theodor, Bürgerliches Gesetzbuch mit Einführungsgesetz und Nebengesetzen: BGB, Band 2: Allgemeiner Teil 2. §§ 104 – 240, 13. Aufl. 1999, Stuttgart (zit.: Soergel/*Bearbeiter*)

Staudinger, Julius von (Begr.), Kommentar zum Bürgerlichen Gesetzbuch,

- Buch 1: Allgemeiner Teil, §§ 164 – 240 (Allgemeiner Teil 5), 2014,
- Buch 2: Recht der Schuldverhältnisse, §§ 249 – 254 (Schadensersatzrecht), 2017,
- Buch 2: Recht der Schuldverhältnisse, §§ 812 – 822 (Ungerechtfertigte Bereicherung), 2007, Berlin (zit.: Staudinger/*Bearbeiter*)

Stege, Dieter/Weinspach, Friedrich/Schiefer, Bernd (Hrsg.), Betriebsverfassungsgesetz, Handkommentar für die betriebliche Praxis, 9. Aufl. 2002, Köln (zit.: Stege/Weinspach/Schiefer)

Strauß, Samuel, Die Betriebsratsvergütung aus arbeits- und untreuestrafrechtlichem Blickwinkel, JuS 2018, S. 1143

Strauß, Samuel, Untreuestrafrechtliche Implikationen der Betriebsratsvergütung, NZA 2018, S. 1372

Stück, Volker, Anpassung der Vergütung von Betriebsratsmitgliedern – der Arbeitgeber zwischen Skylla und Charybdis, Anmerkung zu BAG, Urteil v. 18.01.2017 - 7 AZR 205/15, CCZ 2017, S. 238

Stück, Volker, Compliance bei der „richtigen“ Vergütung freigestellter Betriebsratsmitglieder, Anm. zu LAG Köln, Urteil v. 06.04.2017 – 7 Sa 896/16, CCZ 2018, S. 188

Stück, Volker, Die richtige Vergütung von Betriebsratsmitgliedern – der Arbeitgeber zwischen Skylla und Charybdis, ArbRAktuell 2017, S. 512

Stumpf, Hermann, Die Versorgungsanwartschaft in der betrieblichen Altersversorgung, in: *Hanau, Peter/Müller, Gerhard/Wiedemann, Herbert/Wlotzke, Otfried* (Hrsg.), Festschrift für Wilhelm Herschel zum 85. Geburtstag, 1982, München, S. 409 (zit.: *Stumpf*, in: FS Herschel)

Sturm, Daniel, Die Vergütung freigestellter und dauerhaft von der Arbeit befreiter Betriebsratsmitglieder unter besonderer Berücksichtigung der Gestaltungsmöglichkeiten, 2016, Hamburg (zit.: *Sturm*, Die Vergütung freigestellter und dauerhaft von der Arbeit befreiter Betriebsratsmitglieder)

Theisen, Manuel/Probst, Arno, Vergütungsfragen im und für den Aufsichtsrat – Ergebnisse einer aktuellen Panel-Untersuchung der Aufsichtsratspraxis, DB 2012, S. 1553

Thole, Christoph, Managerhaftung für Gesetzesverstöße – Die Legalitätspflicht des Vorstands gegenüber seiner Aktiengesellschaft, ZHR 173 (2009), S. 504

Thüsing, Gregor, Wertende Schadensberechnung, 2001, München

Tillmanns, Kerstin, Strukturfragen des Dienstvertrages – Leistungsstörungen im freien Dienstvertrag und im Arbeitsvertrag, 2007, Tübingen (zit.: *Tillmanns*, Strukturfragen des Dienstvertrages)

Uffmann, Katharina, Das Problem: Die „richtige" Vergütungsanpassung nach § 37 Abs. 4 BetrVG, Anmerkung zu BAG, Urteil v. 21.02.2018 – 7 AZR 496/16, AP BetrVG 1972 § 37 Nr. 169

Uffmann, Katharina, Vergütung der Aufsichtsräte und Betriebsräte, ZfA 2018, S. 225

Ulmer, Peter/Habersack, Mathias/ Löbbe, Marc, Gesetz betreffend die Gesellschaften mit beschränkter Haftung (GmbHG), Großkommentar, 2. Aufl. 2014, Band II, §§ 29 – 52, Tübingen (zit.: GroßkommGmbHG/*Bearbeiter*)

Ulrici, Bernhard, Arbeitnehmerüberlassungsgesetz, Handkommentar, 2017, Baden-Baden

Verse, Dirk A., Organhaftung bei unklarer Rechtslage – Raum für eine Legal Judgement Rule?, ZGR 2017, S. 174

Vetter, Eberhard, Die Verantwortung und die Haftung des überstimmten Aufsichtsratsmitglieds, DB 2004, S. 2623

Von Steinau-Steinrück, Robert /Kuntzsch, Anton, Vergütung von Betriebsratsmitgliedern, NJW-Spezial 2017, S. 754

Waas, Bernd, Betriebsrat und Arbeitszeit – Pauschale Abgeltung und Freistellung über das Gesetz hinaus, 2012, Saarbrücken (zit.: Waas, Betriebsrat und Arbeitszeit)

Weinspach, Friedrich Karl, § 37 Abs. 1 BetrVG – ist das Ehrenamtsprinzip noch zeitgemäß?, in: *Hönn, Günther/Oetker, Hartmut/Raab, Thomas* (Hrsg.), Festschrift für Peter Kreutz zum 70. Geburtstag, 2010, Köln, S. 485 (zit.: *Weinspach*, in: FS Kreutz)

Weismann, Stefan, Arbeitsrecht – Das unterbezahlte Betriebsratsmitglied, JuS 1987, S. 971

Wendeling-Schröder, Ulrike, Karrieremöglichkeiten von Betriebsratsmitgliedern durch Qualifikation, in: *Deinert, Olaf u.a.* (Hrsg.), Demokratisierung der Wirtschaft durch Arbeitsrecht: Festschrift für Thomas Klebe zum 70.

Geburtstag, 2018, Frankfurt am Main, S. 455 (zit.: *Wendeling-Schröder*, in: FS Klebe)

Weyer, Hartmut, Leistungskondiktion und Normzweck des Verbotsgesetzes, WM 2002, S. 627

Wichert, Joachim, Vorsicht: Betriebsratsbegünstigung! Beförderung, Dienstwagen, Pauschalen & Co., AuA 2013, S. 281

Wiebauer, Bernd, Kosten der privaten Lebensführung als Kosten der Betriebsratsarbeit, BB 2011, S. 2104

Wieling, Hans Josef, Bereicherungsrecht, 4. Aufl. 2006, Berlin u.a. (zit.: *Wieling*, Bereicherungsrecht)

Wiese, Günther u.a. (Hrsg.), Gemeinschaftskommentar zum Betriebsverfassungsgesetz, 11. Aufl. 2018, Neuwied u.a. (zit.: GK-BetrVG/*Bearbeiter*)

Wißmann, Hellmut/Kleinsorge, Georg/Schubert, Claudia (Hrsg.), Mitbestimmungsrecht, Kommentar, 5. Aufl. 2017, München (zit.: WKS/*Bearbeiter*)

Wlotzke, Otfried/Preis, Ulrich/Kreft, Burghard (Hrsg.), Betriebsverfassungsgesetz, Kommentar, 4. Aufl. 2009, München (zit.: WPK/*Bearbeiter*)

Wolff, Heinrich Amadeus/Brink, Stefan (Hrsg.), BeckOK Datenschutzrecht, 29. Ed. 01.08.2019, München (zit.: BeckOK DatenschutzR/*Bearbeiter*)

Wolmerath, Martin, Entgeltentwicklung freigestellter Betriebsratsmitglieder, Anmerkung zu LArbG Hamburg, Urteil v. 05.03.2015 – 7 Sa 63/14, jurisPR-ArbR 31/2015 Anm. 6

Ziemons, Hildegard/Jaeger, Carsten/Pöschke, Moritz (Hrsg.), Beck'scher Online-Kommentar zum GmbHG, 40. Ed. 01.08.2019, München (zit.: BeckOK GmbHG/*Bearbeiter*)

Zöllner, Wolfgang/Noack, Ulrich (Hrsg.), Kölner Kommentar zum Aktiengesetz
- Band 1/Teil 2, §§ 1 – 53, 3. Aufl. 2009,
- Band 2/Teil 1, §§ 76 – 94, 3. Aufl. 2009,
- Band 2/Teil 2, §§ 95 – 117, 3. Aufl. 2012, Köln (zit.: KölnerKomm AktG/*Bearbeiter*)

Zumkeller, Alexander R., Bonuszahlungen: Freigestellte Betriebsräte richtig vergüten, Serie Kolumne Arbeitsrecht vom 14.10.2015, abrufbar unter: https://www.haufe.de/personal/arbeitsrecht/kolumne-arbeitsrecht-den-betriebsrat-vergueten_76_323780.html, letzter Abruf: 16.01.2019

Zwiehoff, Gabriele, Betriebsratsbegünstigung als strafbare Untreue? – Die VW-Affäre, Anmerkung zu LG Braunschweig, Urteil v. 22.02.2008 – 6 KLs 20/07, jurisPR-ArbR 2/2009 Anm. 6

FSC
www.fsc.org
MIX
Papier | Fördert gute Waldnutzung
FSC® C083411

Kolibri 360 GmbH
Ferdinand-Jühlke-Straße 7
99095 Erfurt, Deutschland
produktsicherheit@kolibri360.de

Druck:
CPI Druckdienstleistungen GmbH
im Auftrag der
Kolibri 360 GmbH
Ferdinand-Jühlke-Str. 7
99095 Erfurt